墨香财经学术文库

U0656674

我国安宁疗护法律制度体系构建研究

Research on the Construction of the Legal System of Palliative Care in China

陈传勇　汪志刚　著

东北财经大学出版社　大连
Dongbei University of Finance & Economics Press

图书在版编目（CIP）数据

我国安宁疗护法律制度体系构建研究 / 陈传勇，汪志刚著. 一大连：东北财经
大学出版社，2025.5. 一（墨香财经学术文库）. 一ISBN 978-7-5654-5484-4

Ⅰ.D922.16

中国国家版本馆CIP数据核字第2025KD4102号

我国安宁疗护法律制度体系构建研究

WOGUO ANNING LIAOHU FALÜ ZHIDU TIXI GOUJIAN YANJIU

东北财经大学出版社出版发行

大连市黑石礁尖山街217号   邮政编码   116025

网　　址：http://www.dufep.cn

读者信箱：dufep@dufe.edu.cn

大连图腾彩色印刷有限公司印刷

幅面尺寸：170mm×240mm   字数：301千字   印张：22.5   插页：1
2025年5月第1版　　　　　　　　　2025年5月第1次印刷
责任编辑：田玉海　王群非　吉石慧　　　责任校对：赵　楠
　　　　　南　美　张　乐
封面设计：原　皓　　　　　　　　　　版式设计：原　皓
书号：ISBN 978-7-5654-5484-4　　　　定价：98.00元

前　言

　　安宁疗护是一种专门为临终患者提供的，旨在减轻其痛苦、提高其末期生命质量的缓和医疗服务。其服务对象一般仅限于疾病终末期患者及其家属，服务内容主要是疼痛和不适症状的控制、身心灵社各方面的整体照顾和人文关怀，同时排除维生医疗等不必要的医疗，目的是改善临终患者及其家属的生命质量，帮助患者舒适、安详、有尊严地离世。

　　2016年，中共中央、国务院印发的《"健康中国2030"规划纲要》明确将发展安宁疗护确定为建设健康中国的一项重要举措。2019年出台的《中华人民共和国基本医疗卫生与健康促进法》明确将发展安宁疗护写入法律。2023年5月，国家卫健委办公厅印发《关于开展第三批安宁疗护试点工作的通知》，决定在61个市（区）启动第三批全国安宁疗护试点。安宁疗护试点工作的持续推进，不仅表明我国安宁疗护事业的发展已步入快车道，而且对相关法律制度的建设提出了更高要求。然而，我国法律方面并无有关安宁疗护的专门立法，甚至于连安宁疗护的服务对象包含哪些患者、其实施所应满足的法律条件为何等，都无明确的法律规定。这些法律规定的阙如，不仅意味着安宁疗护所涉的一些重大伦理和法律问题尚无权威的法律规范，而且意味着相关纠纷的解决只能诉诸一般的医疗立法，而非相关的专门立法，这将大大增加相关法律问题处理的不确定性，不利于安宁疗护事业的发展和相关纠纷的解决。

在此背景下，本书以国内外既有相关立法、实践及相关理论研究成果为研究素材，在广泛比较国内外相关立法和实践的基础上，阐明我国安宁疗护法律制度体系构建的一般法理和具体制度构成，提出安宁疗护立法的一些建议，以供未来我国相关立法参考。本书的研究所要解决的基本问题包括：安宁疗护与安乐死、尊严死、自然死等概念的关系，安宁疗护法律制度体系构建的一般法理，我国安宁疗护法律制度体系的应然构成。

本书的撰写分工情况如下：江西财经大学汪志刚撰写导论、第三章和第四章；广东金融学院陈传勇撰写第一章、第二章、第五章、第六章和第七章。全书写作思路由汪志刚设定，统稿工作由陈传勇完成。

本书是在汪志刚教授主持的国家社科基金一般项目"我国安宁疗护法律制度体系的构建研究"（批准号：19BFX138）研究成果的基础上修改而成。

安宁疗护法律制度涉及领域广泛，艰深复杂，诸多观点又争议颇多，加之时间紧张，本书难免存在错漏，敬请读者不吝赐教！我们也非常希望本书的出版能够引起更多的讨论，尤其是推动理论界与实务界对安宁疗护法律制度的研究，从而促成更广泛的社会共识。本书如能为我国安宁疗护法律制度体系的构建与完善起到些许作用，实感欣慰之至。

作　者

2025 年 3 月

目　录

导论

一、研究背景

安宁疗护是一种专门为临终患者提供的，旨在减轻其痛苦、提高其末期生命质量的缓和医疗服务。早在20世纪80年代，这种医疗服务就已经以临终关怀的名义传入我国，但是，受各方面条件的制约，我国安宁疗护事业的发展并不顺利。这大大影响了我国民众的末期生命质量和死亡质量，同时也导致大量医疗资源被消耗在了无效的临终医疗上。

为了改变这种状况，同时也是为了应对人口老龄化社会的到来，2016年，中共中央、国务院印发的《"健康中国2030"规划纲要》明确将发展安宁疗护确定为建设健康中国的一项重要举措。2017年，为落实纲要的要求，原国家卫生计生委印发《安宁疗护中心基本标准（试行）》《安宁疗护中心管理规范（试行）》《安宁疗护实践指南（试行）》，并于同年10月印发《关于开展安宁疗护试点工作的通知》，决定在北京市海淀区、吉林省长春市、上海市普陀区、河南省洛阳市和四川省德阳市开展全国首批安宁疗护试点，部分省份也参照通知自主进行了试点。2019年5月，国家卫健委印发《关于开展第二批安宁疗护试点工作的通知》，决定在71个市（区）启动第二批全国安宁疗护试点。同年出台的《中华人民共和国基本医疗卫生与健康促进法》（以下简称《基本医疗卫生与健康促进法》）第36条也明确将发展安宁疗护写入法律。2023年5月，国家卫健委办公厅印发《关于开展第三批安宁疗护试点工作的通知》，决定在61个市（区）启动第三批全国安宁疗护试点。

安宁疗护试点工作的持续推进，不仅表明我国安宁疗护事业的发展已步入快车道，而且对相关法律制度的建设提出了更高要求。这主要是因为：第一，安宁疗护作为一种临终缓和医疗，奉行的是既不加速、也不延缓死亡的原则。在提供安宁疗护服务的过程中，一般都同时伴有对心肺复苏术、气管插管、呼吸机辅助呼吸、体外膜肺氧合（也称为体外维生系统）等维生医疗或延命医疗措施的放弃。这种放弃虽然符合安宁疗护旨在减轻患者痛苦、提高其末期生命质量之初衷，但毕竟事涉患者生命维持等重大利益之保护，尤其是在患者无决定能力时，这将意味着其"生死"只能操于他人之手。所以，从患者利益保护的角度看，法律上有必要对放弃维生治疗、实施安宁疗护所需满足的条件作出明确规定，以免因条件不明导致实践混乱，进而损害患者利益和安宁疗护事业的发展。然而，迄今为止，我国法律上尚未对此作出明确规定。原国家卫计委在启动安宁疗护试点时，虽然出台了一些相关规定，但其规定的内容主要是管理性的和技术操作性的，对于安宁疗护的实施所应满足的法律条件为何、患者是否可通过生前预嘱的方式选择安宁疗护和放弃维生医疗等，并未作出明确规定，甚至没有去界定作为安宁疗护服务对象的"疾病终末期患者"（即末期患者、临终患者）的含义和范围。这些法律规定的阙如，对于安宁疗护这种直接与死亡相关、具有较强伦理关联性的医疗服务来说，不仅意味着其中所涉的一些重大伦理和法律问题（如放弃维生医疗的妥当性和法律条件问题）尚无权威的法律规范，而且意味着相关纠纷的解决只能诉诸一般的医疗立法，而非有关的专门立法，这将大大增加相关法律问题处理的不确定性，不利于安宁疗护事业的发展和相关纠纷的解决。如果再考虑到我国民众对安宁疗护普遍欠缺必要的认识和了解,甚至在某种程度上存在一些误解(如将安宁疗护误解为安乐死),情况更是严重。第二,安宁疗护是一项事关人民生命身体健康和民生福祉的公共事业,需要国家的积极投入和作为方能保障和促进其健康发展,才能保障民众能依其所愿,获得所需要的安宁疗护服务。这种服务需求的产生一方面根源于生老病死乃是人间常态,没有任何一个人能摆脱死亡的终极痛苦,另一方面又根源于癌症患病率的高企和各种慢性疾病的高龄死亡的日益常态化,正是后一情况的发展日益推高了民众对安宁疗护服务的需求,甚至使得安宁疗护服务获得权已经在国际范围内发展成为一项人的基本权利。这就要求,国家须在一定范围内以立法的形式明确其在保障和促进安宁疗护发展方面应尽的法律义务,以保障国家义务的履行。在此方面,我国既有的法律规定较为原则、模糊,尚不足以为国家践行有关义务提供有力的保障。

本书的研究即以此为背景,目的是在广泛比较国内外相关立法和实践的基础上,阐明我国安宁疗护法律制度体系构建的一般法理和具体制度构成,提出安宁疗护立法的一些建议,以供未来我国进行相关立法时参考。

二、研究的基本问题

安宁疗护法律制度体系的构建必须契合"事物的本质",而从事物本质的角度看,安宁疗护一方面具有服务内容上的医疗性,构成其服务内容的核心是缓和医疗,同时伴有对治愈性医疗和维生医疗的放弃等;另一方面,安宁疗护又具有服务目的上的善终性,即其服务目的主要是提高末期患者生命质量,帮助患者实现善终。服务内容上的医疗性决定了安宁疗护法律制度体系的构建必须围绕安宁疗护所涉医疗法律关系展开，以明确相关各方的权利和义务。服务目的上的善终性则意味着，安宁疗护法律制度体系的构建必然会涉及死亡问题，触及学理上通常所说的"死亡权利""死亡尊严"等议题。前一问题主要是一个制度构造问题，所要解决的是安宁疗护法律制度体系的构成问题；后一问题则是一个基础理论问题，所要解决的是安宁疗护法律制度体系构建的理论基础问题，二者共同构成了本书的研究所要解决的基本问题。同时，基于历史原因，后一问题又经常会被生发得更早的安乐死议题所裹挟、缠绕，并在理论认识上经常导致安宁疗护与安乐死、尊严死等概念或议题的交叉和混淆。由此也就决定了，本书的研究所要解决的基本问题还应包括安宁疗护与安乐死、尊严死等善终服务体系的关系问题，具体内容详述如下。

（一）基本问题一：安宁疗护与安乐死、尊严死、自然死等概念的关系

追求善终是人类自古以来的美好愿望。为了实现这一愿望，人类已发展出各种不同的善终服务，并在此过程中提出了各种用于指称某种善终服务的概念。这些概念主要包括安宁疗护、安乐死、尊严死、协助自杀（含医生协助自杀）、自然死等。域外的许多相关法规一般也都是以这些概念为基础制定的，如我国台湾地区制定的"安宁缓和医疗规定"；荷兰制定的《依请求终结生命和协助自杀（审查程序）法案》，比利时制定的《安乐死法案》，美国俄勒冈州制定的《尊严死法案》，加利福尼亚州制定的《自然死法案》，澳大利亚维多利亚州制定的《自愿协助死亡法案》等。

以上域外法规中，有的对安宁疗护有明确的定义，有的则无明确法规定义，其含义只能依相关立法的文本和学理推知。同时，基于学理讨论的需要等原因，不同的学者所定义的安乐死、尊严死等概念往往不尽相同，这就给我们正确理解这些概念及其相互关系造成了困

扰。我国学界对安宁疗护的法律性质有不同认识即与此有关。有学者就认为，安宁疗护应被定性为消极安乐死或尊严死，有的学者则认为，安宁疗护不应被定性为消极安乐死或尊严死，而是应被定性为自然死或安宁自然死等。①这些不同的理论认识，不仅会直接影响相关立法的概念和理念基础，影响安宁疗护在民众中的可接受度，而且会对相关立法的整体构成产生重要影响，值得认真研究。

（二）基本问题二：安宁疗护法律制度体系构建的一般法理

安宁疗护法律关系是一个综合的法律关系，涉及多个部门法。构成其核心的法律关系主要包括两个方面：一是医患间的法律关系；二是国家与公民围绕安宁疗护的发展、保障和监管所产生的法律关系。前一法律关系的调整是安宁疗护法律制度体系构建的重点，所涉法律问题大多可依据一般的医疗立法处理，唯有在涉及维生医疗的放弃（含不对患者实施维生医疗和撤除已对患者实施的维生医疗）这一一般的医疗立法不会特别加以规定的问题时，才需要对其行为正当性和法理基础加以特别说明。这一问题既与安宁疗护的法律性质有关，也与临终医疗措施选择中的个体自主或自决的界限有关。围绕这一界限问题，各国已发展出不同的处理原则和方案。其中，多数国家和地区会将安宁疗护的选择和维生医疗的放弃作为一个医疗措施选择问题来对待，并将其界限建立在患者自主决定权或医疗自主权的基础之上。部分已明确承认安乐死和/或医生协助自杀②合法的国家或地区，会将患者的自决权扩大至"死亡自决"范畴，从而使得安宁疗护中的患者

---

① 汪志刚．善终服务的法律调整模式及选择逻辑［J］．中外法学，2022，34（4）：931．

② 这里所说的安乐死仅指积极安乐死，即为了彻底解除患者痛苦而对其采取无痛加速死亡措施致其死亡的行为。协助自杀是指为患者提供致死方式，由患者自己执行以达到死亡结果的行为。在协助自杀是由医护人员借助于医学方式达成时，这种协助自杀可被称为医生协助自杀，即医助自杀。

"有权"选择将协助自杀或安乐死作为最后的"医疗措施"，①进而使得安宁疗护的法理基础可为更为宽泛的"死亡权"所涵盖。这种差异对于我国安宁疗护立法来说，会带来一个重要的法理问题，即承认患者有权选择安宁疗护、放弃维生医疗是否等于承认患者已享有法律上的"死亡权"，二者是否可以等同。这是本书所要处理的重要法理问题之一。

除以上问题外，安宁疗护法律制度体系的构建应如何实现本土化，更好地契合实践需要，也是我国安宁疗护法律制度体系构建中需要重点考虑的问题。此外，民众的死亡观念、孝道观念和我国安宁疗护事业发展整体水平不高等，也构成制约有关法律制度设计的重要因素。

（三）基本问题三：我国安宁疗护法律制度体系的应然构成

安宁疗护所涉医患关系须受到民法和一般医疗立法的规范，这自然无需多言。本书的研究对安宁疗护法律制度体系应然构成的讨论，不是要讨论这些一般法律规则于此的适用，而是要在阐明前述规则的基础上，对相关特别立法应重点从哪几个方面对安宁疗护所涉特殊法律问题进行调整展开讨论，以便形成一个由一般法和特别法共同构成的安宁疗护法律制度体系。

从国内外相关立法和实践情况看，这里需要重点讨论和处理的问题主要有：一是安宁疗护的服务对象应包含哪些患者，这主要是一个疾病终末期患者的范围界定问题。二是安宁疗护实施的意愿条件，即患者选择安宁疗护、放弃维生医疗的意愿表达形式和有效条件。于此，是否需要引进以及如何引进源自域外法的生前预嘱或预立医疗指示、医疗代理人制度等问题，将构成此处需要讨论的重点。三是安宁

---

① 以医学的方式协助他人自杀（医助自杀）或积极加速其死亡（积极安乐死）的行为并不属于医疗行为，详见后文。

疗护实施的程序条件，即应依何程序来判断前述对象条件和意愿条件已被满足。四是安宁疗护事业发展的国家保障义务，即国家在保障安宁疗护事业发展方面应承担哪些法律义务，以便更好地保障患者权利的实现。本书有关我国安宁疗护法律制度体系应然构成的研究，将重点围绕以上问题展开。

三、研究框架

本书的研究将以前述问题为研究对象，以国内外既有相关立法、实践及相关理论研究成果为研究素材，通过理论研究形成本书对前述问题的基本认识，进而形成我国安宁疗护法律制度体系构建的一般法理及主要制度框架。具体内容如下：

第一章为安宁疗护的概念和法律性质。本章力图通过文献梳理和概念分析，阐明安宁疗护的法律内涵及与安乐死、尊严死、自然死等概念的关系，进而结合相关伦理和法理，对安宁疗护的法律性质展开分析，以便为我国安宁疗护法律制度体系的构建奠定概念基础。

第二章为我国安宁疗护事业发展和制度建设现状。本章将立足于实践，对我国安宁疗护事业发展现状、制度建设现状和改革试点情况进行系统梳理，阐明我国安宁疗护法律制度体系建设的主要任务以及制定安宁疗护特别立法的必要性和重要性。

第三章为全球善终服务立法视角下的安宁疗护立法模式。本章将把安宁疗护立法置于更为广义的善终服务立法的视角下予以观察，在系统梳理和总结全球善终服务立法的发展历程、现状和不同模式的基础上，针对我国现实情况，提出构建未来我国善终服务立法的模式及应然的制度框架。

第四章为安宁疗护患者权利保护的法理基础。本章将以安宁疗护立法的核心目的是加强患者权利保护这一法理和比较法观察结论为前提，对安宁疗护立法中所涉的核心患者权利和义务（维生医疗拒绝权和安宁疗护获得权）受保护的法理基础展开比较法分析，进而在结合我国现有立法和相关部门法法理的基础上，对这些患者权利在我国法律上受法律保护的法理基础展开讨论，以便为未来我国安宁疗护立法奠定法理基础。

第五章为安宁疗护实施的法律条件构造。本章将立足于安宁疗护的临终性、非治疗性和强伦理关联性，本着谨慎、从严的原则，对我国安宁疗护的适用对象及安宁疗护实施所需满足的意愿条件和程序条件等问题展开制度建构性研究，并重点阐明我国法律上的预立医疗指示制度和医疗代理人制度的构建之道，以期能够在兼顾现有做法的基础上，进一步推动我国安宁疗护实施条件制度的法治化与本土化。

第六章为安宁疗护中医患各方的权利和义务。本章将在结合相关医疗立法和安宁疗护特殊性的基础上，重点从民法的角度出发，阐明安宁疗护中医患各方的权利和义务关系，并就其中所涉的一些特殊的权利和义务问题应如何处理展开讨论，以明确安宁疗护实施过程中各方的权利和义务及应遵守的基础法律规范。

第七章为安宁疗护的国家保障义务。本章将立足于安宁疗护的社会性和民生保障性，结合人权保障法理和相关国际公约、国际组织的要求，从安宁疗护权利国家保障义务的来源、体系、履行等方面，对国家在发展安宁疗护、保障安宁疗护患者权利方面应尽的义务进行体系性的探讨，以助推国家保障义务履行的规范化和体系化。

第一章　安宁疗护的概念和法律性质

第一节　安宁疗护的概念

一、安宁疗护概念的起源和发展

（一）安宁疗护概念的起源

"安宁疗护"一词译自英文 hospice，该词在中文中也可被译为临终关怀、安宁照顾等。从词源上讲，hospice 一词系源自拉丁字根 hospes，有好客和友好款待（hospitality）之意，也可指招待客人之处所（hospitium）。在中世纪的欧洲，hospice 一词多用来指称由修道院和各种宗教团体开办的为朝圣者、旅行者提供休憩、补充给养之处所。这些处所同时也会收容贫病、孤儿和濒死之人，为他们提供庇护和照顾，替死去的人祈祷和安葬，具有一定的宗教慈善服务机构的性质。不过，此时的 hospice 并非现代意义上的 hospice。

现代意义上的 hospice 是作为一种专门的临终医疗服务出现的，诞生于 20 世纪 60 年代的英国，首倡者是英国医生桑德斯。桑德斯早年曾在一所由修女创办的专门收容和照顾生病和垂死的穷人的圣约瑟安宁院（St. Joseph's Hospice）担任护士，后转为社工，后又考入医学院正式成为医生。桑德斯在工作过程中接触到大量癌末患者，对癌末患者的痛苦和境遇有深刻的体察和认识。为了减轻这些被当时的医院视为"累赘"的患者的痛苦，改善其生命质量，桑德斯进行了长期探索，并开创性地提出了"整体疼痛"（total pain）学说。依其学说，人是由身体、情感、社会和精神等因素共同构成的复杂统一体，临终患者的感受除包括身体疼痛外，还包括患病的焦虑、抑郁和恐惧，对遭受丧亲之痛的亲属的担心，以及在此情况下找到生存意义的心理需求等。[①]为了应对这种"整体疼痛"，让癌末患者舒适、安详地走完人生最后一段旅程，桑德斯提出，应以团队合作（由医师、护理师、社工、心理师、宗教人员等组成团队）的方式为癌末患者提供整体照顾，包含爱和关怀、缓解和减轻患者痛苦和各种不适症状等，以便尽量提高他们的生命质量。正是以此理念为基础，1967年，桑德斯在伦敦创建了全球第一所安宁疗护机构，即圣克里斯托弗安宁院（St. Christopher's Hospice），专门为癌末患者提供缓和其"整体疼痛"的整体照顾，同时排除不必要的医疗（如维生医疗），为患者家属提供支持，使之免于痛苦和不安等。由此，现代意义上的安宁疗护产生，并催生了此后遍及全球的安宁疗护运动，其中心是英国和美国。1974年，美国第一家安宁疗护机构在康涅狄格州成立。自此以后，欧美各国纷纷成立了各种安宁疗护机构。时至今日，安宁疗护已发展成为许多国家和地区医疗体系的重要一环。有研究表明，截至2017年，在学者调查统计的198个国家和地区中，已正式开展缓和医疗服务的约占70%，已有相关能力及活动的约占7%，无任何相关服务或活动的约占23%。[②]

（二）从安宁疗护到安宁缓和医疗

桑德斯之所以借用hospice一词为其创立的机构命名，一方面是

---

① SAUNDERS C. A personal therapeutic journey [J]. British Medical Journal, 1996, 313 (7072): 1599.

② DAVID C, NICOLE B, DAVID C, et al. Mapping levels of palliative care development in 198 countries: the situation in 2017 [J]. Journal of Pain and Symptom Management, 2020, 59 (4): 798.

受欧洲宗教传统的影响，以彰显该机构所包含的慈善、关怀之意；另一方面是因为，hospice本身就有旅店、驿站、亲切接待旅人的处所之意，用其命名，既有将死亡比喻成抵达人生旅程的一个驿站之意，也有鼓励人们快乐面对最后旅程之意，因为死亡就如同出生一样，都是人生的一个正常过程，是我们必然抵达的一个驿站。安宁疗护经过多年发展，已成为一种新型医疗模式，其内涵已十分丰富，远非hospice这一宗教意味十分浓厚的旧词所能涵盖，由此催生出一个更为专门化的医疗术语，即palliative care。该词在中文中多被译为缓和医疗、舒缓医疗、舒缓疗护、姑息疗法、姑息治疗等，是由加拿大医生巴尔福·蒙特于1975年提出的，目的是想用这样一个更为专业化的术语来指称安宁疗护所内含的新型医疗照护方法，并以之为基础建立一个综合的以医院为基础的缓和医疗体系，进而将其整合进整个医疗卫生体系中。这一概念虽然较为专业化，但从历史发展的角度看，仍根源于安宁疗护，是对安宁疗护中所采用的新型医疗模式的一种医学表达，故而，在实践中，安宁疗护和缓和医疗曾长期被作为同义词使用。世界卫生组织对安宁疗护的定义和推广，就是通过定义和推广缓和医疗来实现的（详见下文），体现了专业组织在概念使用上的专业偏好，同时也在一定程度上剥离了安宁疗护在概念起源上与特定宗教的关联，有助于其概念和理念的传播。

20世纪90年代以后，随着缓和医疗的发展和独立学科化（1987年英国正式将缓和医学列为全科医学下的附属学科，1994年将其正式确立为独立学科），缓和医疗的适用范围已不再局限于最初的疾病终末期患者，而是延至一些备受疾病折磨的非生命末期患者，并可在疾病早期介入患者的治疗和疼痛控制，与治愈性医疗措施并用。由此，缓和医疗开始在一定程度上获得独立发展，适用范围已超出作为其"母胎"的安宁疗护。为了反映这种变化,清晰表达出安宁疗护只是缓和医疗在临终医疗领域的一种运用,"安宁缓和医疗"(hospice and palliative care)一词得以产生。(杨秀仪,2004)1978年成立的美国国家安宁疗护组织(National Hospice Organization)之所以会在1999年将其名称更改为美国国家安宁缓和医疗组织(National Hospice and Palliative Care Organization),概缘于此。

二、安宁疗护概念在我国的引入和传播

安宁疗护概念在我国的引入和传播,始于20世纪80年代。1982年,世界卫生组织癌症小组专门针对癌痛控制在意大利米兰召开会议,并将缓和医疗确立为癌痛控制的主要措施向全球推广。同年,我国香港和台湾地区的一些医生、学者开始引入安宁疗护的概念。香港医学界在引入安宁疗护时,将其称为"善终服务",并于1986年成立香港善终服务会。1983年,被誉为我国台湾地区"安宁疗护之母"的赵可式博士通过台湾的天主教康泰医疗教育基金会推广癌末患者的居家安宁照护服务。1987年,台北马偕纪念医院陈光耀主任在一次癌症研讨会中首次将hospice care翻译成"安终照顾",受此影响,该院于1988年成立的相关小组被命名为"安宁照顾小组"。由此,"安宁照顾"一词开始在我国台湾地区传播开来。1990年,台北马偕纪念医院成立了台湾第一个"安宁病房"。同年,台湾地区的安宁照顾基金会成立。

1995年,基于"安宁照顾"一词易在民众中产生其只重照顾、不重医疗的误解,台湾地区卫生主管部门决定将"安宁照顾"正式修改为"安宁疗护",以示医疗和护理并重。简言之,缓解和控制病症的医疗措施并未被排除在癌末患者的照顾之外,安宁疗护也含有积极

与正向照护之意。①自此以后，我国台湾地区大部分由天主教或基督教医院创办的相关机构，皆习惯以"安宁疗护"一词命名，以表示其与宗教的关联及所内含的宗教精神。而由医学界人士成立的相关机构，多倾向于用缓和医疗或缓和照顾病房等词语来命名。此外，实践中也有使用临终照顾、善终照顾、宁养服务等名称来指称安宁疗护的。20世纪末期，随着缓和医疗适用范围的扩大，为表明安宁疗护与缓和医疗的联系和区别，台湾地区开始使用"安宁缓和医疗"一词来指称安宁疗护，2000年制定的"安宁缓和医疗规定"即为其典型体现。

在内地，安宁疗护最初是以临终关怀的名义传入的。1988年，时任美国俄克拉荷马大学副校长的美籍华人黄天中博士访问中国，与天津医学院崔以泰教授决定合作开展 hospice 研究，并一致决定将 hospice 翻译成"临终关怀"。同年7月，"天津医学院临终关怀研究中心"成立，从此，我国临终关怀事业正式起步。此后，全国有不少地方纷纷因地制宜地成立了各种临终关怀机构。2006年，中国生命关怀协会成立，标志着我国临终关怀事业迈出了历史性的一步。2016年，安宁疗护被正式写入《"健康中国2030"规划纲要》。2017年，《安宁疗护中心基本标准（试行）》等规范性文件颁布，全国性安宁疗护试点工作正式启动。从此，我国安宁疗护事业开始步入发展的快车道，安宁疗护一词也正式取代临终关怀等词，成为统一的官方用词。2019年12月通过的《基本医疗卫生与健康促进法》也将安宁疗护正式写入法律，自此以后，安宁疗护一词正式成为法律用语。

从理论上讲，这种用词上的变化，应该与临终关怀中的"临终"

_____

① 胡哲豪.安宁疗护政策在欧美及亚洲国家（地区）的实践和研究综述［J］.人口发展，2019（6）：121.

一词暗含了某种与忌谈死亡的东方文化有关的意思，也与"关怀"一词的含义过于模糊、与医疗服务相距较远有关。与之相对，"安宁疗护"一词则较为委婉，并不直接指向死亡，语义也相对比较清晰，"疗护"一词可清晰表达出其医疗服务性质，"安宁"一词则可表达出其疗护目的。有学者甚至认为，将 hospice 一词翻译成临终关怀是导致该项事业在我国内地发展不顺的一个原因，[①]我国民众之所以会对其缺乏好感甚至抵触，[②]也都与此有关。我国在决定发展安宁疗护时，之所以选择首先从"正名"开始，也蕴含了这样的考虑。

三、安宁疗护的定义和特征

（一）安宁疗护的定义

如前所述，世界卫生组织在定义和推广安宁疗护时，并没有去直接定义安宁疗护，而是将缓和医疗这一源于安宁疗护、更具医学色彩的专业名词作为定义对象。1982 年，世界卫生组织首次对缓和医疗进行了定义，并于 1990 年重申了这一定义。依其定义，"缓和医疗是指向采用治愈性治疗已无反应的病患施予的积极整体照顾。疼痛和其他不适症状的控制以及心理、社会和精神层面问题的控制至关重要，目的是为患者及其家属尽可能实现最佳生命质量"。[③]世界卫生组织还指出："缓和医疗的许多方面也可用于疾病早期，与抗癌治疗相结合。缓和医疗所奉行的基本原则为：（1）重视生命并承

---

① 贺苗，曹永福，王云岭，等.中国安宁疗护的多元化反思 [J]. 中国医学伦理学，2018（5）：11.

② 20世纪80年代成立的北京市第一家临终关怀医院"北京松堂关怀医院"虽然避开了使用临终一词，但成立后却经历了七次迁址，迁址的一个重要原因是小区居民不愿意与这样的一个医院毗邻而居。

③ 原文为 "Palliative Care is the active total care of patients whose disease is not responsive to curative treatment. Control of pain, of other symptoms, and of psychological, social, and spiritual problems is paramount. The goal of palliative care is achievement of the best possible quality of life for patients and families"。

认濒死（dying）是一个正常过程；（2）既不加速也不延缓死亡的到来；（3）缓解疼痛及其他痛苦症状；（4）整合心理和精神层面的病患照护；（5）提供系统支持以协助患者尽可能过上积极的生活，直至死亡；（6）提供系统支持以协助患者家属应对患者病程及丧亲之痛。"

2002年，世界卫生组织修订了缓和医疗的定义，将缓和医疗定义为"是一种通过早期识别、正确评估并处置疼痛和其他身体、心理和精神方面的问题，预防和减轻痛苦，改善那些危及生命之患者（成人和儿童）及其家人生活质量的方法"。此一定义进一步扩大了缓和医疗的适用对象，[①] 缓和医疗六原则也被扩展为九原则，新增的第七至第九项原则分别为："（7）以团队合作的形式应对患者及其家属的需求，包括必要时提供居丧辅导；（8）努力增进生命质量，以期对病程产生积极影响；（9）可应用于病程早期，与化疗或放疗等其他旨在延长生命的治疗手段并用，同时开展必要的检查，以便更好地理解和管理令人痛苦的临床并发症。"2014年，世界安宁疗护联盟又进一步对缓和医疗作出补充说明：第一，慢性病患者也需要缓和医疗；第二，缓和医疗的提供没有时间和预后限制；第三，缓和医疗不仅包括专业缓和医疗服务，也包括初级和中级照护；第四，缓和医疗并不局限于任何一种照护环境。[②]

从世界卫生组织给缓和医疗所下定义来看，其定义的缓和医疗除服务对象广于安宁疗护外，服务内容与安宁疗护并无实质差异。这说明，安宁疗护在当代已被理解为缓和医疗在临终医疗领域的一种运

---

① 世界卫生组织还专门定义了未成年人的缓和医疗，其核心内涵与成人缓和医疗并无实质区别，故而此处暂不讨论未成年人缓和医疗的概念，仅在讨论相关法律问题时，对其有所涉及。

② CONNOR S R，BERMEDO M C S．The global atlas of palliative care at the end of life [R]．London：Worldwide Palliative Care Alliance，2014：6-7.

用。我国台湾地区的相关规定正是基于这一理解来规范安宁疗护（安宁缓和医疗）的。其2000年制定的"安宁缓和医疗规定"（2002年、2011年和2013年修正）第3条规定，安宁缓和医疗是指"为减轻或免除末期病人之生理、心理及灵性痛苦，施予缓解性、支持性之医疗照护，以增进其生活质量"。2016年出台的"病人自主权利规定"第3条规定，缓和医疗是指"为减轻或免除病人之生理、心理及灵性痛苦，施予缓解性、支持性之医疗照护，以增进其生活质量"。两者唯一区别在于，安宁缓和医疗的服务对象是末期病人，即"安宁缓和医疗规定"第3条规定的"罹患严重伤病，经医师诊断认为不可治愈，且有医学上之证据，近期内病程进行至死亡已不可避免者"，而缓和医疗的服务对象并无此限定。

我国内地有关安宁疗护的定义主要散见于一些政府部门发布的规章和规范性文件当中，以下简要列举其中较具代表性者。第一，2017年1月，原国家卫生计生委印发的《安宁疗护中心基本标准（试行）》通过定义安宁疗护中心界定了安宁疗护的内涵，即"安宁疗护（中心）是为疾病终末期患者在临终前通过控制痛苦和不适症状，提供身体、心理、精神等方面的照护和人文关怀等服务，以提高生命质量，帮助患者舒适、安详、有尊严地离世（的医疗机构）"。第二，2017年10月，原国家卫生计生委办公厅印发的《关于开展安宁疗护试点工作的通知》指出，安宁疗护"为疾病终末期或老年患者在临终前通过控制痛苦和不适症状，提供身体、心理、精神等方面的照料和人文关怀等服务，以提高生命质量，帮助患者舒适、安详、有尊严地离世"。第三，2020年8月，上海市卫健委印发的《上海市安宁疗护服务规范》第3条规定，安宁疗护是"为疾病终末期或老年患者在临终前通过控制痛苦和不适症状，提供身体、心理等方面的照料和人文关怀等服务，以提高患者生命质量，帮助患者舒适、安详、有尊严地离世，以及减轻家属心理哀伤的一种卫生服务"。第四，2023年1月，青岛市卫健委印发的《青岛市安宁疗护基本服务规范》第2.1条将安宁疗护定义为"通过多学科协作模式，为疾病终末期患者在临终前提供疼痛及其他症状控制、舒适照护等服务，对患者及家属提供心理支持和人文关怀，以提高患者生命质量，帮助患者舒适、安详、有尊严地离世，减轻家属痛苦的医疗照护方式"。

以上各定义虽略有差异，但核心内涵基本一致，差异主要体现在三个方面：一是在服务对象表述上，有的将其表述为"疾病终末期患者"，有的将其表述为"疾病终末期或老年患者"，有的还将"患者家属"纳入（心理支持和人文关怀）服务对象范围。二是在服务内容表述上，有的将《安宁疗护实践指南（试行）》对"安宁疗护实践"内容的表述——"安宁疗护实践以临终患者和家属为中心，以多学科协作模式进行，主要内容包括疼痛及其他症状控制，舒适照护，心理、精神及社会支持等"——纳入定义范围，有的则没有纳入。三是在服务目的表述上，有的将减轻家属心理哀伤或痛苦纳入，有的则没有纳入。将患者家属纳入心理支持和人文关怀的服务对象范围，并据此明确安宁疗护的服务内容和目的，不仅可以更全面地表达安宁疗护的内涵，而且符合安宁疗护之初衷，值得赞同。安宁疗护的核心目的是提高患者的生命质量，患者家属在患者患病期间的反应和表现会直接影响患者本人，如果不将患者家属列入服务对象范围并为其提供必要的服务，服务目标恐难以实现。至于适用的患者范围应如何表述，则主要涉及"疾病终末期患者"概念的理解。前述所有定义都强调安宁疗护是在患者"临终前"提供，可见，服务对象不管是表述为"疾病终末期患者"还是"疾病终末期或老年患者"，其实际指向都是处于生命终末期或临终期的自然人，既包括临终的老年人，也包括临终的年轻人和儿童等。①临终的老年人是否需要被单列为服务对象之一，主要取决于"疾病"概念的广狭。如果可以将因衰老导致的器官自然衰竭等称为疾病（退化性或衰退性疾病），则自然可以将因这些疾病进入临终期的老人归入疾病终末期患者之列，法律上没有必要将临终老年患者单列。反之，则不宜将他们称为疾病终末期患者，而是应将其称为临终老人，并将他们单列为服务对象。从目前的安宁疗护实践的角度看，多数学者和安宁疗护医护人员都倾向于将安宁疗护看作一种医疗服务，倾向于将因衰老导致的器官自然衰竭称为疾病，因此，没有必要将老年患者单列，而是可以直接将安宁疗护的服务对象表述为疾病终末期患者。

据此，可以将安宁疗护定义为"为疾病终末期患者在临终前提供疼痛和其他症状控制、舒适照护等服务，为患者及家属提供心理支持和人文关怀，以提高患者生命质量，帮助患者舒适、安详、有尊严地离世的医疗服务"。至于其中所述的"疾病终末期患者"具体应如何界定的问题，容后再述。

（二）安宁疗护的特征

安宁疗护作为一种可与治愈性医疗、维生医疗等医疗类型相并列的新型医疗服务，不管是在服务对象和目的上，还是在服务内容和形式上等方面，都有其自身特点。准确把握这些特点，不仅是准确把握安宁疗护内涵的关键，而且是正确理解其性质，妥善处理与之相关法律问题的基础。以下将重点从医学的角度阐明其特征。

1.服务对象的临终性和延展性

安宁疗护起源于临终医疗领域的变革，是一种针对治无可治的疾

---

① 将年轻人、儿童排除在安宁疗护服务对象之外，既不符合国际通行做法，也不符合平等原则。所以，对于"疾病终末期或老年患者"这一表述中的"疾病终末期"和"老年"不应该作为可相互替换的同义词对待，否则将导致年轻人、儿童被排除在安宁疗护服务对象范围之外的不当理解。

病终末期患者实施的新型医疗服务，此为安宁疗护服务对象的临终性。除服务于临终患者外，安宁疗护的服务对象还可延及患者家属。这种服务对象的延展性，是安宁疗护服务与其他类型的医疗服务一个很大的不同。这种不同一方面系根源于临终患者的家属往往面临巨大的身心压力和痛苦，另一方面是因为，家庭成员的态度和境遇会对临终患者的医疗效果产生直接影响，而安宁疗护作为一种兼及患者生理、心理和精神层面照护的综合医疗服务，必然要求其服务对象及于患者家属，同时也需要患者家属积极参与到对患者的整体照顾当中，①方能有效地达成其目的。由此也就决定了，安宁疗护必然会成为一种新型医学模式的代表，即生理-心理-社会医学模式的代表。

2.服务目的的安生善终性和超生物性

传统医疗一般多专注于治疗疾病，帮助患者恢复健康，或者专注于保全和保存患者生命。安宁疗护基于其服务对象的特殊性而更为倾向于尊重自然规律的医疗哲学——"重视生命并承认濒死是一个正常过程，既不加速也不延缓死亡"。其服务的提供既不以治疗疾病、帮助患者恢复健康为目的（这已经不可能了），也不以延长和挽救患者生命为目的（这是维生医疗的目的），而是要在承认患者所患疾病已不可治愈、病程的恶化已不可逆转的基础上，基于对患者生命价值和自主权利的尊重，通过医疗措施的介入和与之配套的各种医护措施的实施，达到减轻患者痛苦，提高其末期生命质量的目的。它既不是要让末期患者在绝望中等死、也不建议他们不惜一切手段去执拗地抗拒死亡或者在追求治愈和好转的虚假希望中苦苦挣扎，

---

① 原国家卫生计生委印发的《安宁疗护实践指南（试行）》在第三部分"心理支持和人文关怀"第（五）小部分"社会支持系统"中明确提到，应"对患者家属进行教育，让家属了解治疗过程，参与其中部分心理护理。鼓励患者亲朋好友多陪在患者身边，予以鼓励"。

更不容许他们假安乐或彻底解除痛苦之名去求死，而是要在最小伤害和最大尊重与关怀的前提下，让他们的最后时日尽量过得舒适、安宁和有尊严，从而实现患者追求的生活品质。简言之，安宁疗护的核心目的是要"安宁地生"，是要"给予患者生命最后的精彩"。至于"死""安宁地死"（"帮助患者舒适、安详、有尊严地离世"），只不过是对生命末期阶段"安宁地生"的另一种表达，或者说，"安宁地死"只是"安宁地生"的一个结束和终点，此即为安宁疗护服务目的的安生善终性。

安生善终服务目的的确立，不仅意味着医学伦理对医疗技术运用的深度介入，而且意味着医学对生命的关怀已从低层次的生物生命安全和健康维护进至更高层次的整体生命质量和尊严的维护，意味着现代医学对治愈疾病、保全和保存生命这一低层次生物医学目的的超越，此即为安宁疗护服务目的的超生物性。这种超生物性同时也是对此前即已产生的、备受争议的以医学的方式"助死"（协助患者自杀）或"促死"（加速患者死亡）的安乐死思潮的一种反叛和抑制，其中所内含的医疗技术和伦理、生命保护和个体自主之间的复杂矛盾平衡，实为现代医疗之楷模。安宁疗护也由此成为文明社会与人道医疗之骄傲。[①]

3.服务内容的多维整体性、全科性和个体动态适应性

安宁疗护的服务内容是由其服务目的决定的。按照世界卫生组织的定义，安宁疗护的服务内容主要是为患者提供"积极整体照顾"即缓和医疗，具体内容主要包括"缓解疼痛及其他痛苦症状；结合心理和精神层面的病患照护；提供支持系统以协助患者尽可能过上积极的生活直至死亡；提供支持系统以协助患者家属应对患者病程及自身的丧亲之痛"等。原国家卫生计生委印发的《安宁疗护实践指南（试

---

① 黄丁全.医疗、法律与生命伦理（上）[M].北京：法律出版社，2015：487.

行）》则将其服务内容概括为"疼痛及其他症状控制，舒适照护，心理、精神及社会支持等"三个方面。

其中，包括疼痛在内的症状控制是保障安宁疗护服务目的实现的基石，如果症状得不到缓解和控制，患者将处于无尽的痛苦中，所谓的提升生命质量、帮助患者舒适安详离世也就无从谈起。按照《安宁疗护实践指南（试行）》的规定，这里所说的症状控制主要包括"疼痛、呼吸困难、咳嗽、咳痰、咯血、恶心、呕吐、呕血、便血、腹胀、水肿、厌食/恶病质、口干、睡眠/觉醒障碍、谵妄"等症状的控制。舒适照护则是指通过整体地、连续地提供良好的生活环境和充满人文关怀的照护服务，给患者带来愉悦的身心状态或降低其因病带来的不愉快，以增进患者生活质量和舒适感，所涉内容主要包括"病室环境管理、床单位管理、口腔护理、肠内营养护理、肠外营养护理、静脉导管的维护、留置导尿管的护理、会阴护理、协助沐浴和床上擦浴、床上洗头、协助进食和饮水、排尿异常的护理、排便异常的护理、卧位护理、体位转换、轮椅与平车使用"等。心理支持和人文关怀（即心理、精神及社会支持）则属于安宁疗护中难度较大的部分，目的是要尽可能地帮助患者及其家属消除各种不良的情绪反应和痛苦，引导他们坦然地面对绝症和死亡等。心理支持和人文关怀的实施，不仅需要服务提供者具备较强的人际沟通能力和丰富的心理、社会等方面的知识，而且需要更广泛的社会支持，才能有效达成其目的，其服务内容主要包括"心理社会评估、医患沟通、帮助患者应对情绪反应、尊重患者权利、社会支持系统、死亡教育、哀伤辅导"等。

与传统的生物医学模式下的单科化医疗服务相比，以上服务内容具有以下几个方面的特征：一是多维整体性，即安宁疗护的服务内容具有"全人""全方位"的整体性。不仅包含传统的疼痛和不适症状控制等医疗服务，而且包含心理、精神和社会层面的照顾和关怀，内含了医疗、护理、帮助、教育和支持等多重内容，是一个缓解性、支持性的医疗照护整体。[①]二是全科性，即安宁疗护的服务对象系来源于传统医学分科体系下分属不同科室的患者，需依赖于多学科的合作方能有效应对不同疾病给患者所带来的不同痛苦。三是个体动态适应性，即安宁疗护服务的提供须因人、因病、因时而异，须根据患者身心灵社各方面情况的不同、所患疾病的不同和病程发展阶段的不同，采取不同的应对措施。心理支持和人文关怀是如此，症状控制和舒适照护也是如此。例如，按照《安宁疗护实践指南（试行）》的规定，疼痛的评估和控制就应根据病因、疼痛的程度和持续时间、患者的心理反应等因素，进行动态的连续评估，其治疗应按照世界卫生组织提出的癌痛三阶梯止痛治疗指南，坚持"按阶梯用药、个体化给药"的原则进行。如果患者的疼痛被评估为轻度疼痛，则主要使用非阿片类的止痛剂，也可配合使用安定等辅助药物；若评估结果为中度疼痛，则主要选用弱阿片类药物（如可待因），并配合使用非阿片类药物（如布洛芬）和安定等辅助药物；若评估结果为重度疼痛，则应使用强阿片类药物（如吗啡），并配合使用非阿片类药物或辅助药物安定

[①] 日本"安宁疗护之父"柏木哲夫教授，曾直接用构成hospice的七个字母引申出安宁疗护的服务内容和理念，其具体表述如下：（1）Hospitality（亲切、友好）：以亲切的态度面对病人和家属，要求医护人员不慌不忙，以及亲切的肢体语言和态度；（2）Organized care（团队照护）：依靠专科医师和各类专业人员相互合作完成团队工作，团队工作的成员主要包括医师、护理师、社工师、药师、志工、营养师、心理师、宗教人员等；（3）Symptom control（症状控制）：末期病人最需要的不是治愈性的治疗措施或延长生命，而是可以缓解病人痛苦的症状控制，包括改善疼痛、恶心、呕吐等；（4）Psychology support（心理支持）：病人及其家属的沮丧、悲伤、焦虑等负面情绪，可以通过团队的照护与关怀得到协助与支持；（5）Individualized care（个性化照护）：尊重病人的希望和选择，针对不同类型的病人，提供以病人为中心的照护，减少病人的痛苦，并可以协助病人完成心愿；（6）Communication（沟通）：医疗团队人员与病人及家属，需要彼此沟通交换意见，特别是病人与家属之间，需要更亲密的沟通，乃至珍视；（7）Education（教育）：帮助病人及其家属获得有关疾病和死亡、濒死等知识，引导病人与家属正确认识死亡，消除其对死亡的恐惧和焦虑等。参见：黄丁全. 医疗、法律与生命伦理（上）[M]. 北京：法律出版社，2015：491.

等。当然，医生也可以根据实际情况的不同，组合使用不同等级的镇痛药物。①镇痛治疗除可主要采用药物治疗外，也可以采用针灸、冥想、按摩、音乐治疗、艺术治疗、芳香疗法、注意力分散法等非药物治疗方法进行。

4.服务形式的团队合作性、全过程性和多模态性

安宁疗护服务内容上的多维整体性、全科性和个体动态适应性，必然要求其服务的提供需依赖于团队合作，需从患者接受安宁疗护服务开始一直持续到患者死亡，乃至于需延及患者死亡后的哀伤辅导。这就是安宁疗护服务形式上的团队合作性和全过程性。就团队合作而言，执业医师和护士无疑是团队的核心成员，其他成员主要包括护理员、社会工作者、心理咨询师、药剂师、营养师、志愿者等，国外有时还包括宗教人员。《安宁疗护中心管理规范（试行）》规定，安宁疗护中心除须配备符合比例要求的执业医师、护士、护理员外，"可以根据实际需要配备适宜的药师、技师、临床营养师、心理咨询（治疗）师、康复治疗师、中医药……医务社会工作者及志愿服务等人员"。《上海市安宁疗护服务规范》第9条和第10条、《广西壮族自治区养老机构安宁（临终关怀）服务规范》第6.1条也有类似规定。

这些团队成员各有其职责。按照《上海市安宁疗护服务规范》第11条的规定，其职责分工如下：第一，执业医师"负责疾病终末期或老年临终患者的全程诊疗管理；负责患者上门建床、入院和转诊；动态评估患者，制订诊疗计划；控制疼痛等不适症状；提供咨询；对团队成员进行技术指导等"。第二，执业护士"协助执业医师开展疾

---

① 镇痛药物是治疗疼痛的主要手段。其中，阿片类药物是急性重度癌痛及需要长期治疗的中、重度癌痛治疗的首选药物，常用的阿片类药物有吗啡、芬太尼、瑞芬太尼、舒芬太尼、二氢吗啡酮、美沙酮、布托啡诺、地佐辛等；非阿片类药物主要有对乙酰氨基酚、阿司匹林、布洛芬、双氯芬酸钠、吲哚美辛等。

病终末期或老年临终患者诊疗管理；提供上门建床、入院、转诊、照护、舒缓治疗咨询；开展症状控制护理、舒适护理；动态评估患者，制订照护计划；缓解并支持患者和家属生理、情感问题；开展丧亲护理，包括尸体护理和家属情感支持等"。第三，社会工作者"负责协调患者及家属与医护人员的沟通；参与医护团队的常规查房和病例讨论；为患者及家属提供人文关怀，帮助患者尽可能实现临终愿望；开展对患者及家属的生命教育，协助组织召开家庭会议，协助磋商与疾病相关的家庭问题；协助患者及家属申请其他公共服务，如申请医疗保险、贫困经济补助等；对家属开展哀伤辅导；指导和培训志愿者等"。第四，药剂师"负责用药管理；提供治疗和控制症状的用药指导"。第五，心理咨询师"负责评估患者及家属的心理状况；缓解心理问题，舒缓压力；缓解安宁疗护团队人员的心理压力"。第六，营养师应"负责根据患者病情、年龄、身体等情况，制订饮食方案，推荐饮食搭配和营养供给；对患者及家属提供饮食营养知识教育和咨询"。第七，护理员"负责陪伴患者实施各项检查及治疗；协助患者洗头、洗澡、口腔清洁、食物准备与喂食等；协助患者开展简易肢体运动，并实施适宜按摩"。第八，志愿者"负责关怀、倾听及陪伴患者；为患者读报或代写书信；协助患者完成心愿；协助患者洗头、洗澡等；组织患者相互沟通、交流；鼓励患者参与适当的文化娱乐活动"。除以上服务人员外，实践中一般也会将能够较好地配合安宁疗护工作的患者家属纳入医疗团队当中（他们同时也是安宁疗护服务的对象），以便更好地服务于患者。

安宁疗护除具有前述服务形式上的团队合作性和全过程性外，还具有服务提供地点和方式上的多样性，本书将其称为服务形式上的多模态性。这些模态在实践中较为常用的主要有机构照护模态、居家照护模态和二者的结合（如白天入院、晚上居家，或先居家一段时间，然后入院，或者相反）。其中，机构主要是指医院、专门的安宁疗护机构、护理院、诊所和社区卫生服务中心等，其服务提供方式一般为门诊、住院或者为居家安宁疗护者提供上门服务等。英国、加拿大和多数欧洲国家比较注重采用的是机构照护模式，美国则更青睐居家照护模式。①我国在安宁疗护试点中，也综合采用了居家照护、社区照护和专业机构照护模式。《上海市安宁疗护服务规范》第7条就明确规定："安宁疗护服务形式包括门诊、住院与居家，由安宁疗护服务团队分别在医疗机构门诊、病房和居家为临终患者及其家属提供服务。"第8条则规定："社区卫生服务中心应开展安宁疗护服务……原则上各社区卫生服务中心应结合家庭病床服务提供居家安宁疗护服务项目。"

5. 服务理念的"五全照顾"性

安宁疗护须践行全人、全家、全程、全队的"四全照顾"理念，这已为学者和专业医护人员所反复强调。②其中，"全人"照顾是指应给予患者身心灵社各方面的全面照顾，对应的是前文所述的服务内容的多维整体性；"全家"照顾是指除照顾患者外，还应照顾患者家属，对应的是前文所述的服务对象的延展性；"全程"照顾是指对患者的照顾应持续到其生命的最后一刻，必要时还应为患者的家属提供哀伤辅导，这对应的是前文所述的服务形式的全过程性；"全队"照顾是指应以团队合作的方式共同照顾患者及其家属，对应的是前文所述的服务形式的团队合作性。

以上"四全照顾"的理念概括虽然颇为精炼，但依本书之见，还应加上第五个"全"方能更好地表达安宁疗护的核心理念，这第五

---

① 周逸萍，单芳.临终关怀［M］.北京：科学出版社，2018：89-90.
② 黄丁全.医疗、法律与生命伦理（上）［M］.北京：法律出版社，2015：487；周逸萍，单芳.临终关怀［M］.北京：科学出版社，2018：119.

个"全"就是服务目的的"全安",即生也安（身安、心安、灵安）、死也安（安宁地死、善终）、生死两相安（安然告别、故者无怨、生者无憾）。[①]这一"全安"的服务目的才是安宁疗护最为核心的理念,其他"四全"皆需以其为出发点和归宿。据此,可将安宁疗护服务的核心理念概括为"全人、全家、全队、全程、全安"之五全照顾理念。我国的安宁疗护事业若能以此"五全照顾"理念为基础努力前行,当不失为一种有利于其实践和推广的更优选择。

第二节 安宁疗护与安乐死、尊严死等概念的关系

安宁疗护的善终性是其与安乐死、协助自杀、尊严死、自然死等概念或议题会发生理论和实践关联的基础。学理上对于这种关联的理论认识不尽一致,甚至存在一些误解。为了避免这些误解,理清安宁疗护与这些概念的关系,以下将重点结合相关立法和学理,对安乐死、协助自杀、尊严死和自然死等相关概念作一个界定,然后再去讨论这些概念与安宁疗护的关系。至于安宁疗护是否可以如有些学者所主张的那样被定性为消极安乐死（本书对此持否定态度）,则将放在后文有关安宁疗护法律性质的部分讨论。

---

① 我国台湾地区的"安宁缓和疗护之母"赵可式博士曾将安宁疗护的核心理念概括为"生生世世（三三四四）",即"三善（善终、善别、善生）"、"三平安（身安、心安、灵安）"、"四全照顾（全人、全家、全队、全程）"以及"四道人生（道谢、道歉、道爱、道别）"。参见：张学茹,邸淑珍."安宁疗护中的身心灵关怀"国际研习会会议纪要[J].医学与哲学,2018（10B）：95.

一、安宁疗护与安乐死的关系

(一) 安乐死的内涵

安乐死一词源自希腊语 euthanasia，本义是"好死""善终"。在漫长的历史过程中，该词的含义历经变化，定义纷繁复杂。其中，多数定义都属于学理上的，是由不同的学者基于不同的讨论目的和观念所下的定义，主要散见于医学、哲学、伦理学、法学等学科中。有些定义则属于法律文本上的，出现在某些采用了安乐死概念的域外立法中。前一类定义纷繁多样、不胜枚举。至广者，会将安乐死定义得如其表面文义所示的那样十分宽泛，即凡是为了解除患者痛苦而以人为方式达成的好死、善终，皆可被定义为安乐死。这种意义上的安乐死可依其对象、意愿条件和行为方式的不同，被区分为狭义或本义的安乐死（以末期患者为对象的安乐死）和广义或转义的安乐死（以非末期患者为对象的安乐死）、自愿的安乐死（经患者同意的安乐死）和非自愿的安乐死（未经患者同意的安乐死）、积极安乐死（积极加速患者死亡的安乐死）和消极安乐死（不予或撤除维生医疗，放任患者死亡的安乐死）等。[①]至窄者，则将安乐死限定为积极安乐死，即安乐死仅指为解除患者痛苦而对其采取无痛加速死亡措施的行为。世界医学会即采用此定义，[②]国内也有学者明确主张之。[③]其他介于至广者和至窄者之间的各种定义，此处不一一列举。[④]

这种学理定义上的多样性，不仅给我们准确界定安乐死的内涵，

---

① 黄丁全.医疗、法律与生命伦理（上）[M].北京：法律出版社，2015：244.

② 世界医学会 1987 年发表的安乐死宣言明确指出："安乐死，是指蓄意终结患者生命的行为，即便是基于患者或其近亲的要求而为之，也不合伦理。然而，这并不妨碍医生在尊重患者意愿的情形下，于疾病末期，依循自然过程而产生死亡之结果。"

③ 翟晓梅.安乐死的概念问题[J].自然辩证法通讯，2000（3）；薛波.元照英美法词典[M].北京：法律出版社，2003：499.

④ 李惠.生命、心理、情境：中国安乐死研究[M].北京：法律出版社，2011：55.

理清其与安宁疗护的关系造成了困难，而且给我们准确进行交流、沟通，推动共识的形成造成了困扰。不过，随着安乐死立法的推进，部分国家的立法已明确承认了安乐死的合法性，并明确赋予了该词以特定内涵，这就为我们依据这些权威的法律文本准确界定安乐死的内涵提供了法律基础。目前，世界各国立法中已明确将安乐死作为立法名称或核心词的主要有比利时 2002 年通过的《安乐死法案》、卢森堡 2008 年通过的《安乐死和协助自杀法案》和西班牙 2021 年通过的《安乐死监管组织法》。荷兰虽然是世界公认的第一个实现积极安乐死合法化的国家，但相关立法的名称（和文本）中并没有出现安乐死一词，其立法所采用的名称是《依请求终结生命和协助自杀（审查程序）法案》。

统观这些国家的相关立法所采用的名称和内容，作者发现，这些立法文本基本上都明确区分了安乐死和协助自杀（assisted suicide），并对二者的合法性一体加以了承认。[①]其中，安乐死实际上是指荷兰的相关立法名称中所说的"依请求终结生命"，即比利时《安乐死法案》第 2 条所定义的"依本人请求，由他人故意（作者注：以医学的方式）终结其生命"的行为。协助自杀在这些立法中是指"由医方提供致死处方或药物，然后由患者自行给药致本人死亡"。此一意义上的协助自杀实际上是指医生协助自杀（医助自杀），含义要窄于协助自杀本身，[②]其与安乐死的区别主要在于，在协助自杀中，致患者死亡的最后一个动作只能由患者本人完成，而在安乐死中，最后的致死

---

① 比利时的《安乐死法案》虽然没有明确规定医助自杀，但基于举重以明轻的原则，学理上一般都认为，比利时的立法也允许医助自杀。参见：HERMAN N Y S．A discussion of the legal rules on euthanasia in Belgium briefly compared with the rules in Luxembourg and the Netherlands，in：DAVID A J，GASTMANS，MACKELLAR．Euthanasia and assisted suicide—lessons from Belgium［M］．Cambridge：Cambridge University Press，2017：10.

② 目前，世界上各承认协助自杀合法性的国家中，除瑞士外，其他国家一般都只承认医助自杀的合法性，目的是想让医生充当协助自杀的看门人。

动作系由医生完成。除此之外，二者之间并没有太多的区别。西班牙的《安乐死监管组织法》则对安乐死和协助自杀这两个概念的关系作出一些特别的处理。一方面，该法明确区分了医方给药致死（积极安乐死）和患者自行服用医方提供的药物致死（医助自杀）这两种行为，并分别规定了其要件；另一方面，该法又在第 2 条中将它们统称为"提供死亡援助"（provision of aid to die），这就在一定程度上模糊了该法名称中所说的安乐死与此处所述的"提供死亡援助"之间的关系，或者说，这里也存在将安乐死等同于"提供死亡援助"（可同时包含积极安乐死和医生协助自杀）的理解。不过，不管如何理解西班牙相关立法中所使用的安乐死一词，都不妨碍我们可据此得出一个基本结论，即在这些权威的法律文本中，安乐死无一例外地都不包含学理上所说的消极安乐死，而是仅指自愿的积极安乐死，有时也可能包含协助自杀（如在西班牙），其对象一般仅限于身患严重的不可治愈疾病，正在遭受持续的难以忍受的身心痛苦且无其他合适办法改善其处境的患者。据此，我们可以进一步判定，加拿大 2016 年通过的《刑法典及其他相关法案修正案（医助死亡）》，澳大利亚维多利亚州、西澳大利亚州、塔斯马尼亚州、南澳大利亚州先后于 2017 年至 2021 年期间通过的《自愿协助死亡法案》虽然使用的都是医助死亡或协助死亡的概念，没有直接使用安乐死的概念，但这些立法实际上已同时承认医助自杀（医方开药而由患者自行给药致己死亡）和安乐死（医方直接给患者施药致其死亡）的合法性。[①]

以前述法律文本为依据，本书认为，在法律上，宜将安乐死定义为仅指积极安乐死，同时抛弃所谓的消极安乐死的概念（因为消极安乐死与积极安乐死的行为性质在法律上完全不同，将二者作为法律上

---

① 参见《加拿大刑法典》第 241.1 条，澳大利亚维多利亚州《自愿协助死亡法》第 64 条、西澳大利亚州《自愿协助死亡法》第 55 条、塔斯马尼亚州《临终选择（自愿协助死亡）法》第 86 条和南澳大利亚州《自愿协助死亡法》第 57 条。

的同一类行为对待不合法理，对此，后文还将予以详述）。至于安宁疗护是否可以被定性为消极安乐死，将在后文有关安宁疗护法律性质的部分加以讨论。

（二）安宁疗护与"法律上的安乐死"的关系

在明确了安乐死在域外的法律文本上仅指积极安乐死之后，我们可以很清晰地辨别出安宁疗护与安乐死的不同。这种不同至少应包括以下几个方面：一是服务对象不同。安宁疗护的服务对象是临终患者及其家属，对患者年龄并无法律上的限制。安乐死的服务对象是身心极度痛苦的身患不可治愈疾病的患者，且不以患者家属为服务对象。除比利时外，安乐死合法化的国家一般都会对患者最低年龄有所限制。例如，在荷兰，可申请安乐死的患者最低年龄是12岁。二是服务目的不同。安宁疗护的核心目的是减轻患者痛苦，提高其末期生命质量，并不以致患者死亡为目的。安乐死的直接目的是致死，并借此达到彻底解除患者痛苦的目的，本质上是一种为了解决痛苦而"解决人"的方法。三是服务内容不同。安宁疗护提供的是全方位的身心灵社照顾服务，其服务内容并不包含加速患者死亡。安乐死提供的是快速致患者死亡的"促死"服务。四是服务持续时间不同。安宁疗护服务的持续时间短则数天、长则数月，安乐死服务可在几分钟或十几分钟内快速完成，真正需要耗费时间的是事先的意愿审查和准备等。五是提供服务的意愿条件和审查程序不同。提供安宁疗护服务所需的意愿条件审查一般只需由医生审查选择安宁疗护是否是患者的真实意愿即可，在特定情况下，其意愿表达也可由患者亲属或代理人代为作出，但不得违背患者可推测的意愿或最佳利益。安乐死的意愿条件审查则非常严格，不仅要求患者的意愿是在意识清醒时经过深思熟虑提出的，①而且一般需在一段时间内先后提出两次申请（允许安乐死的国家一般都要求首次申请与二次申请相隔15天以上），才能最终获得通过。在患者无决定能力时（含患者未成年和成年患者已丧失决定能力的情形），其审查条件更为严格。②六是行为性质不同。安宁疗护的行为本质上是医疗行为，而对患者实施安乐死的行为并不属于医疗行为，而是已逸出了治病救人和控制病症的医疗范畴。③医生依其职责并不负有为患者提供安乐死服务的法定义务或职责，即便是在安乐死已合法化的国家，也是如此。④有的国家甚至明确规定，医生有权拒绝参与安乐死的任何一个环节，即医生对此应享有"良知抗辩权"。

正是安宁疗护与安乐死的以上不同决定了，安宁疗护很大程度上可以被看作安乐死的一个"反对者"、一个"对手"。安宁疗护在英国的产生和发展的一个重要原因就是为了防止安乐死。⑤当然，不可否认的是，安宁疗护和安乐死也有其共同之处。例如，二者都是为了应对患者所面对的巨大痛苦，都内含了对过度医疗的反对，都强调对患者意愿的尊重等。除以上共同点外，安宁疗护与安乐死还有可能在以下两个方面发生实践上的关联。

---

① 《比利时安乐死法案》第3条就规定，任何人的请求都必须"以自愿的反复方式表达，经过深思熟虑，不是任何外部压力的结果"。

② 参见荷兰《依请求终结生命和协助自杀（审查程序）法案》第2条第2款至第4款。

③ 我国《医疗机构管理条例实施细则》第88条将诊疗活动定义为"是指通过各种检查、使用药物、器械及手术等方法，对疾病作出判断和消除疾病、缓解病情、减轻痛苦、改善功能、延长生命、帮助患者恢复健康的活动"。世界卫生组织欧洲患者权利会议1994年发布的《促进欧洲患者权利宣言》将医疗服务（health care）的范围确定为"包括健康促进和保护、疾病预防、诊断、治疗、照护和护理在内的广泛的各种服务"。这些服务和活动显然不包括故意致患者死亡的安乐死和医生协助自杀。

④ 《比利时安乐死法案》第14条规定："……不得强迫医生执行安乐死。不得强迫任何人协助执行安乐死。"其他承认协助自杀和安乐死合法性的国家的相关立法上，大多也有类似规定。

⑤ SAUNDERS C . Care of the dying-1: the problem of euthanasia [J]. Nurs Times, 1976, 72（26）: 1003-1005.

一是安宁疗护和安乐死有可能被整合成为一个功能互补、相互协同的整体。整合后的安乐死将成为安宁疗护的一个最后措施和终极选择，即在安宁疗护的实施仍不足以满足患者解除痛苦的需要时，患者可依法申请安乐死。比利时在实践中所倡导的"整合安宁疗护"和"整合缓和治疗"的特色即在于此。①这一——反主流官方立场在安宁疗护中排斥安乐死的做法，虽然并不符合安宁疗护既不加速也不延缓死亡的原则，但在安乐死已合法化的国家，其实施在实践中并无法律障碍，真正可能构成障碍的是民众和医生是否愿意做这样的一个加法，即"先接受安宁疗护+收效甚微者再接受安乐死"。

　　二是在安宁疗护中所采用的末期镇静措施（如注射吗啡等）②也有可能因为副作用或操作不规范"导致"患者死亡。③这种"镇静致死"从外观上看与安乐死非常接近，理论上也有学者将其称为"间接安乐死"。④这是安宁疗护可能与安乐死发生实践关联的重要方面。法国法律甚至创造出了一种比较法上独一无二的"持续深度镇静至死"制，即医生在特定情况下可对绝症末期患者采取"深度而持久的镇静直至其死亡，同时配以镇痛和停止所有维生医疗"⑤。这种"持续深度镇静至死"虽然从形式上看依然属于法国法律规定的缓和医疗的一部分，但理论上却经常被批评为是一种"缓慢安乐死"或"变相

---

　　① BERNHEIM J L，DISTELMAN W ，MULLIE ，et al.临终关怀与安乐死的整合：比利时模式的实验与回答 [J]. 于磊，译.医学与哲学，2011（12A）：6-7.

　　② 安乐死运动的产生与吗啡等麻醉药物的发明不无关系，正是这些药物的出现为医学上快速无痛致死提供了可能。

　　③ 2015年国内曾发生了一起因医生在临终医疗中给癌症患者使用吗啡而引发的纠纷，患者家属认为，吗啡的使用是导致患者死亡的原因，故而要求医方担责。参见北京市东城区人民法院（2016）京0101民初字第1404号民事判决书。

　　④ 黄丁全.医疗、法律与生命伦理（上）[M]. 北京：法律出版社，2015：249.

　　⑤ 参见《法国公共卫生法典》第L1110-5-2条。

安乐死"①。对于这种"镇静致死"或"镇静至死"的法律性质应如何理解的问题，此处不予详论，而是仅想简要指出，按照这些国家的相关立法，在前述两种情形下，只要没有证据证明医方存在过错（仅仅是药物具有加速患者死亡的附带效果并不能证明过失），医方的行为即可得到"双重效果原则"②的辩护，不会被认为是致患者死亡的法律原因，更不构成安乐死。反之，则该行为的实践后果与安乐死并无实质上的不同。

二、安宁疗护与尊严死的关系

尊严死是一个比安宁疗护更晚出现的概念。国内学者一般都认为，尊严死一词源于日本，日本记者在报道1976年发生在美国的一起撤除植物人呼吸机的案件（昆兰案）时，首次将"death with dignity"翻译为尊严死。这种意义上的尊严死从词语构成的角度看，很大程度上可以被看作依特定观念对某种死亡方式进行评价的产物，而非对某种事实状态的描述。这是导致尊严死一词含义模糊，被不同学者用来指称不同死亡方式的一个重要原因。而从"昆兰案"所涉基本情况看，这里被评价为"尊严死"的死亡，实际上就是同年出台的加利福尼亚州《自然死法案》（Nature Death Act）所规定的自然死，即二者所指向的都是患者放弃维生医疗之后的死亡。这种死亡是由患

①　RAUS K，CHAMBAERE K，STERCKX S. Controversies surrounding continuous deep sedation at the end of life： the parliamentary and societal debates in France ［J］. BMC Medical Ethics，2016，17（1）：3.
②　对于这里所说的"双重效果原则"，澳大利亚南澳大利亚州的《医疗同意和缓和医疗法案》有明确规定。该法第17条第1款规定："负责治疗或护理疾病终末期患者的医生或在医生监督下参与治疗或护理之人，为了减轻患者疼痛或痛苦而实施治疗，只要其实施的治疗符合以下条件，就不应承担民事或刑事责任，即便这种治疗的一个附带效果是加速患者死亡：（一）获得了患者或其代理人的同意；（二）善意且无过失；（三）符合适当的缓和医疗专业标准。" 第3款规定："（a）符合本条第1款规定的为减轻患者疼痛或者痛苦而实施的医疗措施不构成死亡的介入原因。（b）符合本条第2款规定的不实施或撤除维生医疗不构成死亡的介入原因。"

者所患疾病所致，而非由不予或撤除维生医疗所致，故而可被称为自然死——一种排除了医学对死亡的人为干预的自然死，同时又可被看作一种有助于维护患者所理解的尊严死。

将不予或撤除维生医疗的自然死评价为尊严死的做法，虽然在日本和我国内地颇为流行，但在美国相关立法上，尊严死一词却并不是在此意义上使用。1994年，美国俄勒冈州率先通过了世界上第一部以尊严死命名的法案即《尊严死法案》（Death with Dignity Act），该法案在1997年经第二次全民公决通过后一直沿用至今。在该法案中，尊严死实际上是指医生协助自杀，即由患者自愿自行服用医生开具的致死药物来结束自己生命的行为，[①]而非不予或撤销维生医疗的死亡。受此影响，美国另有十个州和特区也都先后通过立法或判决，承认医助自杀合法。[②]其中，华盛顿州、佛蒙特州、哥伦比亚特区和缅因州通过的相关立法也都采用了尊严死的立法名称，并用其来指称医助自杀。这说明，在美国各州的相关立法上，尊严死是指医生协助自杀，而非自然死的一个"别称"。

与之相对，我国学者对尊严死概念的理解和使用较为多样化。有的学者会在医助自杀的意义上使用尊严死，并据此提出了"尊严死亡法草案"；[③]有的学者则将尊严死理解为中止维生医疗，并建议我国

---

① 按照法案的规定，接受医生协助自杀的患者须满足四项条件：一是必须年满18岁，二是必须是俄勒冈州居民，三是能够作出医疗卫生决定并与医疗卫生人员沟通，四是被诊断患有将在6个月内导致死亡的终末期疾病。主治医生和咨询医生必须确定患者是否符合这些条件求，并在开具处方时向俄勒冈州卫生局报告。See：State of Oregon Public Health Division Center for Health Statistics. Oregon Death with Dignity Act: 2019 Data Summary，issued on 25 February 2020，at http：//bit.ly/3fdT7FR，p.4.

② 它们分别是华盛顿州（2008年通过《尊严死法案》）、蒙大拿州（2009年蒙大拿州最高法院对 Baxter v. Montana 案的判决）、佛蒙特州（2013年通过《尊严死法案》）、加利福尼亚州（2015年通过《临终选择法案》）、科罗拉多州（2016年通过《医助死亡法》）、哥伦比亚特区（2017年通过《尊严死法案》）、夏威夷州（2018年通过《医助死亡法》）、新泽西州（2019年通过《终末期死亡援助法案》）、缅因州（2019年通过《尊严死法案》）、新墨西哥州（2021年通过《临终选择法案》）。

③ 吕建高.死亡权及其限度［M］.南京：东南大学出版社，2011：293-305.

制定"尊严死法"以明确承认某些情况下的中止维生医疗的合法性。①此外，还有部分学者会将尊严死等同于广义的安乐死，并将积极安乐死、消极安乐死和协助自杀等一并称为尊严死。国内一些致力于推广尊严死和生前预嘱活动的公益组织则更倾向于将尊严死定义为是由"放弃维生医疗+接受缓和医疗"共同构成，并不包含医助自杀和安乐死。从这个意义上讲，其所倡导的尊严死与安宁疗护的含义非常接近，不过，从其所倡导的尊严死的适用对象来看，其范围并不仅限于末期患者，还包含非末期患者（如植物人等），这就使得其所定义的尊严死难以被目前我国正在推行的安宁疗护所涵盖。

总之，尊严死的概念虽然在域外立法上有明确所指，但在国内，其含义模糊不清、飘忽不定，这严重干扰了相关问题的讨论和共识的形成。有鉴于此，本书认为，我国法律应尽量减少甚至放弃对尊严死概念的使用（当然，这并不妨碍民众按照自己的理解去宣传、推广尊严死），以避免因概念不清带来的各种混淆和误解。更何况，尊严死概念本身就是褒中有贬，隐含了对与之相反的死亡方式是没有尊严的死亡之否定性评价。这种"褒此贬彼"的立场宣示在死亡这一极易挑动民众敏感神经议题上的运用，不管怎么说都是不太合适的，在立法上应尽量避免。

至于安宁疗护与尊严死的关系，则可从前文对尊严死概念的探讨中获得以下基本认识：若将尊严死等同于医助自杀，则二者之间的关系与安宁疗护和（积极）安乐死之间的关系并无多少实质上的不同；若将尊严死定义为是指不予或撤除维生医疗之后所生的死亡，则其含义实际上已等同于自然死，这种自然死与安宁疗护既有联系、又有区别，详见下文。

---

① 刘建利.尊严死行为的刑法边界［J］.法学，2019（9）：28.

三、安宁疗护与自然死的关系

自然死即自然死亡，本是一个日常用语，一般是相对于死于意外事故（人为事故或自然灾害等）或刑罚而言的，是指符合生命和疾病发展规律，在无外力干预或侵入情况下所发生的死亡。在民法中，自然死亡是相对于宣告死亡这种法律拟制的死亡而言的，是指自然人生命的终结即生理死亡。在临终医疗领域，按照域外相关国家和地区通过的自然死方面的法案，自然死是指不予或撤除维生医疗之后所产生的死亡。这种死亡乃是一种排除了医学对死亡进程的人为干预（人为阻止或加速死亡）所达成的自然死，而非纯自然意义上的自然死。

安宁疗护中的患者正常死亡，也可以被看作一种自然死。这种自然死与域外立法所规定的自然死虽然都包含了不予和撤除维生医疗的因素，但二者依然存在一定区别：一是安宁疗护中的自然死是在缓和医疗的照顾下发生的，患者的死亡质量往往比单纯的不予或撤除维生医疗情况下所产生的死亡质量更高，因而可被称为安宁自然死。二是安宁疗护的适用对象仅限于末期患者，而域外立法所规定的自然死的适用对象并不仅限于末期患者，还包含非末期患者。这就使得自然死的适用范围要广于安宁疗护，这是我国在推进相关立法时始终需要注意的一点。

四、小结

综上，安宁疗护与安乐死、协助自杀（尊严死）虽然都属于广义的善终服务，但在核心内涵上存在明显区别。即便仅从死亡这一最终结果的角度观察，前者与后二者也有着本质的不同。这种不同主要表现为，前者是一种旨在达到病患所想要的生活方式的临终医疗照顾模式，它既不加速也不延缓死亡，其死亡可被看作一种因疾病的自然发展所导致的自然死，一种比单纯的不予或撤除维生医疗所产生的自然死更为安宁的自然死。后二者则可被统称为"速死"服务，一为"促死"（安乐死），一为"助死"（医助自杀），本质上都不属于医疗行为，与安宁疗护本质上仍属于医疗行为明显不同，①此点不可不辨。学界对安宁疗护与安乐死、尊严死等概念关系的不同理解，既与后二者在长期的传播和讨论过程中已生发出不同的定义和用法有关，也与相关学者对这些概念在域外相关立法上的用法不够了解有关，更与学者们对这些概念背后蕴含的法理和基本观念的辨识程度不够有关。在我国民众对安宁疗护普遍缺乏了解的情况下，深入阐述这些联系和区别，不仅有助于准确把握安宁疗护的内涵和所涉法理，而且是排除因安乐死、尊严死等概念的不确定性所带来的不必要的干扰之必需，否则我们仍有可能会像安乐死尚未入法的"前制度化时期"那样，陷入各种因概念不清导致的混乱和错误，甚至会妨碍民众接受安宁疗护这一新生事物。

第三节 安宁疗护的法律性质：以放弃维生医疗为中心②

安宁疗护的法律性质如何，不仅直接关系到安宁疗护在一国法律体系中的地位及与相关制度的关系，而且关系到安宁疗护立法的法理基础，实为研究安宁疗护法律制度构建时必须首先解决的问题。就此而言，学理上需要重点处理的问题主要是安宁疗护中所发生的不予或

---

① 有学者认为，安乐死、医助自杀也可以被视为是一种"特殊的临终医疗方式"。这一看法或许是想通过扩大医疗的概念来提高二者的可接受性，但客观上会导致法律评价中心的扭曲。因为，在安乐死和医助自杀中，构成法律评价中心的并非使患者免受病痛这一看似符合医疗目的的间接目的，而是作为其直接目的的终结他人生命的行为。正是后者导致了其有可能被评价为"故意杀人"的犯罪行为。

② 本节内容曾作为《安宁疗护的正当性及实施条件》的一部分，发表于《民商法论丛》第73卷，社会科学文献出版社2022年出版，第52-73页。

撤除维生医疗行为的法律性质和正当性问题，至于作为其核心构成部分的缓和医疗应属于正当的医疗行为，则无需多言。有鉴于此，以下对安宁疗护法律性质的阐述，将以其中所涉的维生医疗的放弃为中心来展开。

一、安宁疗护不应被定性为消极安乐死

将安乐死区分为积极安乐死和消极安乐死，是学理上非常流行的一个分类。正是以此为基础，有学者才主张，安宁疗护也可以定性为消极安乐死。因为消极安乐死的实质是以消极不作为的方式放任患者死亡，而安宁疗护中的放弃维生医疗（不予或撤除维生医疗）实际上就是以消极不作为的方式放任患者死亡，故而可将安宁疗护定性为消极安乐死。①此一定性虽看似有一定道理，但实际上并不妥当。

首先，按照多数学者的理解，消极安乐死作为安乐死的一种，系由行为上的消极不作为（放弃对患者实施维生医疗）和结果上相对比较安乐的死亡（患者在死亡前可免受维生医疗之苦）共同构成。这一构成虽然也可以为安宁疗护所包含，但正如前文所述，安宁疗护在行为构成上的核心内容并非未给患者提供维生医疗，而是给患者提供"积极整体照顾"即缓和医疗。前者相对于后者，只是安宁疗护中较为次要、附属的一面，目的是辅助于后者目的的实现。将前者与后者割裂开来，并依其次要层面将安宁疗护定性为消极安乐死，不仅客观上易导致对安乐疗护核心层面的不当遮蔽，而且明显有以偏概全、误将事物的次要属性上升成为主要属性之嫌，不足为采。更何况，即便是仅从患者死亡这一最终结果的角度看，将安宁疗护中的患者死亡称为消极安乐死也不完全准确。因为，相对于一般的单纯放任患者死亡

---

① 黄丁全.医疗、法律与生命伦理（上）[M]．北京：法律出版社，2015：247；李惠.生命、心理、情境：中国安乐死研究 [M]．北京：法律出版社，2011：68.

情形下所产生的消极安乐死，安宁疗护中的患者死亡往往更为舒适、安宁（这主要得益于缓和医疗的照顾），是一种比前者死亡质量要高的"优死""优逝"，将前者简单等同于后者，无异于是对后者的降格对待。

其次，安宁疗护的服务对象一般仅限于预计将会于近期内（一般最长不超过6个月）死亡的末期患者及其家属，而学理上通常所说的消极安乐死的适用对象并不仅限于末期患者，而是还包含非末期患者，如植物人（不可逆转之昏迷状况）和重度残障者等，且一般都不会将患者的家属明确作为服务对象。这种服务对象的不同不仅已经在一定程度上反映了二者服务理念的不同，而且会直接影响其伦理评价。因为，相对于安宁疗护中的末期患者，非末期患者的预计生存期限一般都比较长，其因放弃维生医疗所受"生存利益损失"（生存期限的缩短）也较大，所获"收益"却远不如前者（前者可因缓和医疗的实施获得更好的生命质量和更少的痛苦），甚至会因为得不到适当的医疗照顾而不得不面对痛苦地死亡或回家等死。[①]这种"损失更大、收益更小"的医疗措施选择虽然有时候是迫于无奈，但从伦理上讲，其能否经得起行善、不伤害和患者最佳利益原则的检验，显然是有疑问的，至少会更容易诱发各种伦理争议。正因如此，各国法律在处理非末期患者放弃维生医疗的问题时，往往会表现得更加谨慎，尤其是在患者本人已无法就此明确表示同意时，更是如此。这本身就足以表明，将安宁疗护定性为消极安乐死，有将不同的伦理事物混为一

---

① 这在目前世界各国的安宁疗护服务能力本就十分有限，尚无力为所有罹患不可治愈疾病且又不愿接受维生医疗的非末期患者提供缓和医疗的情况下，本就是常情。在我国临床医疗实践中，许多已明显不能从重症监护中获益的患者及其家属之所以不肯放弃维生医疗，让患者转出重症监护室（按照我国卫生部2009年颁布的《重症医学科建设和管理指南（试行）》第17条的规定，不能从继续加强监测治疗中获益的患者应转出重症医学科，即应转出重症监护室），主要原因之一就是这些患者一旦转出了重症监护室，其将无合适的地方可去或者无法得到良好的医疗照顾。

谈之嫌。即便是如部分学者所主张的那样，可以将末期患者的消极安乐死定义为"原义的消极安乐死"，将非末期患者的消极安乐死定义为"转义的消极安乐死"，这种原义和转义的区分也无法真正起到区分不同伦理事物的作用。更何况，依前文所述，消极安乐死之名本就无力承受安宁疗护之实——无力涵盖缓和医疗的服务内容，用前者来定性后者，无异于是在一个名已不能承受其实的概念来强行嵌套另一个与之不同的事物，牵强之态非常明显。

再次，将安宁疗护定性为消极安乐死，非但不能有效表达出安宁疗护的本质，而且会给与安宁疗护相关的一些法律问题的处理带来不必要的干扰，甚至有可能导致安宁疗护被定性为"积极安乐死"。因为，不予维生医疗虽然属于不作为，但像关闭呼吸机之类的撤除维生医疗的行为显然属于积极的作为，而非不作为，第三人若擅自为之将有可能构成刑法上的作为杀人。[①]既然是积极的作为，自然可以从积极作为的角度，将发生在安宁疗护中的撤除维生医疗的行为（加上嗣后发生的患者死亡）定性为"积极安乐死"，而这明显不当。这说明，将安宁疗护这一新型的临终医疗模式强行拖拽进本身已经是乱如糜沸、歧见丛生的安乐死议题之下，只能是人为地制造混乱，并不会给我们正确处理这里所涉的一些基本问题带来任何裨益。正确的做法应是从概念上将安宁疗护与安乐死切割开来，并依其所涉问题本身的性质来解决问题本身。至于消极安乐死这一概念及其与积极安乐死的区分则应被抛弃，原因主要在于：第一，消极安乐死与积极安乐死所涉问题的性质本就不同。前者所涉问题的实质是维生医疗的放弃，是一种在医疗范围内的医疗措施选择，本身并没有脱离医疗范畴和医疗自主权所能涵盖的范围；而后者所涉问题已脱离医疗范畴，已非医疗

---

① 佐伯仁志.日本临终期医疗的相关刑事法问题 [J].孙文，译.法学，2018 (5)：144.

自主权所能涵盖，且具有明显的致死目的和故意——医疗行为不可能包含也不应该包含以导致患者死亡为直接目的的行为。故而，将前者与后者统称为安乐死，明显是在用同一概念来指称两个道德和法律性质不同的事物，是欠缺法学上精确思考的产物。正如德国联邦最高法院在2010年的一起中止人工营养案中所言："中止医疗这一概念本身就已经蕴含了特定标准，即相应行为必须与医疗相关并且所实现的乃是患者对医疗行为的意志等。""基于患者同意合法化的安乐死的前提是，它在客观和主观方面都必须与上述意义上的医疗行为直接相关。""这种情形之外的故意结束生命的行为，……不可能通过被害人的同意合法化；从刑法……的规定以及这些条文背后法律体系的价值决定出发，也必然可得出相同的结论。"因为，"自主决定权并不能使个人享有在与医疗无关的场合下让他人侵犯自己生命的权利"。第二，正如前文分析所示，作为和不作为的区分标准并不能为正确区分积极安乐死和消极安乐死提供明确的法律指引，或者说，以此为标准来区分积极安乐死和消极安乐死，本身就很难通过法教义学的检验。正如德国联邦最高法院在前述案件中所言："将类似于关闭呼吸机的积极举动视为'规范意义上理解的不作为'，以便能够将这种行为认定为法律所允许的'消极安乐死'的见解，是扭曲了客观真实的规范评价。这种见解……是教义学上所不允许的'诡计'。""将这些行为一概认定为不作为，不仅难以与学说和判例针对《刑法》第13条规定的不作为犯所发展出来的判断标准相符，而且可能导致判断结果部分地取决于偶然。"

最后，抛弃消极安乐死的概念，仅在积极安乐死意义上使用安乐死的概念，不仅是前文已实现安乐死合法化的国家的共同做法，而且在其他一些国家的相关立法上也有非常明显的体现。例如，在美国，虽然在1976年具有划时代意义的"昆兰案"发生之后，该案所确立的患者有权要求医方撤除维生医疗的规则曾被部分学者引申或包装成为消极安乐死的合法化，但实际上，嗣后出台的美国加利福尼亚州等州的相关立法，都没有使用消极安乐死的概念，而是转而采用了自然死的概念，其用意之一就是有意避开安乐死这一已深陷泥沼的概念的干扰。加利福尼亚州的《自然死法案》甚至明确规定，该法案之规定"不得被解释为容忍、授权或允许怜悯杀人、协助自杀或安乐死"①。更为晚些的法规甚至旗帜更为鲜明地抛弃了所有内含死亡的用词，转而采用了一些与医疗相关的概念，如《预立医疗指示法》《（末期）患者权利法》《缓和医疗法》《维生医疗决定法》②等。这种概念上的清晰切割，在前文所述的世界医学会1987年发表的安乐死宣言中，也有非常明显的体现。1992年，世界医学会再度重申："医生协助患者自杀，与安乐死一样，均不合伦理，应予以非难。……然而，拒绝医疗乃是患者的基本权利，即便是医生因尊重患者的意愿而致患者死亡，其行为也不违背伦理。"以上宣言的存在足以表明，世界医学会所理解的安乐死仅指积极安乐死，消极安乐死的概念并未获得其承认，更别说用它来指称安宁疗护这一不管是在理念上还是在实际功用上都已经全面超越消极安乐死的新生事物了。

简言之，将安宁疗护定性为消极安乐死，是欠缺法学上精确思考的产物，理论上应予抛弃。至于消极安乐死这一概念，在安乐死已经在部分国家实现制度化并据此获得了其法定内涵（仅指"积极安乐死"）的今天，尊重这些法律文本的选择，抛弃消极安乐死这一未为相关立法采纳的"有害无益"的概念，理应成为我们自觉的选择。

---

① California Health and Safety Code§7188, 4.7 Cal. Prob. Code§4653（1999）.
② 例如，1985年美国制定的《统一末期患者权利法》（1993年被《统一健康护理决定法》取代），1995年澳大利亚南澳大利亚州制定的《医疗同意与缓和医疗法》，1996年新加坡制定的《预立医疗指示法》，2000年我国台湾地区制定的"安宁缓和医疗规定"和2015年制定的"病人自主权利规定"，2017年韩国制定的《安宁疗护、缓和医疗和临终期患者的维生医疗决定法》，芬兰、丹麦和挪威等国制定的《患者权利法》等，这些法规都明确承认了患者有权拒绝维生医疗。

二、安宁疗护中拒绝维生医疗不等于自杀

我国现行法律虽然没有对患者是否有权拒绝维生医疗作出明确规定，但从相关立法有关患者知情同意权的规定来看，应可看出，对于维生医疗这种主要针对危重病患实施的具有一定侵入性和危险性的"特殊治疗"[①]，患者应有权在知情的基础上作出同意或不同意的选择。[②]也就是说，依据我国现行法律的规定，原则上应承认患者有权拒绝维生医疗，虽然这种拒绝对于患者来说影响甚巨，但承认患者有权拒绝维生医疗并不等于承认其有权自杀或放弃自身生命。因为，自杀乃是一种为追求死亡而故意终结自身生命的行为，本身已脱离医疗范畴，是在医疗范围之外通过某种依事物的通常进程并不会发生或出现的非常态因素的积极引入来为自身死亡创造"新"的条件，从而最终实现对自身生命的否定和抛弃。而在安宁疗护中，患者拒绝维生医疗，只是在医疗范围内基于其对缓和医疗的选择而同时排除了另一种可能的医疗因素的介入。这种排除虽然客观上可以起到放任病程的进行和死亡自然到来的作用，但实质上并不是要通过某种非常态因素的引入来加速其自身死亡或者为其死亡创造"新"的条件，更不是要放弃自身生命或否定其生命的价值，而是为了追求更好的生命质量而作出的一种合目的性选择，代表的是患者对自身生命价值的积极肯定和追求，体现了一种不求死、不畏死，但求向死而生，从灿烂之生走向静美之死的人生态度。

---

① 《医疗机构管理条例实施细则》第88条规定："特殊检查、特殊治疗，是指具有下列情形之一的诊断、治疗活动：（一）有一定危险性，可能产生不良后果的检查和治疗；（二）由于患者体质特殊或者病情危笃，可能对患者产生不良后果和危险的检查和治疗；（三）临床试验性检查和治疗；（四）收费可能对患者造成较大经济负担的检查和治疗。"

② 《中华人民共和国民法典》第1219条第1款规定："医务人员在诊疗活动中应当向患者说明病情和医疗措施。需要实施手术、特殊检查、特殊治疗的，医务人员应当及时向患者具体说明医疗风险、替代医疗方案等情况，并取得其明确同意；不能或者不宜向患者说明的，应当向患者的近亲属说明，并取得其明确同意。"

简言之，安宁疗护中的患者拒绝维生医疗并不等于自杀，也未违背生命权不可放弃之法理。同理，医生基于患方同意不对患者实施维生医疗或者撤除维生医疗，也不构成医助自杀。①因为医助自杀这种在绝大多数国家和地区都被定性为非法侵害他人生命的行为，本身就是以患者的行为已构成自杀为前提，而此一前提于此并不存在。

三、安宁疗护中基于患方同意放弃维生医疗不违反医生的紧急救治义务

安宁疗护中基于患者或其家属的有效同意不对患者实施维生医疗，并未违反医生的紧急救治义务，也不构成不作为杀人。因为，依据现行法律，医生的紧急救治义务一般只在两种情况下发生：一是依据《中华人民共和国医师法》（以下简称《医师法》）第27条第1款的规定②，在就诊的需要紧急救治的患者或其家属已明确要求对患者施以急救时，医生应立即对患者施以急救，而不得无故拒绝或拖延，即此时的紧急救治义务主要表现为一种强制缔约义务。二是依据《中华人民共和国民法典》（以下简称《民法典》）第1220条和《医师

---

① "放弃维生医疗在伦理上和法律上都不同于自杀、安乐死和医助自杀。" BERLINGER N，JENNINGS B，WOLF S M . The Hastings center guidelines for decisions on life-sustaining treatment and care near the end of life ［M］. second edition. New York：Oxford University Press，2013：6. 美国联邦最高法院也认为，放弃维生医疗不同于自杀和医助自杀。See Vacco v. Quill，521 U.S. 793（1997）.

② 该款规定："对需要紧急救治的患者，医师应当采取紧急措施进行诊治，不得拒绝急救处置。"依据该条的规定，医生对"需要紧急救治的患者"应负有紧急救治义务，但从法律解释的角度来看，"需要紧急救治的患者"是否可以被解释为也包括"疾病终末期患者"，理论上有争议。早在1974年，美国医学会就曾明确指出，"心肺复苏术的目的是防止未预期的突发死亡，而不应于无法恢复的末期濒死病患身上使用"，并基于此倡议减少无效的心肺复苏术的使用。受此影响，1987年纽约州通过的《公共卫生法》率先确立了医生可签发"不施行心肺复苏术"医嘱的制度。依其规定，这种医嘱一般都是经患者或其家属或其代理人同意签发的，但在该法第2965条所规定的"无决定能力的成年患者事先未就此作出决定，其代理人又无法到场或无意愿、无能力就不实施心肺复苏术表示同意"的情况下，主治医生在合理的医学确定性之下，认为心肺复苏术对于病人是无效医疗的，可在经与另一位医院指定的医生达成诊断共识后，径行签发此类医嘱（李寿星，2013）。我国台湾地区的"安宁缓和医疗规定"第7条也规定，在无决定能力的末期病人无最近亲属为其签署相关意愿书时，医生可在经安宁缓和医疗照会后，依末期病人最大利益出具不施行心肺复苏术的医嘱。

法》第27条第2款的规定，"因抢救生命垂危的患者等紧急情况，不能取得患者或者其近亲属意见的"，医生得基于其职责或推定的患者同意，"经医疗机构负责人或者授权的负责人批准"后，立即对患者实施急救等医疗措施。这里所说的"不能取得患者或者其近亲属意见"的情况，主要是指"患者不能表达意志，也无近亲属陪伴，又联系不到近亲属的情况，不包括患者或者其近亲属明确表示拒绝采取医疗措施的情况"①。这表明，依据现行法律的规定，医生在对患者实施心肺复苏等急救时，原则上应征得患者或其家属的同意，在患者或其家属已明确表示拒绝时，除非有法律上的特别授权，否则医生并无义务也无权对患者施以急救，其放弃对患者施以急救的行为也不构成不作为杀人——不作为杀人是以医生有作为义务为前提。亦即，基于患方的有效同意放弃对患者施以急救并不构成法律所期待之作为的不作为。

同理，对于已实施的维生医疗，末期患者或其家属也有权要求终止或撤除，医生应其所求终止或撤除维生医疗的行为也不构成违法。因为，"不予维生医疗和撤除维生医疗在伦理上并无区别。免受不想要之医疗的基本权利并不取决于该项医疗是否已经开始"②。反之，如果我们在法律上仅承认患者有权事先拒绝维生医疗，但无权事后要求终止或撤除维生医疗，则明显有违法理，且会在实践中造成以下不合理的情况：一是有可能造成患者或其家属为了避免事后无法终止或撤除维生医疗，而不得不于事先就拒绝接受维生医疗，从而使患者更容易丧失一次获救的机会。二是有可能造成患者的维生医疗抉择意愿一时难以查明的情况下，医生基于患者家属的同意或推定的患者同意而实施的维生医疗将无法于事后终止或撤除，即便是事后已查明，患

---

① 王胜明.中华人民共和国侵权责任法释义［M］.北京：法律出版社，2010：285.
② BERLINGER N，JENNINGS B，WOLF S M . The Hastings center guidelines for decisions on life-sustaining treatment and care near the end of life ［M］. second edition. New York：Oxford University Press，2013：4.

者的真实意愿是不愿接受这种医疗，或者已于事后明确表示拒绝接受这种医疗，情况也是如此，而这明显有违医疗自主原则。①

四、安宁疗护中基于患方同意放弃维生医疗不违反相关伦理

医生作为生命伦理的践行者，在安宁疗护中基于患方的有效同意放弃对患者实施维生医疗，虽然有可能导致患者的死亡比不放弃时来得更早，但其行为本身并不违反生命伦理，反倒可以更好地践行之。因为，基于患方的有效同意放弃对患者实施维生医疗，本身就是践行尊重患者自主原则的必然要求。更何况，基于行善和不伤害的原则，医生的义务应是依医学专业标准为患者提供适合于其病情的医疗，"预防可避免的伤害，满足患者的需要，促进患者利益，并确保治疗的益处大于患者所体验到的负担"②，进而提升患者福祉，同时应尽量避免给患者造成伤害。对于那些已不能让患者从中获益或者益处明显小于害处的无效医疗③，医生并无义务提供。而在安宁疗护中，对

---

① 我国台湾地区在2000年制定"安宁缓和医疗规定"时，只规定了安宁疗护中可不施行心肺复苏术（含维生医疗），而未规定可终止或撤除维生医疗，以至于两年之后就被迫进行了第一次修正，承认患者有权终止或撤除维生医疗。2011年和2013年，该规定又经历了两次修正，其修正重点就是进一步放宽家属要求终止或撤除维生医疗的条件。

② BERLINGER N，JENNINGS B，WOLF S M . The Hastings center guidelines for decisions on life-sustaining treatment and care near the end of life ［M］. revised and expanded second edition. New York：Oxford University Press，2013：13.

③ 1990年，美国学者施耐德曼等人率先从量化层面和质性层面定义了无效医疗（medical futility）。依其定义，如果根据已发表的实证材料和过往经验，同样的治疗方法经过100例都没有成功，即其成功概率低于1%，则该项医疗即为量化层面的无效医疗；或者如果一项医疗只能维持患者生命征象，而无法让其恢复健康，甚至无法让其脱离重症监护室的，则该项医疗应属于质性层面的无效医疗，但任何照护都不会是无效医疗（LAWRENCE J，SCHNEIDERMAN N S，JECKER ，et al. Medical futility： its meaning and ethical implications ［J］. Annals of Internal Medicine，1990，112（12）：949-950）。此后，美国学者伯纳德又进一步定义了"严格定义的无效医疗"和"宽松定义的无效医疗"。依其定义，前者可由医师依其专业单方面决定是否不施行或撤除，包括缺乏病理生理学上治疗依据、最大治疗下病人仍然心跳停止、在该病人身上已经失败的治疗。后者则需要医生与病人或其代理人经过沟通以达成共识，包括有价值的治疗目标无法达成、治疗成功的概率极低、病人存活的生活质量无法被接受、所预期得到的利益不值得将耗损的资源（See： BERNARD L O. Resolving ethical dilemmas： a guide for clinicians ［M］. 4th ed.Wolters Kluwer：Lippincott Williams & Wilkins，2009：70-72）。

于病情已不可逆转且近期内必然会死亡的末期患者来说，真正能够让其从中受益并提升其福祉的，并不是以延迟死亡为目的的维生医疗[①]，也非已构成无效医疗的治愈性医疗，而是以提升其生命质量为目的的缓和医疗，也只有缓和医疗才能让这些濒死的患者更好地走完人生的最后一段历程，让他们在最后的时日里尽量过上一种有意义和质量的生活。"英雄式地抢救至死"，甚至不惜以各种维生医疗手段来"操控和管理"患者的生命体征，虽然可短暂延长患者生命，但却是以延长和加剧患者的痛苦为代价，甚至有可能让患者陷入一种类似于凌迟一样的"痛苦不堪的死亡"。由此所带来的将有可能是一种"四输"的局面，即：患者会因此受尽折磨，不得善终；家属会因此耗尽家财，深受损失；医生会因此有违行善和不伤害的生命伦理；国家会因此浪费宝贵的医疗资源，而这在一定程度是有违公平正义原则的。

简言之，在治愈病症和控制病情恶化的"医生"措施已被确认为无效，而"救死"的医疗措施又只能暂时延迟而无法阻止近期内必至的死亡时，将缓和医疗作为安宁疗护中的主要"医生"和"护生"措施，不仅符合行善和不伤害的生命伦理原则[②]，而且可以在一定程度上避免医疗资源浪费，因而更应该被发展成为一种医疗常规，一种可以得到生命伦理支持的新的医疗常规[③]。

---

① 按照《重症医学科建设和管理指南（试行）》第16条和第17条的规定，慢性消耗性疾病及肿瘤的末期状态、不可逆性疾病和不能从加强监测治疗中获益的患者，一般不在重症医学科的收治范围内。

② 德国联邦最高法院曾明确表示，医生"对于即将熄灭的生命，不负有不计代价的维持义务，且不是依照机器的功能，而是以尊重生命与人性尊严的个案决定作为医师维持生命义务的基准"。

③ 有学者认为，从国际发展趋势来看，末期病人的心肺复苏和维生医疗并非医疗常规，反倒是不施行或终止、撤除维生医疗正在发展成为一种医疗常规（王志嘉，2012）。

五、安宁疗护中基于患方同意放弃维生医疗是尊重患者自主和生命价值的统一

在患者的近期死亡已不可避免，维生医疗的施予只能短暂延长其濒死过程的情况下，基于患者或其家属的有效同意放弃对患者实施维生医疗，本质上是在尊重患者自主的基础上对其生命价值的维护。因为，医疗知情同意权作为一项源于身体权的权利，本身就是以维护权利人的身体完整性作为其存在目的的。正是这一目的决定了，每一个心智健全的成年人，都有权拒绝任何未经其同意的对其身体完整性的医疗干预，包含挽救生命和维持生命的医疗，纵使这种拒绝可能并不符合其最佳利益，或者有可能导致死亡风险——同意接受医疗同样可能导致死亡风险，他人也无权不顾其意愿而强行干预其身体的完整性，除非发生了法定的可强制医疗的情形。对此，各国法律已普遍接受[1]，德国联邦最高法院甚至认为："任何人均不得在此问题上以法官自居，认为他人在何种情况下应当理智地接受身体完整性的牺牲，以再换取健康。此一指针，对于医生也有其拘束力。"

这种基于对患者身体自主权的尊重而尊重其医疗决定的原则，既是一个私法原则，同时又是尊重人性尊严和自由的宪法原则的必然要求，是基于前述原则而生的宪法意义上的自主决定权在医疗领域的具体贯彻和体现。[2]而从法理上讲，要对此一基本权利加以限制或排除，法律上必须有更为重大的价值或公共利益需要维护才行，而在安宁疗护中，基于患者拒绝维生医疗既不构成对自身生命的伤害、也不

---

① MENDELSON D ， JOST T S . A comparative study of the law of palliative care and end-of-life treatment ［J］. Journal of Law，Medicine & Ethics，2010，31（1）：131.

② 德国法律一般都认为，身体自主权系根源于《宪法》第1条和第2条所保护的人性尊严和自由，二者共同形塑了宪法意义上的自主决定权。

构成对他人生命健康的危害之理由，①这里并不存在需要维护的更为重大的价值或公共利益。更何况，安宁疗护中的患者并没有拒绝所有医疗，而是要求医生进行缓和医疗，不进行维生医疗和治愈性医疗，而缓和医疗作为一种更重视生命质量而非长短的医疗方式，所内含的医疗服务和人文关怀恰恰体现的是一种对患者生命价值的尊重——"尊重一个生命，就是要把它的质量维持到生命尽头"②，是尊重患者自主和扩大患者生命价值的统一。我们甚至可以说，在现代社会，发展安宁疗护或缓和医疗，保证更多的患者能够获得此项医疗服务，业已发展成为现代国家履行其生命保护义务的一个重要方面。③

简言之，在安宁疗护中，基于患者或其家属的有效同意放弃对患者实施维生医疗，不仅符合生命伦理，而且可从患者所享有的维生医疗拒绝权和处于这一权利延长线上的自主决定权来获得合法性支持。这些权利目前已得到世界上许多国家或地区立法的明确肯定和承认（详见后文），我国法律也应如此。

---

① 在我国，强制医疗一般仅适用于患者所患疾病已经严重危及到他人生命健康或人身安全的情况，参见《传染病防治法》第39条，《精神卫生法》第30条和第32条，《刑事诉讼法》第284条。

② BERLINGER N，JENNINGS B，WOLF S M . The Hastings center guidelines for decisions on life-sustaining treatment and care near the end of life［M］. revised and expanded second edition. New York：Oxford University Press，2013：13.

③ 2003年，欧洲理事会出台了一项旨在鼓励各成员国发展缓和医疗的政策框架建议，这一建议已经得到了许多欧盟和非欧盟国家的积极响应，许多国家都专门出台了相关立法和计划。See：WOITHA K，CARRASCO J M，CLARK D，et al. Policy on palliative care in the WHO European region：an overview of progress since the Council of Europe's （2003） recommendation 24 ［J］. European Journal of Public Health，2015，26 （2）：230.

第二章　我国安宁疗护事业发展和制度建设现状

第一节　我国安宁疗护事业发展现状

一、发展的历史过程

我国安宁疗护事业的发展始于20世纪80年代，至今已逾30年。虽然起步并不算晚，但发展相对缓慢，步伐略显滞重。21世纪以后，随着老龄化社会的到来和国家对安宁疗护事业的日益重视，我国安宁疗护事业开始步入发展快车道，服务体系已初具规模。

（一）民间力量主导的艰难探索阶段（1988—2005年）

如前所述，我国安宁疗护事业是以临终关怀的名义起步的，早期推动其发展的力量主要是医疗机构和民间力量。1988年，第一家临终关怀研究机构"天津医学院临终关怀研究中心"成立，标志着我国的临终关怀事业开始从研究起步。1990年，天津医学院建立临终关怀病房，我国临终关怀事业开始由理论走向实践。受此影响，北京松堂关怀医院、上海市南汇老年护理医院（现上海市浦东新区老年医院）等，也开始探索临终关怀服务，其他一些省份也因地制宜地成立了一些临终关怀机构。

1993年，中国心理卫生协会临终关怀专业委员会成立，先后组织召开了多次国际性和全国性临终关怀学术研讨会，为我国临终关怀事业的发展作出了积极贡献。1994年，为贯彻执行《医疗机构管理条例》，原卫生部制定了《医疗机构诊疗科目名录》，首次将临终关怀科规定为卫生行政部门可核定注册登记的诊疗科目。同年颁布的《医疗机构基本标准（试行）》也要求，护理院应为临终患者、晚期绝症患者提供临终护理服务。由此，我国临终关怀事业的发展开始获得国家层面的认可和支持，民间力量和政府力量开始合流。但受各方面条件的制约，尤其是各方的认可和支持力度不够，我国临终关怀事业的发展并不顺利，多数临终关怀服务机构的运营都是举步维艰。①20世纪80年代成立的北京松堂关怀医院之所以会在成立后历经七次迁址，很重要的一个原因就在于，周边的居民不愿意与这样一个专事"送终"的临终关怀机构毗邻而居，这很好地反映了内地的临终关怀事业在起步时所面临的困境。

值得一提的是，从1998年开始，香港商人李嘉诚开始捐资开办具有慈善性质的专门提供临终关怀服务的宁养院，先是在汕头大学医学院第一附属医院推行宁养医疗服务计划，2001年又将该计划推向全国。至今已出资筹建32家宁养院，覆盖了全国32个城市，特别体现了区域平衡的视角，为民间出资设立临终关怀机构树立了典范，也是这一阶段我国临终关怀事业发展不可多得的亮点。

（二）高位推动下的局部快速发展阶段（2006—2015年）

2006年，陈小鲁、罗峪平等人创办了国内首个推广生前预嘱和尊严死亡的公益网站，即"选择与尊严"网站。同年4月，由李家熙等人发起和倡导成立的中国生命关怀协会在人民大会堂成立，标志着我国临终关怀事业开始步入高位推动发展阶段。同年6月出台的《城

---

① 1989年，国务院发布《关于扩大医疗卫生服务有关问题的意见》，鼓励医疗机构从事有偿业余服务及有偿超额劳动等，给医疗机构下放了一些自主权，单位收支结余可以用于自主分配。这一政策的出台虽然为包括临终关怀在内的医疗事业发展提供了新的政策环境，但临终关怀服务机构相对缺乏资金和人员支持、盈利较为困难等问题，一直困扰着我国安宁疗护事业的发展。

市社区卫生服务机构管理办法（试行）》明确规定，社区卫生服务机构可将临终关怀科纳入登记的诊疗科目，进一步推动了临终关怀科的独立学科化。但受财力、人员短缺等因素的影响，实践中，真正设有临终关怀科的医疗机构并不多。据统计，截至2018年底，全国设有临终关怀（安宁疗护）科的医疗卫生机构只有276个，占全国医疗卫生机构总数（997 434个）的比例不到0.028%。①

2011年发布的《护理院基本标准（2011版）》将临终关怀科规定为护理院必设科室。同年发布的《中国护理事业发展规划纲要（2011—2015年）》首次将临终关怀纳入长期医疗护理服务，要求"探索建立针对老年、慢性病、临终关怀患者的长期医疗护理服务模式"。

2012年，上海市《政府工作报告》决定将临终关怀服务试点机构建设列入2012年市政府实事项目，要求市区两级政府共同出资、市红十字会等慈善机构资助，在全市18个区（县）各建设一个社区卫生服务中心，专门设立"舒缓疗护"病区，配备专职医护人员，专门用来接诊收住癌症晚期患者。2014年，上海市政府又将新增1 000张临终关怀病床列为政府实事项目。由此，上海的临终关怀事业开始在政府的大力支持下获得较快发展，并在一定程度上提升了国家对临终关怀事业的关注度。

2012年修订的《中华人民共和国老年人权益保障法》（以下简称《老年人权益保障法》）首次将临终关怀写入立法，明确规定"鼓励为老年人提供保健、护理、临终关怀等服务"。2013年10月发布的《国务院关于促进健康服务业发展的若干意见》，首次将临终关怀确定为覆盖全生命周期、内涵丰富、结构合理的健康服务体系的组成部

---

① 国家卫健委.2018年我国卫生健康事业发展统计公报［EB/OL］.［2024-10-20］.http://www.nhc.gov.cn/guihuaxxs/s10748/201905/9b8d52727cf346049de8acce25ffcbd0.shtml.

分，明确要求"各地要鼓励以城市二级医院转型、新建等多种方式，合理布局、积极发展康复医院、老年病医院、护理院、临终关怀医院等医疗机构。"由此，我国临终关怀事业正式步入有顶层设计、由国家力量主导发展的阶段，临终关怀事业也在一定程度上被上升为国家义务，其重要目标之一是保障老年人的合法权益，应对人口老龄化。

2014年，我国政府和全球194个成员方向世界卫生组织承诺，将临终关怀工作作为国家卫生系统的重点工作。2015年，《关于推进医疗卫生与养老服务相结合指导意见的通知》（以下简称《医养结合意见》）明确提出要发展临终关怀，要求各地"通过建设医疗养老联合体等多种方式，整合医疗、康复、养老和护理资源，为老年人提供治疗期住院、康复期护理、稳定期生活照料以及临终关怀一体化的健康和养老服务"；支持养老机构按相关规定"申请开办老年病医院、康复医院、护理院、中医医院、临终关怀机构等"；"重点加强老年病医院、康复医院、护理院、临终关怀机构建设"。由此，临终关怀被正式定位为一体化健康服务的重要一环，临终关怀服务机构也由以医疗机构（尤其是医院）为主转向更为多元化的发展，临终关怀服务体系的建设开始步入多头并进的阶段。

这一阶段所取得的成就主要有三：一是推动临终关怀事业发展的主导力量开始由民间转向国家，民间力量与国家力量合力推动临终关怀事业发展的局面初步形成。二是在制度和政策层面，临终关怀的体系定位日渐明确。临终关怀科的独立学科化，临终关怀服务主体的日益多元化，临终关怀服务与其他医疗卫生服务的体系接续等，皆为其表现。这也在一定程度上为此后展开的全国安宁疗护试点奠定了基础。三是在上海等局部地区，以社区卫生服务中心为主的临终关怀服务体系建设取得了明显进展。

（三）全国性试点持续推进阶段（2016年至今）

1.全国第一批安宁疗护试点工作的启动

2016年4月，全国政协第49次双周协商座谈会围绕"推进安宁疗护工作"建言献策，建议在全国范围内推动安宁疗护事业发展，将临终关怀这一与东方文化中"好生恶死"观念不合的名称修改为安宁疗护，同时建议明确安宁疗护的内涵和功能定位。①同年10月印发的《"健康中国2030"规划纲要》首次将安宁疗护写入中央文件，并重申了《医养结合意见》对安宁疗护的定位，要求"推动医养结合，为老年人提供治疗期住院、康复期护理、稳定期生活照料、安宁疗护一体化的健康和养老服务"，"加强康复、老年病、长期护理、慢性病管理、安宁疗护等接续性医疗机构建设"等。同年11月，《全国护理事业发展规划（2016-2020年）》，提出要大力发展安宁疗护服务，特别是要提高基层护士的安宁疗护服务能力。同年12月，《"十三五"卫生与健康规划》对发展安宁疗护服务提出了一系列政策要求。

2017年1月国家卫生计生委出台了《安宁疗护中心基本标准及管理规范（试行）》和《安宁疗护实践指南（试行）》，对安宁疗护中心的设置标准、管理规范和安宁疗护实践操作标准等进行了规定。同年3月印发的《"十三五"健康老龄化规划》明确要求，"推动安宁疗护服务的发展"，"支持有条件的养老机构按相关规定申请开办康复医院、护理院、中医医院、安宁疗护机构或医务室、护理站等，重点为失能、失智老人提供所需的医疗护理和生活照护服务"。同年4月，新修订的《医疗机构管理条例实施细则》在医疗机构类别中新增安宁疗护中心。同年6月，《关于进一步深化基本医疗保险支付方式改革

_____

① 参见《全国政协召开双周协商座谈会 围绕"推进安宁疗护工作"建言献策 俞正声主持》[EB/OL]．[2023-06-18]．http://www.xinhuanet.com/politics/2016-04/21/c_1118700027.htm.

的指导意见》明确规定，"对于……安宁疗护……需要长期住院治疗且日均费用较稳定的疾病，可采取按床日付费的方式，同时加强对平均住院天数、日均费用以及治疗效果的考核评估"。同年10月，《国家卫生计生委办公厅关于开展安宁疗护试点工作的通知》将北京市海淀区、吉林省长春市、上海市普陀区、河南省洛阳市和四川省德阳市确定为全国第一批安宁疗护工作试点市（区），试点工作任务共八项：开展基线调查、建设服务体系、明确服务内容、建立工作机制、探索制度保障、加强队伍建设、研究制定标准规范、加强宣传教育。全国安宁疗护试点正式启动，我国安宁疗护事业开始步入发展快车道。

2.全国安宁疗护试点工作的持续推进

2018年6月，《关于促进护理服务业改革与发展的指导意见》将"护理院、护理中心、康复医疗中心、安宁疗护机构等接续性医疗机构数量显著增加……安宁疗护等服务供给不断扩大"确立为改革发展的主要目标之一。同年8月，《关于印发深化医药卫生体制改革2018年下半年重点工作任务的通知》要求，将开展安宁疗护试点作为建立优质高效的医疗服务体系的重点工作任务进行部署，为全国第二批安宁疗护试点工作的启动奠定了重要基础。

2019年5月，《国家卫生健康委办公厅关于开展第二批安宁疗护试点工作的重要通知》确定上海市为试点省（市），北京西城区等71个市（区）为试点市（区），试点的工作任务与第一批试点基本相同。至此，我国安宁疗护试点地区已覆盖全国29个省（自治区、直辖市）的91个市（区），各试点地区百舸争流的局面开始形成。

2019年7月，《健康中国行动（2019—2030年）》强调要推进安宁疗护试点工作。同年10月，《关于深入推进医养结合发展的若干意见》要求，"鼓励养老机构与周边的康复医院（康复医疗中心）、护理院（护理中心）、安宁疗护中心等接续性医疗机构紧密对接，建立协作机制。养老机构中具备条件的医疗机构可与签约医疗卫生机构建立双向转诊机制，严格按照医疗卫生机构出入院标准和双向转诊指征，为老年人提供连续、全流程的医疗卫生服务"。同年10月，《关于建立完善老年健康服务体系的指导意见》不仅针对老年健康服务体系建设提出了三项量化指标，[①]将安宁疗护列为完善老年健康服务体系的六大环节（健康教育、预防保健、疾病诊治、康复护理、长期照护、安宁疗护）之一，而且将加强安宁疗护服务列为主要任务之一，并重点明确了安宁疗护服务的收费准则。按照文件的规定，加强安宁疗护服务的主要任务是：

"根据医疗机构的功能和定位，推动相应医疗卫生机构，按照患者'充分知情、自愿选择'的原则开展安宁疗护服务，开设安宁疗护病区或床位，有条件的地方可建设安宁疗护中心，加快安宁疗护机构标准化、规范化建设。积极开展社区和居家安宁疗护服务。探索建立机构、社区和居家安宁疗护相结合的工作机制，形成畅通合理的转诊制度。制定安宁疗护进入和用药指南。营利性医疗机构可自行确定安宁疗护服务内容和收费标准。非营利性医疗机构提供的安宁疗护服务，属于治疗、护理、检查检验等医疗服务的，按现有项目收费；属于关怀慰藉、生活照料等非医疗服务的，不作为医疗服务价格项目管理，收费标准由医疗机构自主确定。"

"建立完善安宁疗护多学科服务模式，为疾病终末期患者提供疼痛及其他症状控制、舒适照护等服务，对患者及家属提供心理支持和人文关怀。加强对公众的宣传教育，将生命教育纳入中小学校健康课程，推动安宁疗护理念得到社会广泛认可和接受。认真总结安宁疗护试点经验，稳步扩大试点。"

---

① 这三项量化指标为：到2022年，二级及以上综合性医院设立老年医学科的比例达到50%以上；80%以上的综合性医院、康复医院、护理院和基层医疗卫生机构成为老年友善医疗卫生机构；基层医疗卫生机构护理床位占比达到30%。

2019年11月，《老年医学科建设与管理指南（试行）》对老年医学科的诊疗科目资质、设置运行、人员配备、科室管理、质量监管等作出了明确要求。按照指南的规定，老年医学科主要收治患老年综合征、共病以及其他急、慢性疾病的老年患者，在科室管理方面，应当制定老年患者安宁疗护技术方案和处置措施，建立老年患者在院内及与康复、护理机构及社区卫生服务中心的双向转诊机制等。由此，老年医学科开始逐步发展成为提供安宁疗护服务的主要科室之一。

2019年12月，《医养结合机构服务指南（试行）》对医养结合机构①开展安宁疗护工作进行了规范，《关于加强老年护理服务工作的通知》提出"支持和引导社会力量举办规模化、连锁化的护理站、护理中心、康复医疗中心、安宁疗护中心等"，"通过家庭医生签约服务等多种方式，为老年患者提供疾病预防、医疗护理、慢性病管理、康复护理、安宁疗护等一体化服务"。

2019年12月通过的《基本医疗卫生与健康促进法》第36条第1款明确规定："各级各类医疗卫生机构应当分工合作，为公民提供预防、保健、治疗、护理、康复、安宁疗护等全方位和全周期的医疗卫生服务。"由此，安宁疗护被正式纳入我国卫生健康领域第一部基础性、综合性立法，标志着我国安宁疗护事业的发展已进至更高层次的立法推动阶段。

2020年2月，《关于深化医疗保障制度改革的意见》要求"持续推进医保支付方式改革……推行以按病种付费为主的多元复合式医保支付方式，推广按疾病诊断相关分组付费，医疗康复、慢性精神疾病等长期住院按床日付费，门诊特殊慢性病按人头付费"。这一规定在一定范围内也可适用于安宁疗护。

---

① 医养结合机构是指兼具医疗卫生资质和养老服务能力的医疗机构或养老机构，主要为入住机构的老年人提供生活照护、医疗、护理、康复、安宁疗护、心理精神支持等服务。

2021年11月，《关于加强新时代老龄工作的意见》提出"稳步扩大安宁疗护试点"。同年12月，《关于全面加强老年健康服务工作的通知》进一步明确要加快发展安宁疗护服务。

2022年1月，《"十四五"卫生健康标准化工作规划》要求"以标准化为手段提高健康养老服务供给水平，完善老年照护、安宁疗护等老年健康服务标准，健全老年社会支持标准和医养结合标准，夯实老年健康基础标准"。同年2月，《"十四五"国家老龄事业发展和养老服务体系规划》明确要求，"在国家安宁疗护试点市（区），每个县（市、区、旗）至少设立1个安宁疗护病区，有条件的社区卫生服务中心和乡镇卫生院设立安宁疗护病床"。同样是2月，《"十四五"健康老龄化规划》明确提出，开展安宁疗护服务发展专项工程，稳步扩大全国安宁疗护试点，"鼓励康复护理机构、安宁疗护机构纳入医联体网格管理，建立畅通合理的转诊机制，为网格内老年人提供疾病预防、诊断、治疗、康复、护理等一体化、连续性医疗服务"。"实施安宁疗护服务能力提升培训项目，对国家安宁疗护试点市（区）从事安宁疗护工作的5 000名骨干医护人员开展在线培训，对2 000名骨干医护人员开展线下培训"。"建立健全安宁疗护服务涉及的止痛、麻醉等药物配备和监管制度"。同年3月，《关于开展社区医养结合能力提升行动的通知》明确了社区医养结合服务能力提升行动的工作内容；4月，《全国护理事业发展规划（2021—2025年）》要求加快补齐安宁疗护等服务领域的护理短板弱项；7月，《关于进一步推进医养结合发展的指导意见》提出"及时将符合条件的养老机构内设医疗卫生机构纳入医保定点管理……探索对安宁疗护、医疗康复等需要长期住院治疗且日均费用较稳定的疾病实行按床日付费，鼓励有条件的地方向提供医养结合服务的定点医疗卫生机构预付部分医保资金"。

2023年3月，《关于进一步完善医疗卫生服务体系的意见》要求"到2035年，形成与基本实现社会主义现代化相适应，体系完整、分工明确、功能互补、连续协同、运行高效、富有韧性的整合型医疗卫生服务体系，医疗卫生服务公平性、可及性和优质服务供给能力明显增强，促进人民群众健康水平显著提升"。"扩大康复医疗、老年护理、残疾人护理、母婴护理、社区护理、安宁疗护及营养支持等服务供给。规范社会办医发展"。"推进城市医疗联合体建设……在城市地区网格化布局由市级医院、区级医院、社区卫生服务机构、护理院、专业康复机构、安宁疗护机构等组成的医疗联合体"。同年5月，《国家卫生健康委办公厅关于开展第三批安宁疗护试点工作的通知》确定北京市、浙江省、湖南省为第三批全国安宁疗护试点省（市），天津市南开区等61个市（区）为全国安宁疗护试点市（区）。试点的工作任务主要包括建设服务体系、完善支持政策、壮大服务队伍和开展宣传教育四个方面。通知"要求到2025年，在每个国家安宁疗护试点市（区），每个县（市、区）至少设立1个安宁疗护病区，在有条件的社区卫生服务中心和乡镇卫生院设立安宁疗护病床，建立覆盖试点地区全域、城乡兼顾的安宁疗护服务体系"。同时，从构建价格体系、探索支付制度、加大资金支持、建立转诊机制、制定标准规范、保障药物配备六个方面，完善支持政策。

至此，我国安宁疗护试点已覆盖30个省（自治区、直辖市）和新疆生产建设兵团。上海市、北京市、浙江省、湖南省已被全域纳入试点范围，其他省市被纳入试点范围的市（区）共125个，全国合计纳入试点范围的市（区）共189个（含上海市全市16个辖区、北京市全市16个辖区、浙江省全省11个地市、湖南省全省14个地市），另加新疆生产建设兵团的2个师。

3.与安宁疗护相关的医疗改革试点的推进

除安宁疗护试点外，为落实健康中国战略和应对人口老龄化社会的到来，国家还先后开展了多项与安宁疗护相关的医疗改革试点，这些试点主要包括以下几个方面：

一是长期护理保险试点。2016年6月，《人力资源社会保障部办公厅关于开展长期护理保险制度试点的指导意见》选择上海市、重庆市、山东省为长期护理保险制度试点省（市），河北省承德市等18个市（区）为试点市（区），探索建立以社会互助共济方式筹集资金，为包括临终老年人在内的长期失能人员的基本生活照料和与基本生活密切相关的医疗护理提供资金或服务保障的社会保险制度。2020年9月，《关于扩大长期护理保险制度试点的指导意见》进一步明确了参保对象、保障范围、资金筹集、待遇支付等基本政策，对基金、服务、经办等管理服务和组织实施提出了相关要求，新增天津市为试点省（市），北京市石景山区等13个市（区）为试点市（区）。长期护理保险试点开展以来，整体进展顺利，大多数试点城市都已按照试点要求，制定或完善了相关政策，细化了配套措施，制度运行总体平稳。参保人数、基金收入和支出、护理机构和人员数量、受益人群数量都呈稳步增长态势（相关统计数据见后文），产生了良好的社会效应，为安宁疗护服务的发展提供了重要辅助和资金来源支持。

二是医养结合试点。2016年6月，《关于确定第一批国家级医养结合试点单位的通知》确定北京市东城区等50个市（区）为第一批国家级医养结合试点单位。通知要求，各试点单位应尽快建立相关机制，全面落实医养结合工作重点任务，确保试点取得积极进展，收到良好社会效果。同年9月，《关于确定第二批国家级医养结合试点单位的通知》确定北京市朝阳区等40个市（区）为第二批医养结合试点单位。为了推动医养结合发展，2018年11月28日，国务院常务会议专门就此进行工作部署，要求简化医养结合机构设立流程，实行"一个窗口"办理，由相关部门集体办公、并联审批，不能再让市场主体跑来跑去。强化支持政策落实，促进现有医疗卫生和养老机构合作，发挥互补优势。将符合条件的养老机构内设医疗机构纳入医保定点范围。促进农村和社区医养结合，建立村医参与健康养老服务的激励机制。鼓励医护人员到医养结合机构执业，并在职称评定等方面享受同等待遇。国家卫健委随后印发的多个文件也就此作出了进一步部署，试点工作整体进展顺利，医养结合机构数量、医疗机构与养老机构建立可双向转诊的签约合作关系的对数稳步增长（相关统计数据见后文），部分医养结合机构开始提供安宁疗护服务，医养结合服务质量明显提升，老年健康支撑体系逐步完善，安宁疗护事业有了更多的机构体系支撑。

三是"互联网+护理服务"试点。2019年1月，《关于开展"互联网+护理服务"试点工作的通知》确定北京、天津、上海、江苏、浙江、广东6省市作为国家级试点省份，开展为期1年的"互联网+护理服务"试点工作。重点为高龄或失能老年人、出院后患者、康复期患者和终末期患者等行动不便的人群，提供慢病管理、康复护理、专项护理、健康教育、安宁疗护等医疗护理服务。同年8月，《关于完善"互联网+"医疗服务价格和医保支付政策的指导意见》明确对定点医疗机构提供的"互联网+"医疗服务，与医保支付范围内的线下医疗服务内容相同，且执行相应公立医疗机构收费价格的，经相应备案程序后纳入医保支付范围并按规定执行。2020年12月，在总结部分省市"互联网+护理服务"试点工作经验基础上，《关于进一步推进"互联网+护理服务"试点工作的通知》进一步扩大试点范围，各省（区、市）结合实际均可开展，试点期限为2021

年 1—12 月。试点开展后，部分省市积极开展工作，在完善管理制度、防控执业风险、建立医疗服务价格和医保支付政策等方面进行了有益探索，取得一定成效，"互联网+护理服务"试点工作普遍受到了患者及家属、社会的肯定，同时在一定程度上也推动了安宁疗护服务的发展。

四是 DRG 付费国家试点。DRG（Diagnosis Related Groups，疾病诊断相关分组）付费是一种基于疾病诊断相关分组的预定额付费方式，将传统的实报实销的后付制转变为预付制。其中所述的疾病诊断相关组是一种病例组合方式，它综合考虑病例主要诊断、附加诊断、手术、并发症/合并症、年龄、入院情况、出院转归等诸多因素的影响，对病例进行分类组合成若干诊断相关组，每一组都有较高的同质性，有着相同的卫生资源消耗，经过超大样本量的研究，制定出每组病例的支付标准，结合预付费制度，由第三方向医疗机构按患者的 DRGs 分组付费，改按项目付费为按疾病诊断相关组付费。[①]这种预付制最早出现在美国，在实践中已被证明可有效制约医院的医疗行为，激励医院降低成本，减少卫生资源的浪费，达到控制医疗费用的目的。2019 年，国家医保局会同相关部门共同成立 DRG 付费国家试点工作组，并用 3 年左右的时间在 30 个城市开展试点工作，2021 年底试点城市全部进入实际付费。2021 年 11 月，国家医保局印发《DRG/DIP 支付方式改革三年行动计划》，总结推广 2019—2021 年 DRG/DIP 付费国家试点的有效做法，制订未来三年行动计划，从抓扩面、建机制、打基础、推协同四个方面，加快推进 DRG/DIP 支付方式改革全覆盖。DRG 付费方式的发展，也为安宁疗护支付方式的发展提供了更多选择。

----

① 参见《国家医疗保障疾病诊断相关分组（CHS-DRG）分组与付费技术规范》第 1.1 条。

二、发展的实际成效

经过 30 多年的发展，我国内地的安宁疗护（临终关怀）事业已实现从无到有、从星星点点的萌芽起步到服务体系已初具规模的发展。尤其是在全国安宁疗护试点启动以后，我国安宁疗护事业的发展开始步入快车道，服务机构和人员数量明显提升，服务规范和标准已初步建立，资金、人员、费用支付、转诊机制、药物配备保障等方面的支持政策日趋完善，服务能力和质量明显提升，受益人群和服务对象逐步扩大，社会公众对安宁疗护的认知接受度日渐提高，一张可惠及更多人群、逐步融入主流医学体系的安宁疗护服务网络正在祖国大地编织形成。

（一）第一批试点取得的成效

根据 2019 年 6 月 3 日国家卫健委在全国安宁疗护试点工作推进会上所作介绍，2017 年第一批全国安宁疗护试点开展以来，经过 1 年半的试点，首批 5 个试点地区已基本建立市、区、街道三级安宁疗护服务体系，初步形成医院、社区、居家、医养结合、远程服务五种模式，可提供安宁疗护服务的机构从 35 个增加到 61 个，安宁疗护床位从 412 张增加到 957 张，执业医生从 96 人增加到 204 人，执业护士从 208 人增加到 449 人，医护人员数量较试点之初增加 115%。同时，首批试点地区还积极探索，推动出台了促进安宁疗护发展的政策措施，建立完善工作机制，取得一些突破性进展。例如，德阳市率先出台了安宁疗护按床日付费制度，长春市实施恶性肿瘤等三种生命终末期病人单病种付费制度等。推进会同时还指出，当前，我国正处于人口老龄化的快速发展期。截至 2018 年底，全国 65 岁及以上人口达 1.7 亿，约占总人口的 11.9%。患有恶性肿瘤、阿尔茨海默病等不可治愈疾病的老年人逐渐增多，对安宁疗护服务的需求日益增加。据不完全统计，全国安宁疗护服务机构2018年共服务患者28.3万人，取得了较好的社会效益，切实提高了疾病终末期患者的生命质量，建立了和谐的医患关系，促进了社会文明进步，但整体上看，我国安宁疗护服务仍存在供给严重不足，地区之间、城乡之间发展很不平衡，与人民群众的期待存在很大差距等问题。[①]

（二）第二批试点取得的成效

2018年，《我国卫生健康事业发展统计公报》增设"健康老龄化"方面的统计数据，将设有临终关怀（安宁疗护）科的医疗卫生机构数量纳入统计范围，2019年开始将两证齐全（指具备医疗机构执业许可或备案，并进行养老机构备案）的医养结合机构数量、医疗卫生机构与养老服务机构开展签约合作的对数纳入统计范围，但截至目前，尚没有将接受安宁疗护服务的人数纳入统计范围。这就给我们准确了解安宁疗护服务体系建设的实际情况造成了障碍。不过，从以下统计数据中，我们依然可以获得对其发展情况的大致了解。

1.设有临终关怀（安宁疗护）科、老年医学科的医疗机构数量

临终关怀（安宁疗护）科、老年医学科是医疗机构中开展安宁疗护服务的主要科室，公报的统计数据见表2-1、图2-1：

表2-1　　　　2018—2022年全国设有安宁疗护科、

老年医学科的医疗机构数量

	设有安宁疗护科的医疗机构数量	设有老年医学科的医疗机构数量	医疗机构数量
2018年末	276	1 519	997 434
2019年末	354	2 175	1 007 545
2020年末	510	2 642	1 022 922

---

① 参见董小红.全国安宁疗护服务快速发展 去年已服务患者28.3万人［EB/OL］.［2023-08-17］. http://m.xinhuanet.com/2019-06/03/c_1124578776.htm.

	设有安宁疗护科的 医疗机构数量	设有老年医学科的 医疗机构数量	医疗机构数量
2021年末	1 027	4 685	1 030 935
2022年末	4 259	5 909	1 032 918

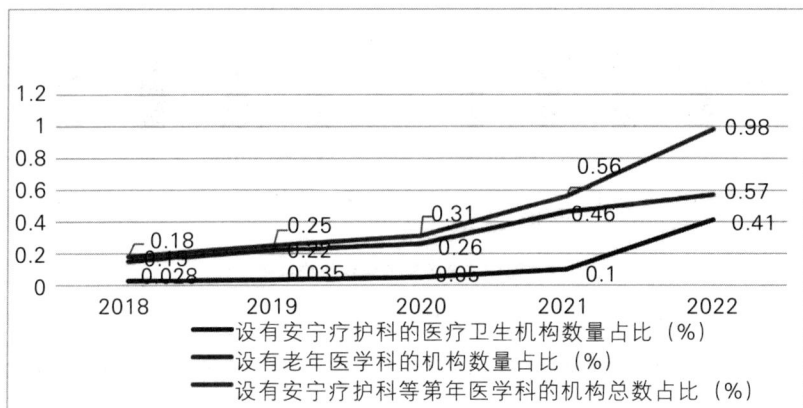

图2-1　2018—2022年设有安宁疗护科、老年医学科的医疗卫生机构占比

可见，全国设有临终关怀（安宁疗护）科的医疗卫生机构总数和设有老年医学科的医院总数，都呈快速增长态势，绝对数分别增长至2018年底的3.89倍和15.43倍（尤其是2022年，设有安宁疗护科的医疗卫生机构总数猛增），政策推动效果显著，发展态势良好，但全国范围内设有这些科室的医疗卫生机构总数的占比依然很低，合计不到医疗卫生机构总数1%，未来的建设任务依然繁重。

2.两证齐全的医养结合机构数量

按照《医养结合机构管理指南（试行）》的规定，医养结合机构（含养老服务机构举办的医疗卫生服务机构、开展养老服务的医疗卫生机构）也可依法开展安宁疗护，医疗卫生机构也可以与养老服务机构建立签约合作关系，实现养老服务和医疗服务（含安宁疗护服务）

对象的双向转介，为安宁疗护服务的开展奠定工作机制基础。2019
年至222年《我国卫生健康事业发展统计公报》统计显示，全国两证
齐全的医养结合机构、医疗卫生机构与养老服务机构建立签约合作对
数稳步增长，如图2-2所示。

图2-2　两证齐全的医养结合机构数量统计

（三）长期护理保险试点取得的成效

2016年长期护理保险试点启动以来，制度运行总体平稳。2020
年，国家医保局开始将长期护理保险的发展情况纳入《全国医疗保障
事业发展统计公报》范围。统计数据显示，2020年，所有试点城市
中长期护理保险参保人数10 835.3万人，享受待遇人数83.5万人；基
金收入196.1亿元，基金支出131.4亿元；长期护理保险定点护理服务
机构4 845个，护理服务人员数19.1万人。2016年试点以来至2020年
底，累计享受待遇人数136万人。2021年，所有试点城市中长期护理
保险参保人数14 460.7万人，享受待遇人数108.7万人；基金收入
260.6亿元，基金支出168.4亿元；长期护理保险定点服务机构
6 819个，护理服务人员30.2万人。2022年，所有试点城市中长期护
理保险参保人数16 990.2万人，享受待遇人数120.8万人；基金收入
240.8亿元，基金支出104.4亿元。长期护理保险定点服务机构7 679
个，护理服务人员33.1万人。

三、整体发展情况评价

2017年全国安宁疗护试点启动以来，我国安宁疗护事业的发展取得显著成就，发展态势良好，但其整体发展水平依然不高，与人民群众日益增长的健康需求依然存在巨大差距，尤其是考虑到我国严峻的人口老龄化形势，[①]更是如此。有学者估计，我国安宁疗护服务的人均覆盖率还不到1%，[②]与发达国家差距很大，安宁疗护服务能力和体系建设依然是任重道远。

一是全球死亡质量排名。根据连氏基金会资助、杜克-新加坡国立大学医学院连氏缓和医疗中心组织编写的《2021年全球死亡质量专家评估的跨国比较》，在报告所列81个国家和地区中，中国内地排名53位（得分64.6分），相比于连氏基金会资助的、经济学人智库2015年发布的《年度死亡质量指数报告》显示的排名第71位（得分23.3分），我国内地的排名和得分都有明显上升。[③]本次排名第一的依

---

① 截至2021年底，全国60岁及以上老年人口达2.67亿，占总人口的18.9%；65岁以上老年人口达2亿以上，占总人口的14.2%。预计2025年，60岁及以上老年人口总量将突破3亿，占比将超过20%。2035年，60岁及以上老年人口将增加到4.2亿左右，占比将超过30%。

② 参见刘璐.老年患者安宁疗护需求大，杨杰孚委员：建议增设安宁疗护病区［EB/OL］.［2023-08-18］. https://www.thepaper.cn/newsDetail_forward_22164384。

③ See ERIC A. FINKELSTEIN，AFSAN BHADELIA，et al. Cross country comparison of expert assessments of the quality of death and dying 2021［J］. Journal of Pain and Symptom Management，2022，63（4）：419-429.此次评估采用的13项指标，依权重排序如下：（1）医务人员将疼痛和不适控制在患者期望的水平（权重11.5%）；（2）安宁疗护的环境干净、安全、舒适（权重10.0%）；（3）医务人员大多以友善和同情的态度对待患者（权重9.8%）；（4）医务人员提供适当水平和质量的延长生命的医疗（权重9.8%）；（5）医务人员提供清晰及时的信息，以便患者作出明智的决定（权重9.3%）；（6）医务人员问了足够多的问题，以了解患者的需求（权重8.2%）；（7）医务人员帮助患者应对情绪（权重7.2%）；（8）不同医务人员之间的照护得到很好的协调（权重7.0%）；（9）患者能够在选择的地方得到照顾和死亡（权重6.2%）；（10）费用不是患者获得适当照护的障碍（权重6.2%）；（11）医务人员鼓励患者与朋友和家人联系（权重5.5%）；（12）医务人员支持患者的精神、宗教和文化需求（权重4.9%）；（13）医务人员帮助解决患者的非医疗问题（权重4.4%）。2015年的评估采用了五个类别的20个指标，加权标准是：姑息治疗和医疗环境（20%权重；4个指标），人力资源（20%的权重；5个指标），护理的可负担性（20%权重；3个指标），护理质量（30%权重；6个指标），社区参与度（10%权重；2个指标）。

然是英国（得分93.1分），我国台湾和香港地区的排名分别由2015年的第6位上升到第3位（得分92.8分），第22位上升到第9位（88.4分）。在报告所列的17个亚洲国家和地区中，我国内地仅排名第12位，远远落后于韩国、蒙古国、新加坡、日本，甚至落后于缅甸、越南。

二是按照世界卫生组织提供的标准，一个国家的缓和医疗（主要是安宁疗护）体系建设水平大致可分为六个层级：（1）第一个层级是没有任何发展缓和医疗的活动。（2）第二个层级是未实际开展缓和医疗服务，但有相关能力建设活动，如参加和组织相关会议等。（3）第三个层级是3A级，有孤立、零星的缓和医疗服务提供，但没有得到很好的支持；资金来源往往严重依赖于捐助；吗啡可获得性较为有限。（4）第四个层级是3B级，有一般性的缓和医疗服务提供，缓和医疗服务在部分地区获得了日益增长的地方支持；资金来源较为多元；吗啡可正常获得；有一定数量的服务提供者提供各种类型的缓和医疗服务；有缓和医疗组织提供相关教育和培训等。（5）第五层级是4A级，缓和医疗服务已初步融入主流医疗体系，大量地区开展了为数众多的缓和医疗服务；服务提供主体和服务类型多元化；卫生专业人员和当地社区对缓和医疗有一定认知；已经实施缓和医疗战略并定期进行评估；吗啡和其他一些强效止痛药物可正常获得；缓和医疗服务对国家政策产生一定影响；一系列组织提供了大量的培训和教育举措；成立了全国性的缓和医疗协会。（6）第六层级是4B级，缓和医疗服务已完全融入主流医疗服务体系，在广泛的地区开展了大量缓和医疗活动；有众多服务提供主体全面提供各种缓和医疗服务；卫生专业人员、当地社区和整个社会对缓和医疗有广泛认识；已经实施缓和医疗战略并定期更新；吗啡和大多数强效止痛药物的可及性强；缓和医疗对国家政策产生重大影响；存在缓和医疗指南；存在公认的教育中心以及与大学的学术联系，缓和医疗已纳入相关课程；存在有重大影响的全国性缓和医疗协会。①

参照以上标准，结合我国安宁疗护发展的实际情况，许多专家学者都认为，目前我国内地除上海、北京等少数发达省份的安宁疗护发展较好外，②绝大多数省份的安宁疗护事业发展都处于尚未形成体系、规模较为有限的 3A 级或 3B 级。安宁疗护服务供给能力严重不足，地区之间、城乡之间发展不平衡的局面仍未得到根本改善，财政投入不足、服务机构和人员短缺、药物可及性较差等问题在各地普遍存在。服务标准和规范不统一、不完善，价格形成机制和费用纳入医保问题尚未真正得到解决，有效的转诊机制尚未建立，专门的立法阙如，民众对安宁疗护服务的认知程度普遍不高等，更是困扰安宁疗护发展的全局性问题，需要国家进一步加大政策、法律和财政支持力度，加强公众教育，举全社会之力推动我国安宁疗护事业向更高水平的整合型、普惠型的民生事业发展，将安宁疗护建设成一项每一个公民都平等可及的基本医疗卫生服务。

第二节　我国安宁疗护制度建设现状

目前，我国并未针对安宁疗护制定专门的法律法规，仅有的两个明确提及安宁疗护（临终关怀）的法律是《老年人权益保障法》和《基本医疗卫生和健康促进法》，二者都仅仅是简要规定了国家鼓励发

---

① CLARK D，BAUR N，et al. Mapping levels of palliative care development in 198 countries: the situation in 2017 [J]. Journal of Pain and Symptom Management，2020，59 (4)：796.

② 上海市作为全国首个全市整体纳入试点范围的省市，目前已初步建成覆盖全市各区的安宁疗护服务网络，普惠制、基本性、兜底性的安宁疗护服务体系已基本形成，以社区为主体、上下联动、已进入主流医学体系的安宁疗护服务机制日趋完善，其安宁疗护服务建设水平是目前我国内地水平最高的地区。

展安宁疗护，并未对安宁疗护所涉法律关系进行具体的规范和调整。2017年启动安宁疗护试点时，虽然出台了《安宁疗护中心基本标准（试行）》《安宁疗护中心管理规范（试行）》和《安宁疗护实践指南（试行）》等规范性文件，但其内容主要是行政管理性和技术操作规范性的，对安宁疗护所涉医患关系和患者权益保障等问题，并未作出任何规定。

一、国家层面的制度建设现状

安宁疗护作为医疗服务的一种，也需受到一般医疗立法的调整。这些医疗立法主要包括以下与患者权益保障和医患关系调整相关的法律规定、与医疗主体从业资格和医疗行为管理相关的法律规定、与医疗用品管理相关的法律规定、与医疗争议和纠纷处理相关的法律规定等。

一是与患者权益保障和医患关系调整相关的法律规定。目前，我国并未针对患者权益保障和医患关系调整制定专门的法律法规，与之相关的法律规定主要散见于宪法和各相关部门法，并由此构成了我国法上的患者权益保障和医患关系调整框架，核心规定如下：

① 《中华人民共和国宪法》（以下简称《宪法》）第21条第1款关于国家发展医疗卫生事业，保护人民健康的规定；第33条关于国家尊重和保障人权的规定；第38条关于公民人格尊严不受侵犯的规定；第45条第1款关于公民有从国家和社会获得物质帮助的权利的规定等。

② 《民法典》第1002—1004条关于生命权、身体权和健康权的规定；第1032—1039条关于隐私权和个人信息保护的规定；第1218—1228条关于医疗损害责任的规定和《最高人民法院关于审理医疗损害责任纠纷案件适用法律若干问题的解释》等。在患者为无民

事行为能力或限制行为能力人时，第26—39条有关监护的规定也可以起到保护患者权益的作用。此外，民法典合同编的相关规定也可用于调整医疗服务合同。

③《基本医疗卫生与健康促进法》第4条关于健康权受法律保护和健康教育获得权的规定；第5条关于基本医疗卫生服务获得权的规定；第32条关于医疗知情同意权的规定；第33条关于平等尊重患者人格尊严和隐私权的规定；第36条关于为公民提供包括安宁疗护在内的全方位全周期的医疗卫生服务的规定；第76条关于鼓励发展长期护理保险的规定；第82条关于参加基本医疗保险权的规定；第83条关于国家建立医疗保障体系的规定等。

④《中华人民共和国社会保险法》（以下简称《社会保险法》）第2条关于国家建立社会保险制度，保障公民依法从国家和社会获得物质帮助的权利的规定；第三章关于基本医疗保险的规定等。

⑤《中华人民共和国老年人健康保障法》第3条关于国家保障老年人依法享有的权益的规定；第50条关于鼓励为老年人提供临终关怀等服务的规定等。此外，《中华人民共和国未成年人保护法》《中华人民共和国残疾人保障法》《中华人民共和国妇女权益保障法》也分别对未成年人、残疾人、妇女的生命身体健康权益保障，作出了一些特别规定。

二是与医疗主体从业资格和医疗行为管理相关的法律规定。这些规定主要见于《医师法》《护士条例》《医疗机构管理条例》《医疗机构管理条例实施细则》《病历书写基本规范》等。卫生行政部门和各医疗协会制定的技术规范、诊疗标准、实施指南、操作规程等技术性规定，也可被看作此类规定的重要组成部分，尤其是2017年出台的《安宁疗护中心基本标准（试行）》《安宁疗护中心管理规范（试行）》和《安宁疗护实践指南（试行）》。《安宁疗护中心基本标准

（试行）》主要是对安宁疗护中心的最低床位要求、科室设置、人员配备、建筑要求、设备配置等作出了规定；《安宁疗护中心管理规范（试行）》主要是对安宁疗护中心的机构管理、质量管理、感染防控与安全管理、人员培训、监督与管理等作出了规定，二者性质上都属于行政管理类规定。前者在理论上还隐含了行政许可权的创设，即安宁疗护中心的设立需要办理行政许可，至于具体应如何办理，相关规定并不是很明确，给实践造成了一定困难。《安宁疗护实践指南（试行）》主要是对安宁疗护服务所涉的症状控制、舒适照护、心理支持和人文关怀服务的操作要点、注意事项等进行了规范，性质上应属于技术操作类的"软法"，对安宁疗护实践的展开具有较强的指导作用。2019年制定的《医养结合机构服务指南（试行）》和2020年制定的《医养结合机构管理指南（试行）》也分别对医养结合机构开展安宁疗护服务的内容、流程和管理等作出了规定。这两个指南与前述三个文件共同构成了规范、指导安宁疗护服务展开的主要规定。

三是与医疗用品管理相关的法律规定，如《中华人民共和国药品管理法》《麻醉药品和精神药品管理条例》《血液制品管理条例》《医疗器械监督管理条例》中的相关规定等。

四是与医疗争议和纠纷处理相关的法律规定，如《医疗事故处理条例》《医疗纠纷预防和处理条例》中的相关规定等。此外，《中华人民共和国民事诉讼法》《中华人民共和国行政诉讼法》《中华人民共和国行政复议法》《中华人民共和国国家赔偿法》等立法中的相关规定，也可用于医疗争议和纠纷的处理。

二、地方层面的制度建设现状

（一）地方立法

目前，我国内地并无专门针对安宁疗护的地方立法，唯一与此密切相关的地方立法是2022年6月通过的《深圳经济特区医疗条例》（修订稿），该法规在全国首次将"生前预嘱"写入地方立法，开创了中国"生前预嘱"立法的先河。条例第78条为患者的临终医疗决策权提供了法律保障，也为安宁疗护患者拒绝维生医疗提供了法律依据。为保障"生前预嘱"制度的实施，助推安宁疗护试点，深圳市还出台了《深圳市生前预嘱服务指引（试行）》和《深圳市生前预嘱参考文本》，为"生前预嘱"制度的实施和推广积累了宝贵经验。

（二）地方规范性文件和地方标准

在全国安宁疗护试点启动以后，多数试点省（市）或市（区）都先后发布了试点工作实施方案，对试点工作进行整体部署。此外，部分地方政府还专门针对安宁疗护的实施发布了一些具有适用性的地方规范性文件和地方标准。这些文件为数众多，以下仅简要概述其中较具代表性者。

1. 较为系统的规定

在各地方政府针对安宁疗护制定的较为系统的规定中，较具代表性的主要有《上海市安宁疗护服务规范》《成都市安宁疗护服务标准（试行）》和《青岛市安宁疗护基本服务规范》。这些文件的内容主要涉及安宁疗护的概念、服务对象、服务原则、服务形式、人员配备和职能、服务流程等方面，规定的服务对象一般仅限于经医疗机构执业医师明确诊断、预估生存期不超过6个月的疾病终末期或老年患者，但采用的患者功能状态和预期生存期限的评估方法并不相同。值得一提的是，受深圳立法影响，《青岛市安宁疗护基本服务规范》在第6.6条中也明确引入了生前预嘱概念。

与以上规范不同的是，国内多数省市在规定与前述规范相似内容时，多倾向于通过制定地方标准的形式来规范安宁疗护，具体情况见

表2-2。①除此之外，有的地方政府还会制定了一些"工作指引"来指导规范安宁疗护，例如《广东省城乡基层医疗卫生机构开展临终关怀服务工作指引（试行）》《上海市社区卫生服务中心安宁疗护工作指引》。这些指引的内容主要是对医疗机构开展安宁疗护（临终关怀）服务、管理过程中的各项工作要求进行了综合梳理、汇总和细化，其编制形式和功能与地方标准较为类似，对于提升当地的安宁疗护服务水平和统一技术操作规范，发挥了积极作用。

表2-2   各省市地方标准

年份	地域	地方标准名称
2015	安徽省	《养老机构介护休养人员临终关怀规范》（DB34/T 2472-2015）
2017	河北省	《养老机构安宁疗护服务规范》（DB3/T 2573-2017）
2017	广东省	《养老机构服务规范 临终关怀》（DB44/T 1984-2017）
2017	广西壮族自治区	《养老机构安宁（临终关怀）服务规范》（DB45/T 1606—2017）
2018	湖北省孝感市	《养老机构临终关怀服务规范》（DB4209/T 16—2018）
2019	安徽省	《社会福利机构安宁疗护服务规范》（DB34/T 3513-2019）
2019	山西省	《养老机构临终关怀服务规范》（DB14/T 1890—2019）
2020	辽宁省	《安宁疗护基本服务规范》（DB21/T 3346—2020）
2021	山西省太原市	《安宁疗护机构服务规范》（DB1401/T 11-2021）《居家安宁疗护服务规范》（DB1401/T 12-2021）
2021	吉林省	《养老机构安宁疗护服务规范》（DB22/T 3293-2021）

---

① 表中数据来源于全国标准信息公共服务平台（https://std.samr.gov.cn/），检索日期为2023年9月30日。

年份	地域	地方标准名称
2021	山东省	《养老机构临终关怀服务规范》（DB37/T 4399—2021）
2022	江苏省南京市	《安宁疗护服务规范》（DB3201/T1708-2022）
2022	黑龙江省	《安宁疗护服务规范》（DB23/T 3396—2022）
2023	江苏省	《安宁疗护服务规范》（DB32/T 4577-2023）
2023	河北省石家庄市	《医疗机构安宁疗护服务规范》（DB1301/T490-2023）
2023	重庆市	《养老机构临终关怀服务规范》（DB50/T 1420-2023）

2.针对特定事项所作规定

各地方政府在试点过程中，还专门针对安宁疗护中的某一事项或某一些事项制定了一些规范性文件和地方工作文件。其中，聚焦较多的事项主要是安宁疗护服务机构的设置标准、收治标准和费用结算等，例如《上海市社区卫生服务中心安宁疗护（临终关怀）科设置标准》[①]《南京市安宁疗护机构设置基本标准（试行）》《昆明市安宁疗护机构（病区）设置基本要求（试行）》等。四川省德阳市作为2017年首批开展试点的5个市（区）之一，在试点开展不久，就率先出台了安宁疗护按床日付费制度，并先后制定了《德阳市医疗机构安宁疗护收治准入标准》[②]《德阳市安宁疗护质量控制基本标准》《德阳市安宁疗护会诊办法》等标准和规范。受此影响，全国许多试点地区开始试行安宁疗护按床日付费等制度，并出台了相关文件，例如大连市的《关于安宁疗护实行按床日费用结算等有关问题的通知》、宁

---

① 2022年，《上海市基本公共服务实施标准（2022年版）》首次将安宁疗护列入上海市基本公共服务范畴。

② 按照《德阳市医疗机构安宁疗护收治准入标准》的规定，安宁疗护的收治标准为：凡诊断明确且病情不断恶化，现代医学不能治愈，属不可逆转的慢性疾病终末期，预期存活期不超过6个月，并同时符合下列条件之一的患者：（1）晚期终末期恶性肿瘤患者，预估患者生存期越短、症状越明显，优先考虑收治；（2）2个以上重要器官持续衰竭的高龄（大于等于80岁）老衰患者；（3）卧床1年以上、丧失生活自理能力的失能失智患者；（4）其他疾病失代偿期患者。

波市的《关于基本医疗保险长期住院和安宁疗护费用按床日 DRG 付费的试行通知》、长沙市的《关于开展安宁疗护住院医疗费用包干结算试点工作的通知》等。2022 年 9 月，德州市医保局又印发了《关于开展安宁疗护医保结算试点工作的通知》，进一步对安宁疗护费用进入医保进行探索。

三、制度建设现状分析

安宁疗护所涉法律关系主要包括三个方面：一是发生在患者、患者家属或其代理人和医方（含医护人员和医疗机构）之间的民事法律关系，这一关系是安宁疗护所涉法律关系的核心，也是各国相关立法调整的重点。二是发生在国家、患者（公民）和医疗机构之间的社会保障法律关系，如社会保险和福利关系等。这是由医疗卫生事业属于政府实行一定福利政策的社会公益事业的性质所决定，由此也就产生了国家保障和促进安宁疗护事业发展的法律义务。三是发生在卫生行政机关和医疗机构、医务人员之间的行政法律关系，如行政许可、监督和处罚关系等。我国既有立法对以上三个方面的法律关系都有所调整，但正如前文的梳理所示，这种调整从整体上来看，依然是非专门化的、不成体系的，安宁疗护所需的基本规则仍付阙如。

首先，在法律法规层面，我国并无专门针对安宁疗护制定的特别立法，仅有的两条规定是《老年人健康保障法》第 50 条和《基本医疗卫生和健康促进法》第 36 条第 1 款。这些规定从法理上讲，可以被理解为是一种政策性的宣示，隐含了对国家负有保障和促进安宁疗护事业发展的法律义务的原则性确认，但并没有对这些义务的具体内容以及国家具体应如何履行其义务等，作出明确规定，相关规定主要散见于一些中央文件。业界比较关心的安宁疗护应如何纳入医保的问题，依然处于探索当中。安宁疗护服务获得权能否被看作基本医疗卫生服务获得权的一部分，尚无明确共识。国家在保障安宁疗护服务获得公平的政策和资金支持、保障阿片类药物的可及性、推动安宁疗护与社区服务和医疗卫生系统深度融合等方面，应负有哪些法律义务，也不是很明晰。简言之，既有法律规定在调整安宁疗护所涉的国家与公民关系（含社会保障关系）时，所设规定较为原则、模糊，尚不足以为安宁疗护事业的发展提供明确的、稳定的规范支持。

其次，在部门规章层面，专门针对安宁疗护出台的规范主要有《安宁疗护中心基本标准（试行）》《安宁疗护中心管理规范（试行）》《安宁疗护实践指南（试行）》《医养结合机构服务指南（试行）》和《医养结合机构管理指南（试行）》等，其规范内容主要是行政管理性的和技术操作性的，所涉事项主要是安宁疗护服务机构的设立、管理和运行，以及安宁疗护实践操作的技术指南等，基本上不涉及对安宁疗护所涉医患关系的调整，也无患者权益保护规定。

最后，地方层面出台的相关立法、标准和规范等，虽然一般都会对安宁疗护的服务对象、原则和流程，以及患者的临终医疗选择意愿表达等，作出一些规定，但效力层级比较低，不一致的地方也比较多。这虽然有利于鼓励地方探索如何对安宁疗护的实践操作进行技术层面的规范，但欠缺国家层面的统一规范，尤其是欠缺对安宁疗护服务对象、安宁疗护意愿的表达等基本问题的统一规定，将十分不利于安宁疗护事业的长期健康发展。

总之，我国目前尚未针对安宁疗护制定出较为明确的、统一的法律规则。安宁疗护的服务对象应如何界定，其收治条件和程序如何，患者表达其临终医疗选择意愿的形式和效力如何（含是否可通过"生前预嘱"表达其意愿以及该意愿对医务人员和家属是否具有拘束力等），已丧失决定能力的患者的临终医疗应由谁依何原则来决定，国家在保障安宁疗护发展方面应负有哪些法律义务，应如何对安宁疗护服务行为进行监管等，所有这些方面的规则都是不明确的或者有待进一步明确。这对于安宁疗护这一事涉"生死"的医疗服务来说，不仅意味着法律保障的欠缺，而且意味着与之相关的许多伦理问题在法律上尚无权威的解答和共识，这将对患者和医护人员的权益保障构成潜在的威胁，甚至会在一定程度上危及安宁疗护事业本身的发展。2015年，国内第一起吗啡医疗案①之所以会在业内广受关注，核心原因就在于，该案不仅直接涉及临终缓和医疗中医疗责任和患者权益保障，而且其判决结果将会对我国在临终医疗领域使用阿片类药物的决心产生重要影响。②有学者甚至认为，"它的判决结果将影响到我国缓和医疗工作能否与国家社会的主流观念接轨，以及我国安宁疗护事业未来的发展方向。"③该案的最终判决结果虽然是医方无责，但其间所生争议问题仍然值得思考。

第三节　未来我国安宁疗护制度体系建设的主要任务

安宁疗护制度体系建设是一项综合工程，涉及医患关系、患者权益保障、社会保险和福利事业发展、国家的保障和监管义务等众多事项的调整，以及行业技术规范和标准的制定等。这一制度体系既需要在基本规则和原则上保持一定的稳定性，又需要在一些与发展相关的事项上保持一定的开放性，以适应经济社会的发展。目前，我国安宁疗护制度体系建设尚处于试点探索阶段，基本规则体系尚未

---

① 参见北京市东城区人民法院（2016）京0101民初字第1404号民事判决书。
② 2018年，原国家卫生计生委颁布的《安宁疗护实践指南（试行）》已在"症状控制"部分明确指出，"阿片类药物是使用最为广泛的具有中枢神经活性的治疗此类呼吸困难的药物，应明确告知呼吸抑制、镇静的作用机制"。这表明，我国在安宁疗护实践中也非常重视阿片类药物的使用。
③ 陈小鲁，罗峪平.中国缓和医疗发展蓝皮书（2019—2020）[M].北京：中国人口出版社，2021：246.

建构完成，未来的制度体系建设任务繁重。参酌域外的制度建设情况，同时结合我国实际，本书认为，未来我国安宁疗护法律制度体系建设的首要任务是明确承认患者的维生医疗拒绝权和安宁疗护获得权，总体任务是在明确承认前述两项权利的基础上，构建一个以安宁疗护特别立法为基础，由众多相关立法和标准共同构成的制度体系。

一、首要任务：明确承认维生医疗拒绝权和安宁疗护获得权

安宁疗护法律制度体系建设的首要目的，是为了维护患者权益，保障安宁疗护事业的健康发展。这是由安宁疗护的实践发展需要所决定的。然而，我国立法对安宁疗护中的患者应享有哪些权利并无明确规定，相关的权利保障规则也较为粗陋、分散，甚至存在明显缺失，以至于许多学者对我国立法上的患者是否享有维生医疗拒绝权心存疑虑，更别说将安宁疗护获得权视为一项基本人权了。这极大地妨碍了安宁疗护的实践发展，是妨碍安宁疗护发展的一个主要制度障碍。正如许多专家所指出的，"缺乏对安宁疗护是一项人权的认识"是影响安宁疗护发展的一个主要负面因素。[①]

与之相对，在全球范围，安宁疗护发展得较好的国家和地区，一般都会对此进行专门的立法，其立法的核心内容主要包括两个方面：一是在明确承认患者有权拒绝维生医疗的基础上，针对该权利的行使设计较为细密的规则。《深圳经济特区医疗条例》（修订稿）率先引进的"生前预嘱"制度就是其核心内容之一。除此之外，如何合理构建无决定能力患者的维生医疗决定规则，也是各国立法的重点和主要争点，并由此发展出了医疗代理人制度、依患者可推测意愿或患者最佳

---

① ERIC A，FINKELSTEIN，BHADELIA A，et al. Cross country comparison of expert assessments of the quality of death and dying 2021 [J]. Journal of Pain and Symptom Management，2022，63（4）：419-429.

利益决策的不同规则和标准等。二是为保障安宁疗护的可获得性和可用性，各国一般都会以立法的形式对国家在这一方面应承担的法律义务作出明确规定，要求国家为安宁疗护的发展提供资金、人员和药物保障，将安宁疗护服务费用纳入医保或相关国家资助计划等。这些法律义务的确立很大程度上是建立在将安宁疗护获得权作为一项人权对待的基础之上，而对我国学界来说这是相对比较陌生的。这就更加凸显了明确承认安宁疗护获得权的必要性和重要性。

2014 年，我国向世界卫生组织承诺，将安宁疗护工作作为国家卫生系统的重点工作推进。为此，中共中央、国务院和各相关部门相继发布了一系列文件，出台了许多政策，积极推动安宁疗护的发展和相关制度的建设。这在很大程度上表明，我国正朝着将安宁疗护事业作为一项人权事业来对待的方向发展。将维生医疗拒绝权和安宁疗护获得权明确规定为法律权利，不仅是对既有工作的肯定和支持，还是进一步明确安宁疗护的法律地位和相关制度体系建设的目的和宗旨，破除了各种阻碍安宁疗护发展的制度障碍和观念障碍，进而为安宁疗护事业的长期健康发展奠定制度基石。

二、总体任务：构建以安宁疗护特别立法为基础的制度体系

安宁疗护法律制度体系的建设需要以立法为基础来展开（已被许多国家的实践证明），也是由安宁疗护事业是一项事关基本人权实现的公共事业所决定。基于我国的现实发展情况，本书认为，未来我国安宁疗护制度体系建设的总体任务是要构建一个以安宁疗护特别立法为基础的制度体系。其中，核心任务是要制定一部专门针对安宁疗护的特别立法，在明确承认维生医疗拒绝权和安宁疗护获得权的基础上，对安宁疗护所涉及的核心法律关系，即医患关系和国家与公民（患者）之间的关系进行法律调整，以明确安宁疗护的基本规则。辅

助任务是要以前述特别立法为纲，完善与安宁疗护服务相关的机构和人员管理、药品支持和技术操作规范与标准等，以保障前述特别立法所规定的权利和义务的实现。

（一）核心任务：制定安宁疗护特别立法

欠缺安宁疗护的基本规则，未明确规定安宁疗护患者的维生医疗拒绝权和安宁疗护获得权，是目前我国安宁疗护制度体系的主要缺陷。

首先，现行法未明确规定患者享有维生医疗拒绝权。虽然这一规定的缺乏不妨碍我们在学理上将维生医疗拒绝权解释为是法律已明确规定的医疗知情同意权的一部分，但学理解释终归只是解释，不如法律的直接规定来得明确、具体和权威。更何况维生医疗拒绝权本身就是一项与死亡相关的权利，具有先天的伦理上的敏感性，同时又与多样化、个体化的生命价值观念紧密相连。在这一问题上，欠缺法律的明确回答，不仅意味着显性伦理共识的缺乏，而且在实践中会诱发各种观念分歧和争议，不利于对患者的权益保护。

其次，现行法未明确规定维生医疗拒绝权的行使规则。这些规则的缺乏，尤其是代为行使权利规则的缺乏，不仅不利于患者真实意愿的贯彻，而且在实践中会诱发医疗决定困难或医疗纠纷，甚至会在一定程度上导致社会观念分裂。2010年发生在天津的广受媒体关注的"无肛女婴"事件就是最好的例证。2012年2月，天津一名被医生诊断为患有先天性肛门闭锁、多发瘘、肾积水、心脏卵孔未闭等先天缺陷的女婴，在医院经过13天治疗后，患者家属鉴于女婴病情太过严重复杂，经集体商议后决定放弃治疗，将女婴转到天津延安医院临终关怀病房照顾。网友得知消息后，从医院抢走女婴，送至北京和睦家医院进行治疗，部分网友还组成"爱心妈妈"联盟，启动了营救计划。①这一事件在媒体上引发了各种有关放弃维生医疗所涉及的法律问题的讨论，分歧也比较大。但问题是，截至目前，我国仍未明确维生医疗拒绝权的行使规则，这就给这一敏感问题的处理留下了太多的不确定性。2022年修订的《深圳经济特区医疗条例》引入源自美国法的生前预嘱制度（该制度实质是一种预先表达临终医疗抉择意愿的法律制度），很大程度上就是为了明确维生医疗拒绝权的行使规则，其规定虽略显简单，但突破的方向和勇气值得肯定。未来，我国安宁疗护立法也应重点围绕临终医疗措施的选择构建较为完备的医疗决定权行使规则，尤其应建立起许多国家和地区立法都已明确规定的生前预嘱制度、预立医疗决定制度和医疗代理人制度等，以便更好地保障患者权益。

再次，虽然现行法明确规定安宁疗护服务对象为疾病终末期患者，但并未对疾病终末期患者的概念进行界定，各地方在实践中所采用的准入标准也不尽相同，这并不利于患者权益保障和医疗公平。未来，我国立法应对这一基本问题作出明确规定。同时，基于安宁疗护的特殊性，我国立法还应对安宁疗护中的医方义务的履行作出一些必要的特别规定，以规范医方行为，保障患者权益。例如，对于安宁疗护中的医方告知说明义务到底是应该向患者本人履行，还是应该仅向患者的近亲属履行的问题，法律上有必要作出明确规定，否则，实践中会导致医方更多地将这种情况作为《民法典》第1219条第1款第2句后段规定的"不能或者不宜向患者说明的"情况处理，并据此仅向患者的近亲属告知说明，而这未必符合患者本人的意愿。

最后，安宁疗护获得权的实现离不开国家的积极作为，国家对此应负有哪些作为义务，现行法的规定并不是很明确。未来，我国立法

---

① 佚名.天津"无肛女婴"事件始末：亲情与生命的纠结［EB/OL］.［2023-08-27］. http：//news.enorth.com.cn/system/2010/02/23/0 04508791.shtml.

应对此作出一些必要规定，以贯彻和落实《中华人民共和国基本医疗卫生和健康促进法》和《中华人民共和国老年人权益保障法》中有关国家鼓励发展安宁疗护的原则和精神。尤其是要对安宁疗护能否纳入以及如何纳入医保或长期护理保险的问题作出明确规定，以便为安宁疗护的发展提供常态的、稳定的资金支持，克服既有规定不明所导致的各种问题。此外，政府也可以考虑将国家应制定安宁疗护服务规范和标准、积极采取各种推动安宁疗护发展的措施的义务纳入立法范围，并对此作出一些原则性规定，以明确国家应尽义务的法律框架，为各级人民政府依法履责提供指导。

（二）辅助任务：完善相关配套立法和标准等

虽然安宁疗护特别立法可以为此处所涉及的医患关系调整和患者权益保障提供必需的基本规则，但这些规则所规定的权利和义务的实现，仍有赖于其他相关立法、标准和政策的支持，才能真正落到实处。这既是由安宁疗护服务的专业技术性和综合性决定的，也是由国家应承担的法律义务的复合性决定的。

一是安宁疗护服务具有专业技术性和综合性，决定了安宁疗护获得权的权利内容必然是复合的。按照相关国际组织的主张，这至少应包括获得阿片类镇痛药物等必需药物的权利，获得符合其自身需要的专业的综合医疗服务的权利，获得全民健康保险的支持以确保其可以低成本地获得安宁疗护服务的权利等。由此决定了这一权利的保障必然需要依赖于众多相关立法的协同，如需要相关药品管理法律法规的支持，以确保吗啡等必需药物的可获得性；需要相关医疗行政管理规定的规范，以确保安宁疗护服务人员具有相应资质和能力，确保安宁疗护服务机构的设施符合要求；需要相关医疗保险规定的支持，以确保安宁疗护服务的可及性、普惠性和可负担性；需要相应的实践操作指南和行政监管制度的配合，以确保安宁疗护服务的规范性，确保其质量至少应达到世界卫生组织建议的最低标准要求等。简言之，安宁疗护服务获得权的保障需要一个综合的制度体系，很难通过单一立法或某一制度的调整来实现。

二是国家应承担的法律义务也揭示了制度建设的综合性与体系性。因为不管是对于医疗自主权（包括维生医疗拒绝权）这一自由权，还是对于安宁疗护服务获得权这一社会权，国家依法都应负有"尊重和保障人权"的义务。这些义务本质上是复合的，而非单一的。其中，"尊重"侧重的是消极不作为，即避免侵害权利，本质上是一种消极义务；"保障"侧重的是积极作为，即通过采取积极的措施，保护个人权利免受第三方侵害，为其权利的实现提供条件、便利和帮助等，本质上是一种积极义务。对医疗自主权来说，国家应负的首要义务是明确维生医疗拒绝权的存在，并通过相关立法明确其权利行使的规则。对安宁疗护获得权来说，国家的首要义务应是像2011年国际疼痛峰会发布的《蒙特利尔宣言》所倡导的，制定有助于"促进"但"肯定不会阻碍"患者获得充分的缓和医疗的法律、政策和制度，并通过其实施，保障患者权益的实现。而制定这些法律、政策和制度并保障其实施的义务显然也具有内容上的复合性，需要综合的制度体系保障，才能确保其义务的履行。

综上所述，我国安宁疗护法律制度体系的建设，应以制定安宁疗护特别立法为基础，通过众多相关立法、标准和政策的制定与配合，共同完成其制度体系的构建。

第三章　全球善终服务立法视角下的安宁疗护立法模式[①]

安宁疗护作为善终服务的一种，其立法的发展与安乐死、尊严死（协助自杀）等善终服务立法存在一定的历史和实践关联性。目前，世界上一些国家和地区明确承认了安乐死和协助自杀的合法性，并为安宁疗护这种相对"温和"的善终服务提供立法保障。然而，世界上绝大多数国家和地区都拒绝承认安乐死和协助自杀的合法性，其立法（如果有立法）所规范的善终服务一般都是围绕安宁疗护或自然死展开，并由此发展出了不同的立法模式。我国的善终服务立法应以何为重点来展开，在学理上向来就有较大争议。其中，有的学者主张我国应制定尊严死法或安乐死法，明确承认医助自杀和积极安乐死的合法性；有的学者主张我国应制定尊严死法，明确承认正当的中止维生医疗行为的合法性[②]——这些学者所理解的尊严死与持前一观点的学者并不相同；还有的学者主张我国应将更多精力投入到安宁疗护法律制度体系的建设上，反对医助自杀和安乐死的合法化。[③]这些不同观点的存在，不仅意味着相关立法共识的缺乏，而且意味着我国安宁疗护法律制度体系建设的方向存在一定的不确定性。鉴于此，以下将从更广义的善终服务立法的角度，对全球善终服务立法的不同模式进行考察，以明晰未来我国善终服务立法的重点和应当采取的模式。

---

① 本章内容曾以《善终服务的法律调整模式及选择逻辑》为题，发表于《中外法学》2022年第4期。

② 刘建利.尊严死行为的刑法边界 [J].法学，2019（9）：28.

③ 孙也龙.法国临终医疗法制评析与启示 [J].河南财经政法大学学报，2019（5）：136；罗点点.尊严死不是安乐死——与全国政协社会和法制委员会沈德咏主任商榷 [EB/OL].［2023-05-17］.https://www.163.com/dy/article/FDJ374T90521MBQC.html.

第一节　善终服务立法的缘起

追求善终是人类自古以来就有的美好愿望。但是，受人类观念和医疗科技不发达的影响，这种对善终的美好追求在很长的一段历史时期都主要停留在观念探讨和个体化实践层面，并没有发展成为一种普遍化的、制度化的理论和实践。善终服务的普遍化和制度化，是随着现代医疗科技发展和个人自由主义的兴起而产生的，相关的立法需求最早是由英国医生威廉姆斯于1872年提出的，①并由此开启了善终服务立法的历史进程。时至今日，世界上有许多国家和地区出台了有关善终服务的立法，其立法名称和理念虽不尽相同，但都反映了一个基本事实，即人类追求善终的美好愿望已发展成为一种需要通过立法来保障其实现的需求。这种需求的产生，显然与20世纪以后的社会历史发展密切相关。依据作者的观察和研究，这种相关性主要源于现代医学背景下人对死亡方式和意义的改变，主要体现在两个方面：一是现代医学对死亡的控制能力日益增强，进而改变了现代人的死亡方式；二是现代人的死亡观和对死亡意义的理解日趋世俗化和多元化。善终服务的立法需求产生于二者在相互作用过程中所诱发的生命保护与个体自决之间的矛盾。

一、死亡方式的改变：死亡医学化

死亡医学化是产生于现代西方的社会医学化②的一个表现，所要

①　GLAZEBROOK P R . Your death warrant? The implications of euthanasia ［J］. The Cambridge Law Journal, 1971, 29（2）: 300.

②　社会医学化是指非医学问题被界定为医学意义上的疾病问题或障碍问题，并对其加以治疗的过程。CONRAD P. Medicalization and social control ［J］. Annual Review Sociology, 1992（18）: 209.

表达的是现代人的死亡方式和过程已日益受到以对抗死亡为目的的医学干预和控制。①这种干预和控制的日益增强，是以现代医学在对抗死亡方面所取得的巨大成就为前提，并与现代医学的权威和医疗资源的可获得性日益增高密切相关。正是这些因素的共同作用决定了现代人的死亡越来越不被视为一个正常的生理过程和日常生活的一部分，而是转变成为一项对抗"异常情况"的高技术活动。②由此所带来的死亡的医学化主要表现在以下四个方面：

一是死亡过程的延长，即现代人的死亡已经变得越来越缓慢，死亡不仅可以被延迟，甚至可以被逆转——某些情况下的心肺死可以被逆转。为了防止和对抗死亡，人类发明了许多先进的医疗技术和药剂，如心脏起搏器、人工呼吸机、体外生命支持系统、心肺复苏术、肾上腺素注射液和各种抗生素等。正是借助于这些先进的医疗技术和药剂，医生不仅可以操控和管理患者的死亡，而且可以单纯依赖维生医疗让一个脑死者的生命征象维持很久，从而使得死亡变得越来越不容易，也越来越难以被定义。③有的学者不无嘲讽地批评道："只有当人不仅作为生产者还作为消费者都变得毫无用处时，社会认可的死亡才会发生。……死亡已经成了消费者抵制的终极形式。"④

二是病死的普遍化，即现代人的死亡除了死于刑罚、自杀和意外灾祸外，都可以被定义为病死。按照现代医学的定义，即便是正常的老死，也是死于各种退化性（衰退性）疾病，或者死于某种异常的生

---

① CONRAD P. The medicalization of society: on the transformation of human conditions into treatable disorders [M]. Baltimore: the Johns Hopkins University Press, 2007: 5.

② CONNOR S R .Hospice: practice, pitfalls, and promise [M]. Denver: Taylor & Francis US, 1998: 4.

③ 2019年《自然》杂志发表了一项可成功恢复死猪大脑部分功能的研究成果，这一成果的取得使得死亡的定义变得更加复杂。VRSEL J A, DANIELE Z, STEFANO G, et al. Restoration of brain circulation and cellular functions hours post-mortem [J]. Nature, 2019, 568 (7752): 336‑343.

④ ILLICH I. Medical nemesis: the expropriation of health [M]. London: Marion Boyars Publishers Ltd. 1975: 149.

理情况。正因如此，有学者才说："社会医学化终结了自然死亡的时代"，[1]所谓的无疾而终在现代医学话语体系中已不复存在。这种病死的普遍化在彰显了现代医学中的疾病概念已大幅扩张的同时，[2]也为现代医学广泛介入社会生活和死亡过程提供了"合法性"，并推动了下文所述的死亡的机构化。随着人口老龄化的增长和癌症等不可治愈疾病发病的常态化，这种机构化和病死的普遍化变得越来越显著。因此，"因病抢救无效死亡"已越来越成为现代人死亡讣告的"标配"。

三是死亡的机构化，即越来越多的人在临死前被送到了医疗机构，在对抗"疾病"和死亡的过程中死在了医疗机构。鉴于此，医院的病房已经变成了许多人离世前的最后居所和与死亡做最后一搏的隐秘战场，死于家中已越来越变成一种奢求。死者与家人之间的密切联系已被割断，好好地告别已不可多得，取而代之的是生命权力的实践运作和医学话语的规范流动。人类对死亡的悲悯，家人对濒死者的抚慰和不舍，已经因死亡地点的挪移变得难以表达。心灵秩序只能让位于技术秩序，在各种医疗技术的干预和环绕下孤独地走向程式化的医学死亡，已成为许多病死医院者难以逃脱的宿命。

四是死亡的规范化，即现代人的死亡除了更多地受到医疗技术和生命权利的规范外，还受到医疗契约和法律的规范。因为死亡的机构化不仅意味着许多濒死者已被成功限定为医疗技术和生命权利的规范对象，还意味着这些濒死者已被带入一种受医疗契约和法律规范的关系中。鉴于此，死的过程和亡的事件的意义已远超个体、家庭或宗教

① CLARK D. Between hope and acceptance: the medicalization of dying [J]. BMJ, 2002, 324 (7342): 905.

② 现代医学中的疾病概念将许多社会越轨行为（如多动症、酗酒、网瘾等）和人体的某些自然生理过程和功能状态（如闭经、衰老、临终等）都包含进来了。韩俊红.医学脱嵌于社会——当代西方社会医学化研究述评（1970—2010年）[J]. 社会学研究, 2020 (2): 225.

（对信徒而言）范畴，而是具有契约上的法律意义。围绕患者临终所生发的各种权利和义务，在规范人的行为的同时，也规范了死亡。只不过在善终服务获得较大发展之前，这种规范是以保护生命、避免死亡为目的的。

简言之，现代人的死亡方式的一个主要变化是死亡医学化。这种医学化作为现代医学在对抗死亡和社会控制方面的能力日益增强的一个表现——现代医学已成为继宗教和法律之后的一种主要社会控制机制，[①]在我国改革开放之后也有日益明显的表现，并在其发展过程中逐步显现出一种与医疗资源的可获得性的正相关性，即民众可获得的医疗资源越多，其卷入死亡医学化的可能性往往越高，[②]这未必一定是好事。

二、死亡意义的再造：死亡观的世俗化和多元化

与死亡医学化的发展相伴而生的是，人类的死亡观也因近代科学世界观（这种世界观也是支撑死亡医学化的一个重要因素）的建立发生了深刻变化。这种变化最为核心的一个体现是死亡观的日益世俗化和多样化。众所周知，在西方社会，主导人们的死亡观甚至整个世界观的是宗教，更准确地说是基督教。按照基督教的教义，死亡并不代表生命的终结，而是灵魂和肉体的分离，肉体会消亡，但灵魂是不死的。虔信上帝者和善者的灵魂[③]可回到上帝身边、走向永生，不信上帝者和恶者的灵魂将堕入火湖、走向永刑。按照这种死亡观，死亡对信徒来说并非全然值得悲恸之事，这只是一个过渡，一个通向彼岸的

---

① ZOLA L K. Medicine as an institution of social control [J]. Sociological Review, 1972, 20 (4): 487.

② 袁兆宇，高良敏.死亡医学化的社会阶梯与文化抉择——基于云南省某市2009—2014年人口死亡地点分析 [J]. 北京社会科学，2018（1）：88.

③ 关于不信上帝的善良之人死后能否进入天堂的问题，新教和天主教的看法不一，此处采用天主教的看法。

桥梁，一个"朝向生命的工具"①。这一过渡就有如上帝赐予人类以生命一样，本属神圣之事，只能由上帝来决定。人若畏死，那是对上帝的亏欠和不敬；若求死或自杀，则是犯了不可赦免的罪，有违上帝颁布的不可杀人的律法。②

这种基于灵魂不死和彼岸世界的宗教死亡观，在人类历史上曾经发挥过非常重要的作用，且一直绵延至今。但是，在文艺复兴和启蒙运动之后，随着人类的世界观被重塑，人类的死亡观也发生了极大变化，越来越多的西方人开始接受现代科学所秉持的世俗死亡观。按照这种死亡观，人死之后并无所谓的彼岸世界和死后生活的存在，死亡所代表的是生命的终结、灵肉俱灭。鉴于此，死亡的神圣意义已不复存在，舍此投彼的"桥梁"已从人们心中抹去，生和死的意义只能立足于我们唯一可经历的客观世界来把握。而在客观世界中，死作为非生，既是生的可能性的界限，又是在生的界限之外，因此对于死亡这一"此在最本己的可能性"（海德格尔语），我们唯一能够把握的是死前如何，即如何展开自己的生。至于死后如何和死的意义，那只不过是此在的意义在死后的他人之在中的延续，前者的意义是由后者决定的。正是这种在与不在、生与非生的意义关联决定了现代人在面对死亡时，考虑得更多的是生，即生的意义才是现代人在面对死亡时所要考虑的第一要事。这种"向死而生"的世俗死亡观对"去此生投彼生"的宗教死亡观的取代，在消除了人们对死后生活执念的同时，也将人类的执念更多地锁定在了生的价值和意义上。而在一个宗教化的意义垄断已不再的世俗化时代，一个人类已被实证化为一个个自由平

---

① 奥古斯丁.上帝之城：驳异教徒（中）[M]. 吴飞，译.上海：上海三联书店，2008：155.
② 受此影响，许多欧洲国家的早期刑法都会对自杀者予以惩罚，如没收财产、将尸体游街示众，自杀未遂者将被处以监禁或罚款等。这些惩罚直到20世纪才被逐步取消。迪尔凯姆.自杀论 [M]. 谢佩芸，舒云，译.北京：台海出版社，2016：337.

等的原子化单体的时代，有关生的意义的思考和把握必然是开放的、多元的。正是这种开放性和多元化造就了死亡医学化与世俗化的死亡观，在某些情况下必然产生抵牾，二者本质上都源于同一世俗化的世界观，源于科学主义和人文主义的共同推动。

我国民众主要秉持的是一种世俗化的死亡观，一种由儒家提倡的更为重视个体精神生命的充盈（如"朝闻道，夕死可矣"，"生不虚而死不妄"等）及在死后现实世界中的遗存（如成仁、取义、立德、立功、立言等）和死亡的家庭意义的世俗死亡观。这种死亡观并没有像现代西方人所持的死亡观一样，经历一个由文明转型所带来的明显的世俗化转型，只是在进入近代以后，才经历了一个与源于西方的科学主义和人文主义思想不断融合的过程，进而在新的基础上重新实现了再世俗化和更为多元化的发展。

这种死亡观的更为多元化的发展表现在临终医疗领域中，最为典型的体现是"好死不如赖活"和"赖活不如好死"这两种死亡观之间的对立。"好死不如赖活"代表的是一种更为重视生命本身的存在及长度的拒死死亡观，体现了人类对死亡这一生命至痛的本能恐惧和排斥。现代医学主要秉持的是这种死亡观。"赖活不如好死"代表的是一种更为重视生命（死亡）质量和尊严的死亡观。这种死亡观对生命质量和尊严的理解比较多元化。其中，更为重视生命自然规律者，会倾向于将死亡看作生命的一部分和一个自然过程。在死亡已不可避免地将于近期来临时，与其抗拒或力图"禁止"死亡，不如顺天知命，不求死、不畏死，但求向死而生，以一种灿烂之生走向静美之死，并努力让生命的最后一段时光过得更有质量和尊严。这就是20世纪60年代以后逐步发展起来的安宁疗护对死亡的基本态度。这种态度既是一种对临终医学功能的重新定位，①也是对自古以来存在的追求善终的美好愿望的现实回应，甚至可以被看作对宗教所内含的死亡关怀的另类回归。②协助自杀和安乐死则代表了一种更为激进的积极求死的死亡观，这种死亡观为了追求生命质量和尊严，甚至不惜通过"解决人"的方式来"解决痛苦"，体现了一种个体意志至上、"无质量毋宁死"的人生态度。以上不同死亡观的存在，不仅对死亡医学化的现象及所内含的死亡观构成了一种排斥和挑战，而且诱发了生命保护和个体自决之间的矛盾。这种矛盾主要是通过下文所述的死亡控制权的争夺表现出来。

三、死亡控制权的争夺：生命保护抑或生命自主

按照现代医学所秉持的死亡观，濒死是一种可以被医学定义的病理学上的异常情况，而非人类生命过程的一个正常环节。既然是一种异常情况，自然应该通过医学来予以排除和拒绝，即应该将死亡问题交给医学来解决，解决的主要方式是"救死"，即对抗死亡，③目的是保护生命安全。这种生命安全的保护既是医生的职责，也是国家的宪法义务之所在。为了履行这一义务，国家已通过立法赋予医生众多义务和职责，而医生基于法律的要求和职业特点，往往更倾向于穷尽一切可用的医疗手段来治病救人。这种不懈的努力确实给人类带来了不少福音，但从医学永远无法战胜和彻底消灭死亡的角度来看，不管

---

① 从临终医学发展的角度来看，安宁疗护被看作临终医学自然化和整全化发展的结果。自然化是指回归对自然死亡的尊重。整全化是指更为全面地照顾死亡的丰富内涵，并基于此提供更为全面的服务。这种自然化和整全化已内在地包含了对某种还原论的死亡观（将死亡简单还原成为一个生理问题）的否定。

② 宗教对死亡的关怀主要是通过彼岸世界的构想和精神上的抚慰来驯服人们对死亡的恐惧，而安宁疗护对死亡的关怀主要是通过提供更少的身心痛苦、更好的末期生活质量来驯服人们对死亡的恐惧。

③ 于此，曾被宗教"驯服的死亡"已经变成了一种由医学来加以"禁止的死亡"，拒绝死亡的文化大行其道。ARIÈS P. Western attitudes toward death：from the Middle Ages to the present［M］. Baltimore：the Johns Hopkins University Press，1974：85.

是医学还是法律，都应努力在生命保护和各种可能的死亡之间保持一种健全的矛盾平衡，而不是一味地追求救死或者用医学来控制死亡，这是许多反对死亡医学化的人士共同秉持的一个基本立场。

依据这些人士的看法，现代医学对疾病概念的扩张及其在救死方面所做的努力，虽然有助于保护生命安全，但将衰老、临终也看成疾病，不仅会导致个体和社会无法坦然面对这些自然过程，而且会产生各种弊端。因为，将死亡完全还原成为一个生理问题，将衰老、临终之人完全当成病人对待，明显失之执拗和专权。为了保护生命这一客体的存在，不惜大规模侵害、损伤，甚至于"阉割"生命本身，①不仅有损生命本身所固有的丰富内涵，还会让死亡变得愈发恐怖、野蛮和有辱尊严。虽然在许多情况下只能短暂延缓死亡，但不能阻挡死亡于近期的到来。鉴于此，"社会已通过医疗系统，决定人在何时以及经历了什么样的屈辱和残害之后死亡"。②因此，死亡也就经常会以一种社会性死亡和身体的局部死亡先于身体的整体死亡——"机体作为一个整体的功能永久性停止"——的面目出现，并在其展开过程中暴露出其有辱尊严和"野蛮""恐怖"的一面。患者在临死前不仅会遭受各种侵入性治疗的折磨和无法主宰自身生命的不堪，而且会被抛入一个与亲人疏离的、由种种陌生医疗设备和各有其分工的陌生人构成的陌生环境中，在医学的程式化宰制和规训下，孤独无助地走向那个你心已明知但无人愿意跟你谈论的"类似于色情"一样的死亡。这种有医助却愈发让人感到无助的死亡，非但不能减轻人们对死亡的恐

---

① 与之可类比的是，孕产行为的医学化在许多国家和地区导致了剖腹产数量呈现不合理的增长，产妇本人选择分娩方式的真实意愿也经常被忽视和误导。LUMBIGANON P, LAOPAIBOON M, GÜLMEZOGLU M, et al. Method of delivery and pregnancy outcomes in Asia: the WHO global survey on maternal and perinatal health 2007 [J]. The Lancet, 2010, 375 (9713): 490-499.

② ILLICH I. Medical nemesis: the expropriation of health [M]. London: Marion Boyars Publishers Ltd. 1975: 149.

惧，反倒可能会进一步加剧这种恐惧，进而在恐惧死亡、拒绝死亡和死亡医学化之间形成了一个往返回复的闭环。

这一闭环的形成不仅可以进一步强化拒死的观念，还可以在实践中导致众多不良后果。因为对某些近期内必死的患者来说，以医学的手段避免死亡往往是以其必须经历更长、更大的痛苦为代价，其所得未必重于其所失，甚至可以说，这本身就是对他们的一种折磨。这种折磨与行善、不伤害的生命伦理原则是否吻合，本身就值得怀疑。甚至于在许多情况下，这完全有可能会造成一种"四输"的局面，即家属不放手、医生放不下、患者走不了、国家扛不住（大量的医疗资源被消耗在了无效的临终医疗上）。鉴于此，各种反对死亡医学化，反对一味救死的善终服务运动开始发展起来，"我的死亡（生命）我做主"的呐喊由此产生，生命保护与个体自决之间的矛盾由此凸显。"我的死亡我做主"的界限何在，医学参与死亡进程的限度如何，国家应如何践行其生命保护义务等，凡此种种，皆已因时代变迁成为尖锐问题，需要通过立法来解决，其立法的核心任务是要在临终医疗领域实现生命保护和个体自决之间的矛盾平衡。

第二节 全球善终服务立法的发展和不同模式的形成

善终服务立法作为对人类日益多元化的死亡方式诉求的回应，其立法诉求虽然早在1872年产生，但这种诉求真正转化为立法是20世纪以后的事情。20世纪以后，随着安乐死运动、安宁疗护运动和尊严死运动的渐次兴起和发展，善终服务立法开始在一些国家取得了进展，并在不同国家和地区呈现不同的发展形态。

一、善终服务立法的历史发展

善终服务立法事涉生死，伦理关联性比较强，民众对此极为敏感，由此也就决定了其立法的形成往往并不容易，需要经历一个长期论辩、反复商谈的过程。这一过程体现在全球相关立法上，即全球相关立法的发展从整体上分为三个不同的阶段（这三个阶段并非完全历时性的，而是在同一时期并存于不同国家），即广义安乐死立法整体受挫阶段；与善终服务相关的维生医疗拒绝权获得立法广泛承认的阶段，又被称为改道至自然死和安宁疗护立法获得成功的阶段；渐次向协助自杀和积极安乐死合法化拓展的阶段。目前，世界上绝大多数国家和地区的善终服务立法（不含无相关立法的情况）都处于第二个阶段。

（一）广义安乐死立法整体受挫阶段

在安宁疗护获得较大发展前，人类有关善终服务立法的思考和探索主要是围绕安乐死这一古老概念展开的，最初的目的是推动包含积极安乐死在内的自愿安乐死的合法化，构成其运动中心的是英国和美国。1906年，美国俄亥俄州审议了一项允许使用麻醉剂致患者死亡的法案，但最终未获通过。1936年，英国起草了世界上第一部以安乐死命名的法案——《自愿安乐死合法化法案》，但该法案当年即遭否决。第二次世界大战期间，德国借安乐死之名实施的"国民净化"和种族灭绝行动，让安乐死运动蒙受屈辱和打击。第二次世界大战以后，随着国际秩序的恢复和国际人权保障的兴起，安乐死运动重新活跃起来，相关立法动议也是屡屡被英美两国提起。1951—1972年，美国有7个州提出了8项相关法案，但最终都被否决。1950—1990

年，英国议会也否决了5种以上的不同安乐死法案。①直到今天，安乐死在世界上绝大多数国家和地区都是非法的，甚至于使得安乐死概念本身就自带某种禁忌意味。这足以说明安乐死运动似乎从一开始就选错了方向，选择了一个将积极安乐死合法化也包含在内的过犹不及的方向。正是这种方向性的错误决定了安乐死立法要有所进展，就必须改道或转型，在新的概念和理念基础上重新出发。这一重新出发的契机出现在1976年，美国新泽西州最高法院审结了著名的"昆兰案"，由此开启了世界善终服务立法的第二阶段。

（二）改道至自然死和安宁疗护立法获得成功的阶段

在善终服务立法史上具有重大影响的"昆兰案"所涉及的基本问题是，在昆兰已陷入不可逆的长期昏迷状态（植物人状态）之后，昆兰的父母是否有权要求医院撤除昆兰的呼吸机问题。新泽西州最高法院的终审判决认为，昆兰的父母作为监护人，在一定条件下（如患者已被确诊为无恢复可能，且该种判断须经医院伦理委员会确认等），应有权代昆兰行使其基于宪法隐私权而生的维生医疗拒绝权，要求医院撤除昆兰的呼吸机。此判决一经作出，就得到许多方面的支持。加利福尼亚州也于1976年通过了世界上第一部《自然死法案》，明确承认末期患者有权拒绝维生医疗，成年末期患者有权预立医疗指示、授权医生在特定情形下不予或撤除维生医疗。继此而生的死亡由于乃是由患者所患疾病所致，而非不予和撤除维生医疗所致，故而被称为自然死，一种排除了医学对死亡的人为干预的自然死。1983年，加利福尼亚州又制定了世界上第一部《医护持久授权书法案》，规定患者可预立医疗代理人，在患者无行为能力时代为医疗决定，以进一步保障患者的医疗自主。

---

① 黄丁全.医疗、法律与生命伦理（上）[M]. 北京：法律出版社，2015：283-285；289-290.

这种改道至自然死的立法一经获得成功，便迅速在全球产生了重大影响。美国各州和澳大利亚率先跟进。虽然英国开展中止维生治疗的实践较早，但立法相对滞后，直到2005年才通过《心智能力法令》，建立了与加州自然死法案和持久授权书法案类似的制度。法国也于2005年通过了《莱昂内蒂法》，承认患者有权拒绝顽固医疗、预立医疗指示和接受缓和医疗等。2016年出台的《克莱斯-莱昂内蒂法》又进一步规定，在特定情况下医生可对绝症末期患者采取"深度而持久的镇静直至其死亡，同时配以镇痛和停止所有维生医疗"，①由此创造了比较法上独一无二的"持续深度镇静至死"制度。德国于2007年修正了《社会法典》，建立了安宁疗护门诊、住院和医疗保险制度，于2009年以《照管法第三修正案》的形式修正了《民法典》，增设了有关患者预嘱的规定（第1901a条至第1901c条），明确承认患者有权拒绝维生医疗、预立医疗指示和指定医疗代理人等。②奥地利、西班牙、匈牙利、比利时、荷兰、芬兰、瑞士、意大利等13个欧盟成员也先后通过立法，建立了前述制度。③新加坡和韩国也是如此。日本则是通过行政机关出台与临终医疗决定相关的程序性指导意见来推动善终服务发展，并在其中融入了一些安宁疗护的理念。④

受到20世纪60年代发端于英国的安宁疗护运动的影响，许多国家和地区出台了一些专门针对安宁疗护的立法。其中，有的国家和地区会将自然死立法（承认患者有权拒绝维生医疗）和安宁疗护立法的规定合并在一起，如澳大利亚南澳大利亚州的《医疗同意和缓和医

---

① 参见《法国公共卫生法典》第L1110-5-2条。

② 此后，德国于2013年以《改善患者权利地位法》的形式修正了《民法典》，在债编增设了医疗合同专节（第630a条至630h条），于2015年以《改善安宁缓和医疗法案》的形式修正了《社会法典》，进一步优化了与安宁缓和医疗相关的健康保险制度。

③ RODADO E P，SANCHEZ D P，GRIFO M G. Advance directives: comparison of current legislation within the European Union [J]. Spanish Journal of Legal Medicine，2021，47（2）：66-73.

④ 佐伯仁志，孙文.日本临终期医疗的相关刑事法问题 [J].法学，2018（5）：147.

法案》、美国统一州法委员会制定的《统一健康护理决定法案》、韩国制定的《安宁疗护、缓和医疗和临终期患者维生医疗决定法》等。而有的国家和地区则是在自然死立法外，另行制定相关立法来调整安宁疗护。例如，德国通过《民法典》和《社会法典》来调整自然死和安宁疗护。这些国家和地区在立法的同时，一般会将安宁疗护纳入医疗保险或相关国家资助计划中。

（三）渐次向协助自杀和积极安乐死合法化拓展的阶段

与多数国家和地区的立法仍停留在自然死和安宁疗护立法阶段不同，部分观念比较开放的国家和地区，开始向协助自杀和安乐死合法化的阶段迈进。其中，最早实现协助自杀合法化的是瑞士。依据瑞士1937年《刑法》的规定，协助自杀只有在出于利己的原因（含有偿提供协助）实施时才构成犯罪，①利他性的协助自杀不构成犯罪。2000年，苏黎世市政府决定自2001年起可以在养老院为老人结束自己生命提供协助，且无须考虑老人的国籍。由此，瑞士成为世界上第一个可为外国人提供协助自杀服务的"旅游胜地"。

在其他国家和地区，较早通过立法承认协助自杀合法的是美国俄勒冈州，该州1994年通过了世界上第一部《尊严死法案》，明确承认医助自杀合法。受此影响，美国有10个州和特区也先后通过立法或判决，承认医助自杀合法。2020年，德国联邦宪法法院裁定，刑法有关禁止业务性协助自杀的规定违宪，奥地利宪法法院也于2020年作出了类似裁定。这些裁定是否会导致协助自杀在德国和奥地利的合法化，尚待进一步观察。

比以上立法更进一步的是，也有极少数国家和地区同时承认了协助自杀和积极安乐死的合法性。虽然荷兰在1993年就通过《殡葬条

---

① 《瑞士刑法典》第115条规定："任何人以利己原因唆使他人死亡或为其提供帮助。无论死亡是既遂或未遂，都将被判最高刑期5年的监禁。"

例修正案》实现了安乐死在事实上的去罪化，但正式以立法的形式明确承认某些情况下的安乐死合法，是2001年通过的《依请求终结生命和协助自杀（审查程序）法案》。该法案修正了《刑法》第293条和第294条禁止应请求杀人和协助自杀的规则，规定医生应请求杀人和协助自杀的行为如果符合《刑法》第2条规定的"谨慎医疗处置"原则，并且已依《殡葬条例修正案》履行了相关报告程序，将不构成违法。比利时2002年通过的《安乐死法案》、卢森堡2008年通过的《安乐死和协助自杀法案》、新西兰2020年通过的《临终选择法令》、西班牙2021年通过的《安乐死监管组织法》，都明确承认了积极安乐死的合法性。加拿大2016年通过的《刑法典及其他相关法案修正案（医助死亡）》，以及澳大利亚维多利亚州、西澳大利亚州、塔斯马尼亚州、南澳大利亚州通过的《自愿协助死亡法案》，都没有使用安乐死的概念，但实际上承认了医助自杀和积极安乐死的合法性。[①]

二、善终服务立法的不同模式

（一）医疗性质的自然死服务和非医疗性质的速死服务之分

以上立法史的简要回顾表明，各国的善终服务立法所涉善终服务类型主要有五种，即不予和撤除维生医疗、安宁疗护、持续深度镇静至死、协助自杀和安乐死。这五种善终服务依其性质的不同，又可分为两大类：

一类是具有医疗性质的自然死服务。不予和撤除维生医疗、安宁疗护属之。因为二者都没有在原致死原因外通过某种新的致死原因的引入致人死亡，也没有通过医疗措施的介入干预死亡的自然进程，死亡依然是由患者所患疾病所致，所以可被称为自然死服务。前者是单

[①] 参见《加拿大刑法典》第241.1条、澳大利亚维州《自愿协助死亡法》第64条、西澳州《自愿协助死亡法》第55条、塔州《临终选择（自愿协助死亡）法》第86条和南澳洲《自愿协助死亡法》第57条。

纯的自然死服务，后者一般是与前者相结合——"不予和撤除维生医疗"加"提供缓和医疗"，共同构成安宁自然死服务。这些服务不管是维生医疗，还是缓和医疗，性质上都属于医疗服务，可被称为具有医疗性质的自然死服务。

另一类是不具有医疗性质的速死服务。协助自杀和安乐死属之。因为二者都是在原致死原因外通过引入某种新的、通常情况下并不会发生的致死原因人为地加速死亡，具有明显的致死目的和故意——不符合法定条件的协助自杀和安乐死依然构成故意杀人，所以可被称为速死服务（一为助死，一为促死）。虽然这些速死服务一般都是由医护人员提供，所采用的手段一般也都是医学手段，但正如前文所述，有意识地用医术终结个体生命的行为并不具有医疗性质，而是属于"杀人"行为范畴。协助自杀和安乐死的合法化，正是通过豁免医方所实施的"仁慈杀人"行为的法律责任来实现的。医生依法不仅没有义务提供此类服务，[①]而且负有不得向患者明示或暗示其可以申请医助自杀或安乐死的义务，不得影响和干预患者选择医助自杀和安乐死的意思形成过程，[②]因此将二者统称为不具有医疗性质的速死服务完全符合其技术性质和法律性质。

持续深度镇静至死这种由法国立法首创的善终服务应如何定性和归类的问题，颇费思量。因为从目的上来讲，这种行为本身并不以致死为目的，而是试图通过持续的深度镇静和镇痛，让患者陷入持续深度昏迷，感觉不到痛苦和疼痛，性质上似乎仍属于以控制病症为目的

---

① 《比利时安乐死法案》第14条规定："……不得强迫医生执行安乐死。不得强迫任何人协助执行安乐死。"其他承认协助自杀和安乐死合法的国家的相关立法上，大多也有类似的规定。

② 荷兰《依请求终结生命和协助自杀（审查程序）法案》第20条规定，故意煽动他人自杀或煽动他人选择医助自杀，依然可以构成犯罪。联合国人权事务委员会第36号《一般性意见》第9段也专门强调："对于那些允许医疗专家提供医疗措施帮助患病的成年人终结生命的国家，……必须建立起严格的法律和制度保障，确保医疗专家遵从病人作出自愿、明智、明确和没有疑义的决定，保护病人免受压力和虐待。"

的医疗范畴。然而，令人困惑的是，用于持续深度镇静的药物在实践中也可以用来致死，理论上也有可能产生致死的副作用——医学界对此有一定的争议。这就使得"镇静至死"与"镇静致死"之间往往只有一线之隔，差别仅在于用量和非专业人士难以清晰辨别的主观意图。正是这一线之隔造就了许多人的批评和担心，担心它只不过是一种"慢性安乐死"或"变相安乐死"，[①]担心它会导致医方不再致力于用其他医疗手段来减轻患者痛苦，而是"一镇了之"。这种担心虽不无道理，但从法国立法依然严令禁止安乐死和协助自杀来看，持续深度镇静至死在法国依然被视为一种不同于后二者的医疗服务，患者的死亡依然会被看作是自然死。鉴于此，此处仍不妨将其归入自然死服务。

需要说明的是，已实现安乐死合法化的比利时在实践中还发展出了一种将安宁疗护和安乐死加以整合的"整合安宁疗护"服务。患者在接受此类服务时，可先选择安宁疗护，在安宁疗护不能达到有效减轻其痛苦的目的时，患者可依法申请安乐死（理论上也可申请医助自杀），这种服务可被称为自然死服务和速死服务的结合。

（二）自然死服务立法模式和速死服务立法模式的对立

基于以上分类，我们可以将前述不同国家和地区的善终服务立法区分为两个基本模式，即自然死服务立法模式和速死服务立法模式。前一模式依其内容和形式的不同，可分为三类：一是自然死立法和安宁疗护立法分离模式，即其立法有关维生医疗拒绝权的规定和有关安宁疗护的规定是分别通过不同立法完成的；二是自然死立法与安宁疗护立法合一模式；三是法国立法首创的持续深度镇静至死模式。速死服务立法模式依其内容的不同，可分为协助自杀模式和安乐死（含整合安宁疗护）模式，这两类模式在内容上一般都会同时接纳自然死和

① RAUS K，CHAMBAERE K，STERCKX S. Controversies surrounding continuous deep sedation at the end of life: the parliamentary and societal debates in France [J]. BMC Medical Ethics，2016，17 (1): 3.

安宁疗护服务。简言之，已有的善终服务立法模式见表3-1。

表3-1 　　　　　　　　　　**善终服务立法模式**

基本模式	细分模式	立法名称中的常用词
自然死服务立法模式	自然死立法与安宁疗护立法分离模式	自然死、安宁疗护、缓和医疗、预立医疗指示、维生医疗决定、患者自决、患者权利
	自然死立法与安宁疗护立法合一模式	
	持续深度镇静至死模式	
速死服务立法模式	协助自杀模式	尊严死、协助死亡、协助自杀、医助死亡、临终选择、安乐死
	安乐死（含整合安宁疗护）模式	

三、对善终服务立法不同模式的比较分析

虽然所有的善终服务立法都强调生命质量和尊严的价值应大于其长度，但其对生命质量和尊严的追求是沿着多个不同方向发展的，由此所带来的是不同立法模式调整的善终服务内容的不同。这种内容的不同不仅决定了其所涉及的法律问题和立法性质的不同，而且会直接影响其立法的整体构成及赖以形成的理念和概念基础。

（一）自然死服务立法的实质是医疗权利保护

自然死服务立法调整的善终服务具有医疗性质，这决定了自然死服务立法的本质是医疗立法，其所要处理的问题主要是医疗权利和义务的分配问题。这一问题对患者来说，主要是一个是否有权拒绝维生医疗、获得缓和医疗和持续深度镇静至死服务的问题；对医方来说，主要是一个医疗救助和诊疗义务的合理界限问题。

首先，就患者是否有权拒绝维生医疗而言，基于对患者医疗自主

权的尊重，各国一般都承认"心智健全的成年患者，对任何诊断、治疗措施，都有同意或拒绝的权利"。[①]这一权利不仅构成了法律调整医患关系的基础，还包括了患者的维生医疗拒绝权。即使这种拒绝并不符合患者最佳利益，甚至有可能带来死亡的风险，他人也无权强行干预其身体的完整性，除非发生了法定的可强制医疗的情形。[②]而在临终医疗中，通常并不会发生需要强制医疗的情形，因此尊重患者自主权，承认患者有权拒绝维生医疗是支撑此类医疗的基本原则。同时，这也是医方的合理救助义务界限之所在。这一尊重患者医疗自主权的原则既是一个私法原则，也是尊重人性尊严和自由的宪法原则的必然要求，是基于前述原则而生的宪法意义上的自主决定权在医疗领域的具体贯彻和体现。鉴于此，国家需要承担起相应的生命保护义务，为患者意愿的表达及实现提供充分的制度保障，同时兼顾医疗公平等。[③]

其次，安宁疗护作为由缓和医疗和放弃维生医疗共同构成的医疗服务，不仅可以像单纯的自然死服务一样，使患者免受维生医疗之苦及所带来的无尊严感，还可以通过其所提供的融身心灵社于一体的"五全照顾"，帮助患者及其家属获得最佳生命质量，因此被各国立法所接受，并被认为是一种较好地实现了尊重患者自主及生命丰富内涵统一的临终医疗。在各国立法之下，安宁疗护具体可适用于哪些患者，则是一个需要综合考虑患者病情、意愿及本国医疗发展状况的法政策问题，兼具医疗立法和社会立法性质。在这一方面，各国立法虽有差异，但基本立场是一致的，即末期患者应有权获得安宁疗护，而

---

① 参见《世界医学会关于患者权利的里斯本宣言》第3（b）条。
② MENDELSON D， JOST T S .A comparative study of the law of palliative care and end-of-life treatment ［J］. Journal of Law，Medicine & Ethics，2010，31（1）：131.
③ 欧洲人权法院认为，停止维持生命医疗措施并不涉及国家保障生命权的消极义务，而仅涉及国家的积极义务。

推动安宁疗护的发展、保障安宁疗护患者的善终权益，应是现代国家履行其生命保护义务、发展全方位和全周期的医疗卫生服务的重要方面，①也是各国安宁疗护立法的重点。

最后，持续深度镇静至死作为一种特别的镇静医疗，虽然它在形式上努力维持与速死服务的界限，但对安宁疗护所奉行的既不加速也不延缓死亡原则的践行，实际上是以提前"杀死"患者意识为代价。这种提前"杀死"患者意识，让患者在持续深度昏迷中走向肉体之死的做法，即便可以被认为是自然死，而非可归责的"镇静致死"，②那也只能说，它非常巧妙地利用了建立在身心二元论基础上的死亡仅指肉体之死的特点，对生命之死采取了一种非常隐晦的操作和管理。这种操作和管理能否被证明给患者带来的利大于弊，其本身就有争议，而且很容易被认为是缓慢安乐死。因此，持续深度镇静至死要想从伦理上得到有效辩护，依然存在较大困难，这也是导致它未被更多国家采用的一个主要原因。

简言之，自然死服务立法所涉及的问题主要是一个医疗自主权和安宁疗护获得权的保障问题。对此，各国立法的基本共识是，保障患者的这两项权利应是此类立法的宗旨，也是国家义务之所在。因此，相关立法的内容一般都是围绕患者权利的实体和程序保障展开的，权利保护法的性质明显不像速死服务立法一样具有管制法色彩。

---

① 2003 年，欧洲理事会出台了一项旨在鼓励各成员方发展缓和医疗的政策框架建议，这一建议已得到许多欧盟和非欧盟国家的积极响应。WOITH A K，CARRASCO J M，CLARK D，et al. Policy on palliative care in the WHO European region：an overview of progress since the Council of Europe's（2003）recommendation 24 [J]. European Journal of Public Health，2015，26（2）：230.

② 有的法国学者认为，即便持续深度镇静至死真的导致了患者死亡，医方也可基于"双重效果原则"免责。RAUS K，CHAMBAERE K，STERCKX S . Controversies surrounding continuous deep sedation at the end of life：the parliamentary and societal debates in France [J]. BMC Medical Ethics，2016，17（1）：4.

（二）速死服务立法涉及备受争议的"死亡权"有无之争

虽然速死服务立法也涉及医患关系，强调对患者意愿的尊重，但其所要调整的法律关系与自然死立法并不相同。因为速死服务并不像自然死服务具有医疗行为，所以速死服务不具有医疗性质。另外，有关医助自杀和安乐死合法化的立法所要处理的问题已远非医疗立法所能解决的，而是进入了一个更为宽泛的领域。在这一领域中，立法者所要处理的核心问题是，个体终结自身生命的意志——而非针对某个医疗行为的意志，[1]在法律上应如何被对待，这种对待的法理依据又是什么。

对于第一个问题，速死服务立法给出的回答是，这种意志在某些情况下应该得到法律的尊重。只不过在协助自杀模式下，这种尊重需要受到更多的限制，其限制主要体现在致死的最后一个动作只能由患者本人完成，而不能由医方实施。这种限制应被更多地看作一种公共政策决定，体现的是对医方的照顾，[2]与患者的求死意愿为什么会得到法律尊重并无逻辑关联。那么，患者的意愿为什么会得到法律尊重呢？对此速死服务立法给出的回答并不是很清晰、统一——这也是导致其立法比较困难且伴有巨大争议的一个重要原因，但其论证基本上是权利化的，目的是论证自主选择死亡方式的权利或死亡权在法律上可以成立，论证的依据主要是宪法基本权，如尊严、自由、生命权等。德国联邦最高法院主要是依据宪法规定的人的尊严和自由来展开死亡权论证的，并认为"一般人格权（德国《宪法》第1条和第2条

---

① 有的学者认为，医助自杀或安乐死也可以被视为是一种"特殊的临终医疗方式"。这一看法或许是想通过扩大医疗的概念来提高二者的可接受性，但客观上会导致法律评价中心的扭曲。因为在医助自杀和安乐死中，构成法律评价中心的并非使患者免受病痛这一看似符合医疗目的的间接目的，而是作为其直接目的的终结他人生命的行为。正是后者导致了其不能被看作自然死。

② 对医生来说，协助自杀相比于实施安乐死，可能带来的好处主要是心理上的，因为在协助自杀中，医生通常不会目睹他们协助的患者自杀，从而可能减轻对他们的影响。

第1款）包括自决死亡权。这一权利包括自杀和使用第三方自愿帮助的自由。个人根据其对生命质量和自身存在意义的理解，行使这一权利来终止其生命的决定，必须受到国家和社会的尊重。"加拿大联邦最高法院则主要是依据其宪章第7条规定的生命、自由和人身安全权来展开论证的，并认为禁止帮助自杀的"禁令"剥夺了一些人的生命。因为禁令有可能迫使个体由于担心自己到了无法忍受痛苦的地步时已无法自杀而不得不提前自杀。这种以基本权为基础展开的死亡权论证，也为我国部分学者所采用。

　　这种既主张公民依据宪法应享有死亡和获得死亡帮助的权利，又强调国家基于生命保护义务应对此予以严格管控——速死服务立法一般主要是围绕选择速死服务的决定及实施程序的事先和事后审查来展开的，管制法色彩非常明显——的理论，虽有其合理性，但不合理之处甚多。对此，后文将予以详述，此处仅涉及两点：第一，将求死意愿上升为权利并将其内置于宪法基本权中的做法，逻辑上很容易导出这一权利不应仅为末期患者享有，而是应为全体公民平等享有。德国联邦宪法法院就是如此认为的，"自决死亡权并不仅限于诸如严重或无法治愈的疾病等外部因素定义的场景，也不仅适用于生命或疾病的某些阶段。相反，它存在于人类生存的每个阶段。……个人根据其对自身生命质量和存在意义的理解所作出的终结自身生命的决定，超出了基于普遍的价值观念、宗教戒律、处理生死的社会准则或客观理性考虑的任何评价。"①按照法院的这一说法，速死服务立法将速死服务对象限定为特定患者，明显是在将接受死亡援助的条件置于自决死亡权能否成立的实质性标准之上，不仅颠倒了本末，损害了自决死亡权应有的发展和实施空间，还有违宪的嫌疑。也就是说，相关国家的

---

① 法院的这一论述与德国联邦最高法院的以下论述明显相悖："自主决定权并不能使个人享有在与医疗无关的场合下让他人侵犯自己生命的权利"。

立法在死亡权问题上区别对待末期患者、非末期患者和健康人群，有违宪法平等原则。因为，后二者也有可能正在经历巨大的痛苦或者认为其生命的存在无意义。面对这种指责，难道我们真的要像荷兰、比利时等国家一样，不断扩大可接受安乐死的患者范围，甚至走向人人都平等享有受宪法保障的死亡权吗？第二，加拿大联邦最高法院以禁止帮助自杀会增加个体死亡风险为依据来论证禁止协助自杀违宪，主要是一种外在的效果论证，说服力非常有限。而且，其论证逻辑也可用来反驳其自身，即开放医助自杀同样可能会增加个体死亡风险，进而导致违宪。这不仅是因为开放协助自杀本身就存在被滥用的风险，①还是因为法律为保护生命而给医助自杀设定的较高门槛，②同样可能会导致部分患者因担心达不到门槛要求而选择提前自杀。这种情况在加拿大已经发生过。③

第三节　我国善终服务立法的应然模式和制度框架选择

一、立法模式选择

对于我国未来的善终服务立法应采用何种模式的问题，学界的看法大致主要有四种：一是主张积极推进协助自杀和积极安乐死合法化；二是主张制定尊严死亡法来实现医助自杀合法化；④三是主张制

---

① 欧洲人权法院在一起案件中，曾以此为理由驳回了原告提出的英国禁止协助自杀的立法侵犯了其权利，有违《欧洲人权公约》的诉求。

② 2016年加拿大通过的《刑法典及其他相关法案修正案（医助死亡）》为此设立的门槛是个人处于"不可逆转的衰退状态"，自然死亡已经变得"合理可预见"。这被一些学者批评为违反宪法规定的平等原则。

③ 吕欧，吴硕.加拿大安乐死门槛高，癌症患者怕失去资格提前离世［EB/OL］.［2023-09-17］. https://news.sina.com.cn/w/2018-11-08/doc-ihmutuea8032815.shtml.

④ 吕建高.死亡权及其限度［M］. 南京：东南大学出版社，2011：293.

定尊严死亡法，承认正当的中止维生医疗行为的合法性；①四是主张将更多的精力投入到保障安宁疗护实践中的医患权利和安全的法律法规建设上，反对医助自杀和安乐死合法化。②这种观点不一、共识相对缺乏的情况，显然不利于相关立法的推进。面对这种情况，善终服务立法作为一项具有较强伦理关联性的立法，其立法模式的选择不仅需要考虑本国既有立法的情况，还需要综合考虑本土的文化环境、医疗生态和临终医疗服务的发展水平等因素。考虑到前述因素，本着审慎推进的原则，作者认为，我国未来立法不应采用部分学者所主张的速死服务立法模式，而是应以目前正在试点和推进的安宁疗护为中心，以特别立法的形式推进相关立法，其立法的基本模式应为自然死立法和安宁疗护立法合一模式，具体理由如下。

（一）我国不宜采用激进的协助自杀和安乐死模式

1.协助自杀和安乐死模式在我国难以获得广泛的社会认同

我国不宜采用协助自杀和安乐死模式的首要原因在于，这两种模式很难在我国获得民众的广泛认同，而欠缺民众广泛认同的立法欠缺社会妥当性，有违社会共同体的基本价值观。目前，我国正处于安宁疗护试点和推广阶段，民众普遍对安宁疗护这些相对温和的善终服务缺乏必要的认识和了解，甚至对末期患者放弃维生医疗本身是否合法、妥当都抱有一定的疑虑。于此情况下，贸然通过立法承认协助自杀和安乐死这两种目前最为激进的善终服务或者其中之一的合法性，有过于冒进之嫌，极有可能重犯前述安乐死立法整体受挫阶段的立法者所犯的过犹不及的错误。这种过犹不及和欠缺社会认同，也是导致多数国家和地区拒绝采用此种立法模式的主要原因。

---

① 刘建利.尊严死行为的刑法边界 [J]. 法学，2019（9）：28.
② 孙也龙.法国临终医疗法制评析与启示 [J]. 河南财经政法大学学报，2019（5）：136；罗点点.尊严死不是安乐死——与全国政协社会和法制委员会沈德咏主任商榷 [EB/OL]. [2023-05-17]. https://www.163.com/dy/article/FDJ374T90521MBQC.html.

2.协助自杀和安乐死模式所涉的"死亡权"论证难以成立

我国不宜采速死服务立法模式的另一个主要原因是，此类立法的法理基础并不牢靠、稳固，其将但求一死的意愿上升为权利乃至宪法基本权的一部分，很难通过法理的检验。因为，依照法理，法律权利乃是受法律强制力保护的正当利益。一项利益要成为归属于个体的法律权利，除需要获得公众的普遍认可即具有价值正当性外，还需要受到法律强制力的保护。这种保护的一个最低限度要求是，法律会在该利益受到侵害时为其提供救济，否则，无救济即意味着无权利。[①]以此为标准来检视所谓的但求一死的权利，可以发现，即便是仅就自杀而非请求他人帮助杀死自己而言，其也不足以成为一项权利。因为，虽然自杀已不再为许多国家的立法规定为违法行为，[②]但各国对自杀仍普遍抱有一种消极的否定态度，国家也会被认为应负有一般性的预防自杀的义务。[③]这说明，自杀并没有因为法律不禁止就变成了一项具有价值正当性的行为。对此，有学者曾明确说道："自杀绝对不是一种法律权利，不具有法律和道德的正当性基础。"(韩大元，2008)

退一步讲，即便我们承认，求死者对速死确实有一定的主观利益(利己的或利他的)，这种利益在某些情况下也可以得到公众的普遍认可，但要使这种利益获得法律强制力的保护，法理上仍会面临难以逾越的障碍。因为，如果自杀是法律权利，那将意味着妨碍或阻止他人自杀应构成侵权，依法应承担相应的法律责任。国家不对此课以法律

---

① "对于任何权利，都必须有可能说出何种作为或不作为将构成对它的侵犯，如果没有此种作为或不作为可以证实，那么就不存在一项权利"。米尔恩.人的权利与人的多样性——人权哲学 [M]. 夏勇，张志铭，译.北京：中国大百科全书出版社，1995：112.

② 2016年的一份对192个国家的刑法的调查研究发现，有25个国家仍然将自杀规定为违法，其中有20个国家会对企图自杀的人处以有期徒刑。绝大多数国家都会将协助、教唆或鼓励自杀规定为犯罪。See：MISHARAA B L，WEISSTUBB D N . The legal status of suicide：a global review [J]. *International Journal of Law and Psychiatry*，2016（44）：54-74.

③ Human Rights Committee，General Comment no.36，Article 6（Right to Life），CCPR/C/GC/36.

责任，将构成对自杀权的保护不足，甚至于国家不承认协助自杀的合法性也是对公民自杀权的一种不当限制，依法应予以纠正。这明显与公众的一般道德情感不合，与法律已将生命奉为最高法律价值也难以相容。欧洲人权法院就认为，《欧洲人权公约》第2条规定的生命权不包括死亡权，不能被解释为"赋予截然相反的权利，即死亡权；它也不能创造一种自决权，即赋予个人选择死亡而不是生命的权利。""不管自愿安乐死、自杀、医生协助自杀、没有医生干预情形下的协助自杀在许多人看来有什么好处，这些都不是从保护生命神圣性的条款中可以获得保护的好处。"加拿大最高法院在一起案件中也明确说道："通过解释第7条（作者注：《加拿大权利和自由宪章》第7条规定的是生命、自由和人身安全权），以便使之包括宪法保障的作为选择自由行使的自杀权，与生命、自由和人身安全是相互矛盾的。""人身安全依其性质不包含采取结束自己生命的行动的权利的观点更具优势，因为人身安全本质上是与活着的人的福祉相关的。"法国社会学家迪尔凯姆也认为，那种认为"生的权利从逻辑上讲包含着死的权利"的观点是非常片面的，是"从字面上理解"尊重生命这一在我们的权利和伦理中占优势作用的概念的结果，没有去认真思考人类为什么会将尊重生命奉为最高的集体目标乃至于一种信仰。① 一个社会，如果连反对自杀和求死的论证都无法提供，那么它就是一个没有任何信仰的社会；一个文明，如果丧失了对生命的信仰，那么它连人为什么要活着都无法理解。

　　既然自杀都无法成为法律权利，那么要求他人协助自杀或请求他人对其实施安乐死就更无法成为法律权利了。因为，后二者的权利化不仅意味着他人不得干涉其权利行使，而且意味着权利人还拥有受法律强制力保护的请求他人"杀死"自己的权利，即求死者应有权要求

---

① 迪尔凯姆.自杀论［M］.谢佩芸，舒云，译.北京：台海出版社，2016：345-346.

医护人员协助其自杀或对其实施安乐死，医护人员不应其请求提供将构成违法。很明显，这一权利化结果不能成立，否则将无异于是在强制医护人员杀人，这明显有悖于伦理和医护人员的法定职责。因为医生的法定职责是治病救人，而不是杀人，医生不管是在伦理上，还是在法律上，都有权拒绝参与任何形式的离世援助。这也是世界上为什么绝大多数国家和地区都不允许医生协助自杀或为他人实施安乐死的深层原因，也是医助自杀和安乐死已被合法化的国家不强制医生实施此类行为的根本原因。1999年欧洲理事会《关于保护末期患者和临终者的人权和尊严的第1418号建议》也明确提出："9.大会建议部长委员会鼓励成员国在所有方面尊重和保护末期患者或临终者的尊严……9.3.1.承认生命权，尤其是末期患者或临终者的生命权受到成员国符合《欧洲人权公约》第2条的保障……9.3.2.承认末期患者或临终者的死亡意愿从未构成任何可合法请求死于他人之手的权利；9.3.3.承认一个末期患者或临终者的死亡愿望本身不能构成实施旨在导致死亡的行动的合法理由。"

以上所述足以表明，在求死者和助死或促死者之间，并不存在一方有权要求另一方助死或促死，另一方负有提供助死或促死服务的义务的法权结构。求死者在医护人员的帮助下得偿所愿，就如同私法上的自然债务中的债主的利益因他人自愿履行得以实现一样，都是一种事实利益的实现，而非法律利益或法律权利的实现。相关立法对协助自杀和实施安乐死行为者的责任豁免虽然可以使医方获得一项提供死亡援助的特权——无需就其依法提供的死亡援助行为承担法律责任，但并不能使被援助者获得一项法律权利。后者只能基于前者的责任豁免获得一项反射性利益，其利益的实现并非某项可针对医方行使的法权的运行结果，而是医方所提供的人道主义援助的结果。

3.不承认医生有援助他人死亡的特权并不违背我国宪法

允许医方为求死者提供人道主义援助，虽然已在少数国家和地区通过责任豁免的形式得以实现，但严格来讲，这种豁免只是共同体出于对特定群体的道德关怀和同情所作出的一种公共政策决定和价值选择。这种选择本质上应属于国家的自主形成其立法的立法形成自由范畴，而不是因为求死者于此应享有一项针对国家的基本权，所以国家应通过豁免医方责任的形式来保障其权利实现。因为，如果这一基本权成立的话，很容易造成如下宪法困境：一是如果这种基本权可以被看作具有自由权性质的基本权，那逻辑上很容易导出前文所述的此一基本权不应仅为特定患者享有，而应为全体公民享有的结论。这一结论姑且不论能否令人接受，仅就其所内含的生死皆自由、皆为法律上的人的尊严的体现这一点来讲，就会使得法律上的生命、自由和尊严沦为一个个充满内在冲突的口袋，进而动摇整个基本权体系。二是如果这种基本权可以看作一种只能由少数有特殊需要的群体享有的福利权，那么这种权利就不是基于人的一般本质而生，而是基于伦理关怀和道德同情而生。这种勾连于伦理关怀和道德同情的基本权十分"昂贵"，其"昂贵"之处在于，这种基本权的权利化不仅需要花费极大的社会成本来消弭共同体内部的观念分歧，而且需要以一国的医疗和社会保障发展水平已经很高，整个社会对医疗团体也抱有极大的信任为基础，否则极易在共同体内部导致观念撕裂，或者导致部分人仅仅是为了减轻家庭经济负担而不得不选择求死，或者导致无人愿意提供这种夺命服务而使其权利诉求得不到实现。这种对社会条件的极大依赖性是导致许多福利权难以真正实现宪法化的一个重要原因。退一步讲，即便我们可以在学理上将其视为一项基本权，那也只不过是一种利用宪法修辞修饰过的美好愿景和希望的表达而已，无法真正消弭国家在这一问题上的立法形成自由，也很难将尊重、保护和促进其权利实现的宪法义务课予给国家。①否则，绝大多数国家作为被期望过高的"家长"，都会因为没有承认或保障好这种只有极少数人需要的、极少数人愿意帮助其实现的求死权，被指责为对该权利干预过度或保护不足，甚至被指责为违宪。

总之，不管是相对于私人还是国家，要证成个体对自身生命享有法律上的支配权或死亡权，都极为困难。因为生命不仅是个体的，同时也是社会的，其权利的行使必须受到社会共同体的基本价值观念的约束。②正是这种约束决定了，个体对自身生命的支配至多只能被看作一种"事实上的支配，并非法律上的支配，不是一种权利"。③在法律权利和法律不禁止之间，还存在着广阔的不受法律调整，主要受道德和习俗调整的法外空间，所谓的死亡方式选择权或死亡自由，至多只能被看作一种存在于法外空间的事实上的自由，一种纯生活事实层面的存在。这种自由国家很难禁止和干预，也没有义务表示支持和赞同。而且，不管我们对它的道德评价如何，它都无法也不应该成为一项法律权利，更不用说成为宪法基本权的一部分了。④既然不是基本权，国家自然不负有保障其实现的义务，即国家没有开放协助自杀和安乐死的义务。国家于此唯一应尽的义务是，在这种自由的行使已事涉他人行为介入时，出于生命保护义务的考虑，国家应介入进来，

---

① 2015年加拿大联邦最高法院裁定刑法禁止协助自杀的规定违宪，"仅涉及刑法的宪法效力，并没有给国家强加给付安乐死或协助自杀的法律义务，也没有给任何人强加提供或参与这些活动的法律义务"。

② 韩大元.论安乐死立法的宪法界限［J］.清华法学，2011（5）：26.

③ 翟滨.生命权内容和地位之检讨［J］.法学，2003（3）：49.

④ 国内有学者认为，"基本权利主要体现为社会共同体内在的价值追求"，"安乐死不具有基本权利的特征"。韩大元.论安乐死立法的宪法界限［J］.清华法学，2011（5）：26.美国联邦最高法院也认为，所谓的协助自杀的"权利"并不是正当程序条款所保护的基本自由权，华盛顿州与纽约州禁止医助自杀的法律并不违宪。KAWAMURA A，WASHINGTON V，GLUCKSBERG jet al. Quill prohibitions on assisted suicide do not violate the Fourteenth Amendment of the United States Constitution［J］. J Contemp Law，1998，24：167-177.欧洲人权法院也认为，《欧洲人权公约》第8章第2节所保障的个人意思自治不是绝对的，而应有所限制，医助自杀仍为公约所禁止。

对他人的行为予以管制，以避免生命受到不当侵害。这说明，即便是在国家以立法的形式豁免了医护人员协助自杀和安乐死的法律责任之后，相关立法的核心目的是保护生命安全，而不是要赋予求死者以一项死亡权。也就是说，求死者是否愿意求死，仍属于法律不予置喙的法外自由范畴；医护人员是否愿意提供死亡援助，仍属于其良心和道德自由范畴，而非法律义务。这就是速死服务立法的本质，即其立法的法理基础是国家基于立法形成自由和社会共同体的价值观念，在不干预个体事实上的死亡自由，承认医护人员具有自愿提供人道主义的死亡援助的特权（豁免其责任）和良心自由的基础上，所形成的以生命保护为目的的管制法。这种管制法对于我国来说，尚欠缺必要的社会认同基础和系统的政经资源支持，暂不应予考虑。

（二）我国不应承认"骑墙式"的持续深度镇静至死制度

法国法首创的持续深度镇静至死制度作为对安宁疗护中可能采用的姑息镇静的一种"极端"运用，虽然从医疗的角度看，并非不可接受，但从我国临终医疗的实践情况来看，出于慎重的考虑，我国暂不宜引入这种服务。理由主要有二：一是如前所述，"镇静至死"与"镇静致死"之间往往只有一线之隔，二者之间的"界限仍然存在不确定性和令人困惑"。[1]对于这一线之隔应如何把握，其在实践中是否有可能滑向安乐死，一般的公众实难了然于胸，只能将其交给医学团体来把握。而医学团体能否始终恪守法律和伦理的界限，在采取持续深度镇静至死这一最后措施时，始终保持这一线的距离，主要是一个社会信任问题，并非法律所能解决。也就是说，除非医患间有着非常良好的信任关系，整个社会对医学团体有足够的信任，否则"镇静至死"难免会被公众指认为是一种完全操于医学团体之手的既可以是

---

① RAUS K，CHAMBAERE K，STERCKX S. Controversies surrounding continuous deep sedation at the end of life：The parliamentary and societal debates in France ［J］. BMC Medical Ethics，2016，17（1）：4.

"镇静至死"，也可以是"镇静致死"的两可制度。这种信任条件在目前的我国是否存在，非常值得怀疑。①二是持续深度镇静至死所采用的提前"杀死"患者意识的做法，在伦理上能否得到有效辩护，能否得到民众的广泛认同，本身也存有疑问。至少，它很难被看作一种兼顾了生命丰富内涵的临终医疗措施。

（三）自然死和安宁疗护立法合一模式最契合我国现实

我国法宜采用自然死和安宁疗护立法合一模式的理由主要在于：首先，从临终医学发展的角度看，竭尽所能地延缓死亡且会增加患者痛苦，人为地加速死亡本就并非医学的任务，故而不管是像死亡医学化那样"英雄式地抢救至死"，还是像医助自杀和安乐死那样为了"解决痛苦"来"解决人"，皆非理想中的临终医学。理想中的临终医学应直面死亡给医学带来的真正挑战，这一真正挑战应是尽量减少死亡这一人类至痛给濒死患者带来的痛苦，让患者走得更加安宁和有尊严，而非延缓或加速死亡。这应该是绝大多数医者和临终患者的希冀和愿望——对健康人群的临终医疗选择意愿进行调查并不能准确反映临终患者的意愿，此点不可不察。安宁疗护即是基于此一理想发展而来，其服务内容甚至已延及对死者家属丧亲之痛的抚慰。若临终医学能在这一理想道路上不断取得进步，获得各方面的支持，则基于惧死而生的"抢救至死"和基于惧痛或怕失去尊严而生的"但求速死"的需求必将大大减少，②一国民众的死亡质量也将获得大大提高。既然如此，那么相对更优的善终服务立法自然应当围绕安宁疗护展开。而

① 2015年，国内曾发生一起因医生在临终缓和医疗中使用了吗啡而被指控导致患者死亡的民事诉讼，法院最终判决医方无责（参见：北京市东城区人民法院（2016）京0101民初字第1404号民事判决书）。这一判决的社会效果虽然良好，但同时也凸显了我国末期镇静医疗所面对的医疗生态并不是很乐观。

② 美国已有调研显示，安宁疗护的结果已经使得俄勒冈州的一些病人改变了要求协助自杀的主意，从事安宁疗护的医护人员大多也都不支持安乐死和协助自杀。参见：GANZINI L，NELSON H D，SCHMIDT T，ed al. Physicians experiences with the Oregon Death with Dignity Act［J］. New England Journal of Medicine，2000，342（8）：557.

安宁疗护一般很难兼容可能会增加患者痛苦的维生医疗，故而将安宁疗护与放弃维生医疗合并规定在一起，与二者的一体两面关系较为吻合。

其次，从现有立法情况看，目前我国虽然正在试点和推行安宁疗护，但相关立法并没有对患者是否有权拒绝维生医疗、如何拒绝维生医疗等作出明确规定，也没有对安宁疗护的实施所需满足的法律条件等作出明确规定。在此情况下，通过同一立法一并解决维生医疗拒绝权的明确肯认和安宁疗护获得权的法律保障问题，应可起到节约立法资源、降低立法成本的作用，同时可更好地发挥这两项权利的协同作用，发挥领域立法优势。而且，在《民法典》第1219条等条文已对医疗知情同意原则作出了明确规定的情况下，在《"健康中国2030"规划纲要》和《基本医疗卫生和健康促进法》已经对发展安宁疗护作出了明确规定的情况下，承认末期患者的维生医疗拒绝权和安宁疗护获得权，并不存在任何法理上的障碍。只不过，对于哪些患者有权获得安宁疗护，哪些医疗措施属于维生医疗，哪些主体可以行使维生医疗拒绝权，其权利的具体行使方式如何等，现行立法并未作出明确规定，而这正是未来立法需要重点解决的问题。简言之，合并立法可以用较小成本弥补既有立法之不足，满足实践的需要，又可以在基本法理上获得现行法的支持，理论上可行、可期。至于其立法名称，则可考虑采用"安宁疗护条例或暂行条例"等名称，以彰显其立法的主要规范对象是安宁疗护。自然死、尊严死等概念则不宜出现在立法名称中。因为，自然死的概念并不能准确反映其立法的主要规范对象，尊严死的概念则较为模糊，既可以像俄勒冈州的《尊严死法案》那样指向协助自杀，也可以被用来指称因中止维生医疗所致死亡等。另外，将内含死亡的用词作为立法名称，本身就与医疗这一"卫生""护生"服务的法律性质不合，有将医疗服务更为看重的"生念"转为"死念"的不当之嫌。

最后，从实践的角度看，安宁疗护的服务对象一般仅限于身患不可治愈疾病且其病程的恶化已不可逆转，即便是给予维生医疗，预计也将会于近期内（一般不超过6个月）死亡的末期患者或老年患者，[①]并不包含近期内不会死亡或者可以依赖维生医疗生存很久的患者。在这样的一个对象范围内推动我国善终服务立法，不仅可以更好地获得各方面的认同，避免不必要的争论乃至于相关负面效应，而且与我国目前的安宁疗护服务能力和国家的财力支持相对比较有限的现状总体上是相适应的。当然，若单纯从理论上讲，也可以考虑采用自然死与安宁疗护分开立法的模式。只不过，在分离模式下，自然死服务立法的对象就不能仅限于末期患者了，而是应扩大至非末期患者（如植物人等）。因为，非末期患者依法也应享有维生医疗拒绝权。这种直接跃进至一般的自然死立法的做法，虽然理论上并非完全不可行，但立法成本相对较高，可能诱发的争议也会更大。因为，相对于末期患者，非末期患者放弃维生医疗的可接受性会更低。更何况，在目前我国安宁疗护服务能力尚比较有限的情况下，非末期患者一旦放弃了维生医疗，很有可能会因为得不到适当的缓和医疗而不得不面对痛苦的死亡。有鉴于此，本书认为，合一模式应为当前最为符合我国现实情况的最优选。未来，随着我国安宁疗护事业的发展和民众被撬动的死亡观念的变化，我们也可以在实践中，通过不断扩大末期患者的外延和安宁疗护的受益人群，让更多的患者从国家发展中受益。

二、可能的制度框架选择

在合一模式下，未来我国立法应在明确承认末期患者的维生医疗

---

① 2020年印发的《上海市安宁疗护服务规范》第4条规定，安宁疗护的服务对象应为"经医疗机构执业医师明确诊断的疾病终末期或老年患者，经评估患者预期生存期在6个月以内"。

拒绝权和安宁疗护获得权的基础上，重点对以下问题作出明确规定。

一是安宁疗护实施的对象条件。2017年印发的《安宁疗护中心基本标准（试行）》虽然已明确规定安宁疗护的服务对象是"疾病终末期患者"（即末期患者），但并没有界定末期患者的概念。这一做法在当前阶段虽有其合理性，但将来应予改变。因为，疾病终末期的概念在法律上本就有广狭之分。广义的概念是以"不予维生医疗"作为判断前提的。美国《统一末期患者权利法案》第1条就规定："末期状态是指罹患的疾病不可治愈且不可逆转，若不给予维生医疗，依主治医生的观点将会于近期内死亡的状态"。按照这一定义，植物人等可以依赖维生医疗生存数年乃至更久的患者，也可被归入末期患者之列。与之相对，较为狭义者则仅将"即便给予维生医疗，患者也将会于近期内死亡的情形"定义为疾病终末期。例如，新加坡《预先医疗指示法》第2条就规定："末期疾病是指一种因伤或因病造成的不治之症，患者并无合理希望可期暂时或永久复元，且在该种情况下，依合理的医学判断，不管是否施予维生医疗，死亡亦已临近，而且施予维生命医疗的作用仅在于推迟死亡一刻的来临。"面对这种概念分歧，未来我国立法应作出明确选择，较为妥当的做法应是采用狭义的定义，以便民众能够更好地接受安宁疗护这一新生事物，同时也可与我国安宁疗护的发展实践相适应。当然，采用狭义的定义并不是要有意排除非末期患者的维生医疗拒绝权，只是考虑到在当前情况下，应该将有限的缓和医疗资源更多地分配给最急需的患者，所以才暂时不对非末期患者的缓和医疗问题作出明确规定。

二是安宁疗护实施的意愿条件。这主要涉及安宁疗护和维生医疗抉择意愿的表达及效力问题。我国相关立法虽然已对医疗知情同意原则作出了规定，但这些规定具体应如何适用于安宁疗护，仍需进一步细化。至少，从比较法的情况来看，这里有很多问题仍需要立法予以明确。其中，最容易诱发争议的是无意思能力患者的医疗决定问题，如成年患者在丧失意思能力前能否预立医疗指示和委托医疗代理人的问题，预立医疗指示的生效要件、法律效力和变更等，①都是未来立法需要认真解决的问题。在已丧失意思能力的成年患者未预立医疗指示时，其临终医疗决定应由谁依据何种原则（依患者推定的意思，还是依患者最佳利益原则）来代为决定的问题；在患者是未成年人时，其临终医疗决定是否需尊重本人意愿等，更是未来立法需要认真处理的敏感问题。②另外，患者拒绝的维生医疗具体包含哪些医疗措施（如人工营养支持是否属于维生医疗），也是一个需要明确的问题。③针对前述问题，本书认为，未来我国立法应在借鉴域外立法的基础上，建立起较为完备的预先医疗指示和医疗代理人制度，并对维生医疗的含义和范围作出必要的界定。

三是安宁疗护实施的程序条件，即应依何程序来判断前述对象条件和意愿条件已被满足的问题。就对象条件判断而言，当前的医疗实践多采用的是执业医师、执业护士、社会工作者对患者共同进行评估的做法。这一做法将来可予保留，但出于慎重的考虑，建议将末期患者的确诊条件规定为至少应由两名执业医师确诊。至于意愿条件是否已被满足，可分别情况判断。若患者已预立医疗指示，该指示只要经医方判断符合法定的形式要件，即应得到尊重；在临终患者尚有意思能力时，法律上有必要规定，医方应向患者确认其当前意思。若患者未预立医疗指示，医方应依一般的知情同意原则来履行告知同意

---

① 欧盟已有15个国家对这些问题作出了明确规定。See：RODADO E P，SANCHEZ D P，GRIFO M G . Advance directives: comparison of current legislation within the European Union [J]. Spanish Journal of Legal Medicine，2021，47（2）：66-73.

② 韦宝平，杨东升.生前预嘱的法理阐释 [J]. 金陵法律评论，2013（2）：48ff.

③ 关于人工营养支持是否属于维生医疗的问题，比较法上有一定分歧。《广西壮族自治区养老机构安宁（临终关怀）服务规范》和《上海市安宁疗护服务规范》就此所作规定也不一致。

义务。

四是安宁疗护的资金保障和监管。从目前制约我国安宁疗护事业发展的制度因素看，欠缺资金保障是一个主要问题。2017年印发的《关于进一步深化基本医疗保险支付方式改革的指导意见》已明确规定，安宁疗护"可采取按床日付费的方式"纳入医保，部分试点地区也是这样做的。但受制于"人均人头比"和"次均费用"两条医保高压线的限制和国家对安宁疗护事业整体投入不足等因素，安宁疗护在实践中依然面临许多困难，如床位严重短缺、专业人才缺乏等。面对这种状况，本书认为，未来我国立法应明确将安宁疗护纳入医保，并不断加大国家的资金投入和各方面的支持，以便形成一个更为有效的推动安宁疗护事业发展的长效机制。同时，应建立与之相配套的监管制度，对不严格遵守安宁疗护实施要件的违法行为追究一定的行政责任，以保障我国安宁疗护事业的健康发展。

第四章　安宁疗护患者权利保护的法理基础

　　安宁疗护立法的核心是患者权利保护，而权利必有其正当性，方可获得法律的保护。此种正当性不仅构成了安宁疗护立法的法理基础，而且可为相关权利保障规则的建构提供内在体系上的支持。以下的讨论将重点围绕安宁疗护立法所涉核心患者权益即维生医疗拒绝权和安宁疗护获得权展开，目的是要阐明这些权利的正当性，以便为未来我国安宁疗护立法体系的展开奠定法理基础。

第一节　比较法观察一：维生医疗拒绝权的法理基础

　　维生医疗的拒绝除了与一般的医疗措施拒绝一样，涉及患者知情同意权或医疗自主权的行使之外，还会因其具有减损患者生命存续利益的效果而关联到国家的生命保护义务，关联到不同宪法价值的平衡。于此，法律上到底应该是以尊重患者自主决定权优先，还是应该以保护患者生命权优先，将成为一个尖锐问题。这一问题在患者已丧失意思能力或决定能力时将表现得更为明显。这一问题的法律性质决定了，各国法上有关维生医疗拒绝权的讨论，一般都会从纯私法层面或部门法层面进至宪法层面，从更高层面的价值冲突和平衡的角度来论证其权利的正当性和合理界限，以便为该权利的保障提供更为坚实的理论基础。以下将选取其中较具代表性者，予以详述。

一、美国法：以宪法隐私权或自由权为法理基础

美国不仅是适用于医疗实践领域的知情同意原则[①]的诞生地，而且是最早进行自然死立法的国家，美国法在学理上有关维生医疗拒绝权的论证，最初是以宪法隐私权为基础展开，并由此型构了美国法上的相关法理。

（一）立法前的实务见解

早在1891年"联合太平洋铁路有限公司诉博茨福德案"中，针对原告提出的自己可不经患者同意对其进行外科检查的请求，美国联邦最高法院认为，"没有任何权利比每个人拥有和控制其自身、不受他人约束或干涉的权利更神圣，也没有任何权利较之更受普通法的小心保护，除非有明确和不容置疑的法律授权"。法院的这一论述不仅包含了丰富的维护个体自主自决和自我控制的思想，而且内含了未经个人同意不能干预其身体的规则。这一规则在1905年"摩尔诉威廉姆斯案"中得到了进一步的具体化。在该案中，法院明确指出，法律的基本原则是"每个人都有权使自己的人身完全免受他人的身体干预，除非该人已给予他人接触其身体的特权，任何非法的或未经授权的身体触碰，除非是适当的开玩笑，否则将构成人身侵害（assault and battery）"。"如果不是医疗紧急情况或以下可豁免患者明确同意的情形，医生在未经患者同意的情况下不能提供治疗……。"卡多佐法官也在1914年的"施伦多夫诉纽约医院协会案"中重申了患者同意的必要性，并作出了如下经典论述："每一个心智健全的成年人都有权决定如何处理其身体，外科医生未经患者同意对其实施手术，将构成人身侵害（assault），应当承担损害赔偿责任。除非在紧急情况

---

① 在医疗领域中，知情同意原则除可适用于医疗实践外，还可适用于医学研究。一般认为，适用于后者的知情同意原则系起源于纽伦堡审判中形成的《纽伦堡法典》，并在1964年的《赫尔辛基宣言》中正式成型。

下，患者处于昏迷状态且在获得患者同意前必须进行手术。"

以前述判例对患者同意权的肯认为基础，1957年，加利福尼亚州上诉法院又在一起案件中率先提出了"知情同意"的概念，明确肯认患者对于医疗行为除享有同意权外，还享有对手术可能带来的风险的知情权，由此，适用于临床医疗领域的知情同意原则正式产生。此后，美国法院又在1960年的"纳坦松诉克兰案"和1972年的"坎特伯雷诉思朋斯案"中，进一步明确了医生应予告知的内容范围和标准，完善了知情同意原则。受此影响，1973年美国医院协会发布《美国医院协会关于患者权利法案的声明》，明确肯定患者享有知情同意和自决的权利。自此以后，适用于临床医疗领域的知情同意原则开始成为实践的重要准则，并在《纽伦堡法典》和《赫尔辛基宣言》所确立的适用于医学研究领域的知情同意原则的助推下，逐渐获得了各国法的广泛认可，成了医疗实践领域的金科玉律，同时也呼应了尊重患者自主的生命伦理原则。

1976年的"昆兰案则"从拒绝维生医疗的角度提出了一个尖锐问题：患者父母在明知撤除呼吸机可能导致患者生命难以维持的情况下，是否有权要求医生撤除呼吸机。这一问题不仅涉及患者本人是否有权要求撤除呼吸机的问题，而且涉及患者父母是否有权代为决定撤除以及代为决定撤除的条件和标准等问题。新泽西州地方法院基于保护患者生命的考虑，否定了原告的请求。新泽西州最高法院则对此作出了肯定的回答，法院认为，昆兰的父母作为监护人，在一定条件下（患者须被确诊为无恢复可能，且该种判断须经医院伦理委员会确认等）应有权代昆兰行使其基于宪法隐私权而生的维生医疗拒绝权，要求医院撤除昆兰的呼吸机。法院的核心理由是：第一，"不成文的宪法隐私权存在于《权利法案》提供的具体保障的晕影中。……该权利的范围足以涵盖患者在某些情况下拒绝接受治疗的决定，就像它足以涵盖妇女在某些条件下终止妊娠的决定一样"。第二,"国家于此所主张的利益基本上是人的生命神圣和保护,以及捍卫医生根据其最佳判断进行治疗的权利"。本案中,"昆兰所获医疗的性质和康复的现实机会与许多要求治疗的病例中的患者截然不同。在许多情况下,患者所需的医疗程序(通常是输血)仅构成对其身体的最小侵犯,患者康复和恢复正常生活的机会非常大。我们认为,随着身体侵犯程度的增加和预后前景的黯淡,个人的隐私权将增强,相对的国家利益将减弱。个人权利最终会超过国家利益。有鉴于此,我们相信,如果昆兰有能力作出选择,法律将证明她的选择是正确的。她的预后极差,永远无法恢复有认知的生活。而且身体所受侵袭非常严重,需要24小时的重症监护、抗生素、呼吸机、导管和喂食管的帮助。"第三,昆兰本人已无能力行使隐私权,"防止该权利受到破坏的唯一切实可行的方法是,允许昆兰的监护人和家人根据下文所述条件,就她是否会在这种情况下行使这项权利作出最佳判断。如果他们的结论是肯定的,那么这个决定应该被社会所接受——我们认为,在类似情况下,绝大多数社会成员会以同样的方式为自己或最亲近的人作出同样的选择。有鉴于此,我们决定,在本案所述的特殊情况下,昆兰的监护人和家人可代她行使隐私权。"第四,医生在实践中会对可治愈患者和治愈无望的濒死患者采取不同的医疗措施,"他们中的许多人会拒绝给处于不可逆转状态的患者造成非意欲的死亡过程延长,因为很明显,这种'治疗'并不能增加人的福祉和人道利益。我们认为,这种态度代表了深刻的现实主义视角下对生与死的意义的均衡实现,它们尊重整个犹太-基督教尊重人类生命的传统。同样,它们似乎也符合医学的道德准则"。第五,"在本案情况下,不存在杀人罪。……首先,随之而来的死亡并非死于谋杀,而是死于现有的自然原因。其次,即便将它视为杀人,它也不是非法的。这有其定义和宪法基础。在本案限制范围内，根据隐私权终止治疗本身是合法的。……非法剥夺他人生命与作为自决（self-determination）事项的终止人工生命支持系统之间有着真正的、决定性的区别。"

该案判决以宪法隐私权为基础——"隐私权系受宪法保障的权利"是由美国联邦最高法院在1965年的一起案件中确立的，将内含于隐私权中的自决权即个人对自己事务的决定权作为支撑维生医疗拒绝权的宪法基础，正式开启了基于侵权普通法规则发展而来的医疗知情同意原则与基于宪法判例发展起来的宪法隐私权在体系上的连接，其影响至为深远。同时，该案判决还作出了另一个重要贡献，即它明确将个人自主决定权与国家生命保护义务的平衡确立为须重点处理的问题，并对此进行了深刻的阐述（本案在无意思能力者的意思探求上采用了由监护人"替代判断"的标准，同时认为该权利的行使须满足一定的条件，以便使之与州有关维持生命的利益保持平衡）。由此，一个以宪法隐私权为基础，经由对其内含的个人自决权的阐释和媒介，最终落实到医疗知情同意或医疗自主权的论证框架初步形成，其思想渊源和历史基础可追溯至美国联邦宪法理念、密尔的自由论和洛克所倡导的自然法与自然权利等。①这不仅为此后美国相关判例和立法的发展开辟了道路，而且为这些判例和立法所确立的原则最终获得不同群体和不同文化传统的国家或地区的认同，提供了重要的理论依据。

在1977年的塞克维奇案中，马萨诸塞州高等法院也沿袭了前述利益平衡思路，不仅对监护人代为决定中止维生医疗案件所涉的各种国家利益（含保护生命、保护无辜第三方利益、预防自杀以及维护医学专业的道德操守）进行了系统讨论，而且从利益平衡的视角提出了

---

① GLENN R A .The right to Privacy: Rights and Liberties under the Law [M]. Los Angeles: ABC-CLIO, 2003: 15.

许多重要见解。法院认为，"与这些国家利益相平衡的是个人选择拒绝或拒绝同意侵犯其身体完整性和隐私的自由利益。""……不成文的宪法隐私权，源于对人的尊严和自决权的同等尊重。""宪法隐私权表达了个人自由选择和自决作为生活基本组成部分的神圣性。人们所认为的生命价值并不会因为拒绝治疗的决定而降低，但会因为没有给予一个有决定能力的人以选择的权利而降低。""如果知情同意和隐私权学说系以身体完整权和对自己命运的控制权为基础，那么这些权利就优于制度上的各种考量。""在本案情况下，我们认为没有国家利益足以抵消患者拒绝延命医疗的决定，因此得出结论，患者的隐私权和自决权有权得到强制执行"。此外，法院还重点从平等维护人的地位和尊严的原则出发，对保障无决定能力者的维生医疗拒绝权的必要性和重要性进行了阐述。

在1980年的"艾西纳诉狄龙案"中，纽约州地方法院也认为，拒绝治疗的权利系建立在宪法隐私权的基础之上，同时法院还指出，"拒绝治疗，不仅仅是为了行使他在普通法中的身体自决权（right to bodily self-determination），也是为了行使他的宪法隐私权。尽管这二者在效果上显然是等效的，……但它们之间的区别不仅仅是语义上的。普通法权利可以通过制定法废除，只要国家在行使警察权时符合正当程序的要求。但是，宪法权利不能被如此废除。"1985年，纽约州地方法院又在另一起案件中就此发表了一段极具人文色彩的论述，并在1987年的一起案件中重复引述了这段论述。法院如此说道："对处于临终的极端状态并且正在忍受这一切的个人的医疗和护理，需要对人的身体进行持续和广泛的处理和操作。从某种程度上讲，对缺乏感觉的患者进行这样的治疗即便是对最超然的观察者来说，也必然会令其深感触动。最终，无处不在的身体侵犯，即便是出于最良善的动机，也会令无助的患者感到羞耻和屈辱。当属于每一个活着或濒死之人的人格尊严和个人隐私的珍贵价值被对个人所做的事情充分侵犯时，我们应该准备说：'够了'。基于这些因素，应该可以构建出可靠的、可理解的、可接受的生死攸关的医疗决策框架。"

以上判决主要代表的是美国各州法院的态度，1990年的克鲁赞案的发生则为美国联邦最高法院就此发表看法，提供了契机。法院一方面总结道："大多数州法院都将拒绝治疗的权利建立在普通法知情同意权的基础上，或者将其同时建立在该权利和宪法隐私权的基础上。"另一方面，法院又认为，"根据正当程序条款，一个有决定能力的人在拒绝不想要的医疗方面享有自由利益。然而，这一宪法权利是否受到侵犯的问题必须通过平衡自由利益与相关国家利益来确定。"美国联邦最高法院的这一看法与美国各种法院看法的最大不同之处在于，它明确将美国宪法第十四修正案规定的正当程序条款——"不经正当法律程序，不得剥夺任何人的生命、自由或财产"——所保护的自由利益或自由权作为了论证医疗拒绝权的法律依据，而没有将多数州法院主张的宪法隐私权作为论证依据，这在一定程度上代表了美国法院在这一问题上的转向和分歧。自此以后，基于宪法隐私权的论证和基于宪法自由权的论证在美国法院各有其拥趸，二者各有其优劣和理据。前一论证的优势在于其作为"先例"产生得更早，劣势在于其不像后一论证那样有明确的宪法条文作为依托。也就是说，以宪法正当程序条款为依据，可以为法院就此间所涉的自由权行使与相关国家利益的平衡进行利益衡量提供明确的规范基础，这是以宪法未明文规定的隐私权为基础的论证所不具备的。不过，从价值上讲，二者实质上并没有分歧，二者都共同承认个体对自身事务享有宪法层面的自主决定权或选择自由，甚至于可以说，正当程序条款所保护的自由本身就可以构成宪法隐私权的价值基础。

（二）立法的态度

与判例的发展相呼应，美国联邦和各州也在立法上采取了一些积极行动，以加强对患者自主自决权的保护。1976年，加利福尼亚州通过的《自然死法案》不仅明确规定了患者有权拒绝维生医疗，而且率先创设了波及全球的生前预嘱制度。1983年，该州又进一步制定了《医护持久授权书法案》，规定患者可预立医疗代理人，在患者无决定能力时代为医疗决定。1985年，美国统一州法委员会提出《统一末期患者权利法案》，重点对预立医疗指示进行了规定，并于1989年修订时增加了指定医疗代理人和欠缺患者指示时近亲属代为同意的规定。1987年，纽约州《公共卫生法》明确规定，患者有权拒绝心肺复苏术，同时规定医生可在特定情形下依特定程序径行签发此类医嘱。这不仅进一步扩大了患者可拒绝的维生医疗范围，而且明确肯定了医生无提供无效医疗的义务，有助于进一步明确生命保护与患者自主的界限。1990年，美国国会正式通过《患者自主决定法》，明确要求医疗机构必须依照患者的指示停止医疗，同时要求所有参与国家医疗保险的医疗机构，在成年患者住院时必须以书面形式告知其享有此类医疗自主决定权，以强化病患医疗自主权的保护。此后，美国相关立法的发展也基本上是以前述规则为基础展开的，部分州的立法甚至进一步扩展至承认协助自杀的合法性。

总之，经由一系列判例和立法的发展，患者的维生医疗拒绝权已在美国法上获得广泛承认，其法理基础一方面系根源于普通法对身体完整权的保护，由此产生了知情同意原则，另一方面又根源于内含了自主决定权的宪法隐私权或自由权，其更为深层次的理论基础在于人的尊严。为了平衡患者的自主决定权和生命保护等国家利益，尤其是为了保护无决定能力患者的合法权益，美国法已发展出一些更为具体的规则和标准。①在这方面，美国各州的立法和法院的做法虽然不尽相同，但患者的自主决定权或真实意愿优先的原则业已通过一系列判例和立法被坚强地确立下来。

二、英国法：趋向于以私生活权利为法理基础

（一）立法前的实务见解

英国是世界上安宁疗护发展得最好的国家之一，其在与维生医疗相关问题的处理上，与美国法共享了许多普通法传统和规则，如二者都明确承认人的身体是不可侵犯的；每个人都有权免受身体伤害和任何形式的身体干扰；如果他人同意，对其身体的干涉是合法的；在没有合法理由的情况下，对他人身体的任何触碰都将构成人身侵害。在美国法院基于这些传统规则创设了适用于医疗实践领域的知情同意原则之后，英国法院也迅速接受了这一点，部分法院甚至还会在判决中直接援引美国法官卡多佐的以下著名判词，即"每一个心智健全的成年人都有权决定如何处理其身体，外科医生未经患者同意对其实施手术，将构成人身侵害……"有的法院还特别强调，"在医疗方面，我们必须牢记这一自由主义的自决原则。"正是这一自决原则为安宁疗护在英国的起源和发展，提供了重要的理论支撑。

然而，与安宁疗护的实践发展相比，英国与拒绝维生医疗相关的判例法和成文法的发展则相对滞后。判例法上首次拒绝维生医疗（包括人工喂养）问题提交给法院的案件是1993年的布兰德案。该案所

---

① 对于无决定能力者的维生医疗决定问题，美国各州立法和法院多倾向于采用替代判断方法或客观确定的患者最佳利益作为决定标准。在没有患者明确意愿的情况下，首选的方法是替代判断方法，即基于确定已知的患者个人观点、信仰、人生态度和生活方式对患者的真实意愿作出替代判断；如果缺乏足够的可获知患者个人观念的信息，则应根据客观确定的患者最佳利益作出决定。

面临的问题与美国的昆兰案类似，皆涉及植物人的维生医疗撤除问题，不同的是，昆兰案中要求撤除的是呼吸机，提出请求的是昆兰的父母；布兰德案中要求撤除的是人工喂食管和停止提供抗生素，提出请求的是医疗机构（布兰德父母的意见与医疗机构相同，但当时的英国法并未承认此种情况下患者的父母有权代为医疗决定）。法院一方面对人工喂食管喂食是否属于医疗措施的问题进行了分析，并对此作出了肯定的回答；另一方面又重点对这里所涉的医疗措施撤除问题进行了阐述。法院首先明确了已有的相关法律规则和各方共识，然后针对本案所涉特殊情况进行了具体的分析。

法院认为，已有的相关法律规则和各方共识是：第一，"对人类生命神圣性的深刻尊重植根于我们的法律和道德哲学中，就像东西方大多数文明社会一样。这是为什么谋杀（仅次于叛国）一直会被视为最严重和最令人发指的罪行的原因。"第二，"未经心智健全有意识的成年人的同意，对其进行治疗属于民事侵权，也有可能构成犯罪。"第三，"医生必须遵守心智健全的成年人关于在某些情况下应给予或不给予治疗的明确指示，无论这些指示是合理的还是不合理的。即便是出现了患者无意识或精神不再健全的情况，这一原则也可适用。"第四，"如果成年患者在精神上没有能力表示同意，任何人（包括法院）都不能代表他表示同意。在这种情况下，如果治疗符合患者的最佳利益，医生可以合法提供治疗。"第五，"如果患者是儿童，并且法院是监护人，则由法院自行决定（适当考虑专业医疗意见）医疗是否符合患者的最大利益。"

以前述规则和共识为基础，针对本案所涉特殊情况，法院认为，"考虑问题的出发点是个人有权作出自己的决定，并有权决定是否接受或拒绝治疗，即个人有自决权。""自决原则要求必须尊重患者的意愿，因此，如果一个心智健全的成年患者无论多么不合理地拒绝同意延长其生命的治疗或护理，负责照顾他的医生都必须实现他的意愿，即便他们认为这样做不符合他的最佳利益。在这一范围内，人的生命神圣不可侵犯的原则必须屈服于自决原则……。"然而，在本案中，布兰德先生已缺乏对医疗行为作出有效同意的能力，根据以往判例，他的家人无权代表他同意，法院也无权批准或不批准为此类患者提供医疗服务，行为的合法性取决于治疗是否符合患者的最佳利益。英国法院近期的判决倾向于采用客观确定的最佳利益标准来确定患者最佳利益。这对于无决定能力的患者来说，必然意味着"生死攸关的决定权必须而且确实掌握在他人手中。"这将导致"自决原则与那些不能选择的人所享有的平等权、与我们社会的另一项基本原则即保护生命之间的冲突"。面对这一冲突，法院需要找到一个临界方程或等式。

在寻求这一临界方程或等式时，法院认为，偏离保护生命的基本方法虽然存在危险，但生命的保护并非绝对。更何况，生命神圣的原则本身就建立在抽象生命的假定的基础上，并没有考虑到患者的现实情况。在涉及中止医疗时，生命的神圣性和保护患者生命构成了等式的一边，等式的另一边需要考虑的因素众多。"英国普通法已经承认了两个例外，即自决权和极度痛苦的情况"。在患者极度痛苦的情况下，"生命质量被公认为是一个因素并被纳入等式之中，以便使生命不被不惜一切代价地延长。""患者个人的观点、个性以及包括他的家人在内的其他人在事故发生前对他的看法将成为评估的一部分。"除此之外，还有其他因素应予考虑，因为"患者的人性中必然有更多的东西。他仍然是一个人，而不是一个令人关注的客体"。到目前为止，这些其他因素在英国法的判例中还没有得到探讨，但在美国等普通法国家的一些判例中已得到广泛的考虑。这些因素包括人的尊严、个人隐私和被家人铭记的权利等。

基于当时的英国法并无类似美国法的宪法隐私权的原因，法院在该案判决中并没有将隐私权作为需重点考虑的因素，而是将重点放在了其他因素上。巴特勒·斯劳斯法官在判决中就明确说道："他（布兰德）保留了被他人尊重和被家人铭记的权利。……他有权避免不必要的羞辱和无正当目的的有辱人格的身体侵犯。我听到法定代理律师说，如果布兰德先生心脏骤停或肾功能衰竭，医生有责任进行心脏搭桥手术或肾移植，我感到很沮丧。我不敢相信，像布兰德先生这样的病人会受到治疗上毫无用处的治疗，这违背了良好的医疗惯例和医学道德，而这些都不会强加给那些有能力选择的人。这是对他应受到尊重的权利的侮辱。""从生命的神圣性和不可侵性的一般原则出发，将布兰德先生现在和未来在极端情况下的生活质量考虑放在等式的另一边是正确的。在本案中，包括布兰德先生存在的现实情况在内的因素超过了保护生命的抽象要求。负责照顾他的医生从医学角度平衡了这一等式，并在与家人协商后得出结论，他的最大利益不在于人为延长其生命。"因此，停止人工喂养符合良好的医疗惯例，符合布兰德先生的最佳利益。"医生对处于光谱极端的植物人患者所负义务并没有延及不惜一切代价延长其生命。"正是基于以上理由，法院判决医生可合法撤除所有维生医疗，并判决道："除了基于使布兰德能够以最大尊严、最小痛苦平静地结束自己生命的目的外，此后无需再为其提供医疗"。

统观此案判决的理由，可以发现，法院论理的核心是患者自决，在患者为有决定能力的成年患者时，必须尊重患者的自主决定，不管这种决定是否合理，是否符合患者本人的最佳利益；[①]在患者无决定能力时，需综合考虑各种因素以确定患者最佳利益之所在，而

---

① 这一原则在2002年的一起案件中得到了法院的进一步确认。该案同时还确认，可以合法实施具有"双重效果"的治疗，即旨在减轻患者的疼痛和痛苦但可能存在缩短患者预期寿命的副作用的治疗措施。

非绝对保护患者生命。于此，患者个人的价值观念、极度痛苦所带来的生命质量降低、人的尊严维护等，皆为利益平衡时需重点考虑的因素。其中，人的尊严构成了最终的落脚点，判决主文所述的让患者以"最大尊严，最小痛苦"的方式离去即为其典型体现。当然，依作者揣测，以上判由的产生很大程度上应该与当时的英国法尚无美国法那样的医疗代理人制度有关，否则法院就有可能直接依据相关规则作出裁判，没有必要溯源至人的尊严等因素。正是有鉴于此，1994年英国医疗伦理委员会才会在其提出的报告中特别指出，应扩大立法确立代理判断制度和事前的医疗意思表示制度，以便更好地保护患者自主。不过，这一建议要真正转化成为立法，乃是十年之后的事情。

在立法产生之前，英国法上发生了一个值得注意的重大变化，那就是1998年英国制定了《人权法案》（2000年施行），并将1950年《欧洲人权公约》第2条至第12条等条款规定的权利和自由纳入其保护范围。这导致英国法上的人权体系发生了重大变化，并在一定程度上克服了因其不成文宪法传统所造成的宪法原则和基本权体系的模糊性——英国法院在前述案件中并未像美国法院那样，明确诉诸宪法基本权，即为其体现。这一具有宪制意义的重大制度变化，对于此处所述的维生医疗拒绝权的法理构成也产生了重要影响。其中，最为突出的一个影响是公约第8条规定的"私人和家庭生活、家庭和通信受尊重的权利"①已成为英国法的一部分，其保护的核心与美国法上的宪法隐私权大体相同。由此也就在英国法上催生了一种更接近

---

① 该条规定：（1）人人有权享有使自己的私人和家庭生活、家庭和通信得到尊重的权利。（2）公共机构不得干预上述权利的行使，但是，依照法律规定的干预以及基于在民主社会中为国家安全、公共安全或者国家的经济福利的利益考虑，为了防止混乱或者犯罪，为了保护健康或者道德，为了保护他人的权利与自由而有必要进行干预的，不受此限。

于美国法的解释，即医疗拒绝权可以被解释为是公约第8条所提供的隐私保障的一部分。这在2002年的"普莉缇诉英国案"中有非常明显的反映。该案不仅涉及中止维生医疗，而且涉及协助自杀。普莉缇认为，1961年的《自杀法》禁止协助自杀违反了《英国人权法案》，侵犯了她根据《欧洲人权公约》第2条（生命权）、第3条（免受酷刑、不人道和有辱人格的待遇或惩罚的权利）、第8条（私人和家庭生活、家庭和通信受尊重的权利）、第9条（思想、良心和宗教自由）和第14条（平等权）享有的权利，故而向法院提起诉讼，请求法院判决她有权死亡并保障其丈夫不会因将来协助其自杀而受到刑事追诉。英的两级法院均驳回了原告的请求，欧洲人权法院也是如此。

该案非常尖锐地提出了一些需要法院澄清的法律解释问题，所涉立法主要是英国禁止协助自杀的立法和已被英国《人权法案》接受的《欧洲人权公约》的相关规定。就此处所述主题而言，其中尤其值得关注的是《欧洲人权公约》第8条所保障的"私人和家庭生活"权利的解释。就此，原告的看法是，"自决权贯穿于整个公约，并在第8条中得到最明确的承认和保障。……自决权包括对自己的身体以及如何对待它作出决定的权利。……包括选择何时以及如何死亡的权利，没有什么比死亡的方式和时间更能与一个人的生活方式密切联系在一起了。"

英国法院则认为，"毫无疑问，个人自主权，至少关涉到对自己的身体作出选择的权利，控制自己身体和心理完整性的权利，以及包含于人身安全中的基本的人的尊严，至少关涉到不受刑事禁令干扰的自由的范围。""尊重一个人的'私生活'，……与一个人的生活方式有关。她选择度过生命最后时刻的方式是生活行为的一部分，她有权要求这一点也必须得到尊重。在这方面，普莉缇夫人有自决权。从这个意义上讲，即便是在她面对绝症时试图选择死亡而不是生命的情况下，她的私生活业已事涉其中。但是，被置于这些语词之中的积极义务，即以协助自杀的方式结束自己生命以实现其愿望的积极义务，是一个完全不同的事物。我认为这样做会将这些语词的含义延伸得太远。""任何将死亡权建立在第8条基础上的企图，与基于第2条引出该权利的企图具有完全相同的目标，亦即，其所声称的权利将消灭据称是其权利依据的利益本身。第8条保护个人的身体、道德和心理完整性，包括对个人身体的权利，但没有任何迹象表明它赋予了决定何时或如何死亡的权利。"简言之，原告有拒绝维生医疗的自决权，但第8条所保障的自决权不应被解释为已内含了要求他人积极采取措施协助其自杀的权利。

欧洲人权法院也认为，禁止协助自杀并不构成对第8条第1款保障的私生活权利的不当干涉（即便构成干涉，也可以根据第8条第2款的规定得到辩护），[①]并重点对第8条第1款所保障的私生活权利的内容进行了阐述。法院认为，"私生活"是一个宽泛的术语，不易被详尽定义。它涵盖一个人的身体和心理完整性，有时也包含个人生理和社会身份的各个方面，诸如性别认同、姓名和性取向以及性生活等要素也属于第8条保护的个人领域，第8条还保护个人发展权，以及与他人和外部世界建立和发展关系的权利。尽管以前没有任何案件确认公约第8条包含任何自决权，但法院认为，个人自主权的概念

①　欧洲人权法院认为，"以自己选择的方式生活的能力也可能包括有机会从事被认为对所涉个体身体或道德有害或危险的活动。一个国家在多大程度上可以使用强制权力或刑法来保护人们免受其所选择的生活方式的影响，长期以来一直是道德和法学讨论的主题，这种干预往往被视为对私人和个人领域的侵犯。""然而，即便该行为对健康构成威胁，或者可以说具有威胁生命的性质，公约机构的判例法认为，国家实施的强制性或刑事措施是否侵犯了申请人第8条第1款意义上的私生活，需要根据第2款的规定进行判定。""毫无疑问，末期患者的情况非常多样。但许多人都很脆弱，正是这个阶层的脆弱性为法律的干预提供了理由。是否要放宽对协助自杀的普遍禁止，或者是否要设立例外，主要由各国评估滥用的风险和可能发生的情况。尽管存在一些利用安全措施和保护程序避免滥用的可能性的论据，但确实存在明显的滥用风险。"据此，法院得出结论，"本案中的干预可以基于为保护他人权利这一'民主社会中的必要性'得以正当化，因而没有违反《公约》第8条。"

（notion of personal autonomy）是解释其保障的一项重要原则。"在医疗领域，拒绝接受特定的治疗可能会不可避免地导致致命的后果，但未经精神健全的成年患者同意而实施医疗，将以一种能够与公约第8条第1款所保护的权利相关联的方式干扰一个人的身体完整性。"亦即，"第8条包含针对自己身体作出选择的权利意义上的个人自主原则。"

很明显，不管是英国法院，还是欧洲人权法院，都已明确将拒绝维生医疗的权利与欧洲人权公约所保护的隐私权或私人和家庭生活权联系起来，并将自决权或个人自主权解释为利用《欧洲人权公约》第8条所保障的私生活权和其他与医疗有关的权利的"一项重要原则"。在此后的判例中，欧洲人权法院一再主张，个人自主权，即寻求保障以自己想要的方式自由行使权利和自由的权利是受公约第8条保护的一项"权利"。这在一定程度上已经与美国法的解释趋向一致。

（二）立法的态度

2004年，在历经艰难之后，英国终于通过了《心智能力法》。这是一部旨在保护和授权那些可能缺乏心智能力的人对自己的医疗和护理作出自己决定的立法，也是英国在安宁疗护领域的一部重要立法。该法第1条开宗明义，明确规定："（1）以下原则适用于本法。（2）每个人都必须被假定为具有心智能力，除非已确定他缺乏这种能力。（3）任何一个人都不应被视为没有能力作出决定，除非已经采取了所有切实可行的帮助他作出决定的措施都没有成功。（4）一个人不能仅仅因为作出了不明智的决定就被视为没有能力作出决定。……"该法同时还明确规定成年患者有权通过预立指示拒绝医疗，允许指定他人在其缺乏心智能力时代为医疗决定，但这种决定必须符合第1条规定的"患者最佳利益原则"和"以较少限制个人权利和行动自由的方式有效实现所需目的的原则"。总之，在英国法中，支撑患者维生医疗拒绝权的核心理据主要是身体完整权和患者的自决权或个人自主权，这些权利在《英国人权法案》出台之后，已被认为可内含于《欧洲人权公约》第8条所保障的私人和家庭生活权利之中。这就使得针对此一问题所形成的以隐私权或自由权为基础的论证已从美国法蔓延至英国和欧洲人权法院，成为此一问题上具有广泛影响的法理之一。

三、德国法：以宪法自主决定权和人性尊严为法理基础

（一）立法前的实务见解

德国是典型的成文法国家，其对拒绝维生医疗问题的法律调整，主要是通过在民法典中引入患者预嘱（patientenverfügung）①即预立医疗指示制度来实现的。在2009年引入该制度之前，德国法院已在多个判决中针对包含拒绝维生医疗在内的临终医疗干预问题发表其见解。早在1957年的一起案件中（该案中，医生在实施子宫瘤切除手术时，未经患者的明确同意切除了其整个子宫），德国法院就通过援引宪法的规定，明确阐明了患者享有拒绝医疗的权利。法院认为："德国《宪法》第2条第2款第1句保护人的身体完整性，纵使治疗将使患者免于生命危险，患者依然有权利拒绝影响其身体完整性的治疗。任何人均不得在此问题上以法官自居，认为他人在何种情况下应当理智地接受身体完整性的牺牲，以换取健康。此一指针，对于医生也有其拘束力。诚然，医生最重要的权利和义务是尽可能地治愈患者的痛苦。但是，这项权利和义务在人类对自己身体自决的基本自由权利中受到了限制。如果一名医生，即便是出于医学上合理的原因，在

---

① 按照《德国民法典》第1901a条的规定，patientenverfügung的含义与英语世界中的"预立医疗指示"（advance medical directive）并无实质上的不同，为便于行文，以下将二者作为同义词对待。

未经患者事先同意且可及时获得其意见的情况下，擅自对患者实施了一项后果严重的手术，这将构成对人格自由和尊严的非法侵犯。因为即便是重症患者也有正当的、人道的和道德上值得尊敬的理由拒绝手术，纵使他可以且只能通过手术来摆脱痛苦。"这种以宪法规定的身体完整权及所关联的人格自由和尊严为基础来论证医疗拒绝权应优先于医学上的种种考虑的做法，也为此后德国许多法院的判决所承袭。

在1984年的一起家庭医生基于尊重自杀者（身患多种严重疾病的76岁老妇）意愿而未对其施以急救的案件中[①]，德国法院首次就这种情形下不予急救的行为是否构成不作为杀人的问题作出了判决。法院的答案是否定的。于此，法院一方面援引了联邦医学协会发布的相关指南，对医学上的以下常规做法表示了赞同，即"在患者已昏迷或丧失行为能力的情况下，只要濒临死亡的患者或伤者的情况有改善的前景，就应将医疗援助的重点放在保护生命上"。另一方面，法院又认为，在预后前景不明的情况下，虽然医疗界对于此一情形下是否应对无意识的绝症患者或濒死患者施以急救的问题存在不同看法，但法院更为赞同的观点是："医生没有法律义务不惜一切代价去挽救正在熄灭的生命。不能因为技术上可行，就认为延长生命的措施是必要的。鉴于迄今为止医疗技术的进步，决定医疗极限的不是器械的效率，而是基于尊重生命和人类尊严的个案决定。""在本案的极端情况下，被告没有选择将患者送入重症监护室这种更简便的方式来解

---

① 该案中，一名身患多种严重疾病的76岁老妇曾多次向其家庭医生明确表示拒绝入院和抢救，该家庭医生在发现她因服用过量吗啡和安眠药昏迷于家中（旁边的纸条上写着"给我的医生：请不要去医院，不要救我"）后，未对其采取任何医疗措施，直至其于次日清晨死亡。

决生命保护义务和尊重患者自主决定权①之间的冲突——他认为这样做会给患者造成严重和不可逆的伤害，而是选择了尊重濒死患者的人格直至其死亡，他的这一良心医疗决定在法律上不能被认为是不合理的。"

与前述案件已明确承认尊重患者意愿不予急救的行为属于合法行为相关联的是，德国法院还在1986年的另一起案件中明确承认了依患者意愿中止维生医疗的合法性。该案中，被告依其身患绝症的妻子在苏醒后明确表达的意愿关闭了妻子的人工呼吸机，法院判决被告的行为不构成受嘱托杀人，理由主要在于："受嘱托杀人罪（德国刑法典第216条）必须结合根植于宪法的自主决定权与人性尊严来解释，禁止杀人的意义在于保护生命，而非违背濒死者的意愿强行阻止其死亡。……不能因为技术上可行，就认为延长生命的措施是必要的。具有判断能力的患者可自行决定是否接受治疗，纵使该决定客观上不理智，亦同。举轻以明重，当医生的处置根本不再是为了治疗或至少减轻疼痛，而只是为了延长濒死过程时，患者更加有权决定是否予以接受。本案患者有权要求不接受人工呼吸，当然也有权要求停止之，纵使这一过程必须经由一个行为来实施。此一观点，更应适用于已装置违反其意愿的人工呼吸机的情形。此处，具有判断能力的患者的自主决定权与人性尊严具有优先地位，任何人（不只是医生）都必须尊重。""任何满足患者中止治疗意愿的人，不论其行为是作为还是不作为，都不属于（受嘱托）杀人。"此案判决以德国《宪法》上的自主

---

① 在德国法上，自主决定权是经由判决的发展逐步确立的。在本案发生之前，德国联邦宪法法院在1978年的"变性案"（BVerfGE 49，286）和1983年的"人口普查案"（BVerfG，13.04.1983－1 BvR 209/83）中都对自主决定权有所论及，并由此形成了自主决定权是受宪法一般人格权保护的权利的一部分的理论认识。在1983年的"人口普查案"中，法院曾明确说道："宪法秩序的核心是人的价值和尊严，个人得以作为自由社会成员自由、自决（Selbstbestimmung）地行事。这可以——除了对自由的特别保障外——通过宪法第2条第1款结合第1条第1款保障的一般人格权获得保护。"

决定权与人性尊严为依据，肯定患者有权中止维生医疗，并认为他人为实现其意愿而中止维生医疗的行为不构成杀人，进一步明确了患者自主决定权的范围，所确立的患者自主决定权和人性尊严优先的原则也得到了此后许多法院判决的肯定。

在 1994 年的一起停止人工喂食案中，德国联邦最高法院首度就患者无法表达其意愿且事先未就此作出明确表达情况下的中止维生医疗问题，发表了其见解。这也是实践中最容易产生争议、最难处理的维生医疗中止问题。原审法院的判决是，医生和患者监护人停止人工喂食的行为已构成杀人未遂。联邦最高法院则以原审法院未对这里是否存在患者可推测的许可作出足够的确认为由，撤销了原判决并发回重审。联邦最高法院认为，根据医学的观点（法院于此援引了联邦医学协会发布的相关指南），在患者所患疾病已不可逆转且濒临死亡时，医生可以不对其实施维生医疗。法律上也不认为这种行为具有可罚性。本案并不属于这种情形，因为本案患者并未濒临死亡，其在停止人工喂食后仍生存了九个月，但患者的自决权仍必须得到尊重。"在患者有相应意愿时，停止其治疗的做法体现了他选择自由和身体完整权的一般权利。"这种意愿也包括患者可推测的意愿（mutmaßlicher Wille）。"然而，为了保护人的生命，必须对假设无法作出决定的患者的这种推定许可的条件提出严格要求。决定性的因素是患者在行为时的推定意愿……。这种推定必须考虑患者以往的口头或书面陈述，以及他的宗教信仰、其他个人价值观、与年龄相关的预期寿命或所受痛苦。①客观标准，尤其是将一项措施评价为通常是'合理的'、'正常的'或者符合理性患者的利益，并不具有独立的意义；它们只能作为确定个人假定意愿的线索。如果经过必要的仔细检

---

① 这些因素是德国法院在此前的一起超出患者同意范围对其实施手术的案件中提出的。

查仍无法确定患者个人可推测的意愿，则可使用且必须使用合乎一般价值观的标准。但是，必须有所克制；有疑问时，保护人的生命应优先于医生、亲属或其他相关人员的个人考虑。个案中的决定，自然也取决于医疗预后的无望程度和患者与死亡的接近程度：越是没有希望恢复有尊严的生活，越是临近死亡，就越有可能证明停止治疗是合理的。"

按照德国联邦最高法院的这一见解，符合患者可推测意愿的中止维生医疗，亦属合法。于此，监护人的任务是要去努力探求患者可推测的意愿并对其加以尊重，但没有权利直接代替患者作出决定。这样做的目的是"从一开始就消除医生、家属或护理人员不顾无法作出决定的患者意愿，根据他们自己的标准和想法来结束患者生命的危险"。这一赋予患者可推测的意愿以法律上约束力的做法，亦为嗣后的德国立法所接受。只有在可推测意愿的认定标准和可推测意愿不可得时是否应采用客观标准的问题上，立法的做法与法院的见解才不一致，详见后文。

除以上案件外，在 2009 年的立法出台之前，德国法院还裁决了多起与预立医疗指示相关的民事案件。但是，由于法律规定的不明确，法院对预立医疗指示的约束力及执行是否须依据《德国民法典》第 1904 条①的规定获得监护法院（现已修改为照管法院）的批准等问题，存在不同看法。2003 年，德国联邦最高法院在一起患者选任的监护人请求依患者预先表达的意愿停止人工喂食的案件中，明确发表了其看法。法院一方面区分了不同情形，对中止维生医疗是否须获得法院批准的问题作出了不同的处理，另一方面又认为，患者以书面形式预立的医疗指示必须受到尊重，前提是患者已进入"不可逆转的濒

---

① 依据该条的规定，如果一项医疗措施存在导致患者死亡或遭受严重和长期的健康损害的有根据的风险，监护人（照管人）就此所为的同意或不同意，原则上需要获得监护法院的批准。

死阶段"（irreversibler tödlicherVerlauf）。也就是说："如果有关人员的基础疾病尚未进入不可逆转的濒死阶段，并且该措施延长或挽救了有关人员的生命，则医护人员没有要求停止治疗的余地。""诚然，医生必须尊重患者的自决权，不得违背其意愿采取任何措施，甚至维持生命。然而，照顾者的决策权与患者的决策权不同，患者因自决权而享有同意权，但照顾者所获法定授权必须受到法律要求的约束；只有在法律约束的框架范围内，才能战胜医生保护患者生命的义务。""如果存在这样的意愿表达，如这里所述的以所谓的'患者预嘱（patientenverfügung）'形式表达的意愿，则其作为自决权的表达，同时也作为当事人个人责任的表达，对照管者具有约束力；因为即便是当事人的尊严（德国《宪法》第1条第1款）也要求必须尊重他或她自我负责所作决定，纵使他或她已经丧失了自己做决定的能力。""只有在当事人在能够给出同意状态下所作出的'预期'意愿声明——可能构成对某一医疗措施的同意或对同一医疗措施的否决——无法确定时，才可以考虑将这种（个人）可推测的意愿作为一种替代方案。"

于此，患者预立医疗指示已被确定为限制医疗的"独立的正当化基础"，其理论依据主要在于德国法院一再强调的宪法自决权和人性尊严。然而，法院在该案中将中止维生医疗的前提限定为患者已进入"不可逆转的濒死阶段"的做法，也对患者的自主决定权作出了严格限制，这与德国联邦最高法院刑事审判庭在前述案件中所持看法不尽相同。这一分歧直到2009年立法的出台——依据该法的规定，患者拒绝维生医疗的权利不受所患疾病的性质和所处阶段的影响——才告终结。

（二）立法的态度

2009年，德国以《照管法第三修正案》的形式修正了其民法，修正的重点是在照管（监护）制度中引入了预立医疗指示制度，新增了第 1901a 条、第 1901b 条、第 1901c 条和第 1904 条第 4 款。其中，最为核心的规定是第 1901a 条。

该条第 1 款规定："具有承诺能力的成年人已针对其未来无承诺能力的情况，书面确认其是否同意或拒绝在确认当时尚不会马上来临的特定健康状况检查、治疗或医疗手术的，由照管人审查这些确认是否符合现实的生命情势与治疗情势。于肯定情形下，照管人应促使被照管人的意愿得以表达和适用。患者预嘱可随时不要式地撤回。"该款虽然没有对患者预嘱的效力作出明确规定，但德国学界一般都认为，该款可以被解释为已承认了患者预嘱的约束力，即"患者预嘱……，对参与采取或不采取医疗措施决策过程的每一个人都有约束力"。这同样适用于患者在预嘱中所确认的拒绝维生医疗。"这通常是患者预嘱的真正意义所在，其目的往往是要通过现代医学的技术可能性来避免无谓的痛苦。……但患者预嘱的医疗措施不包括医生和护士在任何情况下都必须提供的基本护理措施。"

若无患者预嘱，或者其预嘱的内容与当下的情形不合，则应适用同条第 2 款，即"不存在患者预嘱或者其指示内容不符合现实的生命情势与治疗情势的，照管人必须查明被照管人的治疗意愿或可推知的意思，并在此基础上决定被照管人是否同意或拒绝第 1 款所规定的医疗措施。可推知的意思须依具体证据查明。尤其需要考虑被照管人先前的口头或书面表达、伦理或宗教信念和其他个人价值观念"。依据该款的规定，在不存在符合当下情形的患者预嘱时，作为医疗决定依据的应是患者的治疗意愿或可推知的意思。其中，"治疗意愿"应优先于"可推知的意思"，其查明标准也不完全同于后者。例如，在患者曾以录音形式预立医疗指示时，该预嘱虽然欠缺书面形式，但仍可作为查明患者治疗意愿的依据。这说明，德国法在这一问题上奉行的是尽可能尊重患者本人意愿的宗旨，体现了其对自主决定权的一贯尊重。

同时，该条第3款还规定："第1款与第2款的适用，与被照管人之疾病种类和阶段无关。"依此规定，"即便是死亡过程尚未开始，患者的意愿对于评估医疗措施的可接受性也是决定性的；如果患者希望终止维持生命的措施，以表达一般的决定自由和身体完整权……，那么终止这些措施通常也是允许的。"这表明，德国法于此已破除了此前实务中将拒绝维生医疗的权利限定为患者已进入"不可逆转的濒死阶段"的做法，转而将此一自决权利规定为由所有患者平等享有，符合人性尊严和身体完整权系由所有患者平等享有的法理。除此之外，该条第4款和第5款还分别规定："不得赋予任何人作出患者预嘱的义务。不得使患者预嘱的作出或出示成为订立合同的条件。""第1款至第3款适用于意定代理人。"

紧随其后的第1901b条和第1901c条则分别就患者意愿的查明和意定照管人的选任进行了规范。第1904条第4款则对相关医疗决定是否须经照管法院的批准作出了明确规定。依其规定，若照管人和主治医生一致认为特定医疗措施（含维生医疗）的给予、不给予或撤回符合依第1901a条所确认的被照管人的意思，则无须获得照管法院的批准；反之，则需要获得照管法院的批准。如此规定，主要是为了平衡患者生命保护和自主决定权。

2013年，为进一步完善相关立法，改善患者法律地位，德国通过了《改善患者权利地位法》，对德国民法典和社会法典的相关内容进行了修订。重点是在民法典第二编中新增了医疗契约专节（第630a条至630h条），对医疗契约各方的权利义务和医疗过失责任等进行了规定。这些规定，尤其是其中有关知情同意权的规定，进一步完善了对患者自主决定权的保护。其中，尤其值得一提的是，第630d

条第1款第2句还明确规定："若患者不能为同意表示，则应取得有权代为同意之人的同意，但依第1901a条第1款第1句所为之患者预嘱同意或拒绝某项医疗措施的除外。"言下之意是："患者预嘱作为一种高度个人化的意愿表达，不能由他人代为作出。但权利人可以利用信使。"

综上可见，在德国法上，维生医疗拒绝权的法理基础主要在于德国《宪法》第2条第2款第1句所保障的身体完整权或身体自决权，以及由第1条规定的人性尊严和第2条第1款规定的一般行为自由共同形塑的宪法上的一般人格权，后者被认为内含了自主决定权，并可通过身体自决权等具体权利表现出来。而且，依德国法院和学界的通常见解，除法律另有规定外，[1]患者的自决权应优先于患者生命保护，即便患者的自主决定并不理智，甚至有可能危及生命，也是如此（Thomas Fischer，2015）。另外，德国学界还普遍认为，对于即将熄灭的生命，医生并不负有不计代价的维持义务。或者说，当所有拯救生命的可能性已经丧失且病人已进入死亡的直接阶段（unmittelbare Phase des Sterbens）时，医生并无义务对其采取无效治疗措施，病人也无权利要求医生竭尽医疗技术上的可能来延长其生命。但医生作为安宁疗护中的死亡陪伴者，依然负有给患者提供止痛等基础照顾的义务，其给予原则上仍需获得患者同意（Henning Rosenau，2011）。总之，在德国法上，相比于医疗的必要性，病人的自主决定权更为重要，除法律另有规定外，所有医疗干预和介入的基础与界限皆在于患者自决。2020年，德国联邦宪法法院甚至进一步将患者的自决权扩大至死亡自决权，并据此裁定刑法有关禁止业务性协助自杀的规定违宪。此一扩张是否合理，前文已述，此处不赘。

---

[1] 德国《宪法》第2条第2款第2句明确规定："个人之自由不可侵犯。此等权利唯根据法律始得干预之。"

四、我国台湾地区：以身体自主权或自主决定权为法理基础

在 2000 年的"安宁缓和医疗规定"出台之前，我国台湾地区并无直接规范拒绝维生医疗问题的法律性规定，与之关联较为密切的法律性规定是所谓的"医疗法"和所谓的"医师法"中有关医疗知情同意的规定。①这些规定虽然从理论上讲，也可为安宁疗护患者拒绝维生医疗提供法律性支持，但毕竟这种支持是通过解释性文件实现的，远不如法律性规定来得直接、权威、明确。更何况，这二者还同时规定了，医院、诊所对危急病人应负有紧急救治的义务，不得无故拖延。②这就在一定程度上诱发了患者的维生医疗拒绝权和医生的紧急救治义务之间的矛盾，导致"临床实务上，多数医疗提供者为免法律争议，还是希望有法律性规定加以明确，才愿意尊重病人的拒绝维生医疗权"③。"安宁缓和医疗规定"的出台在一定范围内回应了这一需求，并被认为是我国台湾地区"第一个直接规范'死亡'和'病人自主'的法律性规定"④。但是，基于一些观念障碍和对可能的"滑坡效应"的担心⑤，该规定在制定之初，虽然承认末期患者有权选择安宁缓和医疗、预立医疗委任代理人等，但通篇都没有使用维生医疗的概念，而是将一些实质上的维生医疗措施包裹在了其定义已被扩大的"心肺复苏术"的概念中，进而通过明确承认末期患者有权决定

---

① 我国台湾地区规定："医院实施手术时，应取得病人或其配偶、亲属或关系人之同意，签具手术同意书及麻醉同意书；在签具之前，医师应向其本人或配偶、亲属或关系人说明手术原因、手术成功率或可能发生之并发症及危险，在其同意下，始得为之。但如情况紧急，不在此限。"

② 我国台湾地区规定："医院、诊所遇有危急病人，应先予以适当之急救，并依其人员和设备能力予以救治或采取必要措施，不得无故拖延。"

③ 杨秀仪.论病人之拒绝维生医疗权：法律理论与临床实践 [J]. 生命教育研究，2013（1）：4.

④ 同上，第13页。

⑤ 甘添贵.医疗纠纷与法律适用——论专断医疗行为的刑事责任 [J]. 月旦法学杂志，2008（157）：31-44.

"不施行心肺复苏术"的方式，在一定范围内承认了末期患者有权拒绝维生医疗，但没有明确承认末期患者有权终止或撤除已施予的心肺复苏术（含维生医疗）。这种"暧昧隐晦、缩手缩脚"的做法一经出台即饱受批评，并被认为与学理上和实务上已明确肯认患者享有"身体自主权"或"身体自主决定权"的法理不合。①

为了改变前述状况，台湾地区的立法部门先后于2002年、2011年和2013年对该规定进行了三次修正，修正的主要内容是逐步扩大了末期患者自主决定的医疗措施范围，逐步放宽了末期患者近亲属代为放弃（含不施行、终止或撤除）心肺复苏术和维生医疗的限制，体现了一种在生命保护和患者自主之间日益趋向自主决定权优先的利益平衡导向。其中，最重要的修正是对第7条有关不施行心肺复苏术的要件的三次修正。

该条在规定不施行心肺复苏术的要件时，起初仅仅规定了经末期患者或其最近亲属同意，可以不对末期患者施行心肺复苏术②，但没有规定可以终止或撤除已对末期患者施予的心肺复苏术。这一规定被批评为明显有违法理，因为患者免受不想要的医疗的权利并不取决于该项医疗是否已经开始。这导致了两年之后该规定被迫进行了第一次修正，在第7条中增补了患者有权要求终止或撤除心肺复苏术的规定，即"末期病人符合第一项、第二项规定不施行心肺复苏术之情形时，原施予之心肺复苏术，得予终止或撤除"。这种终止或撤除的条件仅限于末期患者本人已立有"意愿书"的情形，如果患者本人未立

---

① 台湾地区最高审判机构认为，有关规定所确立的告知后同意法则的立法本旨是为了"保障病人身体自主权"；台北地方审判机构也认为，告知后同意法则体现了病人对身体的自主决定权，"医师未得到'告知后同意'即对病人为侵入性手术，则其手术行为无论是否有利于病人之健康，都将是侵害病人对身体之自主决定权的行为"（参见该机构民事判决99年度医字第49号）。

② 依据该规定原第3条的规定，心肺复苏术是指"对临终或无生命征象之病人，施予气管内插管、体外心脏按压、急救药物注射、心脏电击、心脏人工调频、人工呼吸或其他救治行为"。

有意愿书且又不能清晰表达其意愿的，患者的近亲属无权代为决定终止或撤除。这就使得终止或撤除心肺复苏术在实践中仍然是窒碍难行。因为，在实践中，已被施予心肺复苏术的末期患者未立有意愿书且又不能清楚表达其意愿的情形，并不在少数，完全封杀这种情形下终止或撤除心肺复苏术的可能，不仅与最小伤害、最大尊严的安宁疗护理念不合，而且明显失之僵硬。是故，2011年第二次修正时，又进一步增设医疗委任代理人或近亲属可代为决定终止或撤除已施予的心肺复苏术的规定，条件是医疗委任代理人或所有最近亲属（配偶、成人子女、孙子女和父母）一致同意，并经该医疗机构之医学伦理委员会审查通过。这一规定虽然为近亲属代为决定终止或撤除心肺复苏术开启了一扇窗，但设置的条件仍然很严苛——这种严苛的条件限制应该是为了避免代理权滥用和保护患者生命，导致这种代为决定在实践中很难实现，同时也被批评为与终止或撤除末期濒死患者的心肺复苏术（维生医疗）乃是一种医疗常规的做法仍有一段距离（王志嘉，2012）。故而，在2013年最后一次修正时，其条件又被修改为只须经最近亲属一人同意即可（顺序在先的亲属意愿优先），同时明确引入了维生医疗的概念——不再以一种遮遮掩掩的方式承认患者有权拒绝维生医疗，统一了"不施行"心肺复苏术和维生医疗与"终止或撤除"这些医疗措施的条件，不再为后者设置更为严格的条件。除此之外，此次修正还明确规定，在特定情况下，可直接依医嘱不施行、终止或撤除心肺复苏术和维生医疗，即在患者无意愿书且无最近亲属代为决定时，可由医生经安宁缓和医疗照会后，依末期病人最大利益出具的医嘱代替患者的意愿书。

以上变化虽然整体上趋向于赋予民众在临终医疗决策领域以更大的自主决定权和自由，但其过程却显得极为踌躇，甚至让人觉得有点步履蹒跚、审慎过度。个中原因，非深入其中者，恐很难准确把握。

然而，可以想见的是，这在很大程度上应该与民众对拒绝维生医疗的接受度和医疗环境有关，也与学理上相关共识的形成往往有一个渐进的过程有关。德国、英国和美国等域外立法在中止维生医疗和近亲属代为作出维生医疗决定等问题上，也曾发生过许多的意见分歧和争议，所形成的处理方案也各有不同，就很好地说明了这一点。不过，时至今日，我国台湾学界对于拒绝维生医疗的法理基础已经有了基本的共识，即拒绝维生医疗的权利与知情同意权一样，皆是患者医疗自主权的体现，此一医疗自主权利，除法律有明定限制外，应优先得到法律保障。

正是以上述共识为基础，2016年我国台湾地区制定了亚洲第一个以"病人自主权利"命名的法律性规定，即"病人自主权利规定"。该规定不仅明确将"尊重病人医疗自主、保障其善终权益"规定为立法目的，而且将拒绝维生医疗（终止、撤除或不施行维持生命治疗或人工营养及流体喂养之全部或部分）的权利主体由"安宁缓和医疗规定"规定的末期患者进一步扩展至一定范围内的非末期患者①，体现了在更大范围内维护患者医疗自主权的决心。不过，该规定对维生医疗拒绝权主体范围所作的限制，仍被批评为"对病人的自主权利作出过多的不当限制"②，将来仍有改进余地。因为，依据台湾许多学者的看法，拒绝维生医疗的权利并非只能由部分患者享有，而是可由所有患者享有③，其权利的正当性基础在于相关宪制性规定基本权。只不过，在不同的学者那里，可作为其依据的基本权可能会有所不同。

---

① 其第14条规定，这些非末期患者包括符合以下临床条件之一的患者：处于不可逆转之昏迷状况；永久植物人状态；极重度失智；其他经主管机关公告之病人疾病状况或痛苦难以忍受、疾病无法治愈且依当时医疗水平无其他合适解决方法之情形。

② 许泽天.消极死亡协助与病人自主决定权——德国学说、立法与实务的相互影响[J].台北大学法学论丛，2016（100）：235.

③ 有学者就认为，对于台湾"安宁缓和医疗规定"将拒绝维生医疗权利的主体限定为末期病人的做法，其合宪性解释的基础应是将其解释为针对末期病人拒绝维生医疗的特别补充性规定，而非排他性规定。若将其解释为排他性规定，则有违宪的嫌疑。

有的学者认为，可作为其宪制性规定依据的是患者的身体自主权，即"病人的拒绝治疗权乃是本于身体自主权所生之'宪法'上保障的基本人权"①。"任何人基于对自己身体的自主决定权，纵使患有重病亦没有就医的义务，而享有不需先经医疗咨询的拒绝医疗权利。"②另一些学者则认为，病人医疗人权的内容可分为基于社会基本权发展出的受益权和基于宪制性规定客观价值与人权基本理念所发展出的防御权，而医疗防御权的内容之一是病人的自主决定权，这构成了患者有权拒绝维生医疗的宪法依据（陈聪富，2008）。以上二论虽略有差异，但实质上并无根本分歧，因为身体自主权本质上仍不过是自主决定权在身体完整性维护领域的贯彻和体现，二者所处的层次和抽象程度虽有所不同，但内含的价值观念并无二致。

与之不同的是，也有部分学者认为，病人自主权是指在接受医疗的前提下，对于医疗方式的选择权，并不能从中推导出所谓的医疗拒绝权；安宁缓和医疗情境中的维生医疗属于无效医疗，已经脱离原始意义的医疗，宜以维生介入指称之；而在安宁缓和医疗中，病人在面临非人为的正在迫近的死亡时，行使其对维生介入的选择权，乃是对自身进入死亡方式的选择，应归入善终权之下，此一善终权才是相关立法所规定的拒绝维生措施介入的正当性基础（郑逸哲，2018；郑逸哲、施肇荣，2016）。此论以"病人自主权利规定"第 1 条所述的"善终权益"作为其立论基础，虽然有一定的道理，但其对病人自主权和维生医疗一词所作的另类解释，已内含了一种力图在医疗范围之外承认一种包含死亡方式选择权在内的善终权的企图。这种善终权是否有可能会滑向或趋同于所谓的"自决死亡权"本就存疑，此处姑且

① 杨秀仪.论病人之拒绝维生医疗权：法律理论与临床实践［J］.生命教育研究，2013（1）：13.
② 许泽天.消极死亡协助与病人自主决定权——德国学说、立法与实务的相互影响［J］.台北大学法学论丛，2016（100）：179.

不论，仅就其所论已超出医疗范围而言，要证成患者在医疗自主范围之外享有一项善终权，显然需要更充分的论证和宪法依据，而这正是该论所未竟之处。是以，该论在目前的台湾仅为少数说，多数说仍以医疗范围内的身体自主权或自主决定权为论理基础，理念上更接近于前述德国法的法理。

五、小结：患者的自主决定权优先于生命保护原则的确立

综上可见，在维生医疗拒绝权问题上，美国、英国、德国及我国台湾地区虽然在立法上和学理上都各有特点，但共同点也非常明显，即这些国家和地区除在制度构造上都明确承认患者有权拒绝维生医疗、预立医疗指示和委任他人代为医疗决定外，在学理上一般都会通过或主要诉诸宪制性规定隐私权（或私生活权利）和普通法上的身体完整权，或主要诉诸宪制性规定一般人格权（人格自由发展和人性尊严）和身体完整权的论证方式，证成了患者的维生医疗拒绝权有其宪制性规定基础并须成为宪制性规定基本权的一部分，进而依据自由权除法律有明定限制外，原则上应优先于其他权益保障的法理，确立了患者的自主决定权原则上应优先于患者生命保护的基本原则。这一原则也为域外其他许多国家和地区的立法所采纳。

第二节　比较法观察二：安宁疗护获得权的由来及法理基础

安宁疗护获得权作为一项新兴权利，是安宁疗护在全球的快速发展和人权观念进步的产物。该权利的产生很大程度上系得益于各相关国际组织和人权机构的持续推动，并在一些国家和地区被视为是一项具有社会权性质的权利。以下将首先阐明安宁疗护获得权的由来，然

后再对其法理基础展开讨论，以便为我国未来立法明确承认该权利奠定基础。

一、安宁疗护（缓和医疗）获得权的由来

安宁疗护（缓和医疗）的获得应被作为一项权利对待的观念，始于20世纪90年代。1992年杰出的医事法学者玛格丽特·萨默维尔发表了一篇开创性的论文，明确指出，减轻痛苦是医学和人权的共同目标，而减轻重症患者的痛苦应该是一项人权。自此以后，世界医学会、世界各地的缓和医疗组织、国际疼痛组织等相关国际组织，相继发布了一系列宣言和声明，主张享受缓和医疗应该是一项人权，并在一定范围内提供了它们对这一人权的架构和内容的理解，详述如下。

（一）世界医学会等民间组织的倡导

1995年，世界医学会第47届大会在修订《世界医学会关于患者权利的里斯本宣言》时，明确在第10条中宣称："患者有权利要求，依现有知识减轻他或她的痛苦。患者有权利得到人道的临终医疗，得到一切可用的帮助，使死亡尽可能有尊严、舒适。"1998年，世界医学会第50届大会发布的《世界医学会关于儿童获得医疗服务权利的渥太华宣言》又进一步宣称："对终末期儿童患者，应当提供适当的缓和医疗和所有必要帮助，使死亡尽可能舒适和有尊严。"①

2002年，非洲缓和医疗协会发布《开普敦缓和医疗宣言：撒哈拉以南的非洲的本土解决方案》，明确提出"缓和医疗、疼痛和症状控制是每一个患有限制生命（life-limiting）疾病②的成年人和儿童的

---

① 唐超.世界各国患者权利立法汇编［M］.北京：中国政法大学出版社，2016：10；76.
② "限制生命疾病"是指无法治愈、预计会导致一个人比预期更早死亡的疾病。

人权"①。2004年，首届"全球疼痛日"的主题被确定为"缓解疼痛是一项人权"。2005年，第二届国家安宁缓和医疗协会全球峰会发布《韩国宣言》，明确宣称缓和医疗是一项人权，并要求各国积极采取措施保障该权利的实现，如"将缓和医疗纳入政府的卫生政策……为安宁缓和医疗计划和服务提供资源；制定清晰可知的、独立的政策，并制订实施行动计划……提供必要的药物，包括为最贫穷的人提供可负担、可获得的吗啡；确保所有必需药物，特别是阿片类药物的供应和可负担性；为患有限制生命疾病的患者提供口服阿片类止痛药；查明并消除不同法律法规中对吗啡等阿片类镇痛剂的充分使用的障碍……使安宁缓和医疗服务具有全面性，更好地融入医疗卫生系统；努力让所有公民都能在自己选择的环境中获得安宁缓和医疗"等。2005年召开的"人权与获得基本药物：前进之路"的国际研讨会起草的《关于基本药物人权的蒙特利尔声明》，也明确将作为国际人权的健康权与普遍获得基本药物联系起来。

2008年，国际安宁缓和医疗协会、全球缓和医疗联盟发布《关于将疼痛控制和缓和医疗作为人权使命的共同宣言和声明》，一致同意致力于"使缓和医疗和疼痛治疗被承认为基本人权"。同年5月，国际疼痛研究协会拉丁美洲分会联合会和"将疼痛治疗作为人权"基金会发布《巴拿马公告：关于将疼痛治疗和缓和医疗作为人权加以应用的公告》，呼吁联合国在当年12月《世界人权宣言》发表60周年之际宣布疼痛治疗和缓和医疗为人权。

2011年，国际疼痛研究协会国际疼痛峰会发布《蒙特利尔宣言》，明确宣称："必须在全世界范围内承认以下人权：第1条，所有人都有权不受歧视地获得疼痛管理；第2条，疼痛中的人有权承认自

---

① SEBUYIRA L M, MWANGI-POWELL F, PEREIRA J, et al. The cape town palliative care declaration: home-grown solutions for Sub-Saharan Africa [J]. Journal of Palliative Medicine, 2003, 6 (3): 341-343.

己的疼痛，并被告知如何评估和管理疼痛；第3条，所有疼痛中的人都有权通过受过充分培训的医疗卫生专业人员获得适当的疼痛评估和治疗。"为保障前述权利的实现，必须承认以下义务，即"政府和所有医疗卫生机构有义务在其权力的法律限制范围内，并考虑到合理可用的医疗卫生资源，制定有助于促进但肯定不会阻碍疼痛患者获得充分的疼痛管理的法律、政策和制度。未能制定此类法律、政策和制度是不道德的，也是对受害者人权的侵犯。与患者有医疗关系的所有医疗专业人士有义务在其专业执业的法律限制范围内，并考虑到合理可用的医疗资源，为疼痛患者提供该执业领域合理谨慎和称职的医疗专业人士所能提供的疼痛管理。未能提供这种管理是对患者人权的侵犯"。

2011年，《世界医学会关于获得充分的疼痛治疗的决议》声明："面对疼痛的人有权获得适当的疼痛管理。"同年，欧洲缓和医疗协会和国际缓和医疗协会、人权观察组织合作发布了名为《里斯本挑战：承认缓和治疗是一项人权》的文件，明确指出"国际协会一直主张将获得缓和医疗作为一项人权，……然而，世界上许多国家的政府仍然没有承认为所有需要的人提供缓和医疗的人权"。故倡议，各国政府必须"制定卫生政策，满足限制生命或绝症患者的需求""确保所有需要的人都能获得基本药物，包括受控药物""确保医疗卫生服务工作者在本科阶段接受适当的缓和医疗和疼痛管理培训""促进缓和医疗服务的实施，将其作为现有医疗卫生服务的一部分"①。2013年，欧洲缓和医疗协会、国际安宁缓和医疗协会、全球缓和医疗联盟和人权观察组织制定的《布拉格宪章：敦促各国政府减轻痛苦并承认缓和医疗是一项人权》，也向各国政府发出了与里斯本挑战类似的

---

① RADBRUCH L, PAYNE S, DE LIMA L, et al. The Lisbon Challenge: acknowledging palliative care as a human right [J]. Journal of Palliative Medicine, 2013, 16 (3): 301-304.

呼吁。①

2012年，国际安宁缓和医疗协会、世界卫生组织疼痛政策与缓和医疗合作中心等60多个组织联合发布《吗啡宣言》（The Morphine Manifesto），宣布"拒绝为大量患者提供适当的疼痛治疗侵犯了《经济、社会、文化权利国际公约》第12条所规定的享有能达到的最高身心健康标准的权利，并且可能违反了《公民权利和政治权利国际公约》第7条有关禁止残忍、不人道或有辱人格的待遇的规定"，并就如何改善这种状况发出了多项呼吁。

（二）联合国人权机构的态度

以上宣言、声明和论述都一致倡导或主张，缓和医疗（包含疼痛管理）的获得应该是一项人权，但是，这一主张如果得不到联合国的支持，将很难站稳脚跟，也很难真正引起各国政府重视。在这方面，联合国经济、社会和文化权利委员会针对健康权发表的一般性意见和多位联合国人权问题特别报告员所做的报告，可以被看作对这一新的人权主张作出的积极回应，同时可被看作联合国为承认这一人权所采取的重要步骤，简述如下：

2000年8月，联合国经济、社会和文化权利委员会在《第14号一般性意见：享有能达到的最高健康标准的权利（第十二条）》第34条中，明确将缓和医疗的获得阐述为健康权的一部分，该条指出："各国有义务尊重健康权，特别是不能剥夺或限制所有人得到预防、治疗和缓解痛苦的卫生服务的平等机会。"此外，它还将世界卫生组织《基本药物行动纲领》中规定的基本药物获取界定为享有能达到的最高健康标准的权利的"最低核心内容"的一部分。最后，意见第25条还明确强调了"治疗和照看患慢性病和绝症之人，帮助他们免

① RADBRUCH L, DE LIMA L, LOHMANND et al. The Prague Charter: urging governments to relieve suffering and ensure the right to palliative care [J]. Palliative Medicine, 2013, 27 (2): 101-102.

除可以避免的痛苦，使他们能够体面地离世"的重要性，而这实际上是对缓和医疗的核心基本原则的强调。

2008 年，联合国人权委员会健康权问题特别报告员保罗·亨特在一份特别报告中，坚定地将缓和医疗置于国际健康权的义务范围内。报告强调，"很多其他卫生健康权利问题亟须得到关注，如缓和医疗……每年数百万人正在承受可怕的、本可以避免的疼痛……缓和医疗需要得到更大的关注"①。2009 年，酷刑问题特别报告员曼弗雷德·诺瓦克在一份特别报告中指出，"事实上无法获得缓解疼痛服务，如果由此造成严重疼痛和痛苦，将构成残忍、不人道或有辱人格的待遇或处罚"。此外，两位报告员还于 2008 年下半年向麻醉药品委员会主席提交了联合报告，明确表示"缺乏包括止痛片在内的基本药物是一个全球性的人权问题，必须大力解决"。2013 年，酷刑问题特别报告员门德斯教授在其关于医疗环境中的酷刑和虐待问题的里程碑式报告中也重申了这一点，并明确指出，如果符合以下三个方面的标准，则拒绝提供疼痛治疗可能构成残忍、不人道或有辱人格的待遇。这三个标准为："一个人的痛苦是严重的，符合禁止酷刑和虐待的最低门槛；国家意识到或者应该意识到这种痛苦，包括在没有提供适当治疗情况下的痛苦；政府未能采取一切合理的措施保护个人的身心健康。"为了说明什么是"合理的措施"，报告员还提出，确保世界卫生组织确定的基本药物的供应和可及性"不仅是合理的步骤，而且是1961 年《麻醉品单一公约》规定的法律义务"。这一报告明确将未能提供适当的缓和医疗与禁止酷刑的人权规定联系起来，并对拒绝提供疼痛治疗可能构成残忍、不人道或有辱人格的待遇的构成要件进行了较为详尽的阐述，不仅有助于解决疼痛治疗供给不足等问题，而且大

---

① BRENNAN F, CARR D, COUSINS M. Access to pain management-still very much a human right [J]. Pain Medicine. 2016, 17 (10): 1787.

大增强了国际社会对这一问题的关注，意义重大。

2015年底，针对即将于2016年4月召开的联合国大会药物问题特别会议，健康权问题特别报告员发表了一封公开信，明确指出，确保用于疼痛管理的基本药物的获得，是相关药物条约和健康权规定赋予国家的"并行义务"。联合国多个人权机构和专家（其中包括数位人权问题特别报告员）也于特别会议召开前联合发表公开信，重申了相关国际条约和各国确保用于疼痛管理的基本受控药物的可获得性的人权义务。①总之，联合国相关委员会和人权问题特别报告员已在多份重要文件和报告中，明确将人权与疼痛管理和缓和治疗的获得联系起来。这为缓和医疗成为一项人权奠定了重要基础。

（三）世界卫生组织的态度

世界卫生组织也为贯彻联合国的上述原则和精神起了重要作用。1994年，世界卫生组织欧洲办事处主持召开的欧洲患者权利协商会议发布《促进欧洲患者权利宣言》（A Declaration of the Promotions of Patients' Rights in Europe），明确规定："患者有权利依现有知识减轻他们的疼痛。""患者有权利得到人道的临终医疗，有权利尊严地死去。"2011年，世界卫生组织发布《确保国家管制药物政策的平衡：管制药物供应和可获得性指南》，明确提及政府有防止滥用受控药物以及确保基于医疗目的获得这些药物的"双重义务"，并将国际人权公约和《世界卫生组织章程》中有关"健康权是一项基本人权"的规定作为其论点的核心，即为公民提供适当的医疗用途受管制药物是国家在保障健康领域应尽的人权责任。②同年，世界卫生组织、国际麻

---

① BRENNAN F，CARR D，COUSINS M. Access to pain management-still very much a human right［J］. Pain Medicine. 2016，17（10）：1787.

② World Health Organization. Ensuring balance in national policies on controlled substances：guidance for availability and accessibility of controlled medicines［R］. Geneva：WHO，2011.

醉品管制局和联合国还合作发布建议，建议各国向国际麻醉药管制委员会准确报告本国医疗用阿片类药物的真实需求，这实际上是在督促、提醒各国政府注意其根据国际法应承担的义务。此外，世界卫生组织还通过发布建议的方式为国际社会期待的缓和医疗最低标准提供了指南，其核心建议为：所有国家都应采取国家缓和医疗政策；确保卫生专业人员的培训和教育，并提高公众意识；确保吗啡在所有医疗环境中的可用性；确保在各级护理中逐步采用减轻疼痛和缓和医疗的最低标准等。国际健康权监督委员会对此曾明确说道："各国政府的义务应确切符合这一卓越的世界卫生机构的建议。"

2014年，第67届世界卫生大会通过了一项关于缓和医疗的开创性决议，即《加强缓和医疗 将其作为贯穿一生的全面护理的组成部分》的决议。这是世界卫生大会针对此一主题作出的第一项决议。决议呼吁世界卫生组织和成员国提高作为卫生系统核心组成部分的缓和医疗的可获得性，增加缓和医疗的资金、培训和可用性。这实际上是在呼吁各国切实履行其在缓和医疗领域的健康权保障义务。

综上可见，缓和医疗作为一项人权的观念已经从法律和医学界学者的孤立声明，经过一段时间的国际组织和机构的持续倡导，发展到联合国内部机构承认和认可的阶段。虽然，截至目前，获得安宁疗护或缓和医疗的权利尚未被联合国相关公约明确规定为人权，但国际医疗界、世界卫生组织和联合国人权机构实际上已经在很大程度上就安宁疗护（缓和医疗）是一项人权、各国政府应就此承担一定的义务等，达成了共识。

（四）安宁疗护（缓和医疗）获得权在地区性人权公约中的确立

为践行前述共识，保障安宁疗护获得权的实现，欧洲理事会曾先后发布多个文件，鼓励成员国尊重和保护末期患者或临终者的人权和尊严，并就如何组织安宁疗护（缓和医疗）提出了政策框架建议。①
2015年，世界上第一个明确将获得缓和医疗规定为人权的公约在美洲产生。该年6月15日，美洲国家组织成员在美洲国家组织机构大会召开期间批准了《美洲国家保护老年人人权公约》，要求"各缔约国应采取步骤，确保公共和私营机构为老年人提供不受歧视的全面的医疗照护，包括缓和医疗……防止不必要的痛苦以及徒劳和无用的程序"（第6条）。公约还要求"各缔约国应制定一项程序，使老年人能够事先明确表示他们对包括缓和医疗在内的医疗卫生干预措施的意愿和指示"（第11条），这实际上已涉及域外许多国家和地区立法已明确规定的生前预嘱或预立医疗指示制度。与之相关联的是，联合国也将起草《老年人人权公约》提上了议事日程，而老年人无法获得包括"适当的缓和医疗和安宁疗护"在内的医疗卫生服务，经常被用来证明起草公约的必要性。②

二、安宁疗护获得权的法理基础

（一）对相关国际组织看法的简要评析

以上简要历史回顾表明，包含安宁疗护在内的缓和医疗的获得已在国际层面被作为一项人权来对待。在该项人权的享有主体为临终患者时，其享有的权利即为安宁疗护获得权，即获得适当的临终缓和医疗（含疼痛治疗和症状控制等）和所有必要帮助，以减轻其痛苦并使其末期生活尽量过得舒适和有尊严的权利。

依学者所论和各国际组织的宣言、声明，安宁疗护（缓和医疗）的获得之所以被视为人权，核心理据主要来源于一系列国际公约对健

---

① WOITHA K，CARRASCO J M，CLARK D，et al. Policy on palliative care in the WHO European region： an overview of progress since the Council of Europe's （2003） recommendation 24 ［J］. European Journal of Public Health，2015，26（2）：230.

② 张万洪.《老年人权利公约》的制定：进程与展望［J］. 人权，2022（3）：71.

康权和阿片类药物使用权利的保护：一是以《经济、社会、文化权利国际公约》为核心的一系列公约已将医疗卫生服务的获得确立为作为基本人权的健康权（"享有能达到的最高身心健康标准的权利"）的一部分，而缓和医疗又属于医疗卫生服务的一种。这就为安宁疗护的获得的权利化提供了重要的法理基础。二是1961年的《联合国麻醉品单一公约》明确要求，签约国应将阿片类药物的医疗使用作为缓解疼痛必不可少的手段，并规定国家应为达到医疗目的提供足够的阿片类药物等。由此，也就产生了与签约国义务相对的获得阿片类药物和适当疼痛管理的权利，而疼痛管理的权利化又进一步助推了安宁疗护获得的权利化，因为疼痛管理本身就是安宁疗护的重要组成部分。除以上权源外，联合国公约对于其他人权项目的保护也被认为可以为缓和医疗的人权主张提供支持。例如，人人有保持尊严的权利，免受残忍、不人道或有辱人格的待遇的权利，不受歧视与享有平等的权利，获得信息的权利，儿童与老人的权利等。

综合以上权源可以看出，安宁疗护获得权虽然可以从不同的人权保护角度获得理论支持，但不管是从国际人权法，还是从将该项人权转换、构造为国内法保障的权利的角度看，真正构成其核心理据的应是健康权，即"享有能达到的最高身心健康标准的权利"。其他被看成理据的权利，则可分别作如下处理：第一，相关国际公约所规定的阿片类药物和适当疼痛管理的获得权，本身就是内含于健康权中的医疗服务获得权（详见后文）的一部分，无须单列。第二，人人有保持尊严的权利，免受残忍、不人道或有辱人格的待遇的权利，不受歧视与享有平等的权利，获得信息的权利等，于此应被从整体上看作与健康权相关的权利①，它们为安宁疗护获得权所提供的法理支持主要是通过其与健康权的关联来实现的。其中，有的权利在国内法上根本无法被确定为一项独立权利或基本权，如免受残忍、不人道或有辱人格的待遇的权利。②有的权利则可被看作健康权的发生基础，如人人有保持尊严的权利，这一权利本身就是所有具有人格利益保护功能的权利的发生基础和价值根基，是更为深层次的法理依据。当然，健康权的产生也会反过来进一步扩充尊严的内涵，赋予其以新意。第三，儿童与老人权利主要涉及的是不同患者群体的特殊性及平等对待或差别对待问题，它们可为安宁疗护获得权提供的法理支持，主要是从群体特殊性角度出发提供的局部支持，而非一般意义上的法理基础支持。简言之，在国内法上，宜将安宁疗护获得权的法理基础确定为健康权，其更为深层次的法理依据系植根于人的尊严。

（二）安宁疗护获得权的法理基础是健康权

作为安宁疗护获得权法理基础的健康权，不应被狭义地理解为仅指身心健康免受他人侵害的权利，即作为民法人格权的健康权，而是应被理解为一项含义更为广泛的复合性权利，其权利内容除包括健康免受他人侵害的权利外，还应包括从国家和社会获得医疗照顾、物质给付和其他服务，以保障其身心健康的权利等。《世界卫生组织宪章》序言所述的健康权和《经济、社会、文化权利国际公约》第12条所规定的健康权（享有能达到的最高身心健康标准的权利），就包

---

① 正如联合国经济、社会和文化权利委员会在《第14号一般性意见：享有能达到的最高健康标准的权利（第十二条）》第3条所述，"健康权与实现国际人权宪章中所载的其他人权密切相关，又相互依赖，包括获得食物、住房、工作、教育和人的尊严的权利，以及生命权、不受歧视的权利、平等权、隐私权、获得信息的权利，结社、集会和行动自由。所有这些权利和其他权利和自由都与健康权密不可分。"

② 该权利虽然在国际法上被作为一项人权对待，但在国内法上很难被确定为一项独立的基本权或法律权利，而是一项需借助于多项权利的保障才能实现的人权（健康权也具有保护个体身心健康免受不当干预和侵害，使其免受残忍、不人道待遇并保护其人格尊严的作用），或者说，该项人权的保障功能在国内法上可辐射至多项法律权利，不宜作为一项独立的权利对待。

含了以上权利内容，其内容甚至可延及参与与健康相关事务的管理和决策的权利等。

此一意义上的健康权最早见于 1946 年的《世界卫生组织宪章》序言，序言将健康定义为"身心健康和社会福利的一种完整状态，不仅仅是指没有疾病或体弱的困扰"，而"享有最佳身心健康是每一个人最基本的权利之一"。按照联合国人权事务高级专员办事处与世界卫生组织联合发布的《概况介绍第 31 号：健康权》的阐述，健康权是一项包容广泛的权利，包含健康免受侵害的自由，获得健康保护体制和各种健康服务的权利（如享有最佳健康平等机会；预防、治疗和控制疾病；获得基本药物；妇幼保健和生殖保健；平等和及时地获得基础医疗；获得与健康相关的教育和信息），在国家和社区层面参与与健康相关的决策的权利，不受歧视地获得保健服务、物品和设施的权利，所有医疗服务、物品和设施的有效性、可获取性、可接受性和质量受保障的权利等。1948 年的《世界人权宣言》第 25 条也将健康描述为适当生活水准的一部分。1966 年的《经济、社会、文化权利国际公约》再次将健康权确认为一项人权。公约的第 12 条明确规定，"人人享有能达到的最高体质和心理健康标准的权利"，并将"预防、治疗和控制……疾病""创造保证人人在患病时能得到医疗照顾的条件"规定为国家的核心义务。由此，健康权正式成为国际人权条约规范，其含义被定义得十分广泛，即"享有健康权必须被理解为一项享有实现能够达到的最高健康标准所必需的各种设施、商品、服务和条件的权利"①，医疗服务获得权则被确定为健康权和患者权利的重要组成部分。

相应地，国家则应负有尊重、保护和实现健康权的义务。其中，

---

① 参见《第 14 号一般性意见：享有能达到的最高健康标准的权利（第十二条）》第 9 条。

尊重义务，要求国家不得直接或间接地干预公民享有健康权，包括不得剥夺或限制所有人得到预防、治疗和减轻痛苦的卫生服务的平等机会，不得禁止或阻挠传统的预防护理、治疗办法和医药，不得销售不安全的药品和采用带有威胁性的治疗办法，不得阻碍人民参与健康方面的事务，不得违法污染空气、水和土壤等。[①]保护义务，要求国家采取措施，防止第三方干预和妨碍公民健康权的实现，包括制定法律或采取其他措施，保障公民有平等的机会得到第三方提供的医疗保健和卫生方面的服务；保证第三方提供的医疗卫生设施、商品和服务的可接受程度和质量；保证其医疗卫生服务人员满足适当的教育、技能标准和职业道德准则等。实现义务，要求国家为全面实现健康权采取适当的法律、行政、预算、司法、促进和其他措施等，包括在国家的政治和法律制度中充分承认健康权，最好是通过法律的实施，并通过国家的卫生政策，制订实现健康权的详细计划，保证提供预防、治疗和控制各种疾病的医疗卫生服务，创造保证人人在患病时能得到医疗照顾的条件，保证所有人都能平等地获得基本健康要素，保证提供足够数量的医院、诊所和其他卫生设施，并充分注意到在全国的均衡分布，提供所有人都能支付得起的公共、私营或混合健康保险制度，促进医务研究和卫生教育，以及开展宣传运动，提供相关信息，支持人民在他们的健康上作出了解情况的选择等。[②]

以上的权利和义务内容虽然被确定得十分广泛，带有明显的"泛健康主义"色彩——这为健康入万策提供了重要的法理依据，并包含了一些"与健康有关"的权利和义务，但构成其规范核心的依然是医

---

① 参见《第14号一般性意见：享有能达到的最高健康标准的权利（第十二条）》第33条。

② 参见《第14号一般性意见：享有能达到的最高健康标准的权利（第十二条）》第34-37条。

疗卫生服务的获得和提供。权利人据此所享有的权利除包括传统的身心健康免受他人侵害的消极权利外，还应包含要求国家积极履行其健康保障义务的积极权利。[①]前者主要是一种自由权、防御权，后者主要是一种社会权、受益权，二者共同构成了健康权的两个不同层面的内容，而"享有能达到的最高体质和心理健康标准的权利"所要表达的核心内容是后者，国家应对此负有相应的义务，尤其是一些积极的给付义务和保障义务，就是基于此一社会权利及必然具有的客观价值秩序功能所催生。[②]安宁疗护获得权作为医疗服务获得权的一种，既涉及医疗服务的获得，又具有保障末期患者的身心健康和末期生命质量的功能，理应被看作建立在这种具有社会权性质的健康权基础之上的权利。

安宁疗护获得权与健康权的这种内在关联，也可以从权利发生的角度加以说明，或者说，安宁疗护获得权是在安宁疗护产生之后，健康权理念及其所内含的社会国或福利国家思想、对人的尊严的新理解被运用到此一新兴领域的产物。从历史发展的角度看，个体身心健康免受他人侵害的规则由来已久，但要求国家积极履行义务，为公民获得更好健康乃至最佳健康创造条件的规则和权利则产生得相对较晚，后者在很大程度可以被看作现代社会国或福利国家原则的产物，是社会共济和团结的集体主义思想对个人自由主义的历史纠偏和相互融合

---

① 消极权利和积极权利的区分是相对而言的，目的是突出不同权利功能的侧重点。严格来讲，任何权利都是消极权利和积极权利的统一，兼具消极的权能和积极的权能。例如，消极健康权也可产生要求他人积极履行义务（如紧急救治义务），以保障其健康的权能，积极健康权也可产生消极排除他人妨碍或侵害的权能，尤其是在健康权的实现须有赖于公民的自主决定时，更是如此。

② 李广德.健康作为权利的法理展开［J］.法制与社会发展，2019（3）：23-28；谭浩，邱本.健康权的立法构造——以《中华人民共和国基本医疗卫生与健康促进法（草案）》为对象［J］.南京社会科学，2019（3）：92-96；陈云良.健康权的规范构造［J］.中国法学，2019（5）：64-79.

的产物，①同时也可被看作新的历史实践赋予人的尊严以新的内涵的体现。一般认为，1919年的《魏玛宪法》是最早体现社会国理念的宪法，该法不仅在第151条明确规定"经济生活的秩序必须依据公平原则保障每一个人最低限度的尊严"，而且在第157条和第161条分别针对劳动力保护、健康保护和特定弱势群体的生活保障等，作出了国家应制定相关制度（含社会保险制度）加以特别保障的规定。②第二次世界大战后，社会国或福利国家理念、制度和实践愈发丰富起来，其最初的核心立意是为了保障公民最低限度的生存条件，增进个体尤其是社会中的弱势群体充分发挥自我的机会，促进实质的社会平等和社会团结，彰显社会安全价值和社会补偿功能等，现实的问题指向是为了修正工业化与资本主义化所带来的种种负面后果，如贫困、失业、劳资矛盾和社会不平等等（蔡维音，2001）。1942年英国的《贝弗里奇报告》提出的"社会服务国家"构想和1944年国际劳工组织通过的《费城宣言》，则为战后大规模出现的福利国家制度和各种社会权利的产生提供了重要的理论基础和规范建构依据。1949年的德国《宪法》第20条第1款关于"德意志联邦共和国是一个民主的、社会的联邦国家"的规定，更是率先将社会国原则明确规定为宪法原则。

于此，国家的职能已不再局限于传统的自由主义法治国之下的消极"守夜人"角色，而是被赋予了积极维护和增进全体国民福利与社会团结和安全的社会责任。保障每一个人都能获得最低限度的物质生活条件和尊严，创造各种有利于促进其生存和发展的经济、政治、社会、文化条件等，开始逐步发展成为国家的基本职责和宪法义务，同时也是国家的人权责任之所在。正如《经济、社会、文化权利国际公

---

① TOBIN J. The right to health in international law [M]. New York: Oxford University Press, 2012: 1-41.

② 施米特.宪法学说 [M]. 刘锋，译.上海：上海人民出版社，2005：435-437.

约》序言所述："确认这些权利源于人类固有的尊严。确认依世界人权宣言所昭示，唯有在创造使人人得以享有如同其公民和政治权利一样的经济、社会和文化权利的条件的情况下，方能实现自由人类所享有的免于恐惧和匮乏的自由的理想。"健康权，或者说作为社会权利的健康权，就产生于此一背景之下，它不仅鲜明地体现了社会国或福利国家原则，而且与其他社会权利一道，共同反映了社会国原则已逐步实现了其从最初主要侧重于弱势群体保护向更广范围内的全体国民权益保护发展的趋势。①《世界卫生组织宪章》序言和《经济、社会、文化权利国际公约》之所以将健康权定义为一项由全体国民享有的积极权利，并使之指向一系列与健康相关的设施、商品、服务和条件的获得和享有，核心原因盖在于此。该权利不仅赋予了国家以众多的积极保障健康权实现的义务，克服了自由主义视角下的健康纯属个人事务范畴之不足，同时也赋予了国家积极介入医疗资源分配和保障个人健康权益乃至于群体健康权益的积极权利。

　　社会权作为一种与经济、社会、文化条件密切相关的权利，最鲜明的一个特征就在于其对社会条件的高度依赖性，即其权利的内涵及实现须遵循与经济社会发展水平相适应的原则。一方面，对于特定社会权内涵的解释，尤其是在涉及国家的积极义务时，原则上应以不给政府当局带来不可能或不成比例的负担的方式进行，以免给国家提出超出一国经济社会发展水平的不合理要求；另一方面，随着经济社会发展水平的提高，社会权的内涵也会发生相应的扩张和变化，以反映社会进步和更好地践行实质平等和公正。健康权作为社会权的一种，也具有这种与经济社会发展水平相适应的动态性。该权利产生之初，虽然已包括了"创造保证人人在患病时能得到医疗照顾的条件"的基本要求，但这里所说的医疗照顾的具体内容实际上仍有待国内法的形

---

① 龙晟.社会国的宪法意义［J］.环球法律评论，2010（3）：47-58.

成和确认，其条件保证仍不能脱离各国经济社会发展水平。即便是在各国已普遍建立基本医疗卫生服务制度之后，基本医疗卫生服务获得权的内涵也有国别差异，各国公民实际获得这种服务的水平和质量更是相去甚远。

安宁疗护作为一种相对晚生——相对于传统的治愈性医疗而言——的新兴医疗模式，其产生一方面系得益于现代医疗技术的发展，另一方面系根源于人类的死亡观和生命价值观念的变化，根源于社会共同体对这种变化的体察和认可。于此，对末期患者的自主选择权利和人性尊严的尊重只构成了体察和认可的一方面，另一个更为重要的方面是社会共同体对正在遭受各种病痛折磨的末期患者的道德关怀与同情。正是后者为安宁疗护在全球的发展并最终发展成为一项人权事业奠定了重要的观念基础。于此，对弱势群体的保护、最低限度的人的尊严保障、免于生老病死等原因导致的不利和困苦等最早被纳入社会国理念的元素已闪现其中；兼顾身心灵社各方面的医疗照顾，努力增进患者生命质量，帮助患者舒适、安详、有尊严地离世，则不仅充分显示安宁疗护的获得已具备作为健康权内容之一的医疗服务获得权的规范内涵和法律性质，而且在一定程度上拓展了我们对人性尊严内涵的理解，即人的尊严也包含离世的尊严。所以，不管是从理念上看，还是从规范内涵上看，安宁疗护获得权都可以被看作健康权在新的历史条件下内涵扩张的产物，将安宁疗护获得权的法理基础确定为作为社会权的健康权，符合法理。

德国学者在阐述安宁疗护获得权时，一般也都会重点提及作为其宪法依据的人性尊严和自主决定权（含患者自治）、身体完整权和福利国家原则。[①]其中，人性尊严、自主决定权和身体完整权可为安宁

---

① NEGRI S, TAUPITZ J, AMINA , et al. Advance care decision making in Germany and Italy [M]. Heidelberg: Springer, 2013: 215-220.

疗护患者拒绝维生医疗提供法理依据，已如前述，而福利国家原则以及与之相关联的人性尊严保障，则被认为可构成安宁疗护获得权的法理依据。按照德国《宪法》第1条的规定，"人性尊严不可侵犯，一切国家权力对之皆有尊重及保护之义务"。而人性尊严作为人之为人的根本，具有与生俱来的、不可剥夺的价值，即使在人生即将走到终点时也必须尊重和保护它。而有尊严地死去意味着在自己选择的环境中被接受和认真对待，直到生命结束。这一过程需要有亲人的陪伴、缓和医疗的实施、沟通交流和积极参与，病人的愿望和福祉至关重要且具有约束力。而现代福利国家的一个基本原则是，要保障公民享有与人性尊严相一致的最低生活保障的权利。如果一个人无法获得其生存和发展所必需的最低限度的物质条件保障，那么人性尊严将无从谈起。是故，为临终患者提供安宁疗护服务，施以足够的疼痛和症状控制，避免其痛苦地死去，既是维护人性尊严的需要，也是福利国家应有之义。我国台湾地区也有学者认为，作为基本人权之一的健康权应包括人民健康照护及医疗保健等基本权利，其具体实现为医疗人权，而病人的医疗人权又可分为基于社会基本权发展出的受益权和基于客观价值与人权基本理念所发展出的防御权。医疗防御权的内容之一是病人的自主决定权，安宁疗护获得权则可被归入受益权之列。①

总之，安宁疗护获得权本质上是一种医疗服务获得权，②核心的法理依据在于孕生了医疗服务获得权的健康权，同时又可从人性尊严这一不断被时代赋予新内涵的宪法原则中获得更为深层次的法理依据。

---

① 陈聪富.病人医疗人权的实践议题 [J]. 月旦法学教室，2008（64）：33.
② 至于安宁疗护服务获得权是否属于基本医疗卫生服务获得权的一种，则主要取决于安宁疗护服务是否已被一国或地区立法纳入基本医疗卫生服务体系之列。

第三节 我国安宁疗护患者权利保护的法理基础

以上比较法观察表明，在域外法上，安宁疗护患者权益保护的法理基础主要有二：一是宪法自由权意义上的自主决定权（其具体的规范基础在各国宪法上不尽相同），这构成了患者享有维生医疗拒绝权且该权利原则上应优先于国家生命保护义务的法理基础；二是宪法社会权意义上的健康权，这构成了患者享有安宁疗护获得权且可要求国家承担相应给付义务的法理基础。二者更深层次的法理基础是人格尊严，即不管是尊重患者自主，还是维护其安宁疗护获得权，最根本的目的都是维护患者的人格尊严。我国未来的安宁疗护立法也应明确承认患者的维生医疗拒绝权和安宁疗护获得权，已如前述。在承认这些植根于实践发展需要的权利时，必须先对这些权利在我国法上受法律保护的法理基础加以说明，这样才能证明其立法的正当性。

一、既有学说概述

我国法上并无有关维生医疗拒绝权和安宁疗护获得权的明确规定，学理上有关这些权利的讨论大多是从应然或法律解释的角度展开，讨论的重点是患者的维生医疗拒绝权。也有部分学者会从整体的视角出发，对安宁疗护患者权益保护的法理基础展开整体讨论。以下将分别从这两个方面进行概述。

（一）关于维生医疗拒绝权法理基础的各种学说

我国学者有关维生医疗拒绝权的讨论，大多是围绕安乐死、尊严死等议题展开的，但也有部分学者将其讨论重点聚焦于安宁疗护患者的维生医疗拒绝权问题，并由此形成了三种不同的论证其法理基础的路径。

一是以死亡权为基础的论证。该论的基本观点为，人应该享有自主选择死亡方式的权利，即死亡权或自决死亡权。论证的核心理由或为尊重患者死亡意愿是尊重患者人格尊严的必然要求；或为个人自由也包含死亡自由，只要不损害他人利益和公共利益，个人就享有死亡的权利；或为生命权本身就是生存权和死亡权的统一；或为以上理由的综合。①这一建基于尊严、自由或生命权等宪法基本权之上的死亡权不仅包括维生医疗拒绝权，而且包括要求安乐死或尊严死（医助自杀）的权利。亦即，维生医疗拒绝权与"安乐死权"和"尊严死权"一样，皆是以死亡权为法理基础。

二是以身体权—自主决定权为基础的论证，其论证路径与德国法律、我国台湾地区法律性规定的论证路径大体上类似，皆是以知情同意权—身体自主权—自主决定权作为其论证的核心链条，但也有部分学者会采用与美国法较为接近的以宪制性规定隐私权为基础的论证。后一论证由于在我国法上缺乏实证法基础——我国法并不存在与美国法相类似的宪法隐私权，此处不论，而是仅重点讨论前一论证。按照前一论证所持观点，我国相关立法已明确承认患者享有医疗知情同意权，而享有同意权必然意味着享有拒绝医疗的权利。亦即，确立了患者的知情同意权就等于确立了患者拒绝医疗的权利。这种拒绝权和同意权一样，皆源自人的身体的不可侵性，即权利人为维护其身体的完整性，有权排除其不想要的医疗措施对其身体的介入。这种免受他人未经其授权的身体干预的权利的宪法基础在于宪法保护的个人自由或自主决定权，性质上应属于宪法基本权利的一部分，其权利的行使并非绝对，而是须与相关的国家利益权衡。而从利益平衡的角度看，能

---

① 吕建高.死亡权及其限度［M］.南京：东南大学出版社，2011：67，290；刘长秋.论死亡权的特点及我国死亡权的立法设计［J］.同济大学学报（社会科学版），2003（3）：82；任丑.死亡权：安乐死立法的价值基础［J］.自然辩证法研究，2011（2）：116.

够压倒这一基本权利的国家利益必须是"强有力的",否则应优先尊重患者的医疗拒绝权,纵使这种拒绝可能危及患者生命,患者也有权拒绝。而在临终患者明确拒绝维生医疗的情况下,通常并不存在需要对患者进行强制治疗的重大公共利益,即并不存在可压倒其医疗拒绝权的强有力的国家利益,因此,承认患者有权拒绝维生医疗,赋予患者对自己生命末期的医疗的自主掌控,不仅符合尊重患者自主的生命伦理原则,而且体现了对患者人格尊严的尊重。①简言之,患者的维生医疗拒绝权可为知情同意权所涵盖,其在私法层面的权利基础是身体权或身体自主权,在宪法层面的权利基础是个人自由或自主决定权。

三是以作为生命权一部分的生命尊严(权)为基础的论证。该论在《民法典》出台之后,一时风头无两。论证的核心依据是《民法典》第1002条有关"自然人享有生命权。自然人的生命安全和生命尊严受法律保护"的规定,基本观点为该条所规定的"生命尊严"可为患者拒绝维生医疗提供正当性支持。②

不过,在该论内部,基于对"生命尊严"一词的不同理解,其论证也有所不同。其中,有的学者会将生命尊严理解为包含生的尊严(维护生命维持的质量)和死的尊严(维护生命结束的质量)两个方面,并认为个人为维护其死亡尊严,应有权拒绝维生医疗,但不能从生命尊严受法律保护的规定中解释出自然人对生命享有自主决定

---

① 孙也龙.临终患者自主权研究——以境外近期立法为切入 [J]. 西南政法大学学报, 2017 (5): 73; 汪志刚, 陈传勇.安宁疗护的正当性及实施条件 [M] //梁慧星,民商法论丛.北京: 社会科学文献出版社, 2022, 73.
② 王利明.民法典人格权编的亮点与创新 [J]. 中国法学, 2020 (4): 11; 杨立新, 李怡雯.论《民法典》规定生命尊严的重要价值 [J]. 新疆师范大学学报(哲学社会科学版), 2020 (6): 106; 陈云良.临终医疗的人权法理——"尊严死"概念与边界的思考 [J]. 人权, 2021 (3): 112; 温世扬.《民法典》视域下的一般人格权 [J]. 中国法学, 2022 (4): 244; 曹险峰, 徐周鹏.论生前预嘱意思自治的边界 [J]. 法治社会, 2023 (3): 61; 石佳友.人格权立法的进步与局限——评《民法典人格权编草案(三审稿)》 [J]. 清华法学, 2019 (5): 95; 杨立新.人格权编草案二审稿的最新进展及存在的问题 [J]. 河南社会科学, 2019 (7): 29; 刘召成.生命尊严的规范构造与制度实现 [J]. 河南社会科学, 2019 (7): 36.

权。①另一些学者则认为，生命尊严也包含生命自我决定的内容，只不过，这种自我决定权可能会与生命存续价值即生命安全权产生冲突。为了协调这种冲突，需要将这种自我决定权"限定于生命已丧失自我维持的能力以及人格陷入不可逆转的自主性丧失的情况下才能行使，其内容限定于拒绝维生医疗措施的决定权"。②还有一些学者认为，生命尊严权的内容不仅包含生命自决权，而且包含临终医疗方式选择权、安宁疗护权和获得医生帮助权（获得医生帮助实施安乐死、协助自杀的权利）。其中所述的生命自决权、临终医疗方式选择权不仅包含维生医疗拒绝权，而且包含使用致命药物终止自己生命或者要求他人协助自杀的权利等。该论所述的生命自决权实际上已接近于死亡自决权，所要论证的权利实际上是一种无死亡权之名的死亡权，整体上可被归入前文所述的死亡权论证之列。

（二）关于安宁疗护患者整体权益保护法理基础的各种学说

与以上各说主要聚焦于维生医疗拒绝权不同，国内也有少数学者会将安宁疗护（或临终关怀）看作一个由拒绝维生医疗和接受缓和医疗共同构成的整体，并从整体的视角出发来探讨安宁疗护患者权益保护的法理基础问题，并由此形成了不同学说。

一是健康权说。该说所主张的健康权并非仅指传统民法意义上的自然人的身心健康免受他人侵害的消极健康权，而是还包括从国家和社会获得相应服务和给付以保障其身心健康的积极健康权。其基本观点为"安宁疗护的法益基础是公民的健康权。尊重公民意愿施行安宁疗护，符合健康权的积极性、消极性特征"。一方面，"安宁疗护强调身心功能的共同恢复，强调生命质量。这与健康权的时代内涵不谋而合。"患者在选择安宁疗护后，仍享有平等获取医疗资源的权利，如

---

① 王利明.民法典人格权编的亮点与创新 [J]. 中国法学, 2020 (4): 11.
② 刘召成.生命尊严的规范构造与制度实现 [J]. 河南社会科学, 2019 (7): 36.

缓和性治疗。而且，安宁疗护并不排斥患者获得法定救助的权利。这体现了健康权的积极特性。另一方面，安宁疗护可确保患者健康不受未经其同意的医疗措施的侵扰，这是健康权的基本要求。安宁疗护允许患者根据实际情况选择治疗方案，这蕴含了放弃治疗的可能性，体现了健康权的时代内涵。[①]亦即，患者为维护其健康，有权对包含维生医疗、缓和治疗在内的各种医疗措施进行自主选择，这种自主选择包含了拒绝维生医疗的权利，"体现了健康权的部分放弃"。[②]

二是生命权加社会保障权说。该说的基本观点并不是很清晰，但依其所论，构成临终关怀法理基础的主要有两个方面。一方面，临终关怀模式"尊重生命的存在权，即在任何时候国家都不能剥夺一个人的生命权，同时更加注重对生命质量的维护，比如减少身体疼痛、精神紧张、心理孤寂等等"。这说明，临终关怀不仅"契合了人权理论中生命神圣的基本精神"，而且"符合生命尊严权的要求"。另一方面，临终关怀体现了对临终患者这一弱势群体的保护，是国家建立福利社会（如建立社会保障制度等）的具体体现和发展医疗事业的需要，同时也是保障公民经济权利（如从国家和社会获得物质帮助的权利）的重要内容之一。[③]前一方面论证的核心是生命权（含生命尊严权），强调的是患者生命质量维护，这可为患者自主选择医疗措施、拒绝维生医疗提供支持——这与前文所述的以生命尊严权为基础来论证维生医疗拒绝权正当性的思路大体一致；后一方面的论证所涉因素众多，但核心是经济社会权利保障，即临终关怀体现了对患者的经济社会权利保障和福利国家原则。为便于表述，此处将其简称为生命权

---

① 刘建利，阮芳芳.论安宁疗护的法益基础与完善建议——兼评《深圳经济特区医疗条例》[J]. 人权法学，2023（2）：3.

② 刘建利，阮芳芳.论安宁疗护的法益基础与完善建议——兼评《深圳经济特区医疗条例》[J]. 人权法学，2023（2）：3.

③ 尤金亮."临终关怀"的法律之维——法理基础、宪法依据与实体法规制 [J]. 法学论坛，2012（4）：78.

加社会保障权说。

三是安宁疗护权说。除以上学说外，也有个别学者明确提到安宁疗护权的概念，并以之作为安宁疗护患者权利保护的法理基础。该论认为，安宁疗护权是指"特定群体拥有从国家和社会为其提供安宁疗护服务的权利。……这是一项包括有权获得安宁疗护服务、获得安宁疗护救济，并尊重其医治自主选择的权利等的复合型权利"。这一权利的核心是维护和保障临终患者的生命质量，因此，"可以说安宁疗护权归依于生命权，是生命权的具体权利之一"。同时，安宁疗护权亦是一种保障公民健康权的基本权利，即患者为维护其健康有权从国家获得安宁疗护服务，国家也有义务为患者提供安宁疗护以保障其权利的实现。[①]这说明，安宁疗护权具有国家义务性。另外，安宁疗护权的实现需要以患者对其生命拥有自主权即自主处分的权利为条件，这就使得安宁疗护权所对应的权利还包括自主权。简言之，"安宁疗护权是生命权利之一，其被健康权所涵盖但又有独特价值，且归依于自主权的内容"。[②]

二、对以上诸说的分析

（一）对有关维生医疗拒绝权法理基础诸说的分析

以上有关维生医疗拒绝权法理基础诸说中的"死亡权说"不能成立，已在上章进行了详细分析，此处不赘。"身体权—自主决定权说"与比较法上的通行学说较为吻合，值得赞同，更为详尽的理由容后再述。"生命尊严权说"（含前文所述的"生命权加社会保障权说"和"安宁疗护权说"所内含的"生命尊严权或生命自主权说"）虽然在《民法典》出台之后较为流行，但实际上很难成立，其对《民法典》

---

① 旷中敏.安宁疗护权实现的国家义务研究［D］.兰州：西北民族大学，2020：28.
② 旷中敏.安宁疗护权实现的国家义务研究［D］.兰州：西北民族大学，2020：28.

第1002条所规定的生命尊严的解释也未必妥当，具体分析如下：

首先，将《民法典》第1002条所规定的生命尊严的核心要义解释为维护生命存续或结束的质量，将导致生命权中的"生命"的含义的多元化和不确定。因为，作为生命尊严体现的生命存续或结束质量，实际上是指生活质量，是指个体生存或临终前所处的身体、精神、社会关系和物质条件等各方面状况的好坏和优劣。也就是说，此处生命尊严中的"生命"是指"生活"。与之相对，生命安全中的"生命"则只能是指人的"生命体"，即人所拥有的具有生命活力的生物体，而不可能是指作为该生命体存在方式展开的"生活"。换言之，生命权所要保护的生命安全是指人的生命体的安全，而不可能是指生活安全。如此一来，将导致生命权所保护的生命既可指人的生命体，也可指人的生活。但问题是，生命体和生活并不处于同一层次，更非同一性质的事物，将它们同时界定为同一权利指向的对象，有违法律解释的一般原则和权利构造的一般法理。

其次，如果可以将患者维生医疗拒绝权的正当性依据解释为是作为生命权一部分的生命尊严权，那么依理也应将患者接受维生医疗的正当性依据解释为是生命尊严权，否则将导致患者对同一医疗措施所作出的不同选择（拒绝或同意）的法律依据的不同。但问题是，按照"生命尊严权说"，患者拒绝维生医疗的目的是维护生命结束的质量和尊严，这实际上已隐含了"维生医疗的施予将不利于维护患者生命结束的质量和尊严"这一理解或前见。以此为前提，我们自然不能说，患者同意维生医疗的目的也是维护生命结束的质量和尊严，而只能说，患者为了维护其生命的存续而选择了牺牲生命质量和尊严。如此一来，逻辑上似乎可以导出，患者拒绝维生医疗的正当性依据和同意维生医疗的正当性依据并不相同——前者的正当性依据是为了维护生命尊严，后者的正当性依据是为了维护生命安全，这将有违法理。为了避免这种有违法理的结果，即便我们承认，这里也存在另外一种可能的解释，即患者同意维生医疗的行为也可被看作生命尊严权的行使，其解释方式为基于生命尊严权所内含的自主决定权，患者自主选择了放弃其生命结束质量和尊严的维护，从而使得医生所实施的有损于其生命结束质量和尊严的维生医疗行为得以合法化。这就是说，患者同意维生医疗的行为作为生命尊严权的一种"消极行使"，已构成侵权法上的受害人同意，从而阻却了医生对其实施维生医疗这一不利于维护其生命结束质量和尊严的"侵害行为"的违法性。这一解释虽然从形式上看，可努力维持患者同意或拒绝维生医疗的权利的正当性依据的统一，但该解释能否成立，很大程度上仍取决于其所内含的"维生医疗的施予将不利于维护患者生命结束的质量和尊严"这一理解或前见能否得到广泛的认同。如果不能得到广泛的认同，甚至被认为有"污名化"维生医疗的危险，则以上解释将很难成立。

反之，即便是其可以得到广泛认同，从而使得患者同意或拒绝维生医疗行为的正当性基础皆可被解释为是生命尊严权的行使，我们也必须要问，我们是否可以对患者同意或拒绝其他医疗措施的正当性基础作同一解释呢？如果可以，那将意味着，患者同意或拒绝所有医疗措施的正当性基础皆可被解释为是为了维护作为生命权一部分的生命尊严，未经患方同意或无法律授权的医疗行为将构成对患者生命权的侵害。这一解释在比较法上无疑是独树一帜的，而且与《民法典》出台前学理上的通常解释也不一致——比较法上和《民法典》出台前的学理解释一般都认为，患者同意或拒绝医疗的权利系根源于身体权即身体完整性的维护，而非生命权。反之，如果不可以作同一解释，那将意味着，患者同意或拒绝维生医疗的法律基础与患者同意或拒绝其他医疗措施的法律基础应该是分割的。那么这种分割的法理依据何在呢？这无疑需要进一步说明，但问题是，"生命尊严权说"并没有对此作出必要的说明。

再次，"生命尊严权说"对生命尊严所作的解释，将会导致生命权的内在冲突和"自我克减"。这里所说的冲突，是指作为生命权构成部分的生命尊严权（含维生医疗拒绝权）将会与作为生命权另一构成部分的生命安全权产生冲突。为了协调这种冲突，法律上必须对其中一方的权利内容或行使条件进行限制，以便达成某种平衡。不管最终受限制的是哪一方，这都将形成一种"左右手互搏"的"自我克减"的局面，即要么是生命权的"左手"（生命安全）克减"右手"（生命尊严），要么是"右手"克减"左手"。这种同一权利内部的不同权能相互发生冲突，乃至相互克减的情况，在权利构成上是非常少见的，甚至可以说是绝无仅有的。而且，更为重要的是，这将导致其权利内部冲突的协调和说理上的困难。因为，既有学理上的权利冲突理论主要是用来解决不同权利之间的冲突的，相关法律规则的设置一般也都是以这种权利的外部冲突为协调对象，鲜有专门用来协调同一权利所内含的不同权能之间的权利冲突理论或规则，而这恰恰是"生命尊严权说"于此必须面对的困境。面对这种困境，一种可能的解决方案是将原本用来处理权利外部冲突的理论和规则"准用"于生命权内部冲突的处理，但具体应如何"准用"，只能是"自主研发"了。这已经在很大程度上说明，将维生医疗拒绝权这一可能会与生命安全权发生冲突的权利的法律基础解释为是生命尊严权，进而将二者之间可能发生的冲突内置于生命权本身，只能徒增理论证成和法律适用上的烦恼，甚至会导出"生命尊严"也可以被限制和克减的奇怪结论——如果以之为基础的维生医疗拒绝权可以被限制或克减的话。

最后，"生命尊严权说"除可导致生命权本身的内在冲突和"自我克减"外，还将导致一系列生命权法理的修正。因为，按照"生命尊严权说"，为了协调生命尊严与生命安全之间可能发生的冲突，法律上需要对生命尊严权的内容和行使条件进行限制，如将其内容限定于拒绝维生医疗措施的决定权，将其行使条件"限定于生命已丧失自我维持的能力以及人格陷入不可逆转的自主性丧失的情况"。①这种限制虽然有一定的道理，但客观上会导致此一意义的生命尊严只能由部分自然人享有，而不能由所有自然人平等享有。这不仅有悖于所有患者都应平等享有医疗拒绝权的法理（法定的强制医疗的情形除外），而且将导致对生命权平等享有、与生俱来的传统法理的重大修正，或者说，这些法理将被修正为只适用于生命安全权，不适用于生命尊严权。而且，按照"生命尊严权说"，生命神圣、生命权至高无上等说法也将难以成立。因为，生命质量维护意义上的生命尊严权和由此派生出来的维生医疗拒绝权并不像生命安全权那样"神圣"和"至高无上"，其权利位阶明显要低于后者，侵犯他人生命尊严权的行为永远不可能像剥夺他人生命一样，被视为最严重和最令人发指的罪行。刑法中不可能会有这样的规定，甚至不会将侵犯他人维生医疗拒绝权的行为定义是以生命权为客体的犯罪，而这将进一步加剧生命权在刑法等部门法中受保护范围的定义困难。

综上可见，将《民法典》第1002条规定的生命尊严作为证成维生医疗拒绝权的正当性依据，不管是从维生医疗拒绝权的正当性证成，还是从《民法典》第1002条所规定的生命尊严的解释的角度看，皆非妥当。前者的正当性基础更适合于从其权利中去寻找，后者应如何解释的问题，则已超出了此处需要讨论的主题范畴，本无须多言。不过，为了进一步说明前文所述的生命尊严说的不当，此处仍不妨简要提出另外一种可能的解释方案，即可以考虑将生命尊严中的"生命"也解释为是生命体——与生命安全中的生命一样，并将这种生命体的尊严定性为一种具有客观价值秩序功能的客观尊严，而非像生命

---

① 刘召成. 生命尊严的规范构造与制度实现［J］. 河南社会科学，2019（7）：36.

质量那样难以客观化的主观尊严。这种客观的尊严更适合于被解释为是人类的生命体作为人类这个物种的载体所享有的不同于其他生命体的尊严，这种尊严须为人类全体和每一个个体所享有。其核心要义是，人类在对待人的生命体时，尤其是在对人的生命体进行科技操作时，应尊重人有别于动物的自我形象和存在方式。这种自我形象和存在方式是由人类基于集体理性所形成的自我认知所规定，并且会随着时代的发展而不断发展。任何一种将人的生命体降格为动物生命体的行为方式和样态，都将构成对人所享有的生命尊严的侵害。例如，对个体基因进行违法编辑，将动物胚胎植入人体，将克隆的人类胚胎植入人体或者动物体等，都可构成对所涉生命个体的生命尊严的侵害，甚至有可能构成犯罪。2021年施行的《中华人民共和国刑法修正案（十一）》新增非法编辑、克隆人类基因罪（第336条之一），[①]就体现了对此一意义上的生命尊严的保护。

（二）对有关安宁疗护患者整体权益保护法理基础诸说的分析

有关安宁疗护患者整体权益保护法理基础之诸说虽然采用的是一种整体论证的思路，其论证实际上仍主要是围绕维生医疗的拒绝和安宁疗护的获得展开的。就维生医疗的拒绝而言，以上三说所持观点大体上可被区分为两类：一类是与前文所述的"生命尊严权说"更为接近的观点，"生命权加社会保障权说"和"安宁疗护权说"所持观点即是如此。另一类是"健康权说"所持的患者拒绝维生医疗的法律基础也可以被确定为是健康权的观点。

就前一更为接近"生命尊严权说"的观点而言，其不当之处已如前述，此处不赘。唯需要特别强调的是，承认末期患者为维护其生命质量和尊严有权拒绝维生医疗，虽然从价值上讲本身并无不当，但若

---

① 该条规定："将基因编辑、克隆的人类胚胎植入人体或者动物体内，或者将基因编辑、克隆的动物胚胎植入人体内，情节严重的，处三年以下有期徒刑或者拘役，并处罚金；情节特别严重的，处三年以上七年以下有期徒刑，并处罚金。"

据此将患者拒绝维生医疗的权利的实证法依据解释为或规定为是生命权（包含生命尊严权），则必然会发生前述各种逻辑上的不当，诱发各种法理阐释和法律适用上的困难。就后一观点而言，将患者拒绝维生医疗的法律基础确定为是健康权，虽然符合患者拒绝维生医疗的目的通常是维护其末期生活质量、减轻其身心痛苦和负累的客观情况，但也存在未能清晰界分身体权和健康权并对二者关系作出妥当处理的问题，其所提出的"健康权可部分放弃"的观点则明显有违人格权不得放弃之法理。①同时，该说还会和"生命尊严权说"一样诱发一个问题，即能否对患者同意或拒绝其他医疗措施的法律基础作同一解释的问题。如果不可以，则会和"生命尊严权说"一样，导致患者同意或拒绝不同医疗措施的法理基础分裂。反之，如果可以将患者同意或拒绝所有医疗措施的法律基础都解释为是健康权，则该解释实际上已经隐含了一个前提，即所有的医疗措施原则上都是有损患者身心健康的，所以法律才需要为了维护患者的健康权，赋予其同意或拒绝医疗的权利。毫无疑问，这一解释前提不能成立，否则将不仅意味着我们对医疗行为所形成的一般认识，即医疗行为通常都是有利于身心健康的不能成立，而且意味着所有未经患者同意的医疗行为，如合法的强制医疗和医方在不能获得患方同意时依法实施的紧急救治行为，都将构成对患者健康权的侵害。这明显有违法理。所以，明确区分身体权和健康权，将患者拒绝维生医疗的权利的法律基础解释为系根源于身体权或身体完整性的维护，更加符合法理，更为妥当。

就安宁疗护的获得而言，以上三说整体上都倾向于将安宁疗护获得权的法律基础解释为是健康权。其中，"健康权说""安宁疗护权说"已明确论及安宁疗护的获得与健康权的关系，并认为尊重公

---

① 《民法典》第992条规定："人格权不得放弃、转让或者继承。"

民的意愿施行安宁疗护符合健康权的要求或涉及健康权的保护。"生命权加社会保障权说"虽然没有明确提及健康权，但从其已明确将临终关怀与弱势群体保护、建立福利社会和患者经济权利保障相关联的角度看，其观点实质上已经与"健康权说"较为接近。简言之，以上三说都倾向于将社会权意义上的健康权作为患者有权获得安宁疗护的法律基础。这一观点与域外法的看法大体上是一致的，总体上值得赞同。只不过，在观点的明晰性和理论依据阐述上，仍有待进一步加强。

三、"双重法理基础说"之主张

综合以上分析，同时参酌域外立法和相关法理，可以看出，安宁疗护立法所欲保护的患者权利并非单一的，而是多重的，由此也就决定了其立法的法理基础必然是多重的。首先，安宁疗护作为一种临终医疗照顾模式，所涉核心法律关系是医患关系，而不管是依据医疗伦理，还是相关立法，医患关系调整的基本准则都是尊重患者自主。由此也就决定了，安宁疗护立法作为医疗立法，必须以尊重患者自主为基本原则，以保护临终患者对医疗措施的自主选择权，其选择对象主要包括无治愈效果、但可维持其生命征象的维生医疗和可缓解其身心痛苦的缓和医疗等。于此，法理上需要特别加以证成的是维生医疗拒绝权这一事关生命存续利益保护的权利的法理基础问题，这构成了前文讨论的核心，同时也是最容易诱发争议的问题。其次，安宁疗护作为一种临终医疗照顾模式，既有其良善、有助于改善临终患者艰难处境的一面，也有其服务的提供需要更多的资源投入和协同的一面，否则不足以实现其"五全照顾"（全人、全家、全队、全程、全安）理念，更好地服务于患者。由此也就决定了，仅仅承认患者有权自主选择医疗措施是不够的，要想让患者真正从安宁疗护发展中获益，就必须提高作为选项之一的安宁疗护服务的可获得性、可用性和可负担性，方能真正保障患者权益的实现。若安宁疗护服务的可获得性过低、服务质量过差、服务价格过于高昂，则单纯赋予患者以安宁疗护服务选择权的意义不大，其立法的意义也将大打折扣。也就是说，安宁疗护立法对患者权利的保障，不能仅仅停留在尊重患者自主选择的层面，而是必须进至增加其选择的可能和空间、保障其选择符合实际需要的权利实现保障层面，安宁疗护获得权的概念即由此而生，目的是通过赋予国家以相应的法律义务，以真正保障患者权益的实现。由此也就产生了安宁疗护获得权的法理基础为何，国家为保障该权利的实现所应履行的义务内容和范围应如何确定等问题，这构成了安宁疗护立法所要解决的基础问题之一。除此之外，安宁疗护也会和其他医疗服务一样，涉及患者隐私权、个人信息权益等合法权益的保护，这些权益的保护对于安宁疗护患者来说，并无多少特殊性，可依其他相关立法处理，无须置于安宁疗护立法中加以特别讨论。因此，以下仍将沿袭前文的讨论框架，分别从维生医疗拒绝权的法理基础和安宁疗护获得权的法理基础两个方面，阐明这些权利在我国法上的法理基础。

（一）法理基础一：维生医疗拒绝权的法理基础是身体权—自主决定权

前文在分析既有学术见解时已明确提到，在维生医疗拒绝权法理基础问题上，作者更倾向于赞同"身体权—自主决定权说"。此处详述理由。

1.维生医疗拒绝权是医疗知情同意权的表现

知情同意原则是处理医患关系的基本准则，我国法对此有明确规定。《民法典》第1219条①第1款第1句规定了医生对一般诊疗活动的告知说明义务，第2句规定了医生对特殊诊疗活动（手术、特殊检查、特殊治疗）的告知说明义务，并明确要求，实施这些特殊诊疗活动，必须取得患者或其近亲属的明确同意。第1句虽然没有明确规定一般的诊疗活动需要取得患者同意，但从法律解释上看，患者的同意依然是必要的，是医生实施一般诊疗行为的合法化基础。换言之，患者挂号就医的行为本身就已经包含了对医生实施一般诊疗行为的概括同意，若无患者同意，医生不能对患者强行进行诊疗——紧急救治行为除外。这说明，第1句与第2句实际上是一般规定和特别规定的关系。②依其规定，患者应享有与医方义务相对的知情同意权，其知情同意的对象包括第1句所述的"医疗措施"和第2句特别提及的"手术、特殊检查、特殊治疗"。对第1句规定的医疗措施的同意是一种概括同意、推定同意，对第2句规定的医疗措施的同意是一种特别同意、明示同意，即需要患者或其近亲属以口头或书面等形式明确表达的同意。

在这里，作为患者同意对象的"医疗措施""手术、特殊检查、特殊治疗"，并没有将维生医疗措施排除在其文义之外。或者说，维生医疗措施，如气管插管、急救药物注射乃至手术等，一般都具有一定的身体侵入性和危险性，已构成该条所述的特殊治疗③，依法应取得患者或其近亲属的特别同意，而享有同意权必然意味着享有拒绝权。简言之，医疗知情同意权在文义上可包含维生医疗拒绝权（和同

---

① 其他相关规定可参见《基本医疗卫生与健康促进法》第32条、《医师法》第25条、《医疗机构管理条例》第32条、《医疗纠纷预防和处理条例》第13条等。
② 王竹.解释论视野下的侵害患者知情同意权侵权责任［J］.法学，2011（11）：93.
③ 《医疗机构管理条例实施细则》第88条规定："特殊检查、特殊治疗：是指具有下列情形之一的诊断、治疗活动：（一）有一定危险性，可能产生不良后果的检查和治疗；（二）由于患者体质特殊或者病情危笃，可能对患者产生不良后果和危险的检查和治疗；（三）临床试验性检查和治疗；（四）收费可能对患者造成较大经济负担的检查和治疗。"

意权），后者只是前者在维生医疗领域的一个表现。而且，需要注意的是，同意权的行使虽然一般以患者充分知情为前提，但不管是从逻辑上看，还是从价值上看，此处都不应排除患者可以在放弃知情或者不知情的基础上自愿作出同意或拒绝某一医疗措施的选择。这是患者预立医疗指示的法律基础。

我国安宁疗护机构在实践中，一般也都是依知情同意原则，将知情同意书或告知同意书交由患者或其近亲属签署，以保障患者的维生医疗拒绝权。《深圳经济特区医疗条例》引入的"生前预嘱"制度，则进一步凸显了同意权相对于知情权的独立性，即患者可以在不充分知情的基础上，针对未来可能对其实施的医疗，自愿作出同意或不同意的决定，以避免因嗣后同意不能等原因导致其意志难以得到实现。

2.医疗知情同意权是身体权的权能

医疗知情同意权虽有权利之名，但并非一项独立权利，《民法典》人格权编也未将其作为一项独立的人格权对待。所以，要阐明维生医疗拒绝权的法理基础，就必须对可将该权利包含在内的医疗知情同意权的法律基础加以说明。就此而言，学理上有不同见解，大体上可被区分为两类：一类是"抽象人格权权能说"，一类是"具体人格权权能说"。

"抽象人格权权能说"认为，人格权包含抽象人格权和具体人格权。抽象人格权是对意志自由的保护，包括自我决定权、一般人格权和人格商业利用权。抽象人格权既可表现为具体人格权的权能，同时又具有一定的独立性。其中所述的自我决定权可包含患者的知情同意权，即后者只是前者的权利内容之一，体现了患者对身体的自我决定。①与之相对，多数学者都认为，知情同意权是具体人格权的权能，但具体是何种人格权的权能，各说看法不一。有的主张，知情同意权是身体权的权能。②有的则主张，知情同意权是身体权、健康权的积极权能。③还有学者主张，"知情同意权是患者对自己生命健康的决定权，包含于《民法典》第1002条、第1003条和第1004条所规定的自然人的生命权、健康权、身体权中"，"能够涵盖患者自主决定权的是身体权……此外，也可以将患者的自主决定认可为《民法典》第990条所规定的自然人享有的基于人身自由、人格尊严产生的其他人格权益。"④此外，还有学者主张，患者的知情同意权可通过隐私权加以说明。⑤

综合以上诸说，"抽象人格权权能说"不足以采。因为，该说所述的抽象人格权所要保护的是意志自由，而意志自由本身就是所有权利的共同价值基础和公约数（权利的本质是自由意志），将其理解或构造成为一项既可表现为具体人格权权能，又具有一定独立性的民法权利，非但没有为民法人格权体系增添任何实质内容，反倒会因其权利内容过于宽泛、杂乱、与其他人格权的界限不清而导致既有人格权类型化成果的动摇。⑥《民法典》没有采用该说，而是在第109条和第990条第2款中，明确规定了人格权受保护的一般条

---

① 杨立新，刘召成.论作为抽象人格权的自我决定权［J］.学海，2010（5）：181；杨立新，刘召成.抽象人格权与人格权体系之构建［J］.法学研究，2011（1）：81.
② 唐超.说明义务的类型化与知情同意权否定论：兼及意志自主如何保护［J］.河北法学，2018（11）：87；汪志刚，陈传勇.安宁疗护的正当性及实施条件［M］//梁慧星，民商法论丛.北京：社会科学文献出版社，2022，73：52.
③ 王利明.人格权的属性：从消极防御到积极利用［J］.中外法学，2018（4）：845.
④ 邹海林，朱广新.民法典评注：侵权责任编［M］.北京：中国法制出版社，2020：527，531.
⑤ 郭明龙.论患者隐私权保护——兼论侵害"告知后同意"之请求权基础［J］.法律科学（西北政法大学学报），2013（3）：84；马特.民事视域下知情同意权的权利基础及规则建构［J］.江淮论坛，2014（5）：132.
⑥ 唐超.说明义务的类型化与知情同意权否定论：兼及意志自主如何保护［J］.河北法学，2018（11）：87.

款或一般人格权。这些一般条款从价值上讲，可以为知情同意权提供价值支撑，但直接将知情同意权的法律基础归结为一般人格权，则明显有向一般条款"逃逸"之嫌，不符合特别规定优先于一般规定的法律解释和适用原则。

在"具体人格权权能说"各说中，作者赞同"身体权权能说"，这也是域外许多国家和地区共同秉持的观念。将知情同意权同时看作健康权乃至生命权的权能，虽然看似有一定道理，也与医疗措施的选择通常都会关联到健康乃至生命安全的事实相符，但正如前文在分析有关维生医疗拒绝权法理基础的"健康权说"和"生命尊严权说"时所述，将维生医疗拒绝权的法理基础解释为健康权或生命权，会导致难以对患者同意或拒绝其他医疗措施的法律基础作同一解释的难题，这一难题的实质是难以对医疗知情同意权的法理基础作出统一解释。因为，依据"健康权权能说""生命权权能说"，我们可以合理推论出，所有未经患者同意的医疗行为，如合法的强制医疗和医方在不能获得患方同意时依法实施的紧急救治等，都将构成对患者健康权、生命权的侵害。这明显不符合法理。更为符合法理的理解应是，知情同意权的行使虽然有可能会影响到患者健康乃至生命安全，但健康权和生命权于此只是与知情同意权相关的权利，而非后者的权利来源，后者的权利来源更适合于被理解为是作为物质性人格权基石的身体权。或者说，只要我们可以通过身体权保护来证成医疗知情同意权的正当性，法理上就没有必要舍近求远、舍简趋繁，将健康权、生命权等相关权利确立为知情同意权的基础。这个道理就如同隐私权和名誉权保护的关系，二者虽然相互关联，但我们并不能因为有些隐私信息的保护会关联到个人名誉（公开这些隐私会损害个人名誉），就将适用于隐私信息采集的知情同意规则的法律基础解释为是名誉权。"具体人格权权能说"中的

"隐私权权能说"则更多的是受美国法影响的结果，有将美国法中可将生育自主、性行为自由等包含在内的宪法隐私权①移花接木于我国法之嫌，不足为采。在《民法典》第1032条第2款已将隐私定义为"自然人的私人生活安宁和不愿为他人知晓的私密空间、私密活动、私密信息"之后，该说更是明显无法律依据。

综上可见，知情同意权的法律基础更适合被解释为是《民法典》第1003条所规定的身体权，前者只是后者的一个权能。身体权人为维护其身体的完整性，完全有权排除未经其同意的身体干预和侵入（这里所说的干预和侵入只是对一种事实状态的描述，而非对其行为性质进行道德评价），不管这种干预和侵入的目的为何，也不管其是否有利于自然人的身心健康和生命保护，身体权人都有权作出自主决定是否予以同意。这种须经身体权人同意才能实施的身体干预和侵入行为，也包括医疗行为，但依法实施的强制医疗和不能取得患者或其近亲属意见时实施的紧急医疗除外。

3.身体自主权是民法和宪法层面的自主决定权的体现

在私法层面，将知情同意权定性为身体权或身体自主权的一个权能，已足以为患者拒绝维生医疗、接受缓和医疗提供法律基础。即便其权利行使有可能会导致其生命存续时间不如接受维生医疗时那样长，他人也无权代其作出决定或否定其决定的效力，即尊重患者自主始终是第一位的。因为，"自由是尊严最重要也最至上的必要条件……除非我们坚持由我们自己来主导生命的进行，而非让其他人来主导，这样一来，我们的生命才说得上拥有固有而客观的重要价值"。②换言之，人的尊严和生命价值并不会因为拒绝医疗而降低，

---

① 王泽鉴.人格权法：法释义学、比较法、案例研究［M］.北京：北京大学出版社，2014：187.

② 德沃金.生命的自主权——堕胎、安乐死与个人自由的论辩［M］.郭贞伶，陈雅汝，译.北京：中国政法大学出版社，2013：321.

但会因为没有给予一个有决定能力的人以选择的权利而降低。当然，在患者已丧失或部分丧失决定能力时，为保护患者生命免受他人侵害，保障患者自主意志的贯彻，法律上仍有必要作出相应的制度设计，如承认患者有权预立医疗指示并赋予其法律上的约束力，承认患者近亲属在患者意愿无法查明时有权依特定原则和程序代为医疗决定等。这一代为医疗决定的权利，本质上仍属于患者权利行使的一种方式，其权利行使除须尊重患者意愿外，还须受到《民法典》有关监护的规定（如第34条、第35条等）的调整。简言之，维生医疗拒绝权不管是由患者本人行使，还是由患者近亲属代为行使，本质上都根源于患者的身体自主权。这一身体自主权，从价值上讲，也可以从《民法典》第109条和第990条第2款规定的一般人格权中获得价值支撑，因为包含于一般人格权中的人格尊严和自由乃是所有具体人格权的价值基础，尊重患者的身体自主权就是尊重患者的人格尊严和自由。

然而，对于维生医疗拒绝权法理基础的阐释，仅仅停留在私法层面，并不是很充分。因为，维生医疗拒绝权的行使并不仅仅受私法调整，而是会同时关联到国家的生命保护义务，关联到宪法层面的国家与公民关系。国家为了保护患者生命，完全有可能对患者行使维生医疗拒绝权的条件作出限制，甚至会对患者近亲属代为维生医疗决定作出严格的限制。其限制是否合理，显然并非一个单纯的私法问题，而是一个宪法问题。这说明，要对维生医疗拒绝权的法理基础加以完整地说明，还需要从私法层面进至宪法层面，从宪法的高度阐明其法理基础，方可为该权利的保障提供更为坚实的法理基础。在这方面，我国宪法的规定并不是很明确，这就给我们合理解释维生医疗拒绝权的宪法基础带来了困难。从既有学理发展情况看，作者更倾向于采用类似于德国法的路径来证成维生医疗拒绝权的宪法基础，即该权利的宪法基础在我国法上也可以被解释为是自主决定权，①核心理由如下：

第一，我国《民法典》已大体接受了源自德国法的一般人格权理论，而按照德国法的理论，一般人格权的宪法基础是德国《宪法》第1条规定的"人性尊严不可侵犯"和第2条第1款规定的"人人有自由发展其人格之权利"。②我们在解释我国宪法时，如果能够在结合德国法理论和我国宪法规定的基础上，对我国宪法作出已承认以上权利的合理解释，则自然应以借鉴德国法的路径来证成我国法上的维生医疗拒绝权的宪法基础为更优选择，因为这样可以更好地保持法律体系的协调性和法理的融贯。

第二，从法律解释上看，如前所述，德国法更倾向于将维生医疗拒绝权的法理基础解释为系根源于德国《宪法》第2条第2款所保障的身体完整权或身体自决权，其更为深层次的法理基础是内含于宪法规定中的自我决定权，即德国《宪法》第1条规定的人性尊严和第2条第1款规定的一般行为自由（自由发展人格之权利）共同型塑了德国宪法上的一般人格权，其中就包含宪法上的自主决定权，该权利可以通过身体自决权等具体权利表现出来。简言之，在德国，作为维生医疗拒绝权法理基础核心的是宪法一般人格权或自我决定权。我国《宪法》虽未明确规定"人人有自由发展其人格之权利"，甚至未明确规定身体权、生命权等，但学理上却存在通过法律解释肯定我国宪法也承认自我决定权的主张。一种理论认为，可以将我国《宪法》第

① 2022年，北京卫生法学会发布的"疾病终末期医疗决策相关法律问题专家共识"也体现了这一倾向。该共识的第1条规定："为尊重疾病终末期患者自主医疗意愿和自主决定权利，维护疾病终末期患者人格尊严，在遵循《中华人民共和国民法典》……等法律法规的基础上，……形成'疾病终末期医疗决策相关法律问题专家共识'。"参见：刘宇，睢素利，郑秋实．"疾病终末期医疗决策相关法律问题专家共识"释义［J］. 中国医学伦理学，2022，35（9）：933-937.

② 德国《宪法》第1条第1款规定："人性尊严不可侵犯，一切国家权力对之皆有尊重及保护之义务。"第2条规定："一、人人有自由发展其人格之权利，但以不侵害他人权利或不违犯宪政秩序或道德规范者为限。二、人人有生命与身体不可侵犯之权。个人之自由不可侵犯。此等权利唯根据法律始得干预之。"

51条关于"中华人民共和国公民在行使自由和权利的时候，不得损害国家的、社会的、集体的利益和其他公民的合法的自由和权利"的规定解释为其他基本权利条文的补充性条款，并将自我决定权纳入其中。①另一种理论认为，可以在综合把握《宪法》概括性条款的基础上，解释出宪法上的自我决定权，这些条款主要包括"国家尊重和保障人权"（第33条第3款）、"中华人民共和国公民的人格尊严不受侵犯。禁止用任何方法对公民进行侮辱、诽谤和诬告陷害"（第38条）和前文所述的第51条。前两个条款可以被解释为是概括性条款，可以将《宪法》已明文规定的基本权利和各种未明确列举的人权涵盖在内，自然也包括自我决定权；后一个条款则可被解释为对个人自治范围的反面限定。②以上解释方案皆有一定合理性，但二者都产生于《民法典》出台前，在《民法典》出台之后，这里可增补一个新的解释理由，即德国《宪法》规定的一般行为自由已经在很大程度上为我国《民法典》所承认，这就为更好地解释我国宪法提供了新的契机和理由。这就是下文所述的第三个理由。

第三，《民法典》第109条规定："自然人的人身自由、人格尊严受法律保护"；第990条第2款规定："除前款规定的人格权外，自然人享有基于人身自由、人格尊严产生的其他人格权益。"这两个条文都将人身自由、人格尊严规定为一般人格权的核心内容。其中所述的"人格尊严"对应的是《宪法》第38条规定的"公民的人格尊严不受侵犯"中的"人格尊严"，二者在内涵和价值基础上可以作同一解

---

① 王海军.比较法视域下生命自主处分的法学理据 [J]. 河北法学，2014（9）：146.
② 车浩.自我决定权与刑法家长主义 [J]. 中国法学，2012（1）：92.

释。①"人身自由"对应的是《宪法》第37条规定的"公民的人身自由不受侵犯"中的"人身自由",二者在用词上保持了一致性和对应性。而按照《民法典》的规定,"人身自由"并不仅仅指身体行动自由,还包括一般的行为自由。因为,《民法典》第1003条已明确将行动自由纳入身体权这一具体人格权的保护范围,并在第1011条②中明确规定了身体行动自由不受他人非法剥夺、限制和搜查等,由此推论,作为一般人格权内容的"人身自由"所要保护的利益范围应广于后者,即前者除包括身体行动自由外,还应包括一般的行为自由。③这就是说,不被特定具体人格权所规范的所有的行为和生活领域的自由都受一般行为自由保护,包括自主决定的自由。在将民法上的人身自由解释为包括一般行为自由之后,理论上是否存在将宪法上的"人身自由"作同一解释或者不窄于前者含义的解释的可能呢?从《宪法》第37条的规定来看,这里应存在作同一解释的可能。一方面,该条可以被解释为已包含对身体行动自由这一具体权利的规定,第2款、第3款有关"任何公民,非经人民检察院批准或者决定或者人民法院决定,并由公安机关执行,不受逮捕。禁止非法拘禁和以其他方

---

① 对于《宪法》第38条规定的人格尊严,理论上有将其仅解释为具体基本权利规定的(参见:郑贤君.宪法"人格尊严"条款的规范地位之辨[J].中国法学,2012(2);李海平.宪法上人的尊严的规范分析[J].当代法学,2011(6);朱晓峰.民法一般人格权的价值基础与表达方式[J].比较法研究,2019(2).),也有将其解释为具有双重规范意义的,即该条中的"公民的人格尊严不受侵犯"是相对独立的规范性语句,表达了类似于域外法上的"人的尊严"具有基础性价值的原理;后面的"禁止用任何方法对公民进行侮辱、诽谤和诬告陷害"则是具体权利保障条款,相当于宪法上的人格权(参见:林来梵.人的尊严与人格尊严——兼论中国宪法第38条的解释方案[J].浙江社会科学,2008(3).).后一解释得到了更多学者的支持(参见:胡玉鸿.人的尊严的法律属性辨析[J].中国社会科学,2016(5);齐延平."人的尊严"是《世界人权宣言》的基础规范[J].现代法学,2018(5);李海平.基本权利间接效力理论批判[J].当代法学,2016(4);黄宇骁.论宪法基本权利对第三人无效力[J].清华法学,2018(3);窦衍瑞.宪法基本权利和民事权利的连接与互动[J].政法论丛,2018(3);曹相见.基本权利私法介入的否定立场[J].河北法学,2020(3).).
② 该条规定:"以非法拘禁等方式剥夺、限制他人的行动自由,或者非法搜查他人身体的,受害人有权依法请求行为人承担民事责任。"
③ 陈甦.民法总则评注(下)[M].北京:法律出版社,2017:754-755.

法非法剥夺或者限制公民的人身自由，禁止非法搜查公民的身体"的规定就体现了对这一具体权利的保障；另一方面，该条第1款"中华人民共和国公民的人身自由不受侵犯"又可被解释是一个相对独立的规范性语句（后面用的是句号），可承载和表达已为民法上的"人身自由"所包含的一般行为自由这一基础法律价值。简言之，《宪法》第37条具有双重规范意义，既具有表达一般行为自由这一宪法基础价值的功能，又具有为身体行动自由这一具体基本权利提供具体保障的功能。依此解释，同时结合第38条的规定，理论上可认为，我国宪法在解释上可容纳源自德国《宪法》一般人格权的权利内容，这一解释也符合《宪法》第33条第3款有关"国家尊重和保障人权"的规定。据此，理论上可以认为，我国宪法也保护公民对个人事务的自主决定权，该权利可以为患者拒绝维生医疗提供宪法基础，内含于身体权中的身体自主权则可被解释为是患者自主决定权的一种表现。同时，国家也可以依据《宪法》第51条"公民在行使自由和权利的时候，不得损害国家的、社会的、集体的利益和其他公民的合法的自由和权利"的规定，通过立法的形式，对维生医疗拒绝权的行使作出必要限制，以平衡此间可能发生的公民自决权和国家的生命保护义务之间的矛盾。

（二）法理基础二：安宁疗护获得权的法理基础是健康权

依前文所述，安宁疗护获得权，是指临终患者所享有的获得适当的安宁疗护和所有必要帮助，以减轻其痛苦并使其末期生活尽量过得舒适和有尊严的权利。该权利的产生，乃至被作为人权规定于个别地区性人权公约中，很大程度上得益于各相关国际医疗组织的推动，其推动和证成该权利的核心理据是以《经济、社会及文化权利国际公约》为代表的一些国际公约所规定的作为基本人权的健康权，即"享有能达到的最高身心健康标准的权利"。该权利的内容十分广泛，不仅包括传统的健康免受他人侵害的权利，而且包括获得健康保护体制和各种健康服务的权利，即"享有健康权必须理解为享有实现能够达到的最高健康标准所必需的各种设施、商品、服务和条件的权利"。与之相应，国家则负有"预防、治疗和控制……疾病""创造保证人人在患病时能得到医疗照顾的条件"等义务。安宁疗护获得权作为一种医疗服务获得权，理应被纳入这种具有社会权或受益权性质的健康权范畴。我国学者一般是以此为基础来阐述安宁疗护权或安宁疗护获得权的（详见上文），值得赞同。而且，这种阐述在我国法律方面也有其实证法基础。

第一，《宪法》第21条规定了"国家发展医疗卫生事业，发展现代医药和我国传统医药，鼓励和支持农村集体经济组织、国家企业事业组织和街道组织举办各种医疗卫生设施，开展群众性的卫生活动，保护人民健康"；第33条第3款规定了"国家尊重和保障人权"；第38条规定了"中华人民共和国公民的人格尊严不受侵犯"；第45条规定了"中华人民共和国公民在年老、疾病或者丧失劳动能力的情况下，有从国家和社会获得物质帮助的权利。国家发展为公民享受这些权利所需要的社会保险、社会救济和医疗卫生事业"。基于以上规定，可以解释出，我国宪法也保护具有社会权性质的健康权，而不仅仅是保护健康免受他人侵害意义的健康权。

第二，《民法典》第1004条已明确规定自然人的身心健康受法律保护，《基本医疗卫生与健康促进法》第1条已明确将"保障公民享有基本医疗卫生服务，提高公民健康水平"规定为该法的立法目的，并从多个方面构建了患者权利保护体系，如第4条规定了尊重和保护公民健康权、健康教育获得权；第5条规定了基本医疗卫生服务获得权；第32条规定了医疗知情同意权；第33条规定了平等尊重患者人格尊严和保护隐私权；第82条规定了参加基本医疗保险权等。同时，该法还从多个方面规定了国家发展医疗卫生与健康事业的基本原则、指导方针等"国策条款"。这些规定也体现了国家对公民健康权的保障。其中，尤其值得一提的是，《基本医疗卫生与健康促进法》第36条关于"为公民提供预防、保健、治疗、护理、康复、安宁疗护等全方位全周期的医疗卫生服务"的规定，第76条关于"加强重点人群健康服务……推动长期护理保障工作，鼓励发展长期护理保险"的规定，已经部分体现了对安宁疗护获得权的保障。安宁疗护试点和长期护理试点的展开，就是对这些"国策条款"或"国家目标条款"的贯彻和落实。

第三，《社会保险法》第2条关于"国家建立基本养老保险、基本医疗保险、工伤保险、失业保险、生育保险等社会保险制度，保障公民在年老、疾病、工伤、失业、生育等情况下依法从国家和社会获得物质帮助的权利"的规定；第三章关于基本医疗保险的规定；《老年人权益保障法》第3条关于"国家保障老年人依法享有的权益"的规定和第50条关于"鼓励为老年人提供保健、护理、临终关怀等服务"的规定，都在一定程度上体现了对临终患者健康权的保障，其中也包含对患者安宁疗护获得权的保障。

简言之，安宁疗护获得权的法理基础是健康权。明确肯定该权利，并为该权利提供与我国经济社会发展水平相适应的保障，理应成为我国安宁疗护立法的核心任务和目标之一，同时也是实现保护人民健康和人格尊严的宪法任务的应有之义。

第五章　安宁疗护实施的法律条件构造

相比于传统医疗，安宁疗护最大的特色在于其服务目的的超生物性，即安宁疗护并不以治愈疾病、保全和保存患者生命这些传统的生物医学目的为目的，而是以减轻患者痛苦、提高其生命质量为目的。正是这一目的决定了，安宁疗护只适用于符合特定条件的患者。这些条件就是此处所要讨论的法律条件，实践中多将其称为收治条件或收治标准，一般主要包括三个方面：一是对象条件，即患者所患疾病和所处疾病阶段是否适合安宁疗护。二是意愿条件，即患者是否有接受安宁疗护、放弃维生医疗的意愿。三是程序条件，即应依何程序对前述两个方面的条件是否已具备进行判断。[①]以下将结合实践情况，本着审慎的原则，对我国法上的安宁疗护的实施所应满足的对象条件和意愿条件展开研究，程序条件将被直接融入这两部分的讨论之中。这些讨论的目的是希望能够在兼顾现有做法的基础上，推动这些要件的法律化和本土化。

第一节　安宁疗护实施的对象条件构造

一、安宁疗护的对象应是疾病终末期患者及其家属

安宁疗护的服务对象应是疾病终末期患者或临终患者，同时兼及

[①]　严格来讲，安宁疗护的实施还应以安宁疗护服务提供主体具有相应的从业资格为条件。考虑到这一条件问题主要是一个行政管理问题，此处不予详述，仅在后文讨论安宁疗护的国家保障义务时，有所论及。

其家属，是由安宁疗护本质上是一种临终缓和医疗服务的性质所决定。《安宁疗护中心基本标准（试行）》曾将安宁疗护的服务对象界定为疾病终末期患者，但在《关于开展安宁疗护试点工作的通知》中，又将其服务对象界定为疾病终末期患者或（临终）老年患者，二者界定不一，且都未对疾病终末期患者的含义作出明确规定。这种界定不一在各地方政府发布的相关文件中，也有非常明显的体现。例如，《上海市安宁疗护服务规范》第3条就将安宁疗护的服务对象界定为"疾病终末期或老年患者"（及其家属）。《青岛市安宁疗护基本服务规范》第2.1条和《南京市安宁疗护服务规范》第6条则分别将安宁疗护的服务对象界定为"疾病终末期患者"（及其家属）、"疾病终末期或临终患者"（及其家属）。

对于这种界定不一和表述上的差异，前文第一章在讨论安宁疗护的定义时曾有所论及，所持基本观点为，这些不同的表述实际指向的对象并无差异，差异仅在于是否需要将临终老年患者单列，而这很大程度上取决于疾病终末期患者中的"疾病"概念的广狭。如果可以将因衰老导致的器官自然衰竭等称之为疾病，即退化性或衰退性疾病，则自然可以将因此导致临终的老人称为疾病终末期患者，概念表述上没有必要将临终老年患者单列；反之，则可在一定范围内将不能被称为患者的"临终老人"单列为服务对象之一。实践中，我国医疗界对于疾病的概念多采用前一种广义的理解。既然如此，自然没有必要将临终老年患者单列为安宁疗护的服务对象之一。

简言之，安宁疗护的服务对象更适合于被界定为或表述为疾病终末期患者（或者临终患者、末期患者）及其家属。安宁疗护实施的对象条件问题，主要是一个疾病终末期患者的界定和识别问题。

二、疾病终末期患者的界定

(一) 疾病终末期患者的不同界定

疾病终末期是一个医学概念，该词并不像其表面文义所示的那样，仅指某一疾病已发展至最后阶段或终末期，而是指患者所患疾病为不可治愈疾病且已导致其生命进入终末期。也就是说，这里所说的疾病终末期实际上已包括了两个方面的限定：一是这里所说的"疾病"是指不可治愈疾病且其病情的恶化已不可逆转和控制。可治愈疾病或者病情的恶化可逆转和控制的不可治愈疾病，[①]医学上常用的医疗措施是治愈性治疗和疾病控制，[②]而非单纯的缓和医疗。二是该不可治愈疾病已导致患者生命处于终末期或临终阶段。至于这里所说的"终末期"或"临终阶段"具体是指多长期限，医学上无统一标准，而是须依具体病情而定，[③]但一般认为最长不超过6个月，即患者预计的生存期限不超过6个月。[④]我国各地方政府发布的安宁疗护服务规范和标准，一般也都采用的是这一标准。有的地方政府还会根据安宁疗护服务模式的不同，分别规定居家、社区、住院安宁疗护服务的收治标准，其中，居家接受安宁疗护服务的患者一般都是预计生存期

---

① 需予说明的是，这里所说的不可治愈疾病也包含一些理论上本有可用的医疗措施（如器官移植）来治愈疾病，但却因患者拒绝或其他客观原因导致这些可用的措施已无法实施，进而导致疾病不可治愈的情况。

② 依据《重症医学科建设与管理指南（试行）》第16条的规定，重症医学科（或重症监护室）一般仅收治病情的恶化尚可逆或尚可控制的患者和能够从加强监护中获益的患者。

③ 医学上在判断特定疾病是否已进入终末期时，一般都是根据临床情况和病理表现来判断的，并且会在此基础上对患者的预期生存期限进行预估（这种预估具有一定的不确定性），而从病理上来讲，对于多数严重威胁生命的疾病是否已进入终末期，医学上还是有相对比较明确的标准的。例如，对于癌症末期，医学上的判断一般都是根据国际通行的《恶性肿瘤TNM分期标准》（T是指肿块大小，N是指淋巴结情况，M是指有无脏器转移）来进行的；而对于其他非癌疾病末期，一般也有相应的病理标准。参见刘梦婕.ICU患者生命末期姑息照护模式的构建研究 [D]. 重庆：第三军医大学，2016：13.

④ 黄丁全.医疗、法律与生命伦理（上）[M]. 北京：法律出版社，2015：400；周逸萍，单芳.临终关怀 [M]. 北京：科学出版社，2018：8.

限较长的患者，而住院患者一般都是预计生存期限较短的患者。总体上来看，各地方政府发布的相关文件所采用的界定疾病终末期患者或安宁疗护服务对象的方式主要有三种：

一是概括定义式。例如，《上海市安宁疗护服务规范》第4条就规定："安宁疗护服务对象应同时符合以下情形：（一）经医疗机构执业医师明确诊断的疾病终末期或老年患者，经评估患者预期生存期在6个月以内。（二）有安宁疗护服务需求，患者或家属同意接受服务约定或协议。"《广东省养老机构服务规范 临终关怀》第3.1条则将临终关怀的服务对象界定为"在现有医疗技术水平条件下，所患疾病已经没有被治愈的希望，且病情不断恶化，并被认定预期生命不超过六个月的人。"

二是概括定义加列举式。例如，《河北省养老机构安宁疗护服务规范》第4.1条就规定，养老机构安宁疗护的服务对象为"诊断明确且病情不断恶化，现代医学不能治愈，属不可逆转的慢性疾病终末期，生命预期小于6个月的临终老人。包括以下情况：a）晚期终末期癌症临终老人；b）高龄（≥80岁）老衰临终者，4个以上重要器官持续衰竭，卧床1年以上的丧失生活自理能力的高龄临终患者；c）其他疾病失代偿期终末老人。"

三是列举式。《吉林省养老机构安宁疗护服务规范》第3.2条、《山东省养老机构临终关怀服务规范》第3.3条都采用了此一定义方式，其列举的患者主要包括"晚期/终末期癌症、其他疾病终末期者或器官衰竭治疗无望，预计存活期不超过6个月"。

以上不同的定义方式各有其优劣，从立法而非制定行业标准的角度看，作者更倾向于采用第一种概括定义的方式来定义疾病终末期患者，以保持法律规范的一般性和开放性。采用此一定义方式时，有一点需要明确的是，预计患者生存期限不超过6个月的前提到底是什么。如果是以不给患者提供维生医疗为前提，则其定义的疾病终末期患者范围将比较广泛。例如，在患者已陷入植物人状态时，若不给予其以维生医疗，则患者的生存期间一般都比较短，反之，若给予其以维生医疗，则患者的生存期间将有可能超过6个月，甚至长达数年乃至更久。由此也就产生了法律上广义和狭义的疾病终末期之分。

其中，较为广义者会将"不予维生医疗，患者将会于近期内死亡的情形"定义为疾病终末期。例如，美国原《统一末期患者权利法案》第1条就规定："末期状态是指罹患的疾病不可治愈且不可逆转，若不给予维生医疗，依主治医生的观点将会于近期内进入死亡之状态。"与之相对，较为狭义者则仅将"即便给予维生医疗，患者也将会于近期内死亡的情形"定义为疾病终末期。例如，新加坡《预先医疗指示法》第2条规定："末期疾病是指一种因伤或因病造成的不治之症，患者并无合理希望可期暂时或永久复元，且在该种情况下，依合理的医学判断，不管是否施予维生医疗，死亡亦已临近，而且施予维生医疗的作用仅在于推迟死亡一刻的来临。"我国台湾地区"安宁缓和医疗规定"第3条也采用了较为狭义的定义，依其定义，"末期病人，是指罹患严重伤病，经医师诊断认为不可治愈，且有医学上之证据，近期内病程进行至死亡已不可避免者"。其中所述的"不可避免"在解释上一般都认为是指"即便给予维生医疗，（近期内病程进行至死亡）也不可避免"。[1]我国台湾地区"病人自主权利规定"第14条明确将末期病人与处于不可逆转之昏迷状况、永久植物人状态等类型病人并列，就很好地说明了其立法所规定的末期病人是狭义的。

---

① 陈信如，卢映洁.撤除心肺复苏术与病人生命权保障之争议［J］.台湾医界，2012（3）：142.

（二）开放性概括式定义的提出

面对以上概念分歧，从目前我国安宁疗护发展的实际情况来看，更为适宜的做法是将疾病终末期患者定义得较为狭义，并使之保持一定的开放性，即一方面将"即便给予维生医疗，患者也将会在近期内死亡"作为其定义条件，另一方面，又不明确限定"近期"的长短，从而使之具有一定的开放性。据此，可将疾病终末期患者定义为"罹患严重伤病，经医生诊断为不可治愈和不可逆转，无论使用何种医疗措施都无法避免近期内死亡的患者。"如此定义的理由如下：

第一，放弃维生医疗和施予安宁疗护本身就是一个与死亡密切相关的具有较强伦理性的复杂问题，其推行和发展不仅需考虑到本国民众的生死观念和对伦理、亲情以及安宁疗护本身的理解与认识，而且需考虑到本国安宁疗护服务体系发展的实际水平，以及与之相关的配套法律法规和政策的完善程度。从目前的情况看，我国民众对安宁疗护及其所内含的维生医疗放弃的认知度和接受度并不高，多数民众虽然对善终普遍抱有一种善意的期许和美好的期待，但在真正面临生死大限时，能够安然接受生与死的自然法则和医疗的极限，彻底放弃"抢救至死"的惯行者不多。尤其是在事涉患者本可依赖维生医疗生存很久时，情况更是如此。在此情况下，将安宁疗护的适用对象限定在相对较小的范围内，应该更有利于民众接受安宁疗护这一新生事物，将安宁疗护建立在更为稳固的社会共识之上，并使之得以获得更为坚强的社会妥当性支持，进而为我国安宁疗护事业的进一步发展铺平道路。反之，若贸然将其适用对象定义得过宽，甚至将那些原本可以依赖维生医疗生存数年乃至更久的非末期患者也包含进来，则很难谓具有社会层面的妥当性——虽然从一般法理上来讲，非末期患者也应有权拒绝维生医疗。①更何况，目前我国的安宁疗护服务体系本就处于建设初期，其服务能力和可得的资金本就十分有限，②在此情形下，将有限的医疗资源分配给最急需安宁疗护的患者应该更加符合公正分配医疗资源之法理，而且可在一定程度上避免因相关法律法规不健全诱发的"滑坡效应"。

第二，前述定义虽然较为狭义，但实际上可包含的患者类型已十分广泛，足以涵盖未来一定年限我国安宁疗护服务可惠及的患者类型。目前，我国各安宁疗护机构基本上都是在无法定的统一收治标准的情况下开展相关试点的，其在实践中所采用的收治标准也是因地、因时而异。多数地方的收治对象仍主要局限于晚期或终末期癌症患者，并兼及其他不可逆的慢性疾病末期患者，且一般都要求这些患者的预计生存期限不超过 6 个月。这种从癌末患者开始——因为癌末患者一般都很痛苦且其生存期限的预判也相对比较准确，然后再逐步扩大和惠及至其他慢性疾病末期患者的做法，也是比较法上较为常见的一种做法。我国台湾地区的安宁疗护服务对象起初就主要局限于"癌症末期病人"和"不接受呼吸器处理的末期运动神经元病人（即渐冻人）"，直到 2009 年健保局在修改相关支付规定时，才新增了八类非癌末期疾病患者，即罹患"老年期及初老期器质性精神病态（老年失智）""其他大脑变质（中风、帕金森病等）""心脏衰竭""慢性气道阻塞，他处未归类者""肺部其他疾病（如严重肺纤维化）""慢性

---

① 对于非末期患者拒绝维生医疗的问题，法律上更适合于通过一般的医疗立法来解决，而不宜将其置于安宁疗护制度中解决。当然，将来我国也可以考虑进一步扩展安宁疗护或缓和医疗的服务范围。

② 根据 2019 年 6 月 3 日国家卫健委在全国安宁疗护试点工作推进会上所作介绍，据不完全统计，全国安宁疗护服务机构 2018 年共服务患者 28.3 万人（http://m.xinhuanet.com/2019-6/03/c_1124578776.htm），这个数据大致只相当于全国每年死于癌症的患者的 1/8（我国 2015 年死于癌症的患者为 233.8 万例，相对于 2014 年的 229.6 万例和 2013 年的 222.9 万，数据有所上升，参见郑荣寿，孙可欣，张思维，等.2015 年中国恶性肿瘤流行情况分析 [J]. 中华肿瘤杂志，2019（1）），如果再加上其他死于非癌疾病的患者和高龄老人，这个比例将会更低。由此可见，我国安宁疗护服务体系的服务能力实际上仍非常有限。

肝病及肝硬化""急性肾衰竭,未明示者""慢性肾衰竭及肾衰竭,未明示者"的患者(王志嘉,2012)。2016年制定、2019年施行的"病人自主权利规定"第14条和第16条又进一步扩大了拒绝维生医疗和人工营养支持且有权接受缓和医疗的患者范围,其范围已及于特定类型的非末期患者。我国台湾地区的以上做法,虽然从法理上看,确实有值得商榷之处——其在学理上经常被批评为有违所有患者都平等享有维生医疗拒绝权的法理,但从安宁疗护的获得和提供的角度看,却是安宁疗护的发展需要与经济社会发展水平相适应的原则的一种反映。这一经验对于我国大陆发展安宁疗护和构建相关制度,具有一定的借鉴意义,而前述对疾病终末期患者的定义可在一定程度上为此奠定较为适切、妥当的法律基础。

三、疾病终末期患者的识别

安宁疗护服务对象的识别是安宁疗护服务的起点,也是确保有限的安宁疗护服务资源能有效分配给急需患者的关键步骤,其核心任务是要确定患者是否属于前文所述的疾病终末期患者。实践中,各安宁疗护服务机构一般也都会根据当地政府或本单位确定的收治标准,对患者进行识别。识别的方式主要是诊断或/和评估,诊断、评估的内容主要涉及患者所患疾病种类和严重程度、功能状态、预计生存期限等。评估的手段除依赖一般的医疗诊断措施外,许多地方还会运用卡氏功能评分量表(KPS)初步评估患者功能状态,运用姑息功能量表(PPS)评估预期生存期。KPS评分不大于70分,PPS评估预期生存期不大于6个月的,一般都会被纳入安宁疗护服务对象。[①]这种诊断、

---

① 《上海市安宁疗护服务规范》第12条规定:"安宁疗护服务对象应达到以下识别结果:居家安宁疗护服务对象:KPS不大于70分,姑息功能量表(PPS)评估预期生存期不大于6个月。住院安宁疗护服务对象:KPS不大于50分,姑息功能量表(PPS)评估预期生存期不大于3个月。"

评估，一般须由医疗机构的执业医师作出，或者应由至少包含一名执业医师的评估团队作出（其他成员主要包括护士、社会工作者等）；①有的则要求须由二级及以上医疗机构专业医师主导的多学科评估团队作出；②有的甚至要求至少要有2名与患者无利益冲突的专业医生（二级及以上医院临床相关专科和安宁疗护专科至少各一名）参与评估。③

以上与患者识别相关的因素中，多数因素都属于医学操作范畴，宜交给医学处理，法律无须介入。唯在识别主体的限定上，为避免因误诊、专断等原因导致患者权益受损，法律上有必要对此作出一定的要求。考虑到实践中的安宁疗护服务机构一般都是医疗机构或医养结合机构，而卫生行政管理部门对这些机构的资质和人员要求，已经作出了相应规定，所以在规定识别主体资质时，没有必要对执业医师所在的机构等级作出限定（如将其限定在二级及以上医院），而是只需对执业医师本身的资质作出要求即可。我国台湾地区的"安宁缓和医疗规定"第7条就明确规定，末期病人的确诊"应由二位医师"共同作出且这些医师"应具有相关专科医师资格"。我们可借鉴该做法，将其识别或诊断主体规定为至少应由两名相关专科的执业医师共同确诊。至于参与评估或诊断的医生与患者之间是否存在利益冲突的问题，则大可不必考虑。因为是否存在利益冲突，一般只有利益冲突双方知晓，第三方无从知晓，也无从审查，而且利益冲突应如何界定，也是一个困难问题。所以，对于利益冲突问题，更适合于依医患关系的本质，将其交给当事人自治（患者是否愿意接受特定医生的服务，应由其自主决定），而不宜直接以规范的形式明确规定下来。简言之，疾病终末期患者的识别，宜规定为由两名相关专科的执业医师共

①　参见《上海市安宁疗护服务规范》第12条。
②　参见《河北省石家庄市医疗机构安宁疗护服务规范》第6.2条。
③　参见《辽宁省安宁疗护基本服务规范》第6.6.1条。

同确诊，这是识别安宁疗护对象是否适格应满足的程序条件。

第二节　安宁疗护实施的一般意愿条件构造

安宁疗护的实施应尊重患者意愿，是尊重患者医疗自主权的必然要求。以下将首先对安宁疗护中需要患者作出选择的医疗措施范围进行界定，以明确其意愿选择对象，然后再根据患者在选择安宁疗护时，是否有相应的决定能力来分别讨论其意愿表达形式和效力，以明确安宁疗护的实施所应满足的意愿条件，以及未来我国立法应如何构造这些条件。本节先讨论患者有决定能力时或者事先已明确表达其意愿的情形下，对其实施安宁疗护所应满足的一般意愿条件，下一节再讨论患者无决定能力且事先未明确表达其意愿的情形下，对其实施安宁疗护应满足的意愿条件，以明确二者在法律构造上的区别。

一、安宁疗护患者意愿选择对象的界定

（一）安宁疗护患者意愿选择对象概述

按照一般的医疗常规，患者在决定是否接受安宁疗护时，通常需要作出以下几个方面的医疗决定：一是需要决定是否继续原先的治愈性治疗；二是需要决定是否愿意接受以缓和医疗为中心的安宁疗护；三是基于安宁疗护所奉行的"既不加速也不延迟死亡"的原则，需要就是否接受维生医疗作出决定。

第一个方面的决定应该与患者最初决定接受这种治疗一样，可直接适用一般法的规定，无须在法律上作出特别规定。而且，一般说来，患者的决定应是放弃，因为依前文所述，适合于接受安宁疗护的患者一般是治愈无望的末期患者，既然治愈无望，自然没有必要继续

原先的治愈性治疗。第二个方面的决定和第三个方面的决定，则共同构成了一个事物的两个方面。前一方面的决定所涉及的主要是缓和医疗，即主要由"疼痛及其他症状控制，舒适照护，心理、精神及社会支持"共同构成的缓和医疗服务。这些缓和医疗服务中，除部分特殊检查、特殊治疗（如麻醉药品、精神药品的使用等）需要取得患者或其代理人的特别同意外（单独签署知情同意书），多数医疗服务都属于医学上的常规医疗，患者完全可以通过签署安宁疗护知情同意书或协议书的方式概括表示同意，法律上无须为此设置特别规则。后一方面的决定则直接关系到患者的生存利益，事关重大，所以法律上需要对其特别加以考虑，为其设置一些特别规则。简言之，在安宁疗护立法中，需要对安宁疗护实施的意愿条件作出特别规定的原因，主要在于其意愿选择对象涉及维生医疗，或者说，这里需要特别规范的对象主要是维生医疗决定，而非针对其他医疗措施所作决定。既然如此，自然有必要对维生医疗的概念进行一个界定，以免因概念不清导致意愿选择对象或内容不明，进而导致患者意愿执行困难和各种法律适用问题。以下将结合医疗实践，对维生医疗的概念及常见类型进行探讨。

（二）维生医疗的概念

1.比较法上常见的定义方式

维生医疗（life-sustaining treatment），也称为延命医疗，一般用来泛指可维持或延长患者生命的医疗措施，其维持患者生命的时间可能是几小时，也可能是数周、数月乃至更长。关于维生医疗的概念，医学上和法学上并无统一的定义。1976年的美国加州《自然死法案》曾将其定义为："利用机械或其他人工手段以维持、恢复或取代生命机能的，只能人为延长死亡过程的，实施于依主治医师判断不管是否施予都将会于近期内死亡之患者的所有医疗程序或干预措施；维生医疗不应包含以缓和痛苦为目的所实施的药物治疗或其他任何医疗程序。"①美国《统一末期病患权利法案》则规定："维生医疗是指实施于适格患者的，仅能延长濒死过程之所有医疗程序或干预措施。"这两个定义虽然繁简不同，但都具有两个基本特征：一是仅概括定义了维生医疗，未明确列举其常见类型；二是都将拒绝维生医疗合法化的要件定义成了维生医疗的构成因素，如将适用主体是否适格定义成了维生医疗的构成因素，这显然不妥。美国医学会发布的《医学伦理规则》（AMA Code of Medical Ethics）则抛弃了以上做法，以概括加列举且不考虑其合法化要件的方式，将维生医疗定义为"任何只延长病患的生命机能而无法恢复其当下健康状况的医疗，包括但不限于呼吸器、肾脏透析、化学治疗、抗生素、人工营养及水分等。"

我国台湾地区的安宁疗护立法深受美国法影响，这同样反映在其对维生医疗的定义上。2013年我国台湾地区在修订"安宁缓和医疗规定"时，首次明确使用了维生医疗的概念，并对其进行了定义。②依其定义，维生医疗是指"用以维持末期病人生命征象，但无治愈效果，而只能延长其濒死过程的医疗措施"。这一定义与美国的早期立法类似，都将维生医疗的适用对象限定为末期病人，并明确将维生医疗定位为"无治愈效果"的"无效医疗"。2016年出台的"病人自主权利规定"则采用了另一种定义方式，将维生医疗定义为"心肺复苏术、机械式维生系统、血液制品、为特定疾病而设之专门治疗、重度感染时所给予之抗生素等任何有可能延长病人生命之必要医疗措施"。该定义与前一定义相比，除了以不穷尽列举的方式列举了维生医疗的

---

① BERNARD M D. The right to natural death [J]. McGill Law Journal, 1981 (26): 863.
② 在此之前，该规定始终没有使用维生医疗的概念，而是只使用了心肺复苏术的概念，并对其进行了定义。这很大程度上应该与立法者基于对东方文化"忌死"观念的体察，有意回避在立法中使用与死亡相关的概念有关。

常见类型外，最重要的特征在于，它抛弃了前一定义所采用的"末期病人"和"无治愈效果"这两个概念限定要素，直接将维生医疗的内涵定义为"任何有可能延长病人生命之必要医疗措施"。这一改变值得赞同，尤其是其不再将维生医疗与有无治愈效果或者是否属于"无效医疗"相挂钩，更加切合实际。因为，维生医疗有无治愈效果，在医学上很难单独地加以清晰说明。例如，同样是人工呼吸机，对于末期患者来说，它可能只能起到延长患者生命的作用，但对于另一些患者来说，它还可以为医方采取其他医疗措施帮助患者恢复健康争取时间和机会，从而与其他医疗措施一起，共同发挥帮助患者恢复健康的作用。在后一情况下，我们很难说人工呼吸机这一维生医疗措施完全没有治愈效果。我们只能说，不管是在前一情况下，还是在后一情况下，维生医疗对于维持患者生命这一医疗目的或医疗效果实现来说，它是"必要的"。以此观之，"病人自主权利规定"将维生医疗定义为"任何有可能延长病人生命之必要医疗措施"，可谓是对维生医疗真义的回归。

2.维生医疗与急救治疗的关系

维生医疗与急救治疗是何关系，是定义维生医疗时需要特别加以处理的问题。急救治疗，是指在患者需要紧急救治时，为挽救患者生命或者为了避免情况进一步恶化而采取的紧急救治措施，其意与我国《医师法》第27条第1款所规定的"急救处置"措施大体相同。在实践中，患者之所以需要急救，有时是由意外事故所致，如因溺水导致窒息，有时是由自身伤病所致，如因心脏病突发导致休克等。医生所采用的急救措施有的是一时性的，如人工呼吸、体外心脏按压、心脏电击、急救药物注射等，有的则需要持续一段时间，如气管插管、呼吸机通气等。患者在获救后，有的可以很快恢复健康，有的则可能需要继续治疗或长期依赖呼吸机等医疗措施维持生命。

这说明，急救治疗并不一定都属于维生医疗，或者说，对于某些患者（如溺水者）来说，急救更多的是救命，而非维持或延长其生命，其在获救后仍可像健康人一样，正常生活很多年。这种差异就此处所涉主题而言，客观上也是存在的。不过，对于末期患者来说，在其因病陷入需要紧急救治的状态时，所谓的急救治疗本质上仍是维生医疗的一种，或者说，这种情况下的急救的唯一意义是延长患者生命，舍此别无其他意义。这个道理同样适用于某些患有不可治愈疾病或限制生命疾病的非末期患者，即在这些非末期患者因病陷入需要紧急救治的状态时，对其实施的急救治疗本质上仍是一种维生医疗。正是在此意义上，我国台湾地区"病人自主权利规定"才会将心肺复苏术这种典型的急救医疗定义为维生医疗的一种，虽然包含于心肺复苏术中的医疗措施有的只是一时性的（如人工呼吸、体外心脏按压、心脏电击等），并不具有持续性，但这并不妨碍我们在特定情形下将它看作"广义维生医疗"的一种。与之相对，我国台湾地区较早出台的"安宁缓和医疗规定"则没有采用这种将心肺复苏术定义为维生医疗的定义方式。该规定起初或许是出于对东方"忌死"文化的体察和审慎的考虑，在制定之初并没有使用维生医疗的概念，而是只使用了心肺复苏术的概念。直到2013年第三次修订时，才正式引入了维生医疗的概念，但并没有将心肺复苏术定义为维生医疗的一种，而是在多个条文中采用了"心肺复苏术或维生医疗"的并列表述。这说明，该规定对维生医疗似乎采用的是一种不包含心肺复苏术的"狭义理解"，其中被概括定义的维生医疗突出的是其维持或延长患者生命的特征，被并列定义的心肺复苏术突出的是其急救或紧急救治行为特征，后者被单独定义为"对临终、濒死或无生命征象之病人，施予气管内插管、体外心脏按压、急救药物注射、心脏电击、心脏人工调频、人工呼吸等标准急救程序或其他紧急救治行为"。

以上两种不同的定义方案，各有其缘由和合理性，差异主要是技术上的，但不管采用哪种定义方式，在规定上都应承认患者有权拒绝心肺复苏术和狭义的维生医疗。未来我国立法可以考虑对维生医疗采用广义的定义，以避免因并列使用心肺复苏术和维生医疗这两个概念所带来的条文表述麻烦。

3.维生医疗是否包含人工营养的问题

人工营养，在医学上是指通过置管方式，经消化道或静脉向人体提供营养和水分的营养干预措施，实践中多称为管饲。关于人工营养是否属于维生医疗的问题，比较法上向来就有争议，其争议的实质主要不是定义上的，而是伦理和法律正当性之争，即患者是否有权拒绝人工营养，基于患者拒绝而放弃提供人工营养服务是否具有伦理和法律上的正当性。

对此，持否定观点的学者认为，任何人都有权获得营养和水分，这是维持生命最低限度的要求。为患者提供人工营养和水分，本质上是照顾而非医疗。我们虽然没有义务为患者"延长死亡"，但有义务为他们提供"照顾"。"如果父母给婴儿食物与水是不能逃避的责任，那么我们对病患也是如此。"①而且，人工营养和水分的供给，通常只需简单而较少痛苦的方式，本身并不影响疾病的发展进程，而除去食物和水将导致病人"饿死或渴死"，这是一种极为痛苦或残忍的死法。②"若病人神志不清，其亲人或监护人没有权力决定除去他的食物与水。就像没有任何人有权力决定别人的堕胎手术一样。"③

肯定论则认为，通过鼻胃管或静脉注射供给营养和水分是医疗程

---

① CALLAHAN D.On feeding the dying［J］. Hastings Center Report，1983（13）：22.
② 赵可式.可以除去病人的食物与水吗？——安宁疗护的伦理观［J］. 安宁疗护，2000，5（4）：237.
③ MEYERS D W . Legal aspects of withdrawing nourishment from an incurably ill patient［J］. Archives of Internal Medicine，1985（145）：126.

序，与其他维生医疗并无本质区别，患者得自主决定是否拒绝之。而且，通过插管、注射的方式供给营养和水分，对患者的身体具有高度侵入性，会给患者带来痛苦并有诱发并发症的风险。有研究表明，在实践中，使用人工营养和水分并不能增加患者的生命长度，反而会加速患者死亡，而放弃人工营养和水分则可减轻患者死前的痛苦。[①]

目前，欧美多数国家都倾向于认为，人工营养的供给是一种医疗行为，基于对患者身体完整权和自主决定权的尊重，法律上应承认患者有权拒绝之。美国医学会发布的《医学伦理规则》就明确将人工营养和水分定义为维生医疗的一种。德国联邦最高法院也曾判决患者有权拒绝人工营养，欧洲人权法院的观点也是如此。我国台湾地区2015年出台的"病人自主权利规定"也明确规定，患者有权拒绝"人工营养及流体喂养"——该规定将其定义为"透过导管或其他侵入性措施喂养食物与水分"，但没有将人工营养及流体喂养归入维生医疗之列，而是在多个条文中采用了"维持生命治疗与人工营养及流体喂养"的并列表述。我国部分地方政府发布的安宁疗护规范，也明确将"静脉营养补液"列入安宁疗护患者的拒绝医疗措施的范围，[②]这一做法值得肯定，可为未来我国立法所采用。至于无决定能力患者的人工营养能否停止的问题，则涉及代为医疗决定的问题，容后再述。

综上，作者认为，未来我国立法可以考虑将维生医疗定义为，任何有可能用于延长患者生命的必要医疗措施，包括但不限于心肺复苏术、呼吸机辅助通气、肾脏透析、化学治疗、抗生素、人工营养等。

---

① 邱泰源．安宁缓和医疗常见伦理困境及解决之道［J］．台湾医学，2004，8（5）：672．
② 参见《上海市安宁疗护服务规范》附件3：安宁疗护协议书（知情同意书）。

（三）常用维生医疗措施简介

1.心肺复苏术

心肺复苏术（Cardio Pulmonary Resuscitation，CPR），是针对心跳、呼吸骤停者采取的急救措施，以重建和促进心跳、呼吸功能的恢复，防治脑水肿和促进脑功能的恢复，以及防治各种并发症等。[①]现代心肺复苏术可追溯至20世纪50年代。1974年美国心脏协会制定了第一个心肺复苏指南，之后多次修订再版，为该技术的运用逐步趋于统一并风靡全球，作出了重要贡献。时至今日，CPR的操作步骤已形成国际通用的九步法，即A（Airway开放气道）—B（Breathing人工呼吸/正压通气）—C（Circulation人工循环/胸外按压）—D（Drug药物注射或Defibrillation电除颤）—E（ECG心电监护）—F（Fibrillation除颤）—G（Gauge评估分析）—H（Hypothermia低温保护脑）—I（Intensive Care Unit重症监护）。[②]

心肺复苏术并非单一的急救技术，而是包含了多项评估与救护技术，从基础生命支持（Basic Life Support，BLS）到高级心脏生命支持（Advanced Cardiac Life Support，ACLS）均包含在内。其中，实施BLS的目的在于维持氧气供应至重要器官直到内科治疗恢复自发性通气与循环，一直是国际心肺复苏指南中最关注的重点，而ACLS是在完成BLS的基础上进行的，成功BLS的标志是自主循环恢复，相继也需要进行ACLS。在现代心肺复苏术中，BLS一般采用三阶段ABCD四步法，具体包含：（1）最初处置：A（Airway开放气道）—B（Breathing人工呼吸）—C（Circulation胸外按压）—D（Drug药物治疗或Defibrillation电除颤）；（2）第二阶段处置：A（Airway进一步气道控制，气管内插管）—B（Breathing评估气管内插管通气是否充

---

① 彭福英，朱翠岚，杨翠娜.常见危重病的急救与治疗［M］.上海：第二军医大学出版社，2007：22.

② 王一镗，刘中民.心肺脑复苏［M］.3版.上海：上海科学技术出版社，2020：4.

分，正压通气）—C（Circulation 建立静脉通道以输注液体和药物，继续 CPR，用抗心律失常药）—D（Differential Diagnosis 识别心搏骤停的可能原因，并做鉴别诊断，确定有特殊治疗、可逆转的病因）；（3）刚复苏后患者的处置：A（Airway 保证气道通畅）—B（Breathing 给氧）—C（Circulation 评估生命体征）—D（Differential Diagnosis 鉴别诊断）。实施 BLS 过程中，通常会引起肋骨骨折、血胸、气胸、心脏压塞、腹内损伤等并发症，增加患者痛苦。[①]

ACLS 比 BLS 复杂得多，其操作指南制定存在美国和欧盟两派，我国一般采用由美国心脏协会高级心脏生命支持小组委员会和紧急心血管疾病救治委员会编撰的 ACLS 指引教程，其中特别提出五阶段四步法。所谓五阶段四步法包括：（1）首次 ABCD 检查，包括 CPR 和除颤；（2）再次 ABCD 检查；（3）给氧、开放静脉、监测、补容；（4）体温、血压、心率、呼吸；（5）容量、周围血管阻力、心泵功能、心率。

2.气管内插管和气管切开术

气管内插管是建立人工气道的可靠途径，也是进行人工通气的最好办法，它便于清除呼吸道分泌物，维持气道通畅，减少气道阻力，也有利于减少呼吸道解剖死腔，保证有效通气量，为给氧、加压人工呼吸、气管内给药等提供了条件。气管内插管通常运用在呼吸功能不全或呼吸困难综合症、呼吸心搏骤停、呼吸道分泌物不能自行咳出等情形，其实施方式一般是使用喉镜暴露声门后将导管从患者口腔或鼻腔直接插入气管中，然后接上苏醒球或呼吸机将氧气直接送到病患的肺部。气管内插管期间，患者无法说话，会因不舒服产生躁动，口腔插管还会因为导管长时间压迫导致口腔溃疡、喉咙内长肉芽肿或造成声带受损。气管切开术可减少呼吸道解剖死腔的50%，增加有效通气

---

① 王一镗，刘中民.心肺脑复苏［M］. 3 版.上海：上海科学技术出版社，2020：4.

量，便于吸痰、气管内滴药、加压给氧，主要用于喉梗阻、下呼吸道分泌物阻塞或需较长时间使用呼吸机辅助呼吸者。

3. 血液透析术

血液透析术（Hemodialysis，HD），又称"洗肾"，是急慢性肾功能衰竭患者肾脏替代治疗方式之一，也是我国对终末期肾脏病采用的最常规治疗方法之一。肾脏是人体重要的实质性器官之一，其主要功能有排泄废物和毒物，维持体液平衡、电解质平衡、酸碱平衡，分泌肾素、促红细胞生成素、前列腺素以及对维生素D3的羟化作用等。当肾脏功能衰退到一定程度，会逐渐出现水肿、代谢性酸中毒、不易控制的高血压、贫血、肾性骨病变等情况，而且毒素在人体内堆积，还会造成皮肤瘙痒、淤青、流血不止等现象。HD是通过人工肾脏进行的，人工肾脏外面有透析液，血液中的毒素、废物通过半透膜溶度差而扩散至透析液，随着透析液排出体外。当患者肾脏出现功能衰退时，只有借助HD替代肾脏功能，才能稳定患者生命体征。2012年"中国慢性肾脏病流行病学调查研究"发现，我国成年人中慢性肾脏病的患病率达到10.8%，据此估计，我国现有成年慢性肾脏病患者1.2亿人，其中已发展成肾脏病终末期的患者有200万人。[①]

4. 人工营养

人工营养，是一种营养干预措施，其意是指在各种原因导致无法进食或较长时间经口摄入不能满足人体生理需要的情况下，通过置管方式，经消化道或静脉途径，为患者实施的营养支持，主要包括肠内营养和肠外营养。目前，人工营养的实施方式主要有五种：一是鼻管饲，即经鼻孔插置导管入胃，经此管灌入流质食物与水。插管时病人会感觉恶心及少许痛苦，管子的留置会引起不适，意识不清的病人经

---

① 中国科学器材有限公司，等.2016年中国血液透析市场状况蓝皮书［M］.广州：华南理工大学出版社，2017：1.

常会不自觉地想拔除管子，有时需要约束病人双手以防管子脱除。若护理得不够细心，还会导致肺炎并发症。二是胃造瘘管饲，即以外科手术直接在胃部开一个洞，由此洞灌食。三是空肠造瘘管饲，即经皮空肠造瘘插管，经此管路给予肠内营养。四是静脉点滴注射。五是中央静脉导管输液，即经由锁骨下静脉插入导管，输入高张液体或配制好的"整体营养液"（TPN）。插管时患者不但比较痛苦，且易发生血栓、败血症及肺炎等并发症。①

5.体外膜肺氧合

体外膜肺氧合（Extra-Corporeal Membrane Oxygenation，ECMO），俗称叶克膜，衍生于1953年Gibbon首先应用在心脏直视手术中的体外循坏技术，是以体外循环系统为其基本设备，采用体外循坏技术进行操作和管理的一种辅助治疗手段。②ECMO的原理是通过将患者体内血液引出体外，经膜肺氧合并排除二氧化碳，再将氧合后的血液泵回人体，以满足人体一定的循环和氧供需求。该技术通常适用于心肺功能衰竭患者及有心肺移植条件的患者，也可运用于器官捐献者为其进行器官保护。

二、安宁疗护患者有效同意的要件构造

安宁疗护的实施不管是就其所涉的缓和医疗施予而言，还是就其所涉的维生医疗和治愈性医疗的放弃而言，都需征得患者明确同意，是将《民法典》第1219条第1款规定的知情同意规则适用于安宁疗护的必然结果。然而，该条文在规定知情同意规则时，并没有对患者的同意须具备何种要件方可构成一个有效的同意——可产生阻却医疗行

---

① 赵可式.可以除去病人的食物与水吗？——安宁疗护的伦理观［J］.安宁疗护，2000，5（4）：237.
② 上海市第一人民医院.体外膜肺氧合技术（ECMO）实用操作指南［M］.上海：上海交通大学出版社，2018：1.

为违法性效力的同意——作出明确规定。这就使得患者同意有效要件的确定，只能通过法律解释的方式达成。

（一）患者同意的一般有效要件的学理解释

患者同意须具备哪些要件才能构成一个有效同意的问题，很大程度上取决于我们对患者同意行为的法律性质的认识。对此，学理上有不同看法。传统学说多倾向于将患者同意行为作为一种可阻却侵权违法性或刑事违法性的受害人允诺（同意或承诺）或被害承诺（允诺或同意）来对待，并据此将其定性为一种准法律行为。我国台湾学者王泽鉴先生就认为，"允诺非在于以发生一定法律效果为目的，不以具法效意思为必要，而系涉及自己权益侵害性，故非属意思表示，乃准法律行为。"①言下之意是，同意行为虽然属于将内心的意思表示于外的表意行为，但并不以依其表示发生特定法律效果的法效意思为构成要素，这与意思表示须以法效意思为构成要素有所不同。而且，同意行为效果法定，而非如意思表示那样效果意定，也进一步佐证了其准法律行为性质。②与之相对，也有部分学者认为，受害人同意本质上是对自己的人身或财产权利行使自由处分权利的表现，性质上应属于意思表示。③而且，从医疗契约的角度看，患者的同意并非仅生违法性阻却效果，而是兼具成立医疗契约或具体确定医疗契约项下的给付义务（医方负提供允诺服务之义务，患者或第三人负支付允诺报酬的义务）的效果，即同意行为也具有"合同意义上的同意或承诺"所生的变动合同之债的法律效果，单纯从受害人同意的角度来观察和定性它，未必妥当。

以上二说各有其道理，德国法上以准法律行为说为通说，我国台湾学界也是如此。按照准法律行为说，即便不承认患者同意行为的法

---

① 王泽鉴.侵权行为法［M］.3版.北京：北京大学出版社，2009：280.
② 常鹏翱.对准法律行为的体系化解读［J］.环球法律评论，2014（2）：54.
③ 程啸.侵权责任法［M］.2版.北京：法律出版社，2015：304-305.

律行为性质，其也可在一定范围内准用意思表示或法律行为的一般法理规定。①这种准用首先涉及的是法律行为的一般有效要件对同意行为的准用，其中，"意思表示真实、内容和目的合法（不违反法律、行政法规的强制性规定，不违背公序良俗）"的要件原则上可适用于同意行为，学理上并无太大争议，争议主要在于能否将"当事人具有相应行为能力"的要件类推适用于同意行为。以此认识为前提，同时结合我国法的相关规定，可将患者同意行为的一般有效要件概括为以下几个方面。

第一，同意必须是针对特定医疗行为所作的明确同意，即同意的对象必须是特定的医疗行为或实质上相同的医疗行为，且其同意的表示必须是明确的，而非模棱两可的，否则将不生同意的法律效果。《民法典》第1 219条第1款有关患者或其近亲属的同意必须是针对"特定的手术、特殊检查、特殊治疗"所作的"明确同意"，就很好地说明了这一点。

第二，同意主体必须有相应的同意能力。同意行为既是患者行使自身权利的行为，同时又攸关医生所实施的医疗行为的合法性和医疗契约义务的履行，自当应以同意主体对同意行为的性质和后果有相应的认识和判断能力为必要，即应以同意主体具有相应的同意能力为前提。《德国民法典》第630d条和第1901a条就明确规定，患者为同意表示时应有同意能力或允许能力，患者不能为同意表示时，应取得有权代为同意之人的同意。《美国侵权行为法重述（第二次）》第892条第2款也规定，有效的同意是指有同意能力的人或授权代理人所作出的同意。我国法上并无同意能力的概念，相关立法和实践多倾向于

---

① 梅迪库斯.德国民法总论［M］.邵建东，译.北京：法律出版社，2013：162；山本敬三.民法讲义1·民法总则［M］.解亘，译.北京：北京大学出版社，2012：85；朱庆育.民法总论［M］.北京：北京大学出版社，2013：82；常鹏翱.对准法律行为的体系化解读［J］.环球法律评论，2014（2）：61.

依行为能力制度来判断患者有无同意能力，此一做法是否妥当，容后再述。

第三，同意须以医方已善尽其告知说明义务为前提。医疗机构在取得患者同意前，应依法履行其告知说明义务是知情同意规则的基本要求。对此，各国法大多有明确规定，《德国民法典》第 630d 条第 2 款甚至明确规定，"于患者（第 1 款第 2 句的情形，则为有权同意之人）同意之前，已依第 630e 条第 1~4 款说明的，同意方为有效。"我国《民法典》第 1219 条第 1 款在规定知情同意规则时，虽然没有对医方未尽告知说明义务时，患者的同意是否可构成一个有效的同意作出明确规定，但解释上一般都认为，一个有效的患者同意原则上应以医方已依法履行其告知说明义务为前提。当然，在实践中，也有可能存在患者不愿知情或不想知情而径行作出医疗同意或拒绝的情况。对于这种情况下的同意（拒绝）是否可构成一个有效同意（拒绝）的问题，理论上可能存在不同看法，作者倾向于采用肯定见解。因为，知情对于患者来说，乃是权利而非义务；充分的知情虽有利于患者作出理性的决定，为其自主决定奠定认知基础，但这并不意味着患者只有在知情的基础上才能作出决定——患者在预立医疗决定时所作同意或拒绝就并不一定是建立在医方已告知和说明的基础上。或者说，患者自主不仅体现为医疗决定自主，也体现为医疗信息获取上的自主，拒绝医疗信息的获取或者放弃知情并不妨碍患者自主地作出医疗决定，他人不得以其医疗决定并非建立在知情的基础上或者看起来"不够理性"为由，否定其自主决定的效力，"进而扰乱他们的生命"。① 正如英国《心智能力法》第 1 条第 4 款所规定的那样，"一个人不能仅仅因为作出了不明智的决定就被视为没有能力作出决定。"这里所说的

---

① 德沃金. 生命的自主权——堕胎、安乐死与个人自由的论辩 [M]. 郭贞伶，陈雅汝，译. 北京：中国政法大学出版社，2013：294-295.

"不明智的决定"也包括并非建立在知情基础之上的决定,甚至是草率的决定,但我们并不能因为患者的决定在他人看来并"不明智",就否定其决定的效力或者拒绝尊重其决定。当然,在患者未明示不想知情的情况下,医方仍应依法履行其告知说明义务,未尽告知说明义务的,其行为将构成对患者权利的侵犯,依法应对由此给患者造成的损害承担损害赔偿责任。①

第四,同意必须是真实的自愿的,否则,所谓的患者同意将失去其维护患者自治的基本功能。2023年印发的《涉及人的生命科学和医学研究伦理审查办法》就规定,在涉及人的生命科学和医学研究中,同意的获得除必须建立在研究者依法履行其告知说明义务的基础之上外,还必须以研究参与者的同意须"自愿"作出为前提,即研究者不能通过"欺骗、利诱、胁迫等手段"获得研究参与者的同意(第17条)。此一规定所内含的法理同样可适用于临床医疗中的知情同意。不过,与法律行为因"意思表示不真实"所发生的法律后果一般多为无效或可撤销有所不同的是,在患者的同意系建立在意志不自由的基础上或者发生了意思与表示一致的情况时,患者所能获得的"救济"一般主要有两种:一是患者或其代理人可随时撤回其同意或拒绝,这种撤回应于已获同意的医疗行为实施之前为之。二是在其意愿的非真实自愿性可归咎于医疗机构(如可归因于医疗机构的"欺骗、利诱、胁迫等")且未为撤回时,其同意行为只能被认定为无效同意,不会产生可撤销或效力待定的法律后果。而且,该无效同意的认定通常只能使患者取得要求医疗机构承担相应的违约或侵权责任的法律后果,不能产生《民法典》第157条规定的法律行为无效的后果。在其意愿的非真实性不可归咎于医疗机构(如患者故意为虚伪表示)

---

① 《民法典》第1 219条第2款规定:"医务人员未尽到前款义务,造成患者损害的,医疗机构应当承担赔偿责任。"

且未为撤回时，该同意行为在法律上仍应被视为一个有效的同意，其所生法律后果原则上仍应由患者自己承担。

第五，同意的内容不得违背法律的规定和公序良俗。[①]这是将《民法典》第143条规定的"不违反法律和行政法规的强制性规定，不违背公序良俗"的法律行为有效要件准用于患者同意行为的结果，其存在意义在一般的医疗知情同意过程中，并不会被明显观察到。因为在医疗知情同意中，医生需征得患者同意的绝大多数的医疗措施都是合法的，但问题是，我们并不能完全排除，医生也有可能会建议患者接受一些不合法的"医疗措施"，患者在实践中也有可能会通过预先同意即预立医疗指示的方式，指示医生对其实施一些不合法的"医疗行为"，如要求医生对其采取加速其死亡的安乐死或协助自杀措施等。于此情况下，同意行为的合法性要件的意义凸显。

第六，同意的形式须符合法律规定。关于患者同意行为所应采用的法律形式，原《侵权责任法》第55条规定，需要实施手术、特殊检查、特殊治疗的，应取得患者或其近亲属书面同意。《民法典》第1219条第1款则明确放弃了书面形式要求，将"书面同意"修改为"明确同意"。2021年通过的《医师法》第25条的规定，亦是如此。这就意味着，依据现行法律的规定，患者的同意原则上可采用各种形式。当然，这并不排除相关的特别法可就此作出特别规定。

（二）安宁疗护患者同意的特殊有效要件构造

以上患者同意的一般有效要件，原则上也可适用于安宁疗护中的患者同意。然而，基于安宁疗护中患者同意对象的特殊性（涉及维生医疗的抉择）及决定的重大性，各国法一般都会对患者同意选择安宁疗护、放弃维生医疗的有效要件，作出更严格的规定。这些更为严格的规定主要涉及两个方面：一是同意的能力要件；二是同意的形式要件。

---

① 王泽鉴.侵权行为法［M］.3版.北京：北京大学出版社，2009：280.

1.同意的能力要件

患者须具备何种程度的认识和判断能力，方可作出一个有效的同意，是实践中易生争议的难点问题。我国法上并无医疗同意能力的概念，而是仅有民事行为能力的概念，这就使得学理上对医疗同意能力与民事行为能力的关系及法律性质，产生了不同认识。其中，较具代表性的对医疗同意能力的法律性质的理解，主要有"行为能力等同说"、"识别能力说"、"责任能力说"和"意思能力浮动说"。

"行为能力等同说"认为，应以民法上的行为能力为标准来判断患者有无同意能力。有同意能力者应该是完全民事行为能力人。无民事行为能力人、限制行为能力人以及暂时丧失意识者应无同意能力，其医疗决定的作出应适用《民法典》1219条第1款有关"不能……向患者说明的，应当向患者的近亲属说明，并取得其明确同意"的规定。①"识别能力说"则认为，同意行为是患者对自身权益的"处分"，不能完全适用民法关于行为能力的规定，而应以具体情形下患者是否具备个别的识别能力为判断标准。②也就是说，只要患者能够理解自己的病况以及拟实施的医疗行为性质、风险和后果，并可据此确定其意愿，就应认定患者具有同意能力。③限制行为能力人在一定范围内也有同意能力，如同意接受疫苗注射等，但同意接受重大手术原则上仍应征得法定代理人的同意。④"责任能力说"则主张应以刑

---

① 邹海林，朱广新.民法典评注·侵权责任编（2）[M].北京：中国法制出版社，2020：528；张新宝.中国民法典释评·侵权责任编 [M].北京：中国人民大学出版社，2020：301-302.

② 王泽鉴.侵权行为法 [M].3版.北京：北京大学出版社，2009：281.

③ 朱涛.自然人行为能力制度研究 [M].北京：法律出版社，2011：21-23；车浩.论刑法上的被害人同意能力 [J].法律科学（西北政法大学学报），2008（6）：113；孙也龙.医疗决定代理的法律规制 [J].法商研究，2018（6）：8；陆青，章晓英.民法典时代近亲属同意规则的解释论重构 [J].浙江大学学报（人文社会科学版），2020（6）：112；甘添贵.医疗纠纷与法律适用——论专断医疗行为的刑事责任 [J].月旦法学杂志，2008（157）：31.

④ 王泽鉴.侵权行为法 [M].3版.北京：北京大学出版社，2009：281；陈聪富.告知后同意与医师说明义务（下）[J].月旦法学教室，2009（82）：75.

事责任能力为标准对同意能力进行划分。此说赞成者甚少，此处不予讨论。^①"意思能力浮动说"则认为，医疗决定能力应根据意思能力而非行为能力来确定，并应根据需决定的事项所内含的风险进行浮动调整，即医疗行为的危险性越高，对患者意思能力的判别就应更严格；反之，则相反。^②

域外法上关于同意能力的认定，有不同做法，但也有其共同点。其中，有的国家会对医疗同意能力或决定能力（capacity）的认定作出专门规定，从而使之与行为能力、责任能力保持一定的区别。^③美国统一州法委员会1993年制定的《统一医疗决定法》第1条就明确规定，医疗决定能力是指"个人了解拟议医疗措施的重大益处、风险和替代方案，并作出和表达其医疗决定的能力"。2023年制定的《统一医疗决定法》（取代了1993年制定的《统一医疗决定法》）则在第3条中专门定义了制定或撤销医疗决定（health-care decision）的能力、制定或撤销医疗指示（health-care instruction）的能力和委任或撤销委任代理人（appointment of an agent）的能力，并对前两个方面能力的认定采用了依患者是否了解其医疗决定或指示的性质和后果，尤其是主要风险和收益来判断患者是否有相应的决定能力的立场，同时要求患者必须有独立表达或借助他人的帮助来表达其决定的能力。2004年制定的英国《心智能力法》第3条则将医疗决定能力概括为以下几个方面的能力，即理解并记住与决定相关信息的能力，在决定的过程中使用和权衡这些信息的能力，以及以口头、书面或其他形式表达其

---

① 刘超.浅析医疗行为中患者有效同意的法律要件［J］. 南京医科大学学报（社会科学版），2007（1）：18.

② APPELBAUM P S, GUTHEIL T G. Clinical handbook of psychiatry and the law ［M］. Baltimore：Williams& Wilkns，1991：224.

③ BERLINGER N，JENNINGS B ，WOLF S M . The Hastings center guidelines for decisions on life-sustaining treatment and care near the end of life ［M］. New York：Oxford University Press. 2013：46.

决定的能力，并在该法的其他条文中对医疗决定的认定作出了更为详细的规定，所采用立场与美国法类似。与之相对，大多数欧陆国家都没有在立法中明确定义同意能力，也未对其认定标准作出明确规定。例如，《德国民法典》虽然明确规定了有"同意能力"的成年人得预立医疗指示（第1901a），但并没有定义该概念，也没有对其认定标准作出明确规定。这就使得德国法上的同意能力与行为能力的关系显得有点模糊不清，学理上对此也有一定争议，这种争议很大程度上与同意行为是否可以被定性为法律行为有关。①依目前德国学界通说，"患者是否有能力在特定情况下作出决定，必须结合待治疗的疾病和所需的治疗方法进行评估"，"如果有关人员能够掌握医疗措施的性质、意义、范围和风险，并据此确定其意愿，则应认定其有作出决定的能力"。这说明，德国法在实践中更倾向于将同意能力作为一种不同于民事行为能力和刑事责任能力的独立能力来对待。②

这种整体上倾向于将同意能力作为一种独立能力对待的做法，确实比较符合医疗实践的需要，值得赞同。不过，这并不意味着，民法上有关行为能力的规定于此毫无用处。因为，即便是在医疗实践中，我们也不能要求医生在每一次取得患者同意时，都要对患者是否有同意能力进行评估和测试。这与法律交往要求的简便性和安全性格格不入。③较为合理的做法应是，参照民事行为能力制度所采用的区分成年人和未成年人的做法，对成年人采取原则上有同意能力的推定，对未成年人采取原则上无同意能力的推定，只有在特定个案情况下，才需要对成年患者或某些具有限制行为能力的未成年患者是否有同意能力进行评估和测试。实际上，这也是前述已对同意能力的认定作出了

---

① 梅迪库斯.德国民法总论［M］.邵建东，译.北京：法律出版社，2013：162-164.
② 林东茂.医疗上病患承诺的刑法问题［J］.月旦法学杂志，2008（157）：45；黄丁全.医疗法律与生命伦理（上卷）［M］.北京：法律出版社，2015：433.
③ 梅迪库斯.德国民法总论［M］.邵建东，译.北京：法律出版社，2013：410.

特别规定的国家的通常做法，即这些国家的立法一般都会明确区分成年人和未成年人，并对其同意能力的认定作出不同的处理。2023年美国统一州法委员会制定的《统一医疗决定法》第1条就明确规定，本法所称的个体专指成年人（年满18周岁的自然人）或已自立的未成年人（emancipated minor），只有这些个体，才有能力依据该法的规定独立地作出医疗决定、预立医疗指示和委托医疗代理人等。该法第4条还规定，成年人或已自立的未成年人应被推定为具有医疗决定能力，除非该人已被法院宣告无能力，或者经医疗专业人士等法律规定的主体认定为无能力。[①]英国《心智能力法》第1条也规定，成年人必须被假定为具有医疗决定能力，除非他已被确定为缺乏这种能力。

我国法上并无有关同意能力的专门规定，但也有部分立法明确规定，患者不具备完全民事行为能力时，应由其法定代理人或监护人签署知情同意书。例如，卫生部2010年印发的《病历书写基本规范》第10条就规定，"对需取得患者书面同意方可进行的医疗活动，应当由患者本人签署知情同意书。患者不具备完全民事行为能力时，应当由其法定代理人签字；患者因病无法签字时，应当由其授权的人员签字……"《涉及人的生命科学和医学研究伦理审查办法》第34条也规定，"研究参与者为无民事行为能力人或者限制民事行为能力人的，应当获得其监护人的书面知情同意"。这说明，我国相关立法更倾向于依据民事行为能力制度来认定患者有无同意能力，医疗机构在实践中一般也都是这样做的，即对于手术、特殊检查、特殊治疗，有能力作出同意的患者原则上应为完全民事行为能力人。

以上做法是否合理，确实值得商榷。不过，就此处所涉的安宁疗

---

① Uniform Health-Care Decisions Act （2023）Section 4：Presumption of Capacity；Overcoming Presumption. 该法在对第3条有关决定能力的定义的立法说明中还特别指出，"该定义与监护法中确定能力和限制的功能方法是一致的"。

护和维生医疗的选择而言，基于其医疗决定的重大性，将其决定主体规定为具有完全民事行为能力的人，并不违背法理。域外许多国家的相关立法大多会明确规定，有能力作出预立医疗指示者应当为完全民事行为能力人或者神志清醒的成年人，就很好地说明了这一点（详见后文）。另外，此处可供参照的是，《民法典》第1143条有关"无民事行为能力人或者限制民事行为能力人所立的遗嘱无效"的规定。该规定将遗嘱人限定为完全民事行为能力人，主要是考虑到遗嘱事涉身后财产处分，意义重大。①以此类推，我国法对于安宁疗护和维生医疗决定主体的能力要求，也不应低于遗嘱能力。简言之，将有能力作出安宁疗护和维生医疗决定的患者限定为完全民事行为能力人，符合法理，可为未来我国安宁疗护立法所采。

当然，在将有能力就此作出决定的患者限定为完全民事行为能力人之后，实践中仍难免会存在相关各方对患者有无决定能力的问题发生争议的情形。于此，本书的基本看法是，民事诉讼法上有关无民事行为能力、限制民事行为能力的认定程序的规定，仍有其适用余地。当然，为了避免因程序的启动所带来的延搁给患者造成不利，实践中也可采用先由主治医师会同另一名专科医师对患者的行为能力进行评估和认定。②若患者本人及其最近亲属（《民法典》第27条和第28

---

① 陈甦，谢鸿飞.民法典评注：继承编［M］.北京：中国法制出版社，2020：188.
② 在评估患者同意能力或决定能力方面，英美等国已开发出一些评估标准和工具，可供我国借鉴。1999年《英国医学会对不提供及撤去延长生命治疗的指引》第13.2条所列明的评估标准为：1.病患能通过浅白语言明白治疗的作用及性质，以及建议治疗的原因；2.明白治疗的主要好处、风险及其他替代方案；3.大致明白不接受建议治疗的后果；4.记住上述资料一段时间，从而作出有效决定；5.在作出决定的过程中使用上述资料衡量利弊；6.作出自由的选择（即无压力的选择）（参见香港法律改革委员会2004年给出的关于医疗上的代作决定及预前指示的咨询文件）。美国最高法院大法官在一起案件中则援引了黑斯廷斯中心提出的患者决定能力临床测定标准，该标准为：1.理解自己的病况和治疗方案；2.依据自己的价值观和目标进行深刻思考，并能够在治疗方案的选择中自主决定；3.对上述决定能够进行口头或非口头的沟通交流（BERLINGER N N，JENNINGS B，WOLF S M. The Hastings center guidelines for decisions on life-sustaining treatment and care near the end of life［M］. New York：Oxford University Press. 2013：47）。

条规定的排顺最靠前的具有法定监护资格的人）一致认同医方的认定意见，则应依该意见处理；若患者本人或其最近亲属不认同该意见，则二者中的任何一个皆可向法院申请行为能力认定。

2.同意的形式要件

我国安宁疗护机构在收治患者时，一般都会要求患者或其近亲属签署书面的安宁疗护知情同意书或协议书，这一做法值得肯定，也是域外多数国家和地区的共同做法。未来我国安宁疗护立法可明确规定，安宁疗护机构在收治患者时，应该以书面的形式取得患者或其医疗代理人的同意，以明确患者的真实意愿，同时可促使患者或其近亲属更为审慎地作出相关的医疗决定。

简言之，患者选择安宁疗护、放弃维生医疗的意愿表达，除应满足患者同意应满足的一般有效要件外，尚需满足同意主体须为完全民事行为能力人、同意须以书面形式为之的要件。在这种同意是以现时的向医方表达的方式作出时，医方在取得患者同意前，应善尽其告知说明义务，除非患者已明确表示不想知情。在这种同意是以下文所述预立医疗指示作出时，原则上以上同意要件也可适用，同时应该满足更为严格的要件。

三、患者意愿的预先表达：预立医疗指示制度的构建

（一）预立医疗指示的含义

在患者有决定能力时，其可就是否接受安宁疗护、维生医疗等作出自主决定，已如前述。然而，在临终医疗领域，患者因病陷入无决定能力的情形并不少见，这就给临终患者的医疗决定带来了困难，同时也对尊重患者自主原则的践行提出了挑战。

为了解决这一问题，更好地保障患者医疗自主权的实现，域外法已发展出一种广为各国采用的预立医疗指示（advance directives or advance health-care directives）制度。所谓的预立医疗指示，也可被称为预先指示、预立医嘱、预先医疗指示或指令等，是指个人在有医疗决定能力时，针对其将来可能没有医疗决定能力情形下的医疗措施选择所作指示，指示的内容主要涉及临终医疗措施的选择，如是否愿意接受安宁疗护、维生医疗和心肺复苏术等。在域外法上，预立医疗指示也可用于罹患精神疾病情况下的医疗措施选择。例如，美国统一州法委员会2023年制定的《统一医疗决定法》第9条就专门规定了预立精神健康医疗指示（advance mental health-care directive）。该预立医疗指示一般不涉及临终医疗措施的选择，不在本书讨论范围之内。

预立医疗指示的概念起源于美国，其最初的法律形式是加利福尼亚州1976年《自然死法案》规定的生前预嘱（living will），预嘱的内容主要是维生医疗决定。[1]1983年宾夕法尼亚州、加利福尼亚州又先后通过立法，明确规定患者可以通过医疗照护持久授权书（durable power of attorney for health care）的形式预立医疗代理人，即可预先将自己无决定能力时的医疗决策权委托给自己指定的人行使。自此以后，患者须预先指示的内容又进一步扩展至预立医疗代理人。在1987年纽约州《公共卫生法》率先规定患者有权拒绝心肺复苏术之后，生前预嘱的内容又进一步扩展至心肺复苏术决定。1990年，为了统一规范各州先后以不同形式规定的生前预嘱和预立医疗代理人制度，美国国会制定了《联邦患者自主决定法》（Federal Patient Self Determination Act），正式确立了预立医疗指示的概念，并将其定义为

---

① 通过生前预嘱这种类似于遗嘱的方式来预先安排自己丧失决定能力后的人身事务的构想，最早是由美国人权律师路易斯·库特那（Luis Kutner）提出的。1972年美国安乐死协会率先采纳了这一建议，并制定了第一版以表格形式出现的生前预嘱文件，内容主要是一种格式化声明，以声明在当事人陷入不可逆的生理或精神残障无法恢复时，希望不要再对自己采取无意义的医治。这种预嘱直到1976年加利福尼亚州通过《自然死法案》之后，才被赋予了法律上的约束力。See: ZUCKER M B. The right to die debate: a documentary history [M]. Westport: Greenwood Press, 1999: 15-32.

"得到州法（无论是制定法还是获得州法院承认的法律）承认的与个人丧失医疗决定能力时医疗服务提供有关的书面指示，如生前遗嘱或医疗照护持久授权书。"由此，预立医疗指示的概念正式产生，并在各国法中广泛运用，其指示的内容主要包括两个方面：一是对自己无决定能力时想要的医疗救治措施和不想要的医疗措施的预先表达，核心是维生医疗决定。这是起源于美国法的生前预嘱的原初含义。二是预先指定一名人员在自己无决定能力（暂时或永久）时代为医疗决定，这在美国法上被称为医疗照护代理（代表）或医疗照护持久授权等。除以上内容外，患者也可在预立医疗指示文件中，对自己死后的遗体和器官捐献等问题预先作出安排，这实际上已经超出了预立医疗指示的范畴，此处不予详论。

以上两个方面的内容在实践中可合并表达于同一文本中，也可通过生前遗嘱和医疗照护持久授权书这两种不同的预立医疗指示形式分别表达。较为理想的方式应是二者合并表达，因为这样可以更好地发挥这两个方面内容的协同和互补作用，同时可避免分别认定其效力所带来的麻烦。在二者合并表达时，为便于区分，可将前一方面的指示称为医疗说明指示（instruction directives）或预立医疗决定，将后一方面的指示称为医疗代理指示（proxy-directives）或医疗委托代理授权。

（二）预立医疗指示的正当性

预立医疗指示作为患者意愿的预先表达，本质上是患者医疗自主权的行使，其正当性与患者就诊或入院时针对目前即将进行的治疗即时或现时表达的医疗抉择意愿一样，都是建立在患者的身体权和自主决定权的基础之上的。此处需要特别说明的是，预立医疗指示虽然会因为它的期前性或非现时性，导致其更为易变，医疗决定的知情基础也不如即时或现时的告知同意来得充分，但这并不足以影响其正当性。

首先，在患者已不能现时表达其医疗抉择意愿的情况下，不管我们是将医疗决策权交由患者的法定代理人还是主治医生来行使，本质上都是直接通过法律的规定将患者的"身家性命"交由他人来决定，这是一种对患者自主决定权干预极深的方式。与之相对，承认患者有权预立医疗指示并对其加以尊重，则是此情形下对患者自主决定权干预最小的方式，能够最大限度地体现对患者自主决定权的尊重，符合现代社会尊重个人自主或自由的基本价值观念。正如英格兰法律委员会所言："对于很多人来说，预先指示是一种入侵性最低的替代决定方式，可确保有关人员所表明的意愿能获得遵照，而其自主权也能受到最大可能程度的尊重。"①

其次，预立医疗指示的期前性确实会导致其内容或决定更为易变，甚至有可能与患者当前已无法清晰表达的意愿相背，但这并不足以构成否定其自主决定的效力的理由。因为，自主决定或自由的真正价值在于维护个体人格的独立性和完整性，保障个体有能力塑造和展现自我，进而使之得以按照自身意志去主宰自身生命及其展开。这种自由或自主的应受尊重性并不取决于其自主决定本身是否理性，是否符合其自身最佳利益，也不取决于其自主决定能否始终保持一贯，而是取决于其是否拥有应受法律保护的自主决定、自我塑造和自我表现的能力。正是这一应受保护的能力决定了，一个人在其有决定能力时所做决定，不管是先期的决定，还是现时的决定，只要该决定未被作为其"自主权的最新实践"所推翻，即未被嗣后所作的新决定推翻，该决定就应受到尊重。正如德沃金在论证"先前自主权"（precedent autonomy）时所述的那样，"自主权的价值是从它所保障的能力中衍生出来的。这个能力指的是，一个人在他的生命中表现出他自身特质

① 英格兰法律委员会第119号咨询文件，Mentally Incapacitated Adults and Decision-Making: An Overview（1991），第6.2段；转引自香港法律改革委员会代作决定及预前指示小组委员会咨询文件：《医疗上的代作决定及预前指示》，2004年7月，第138页。

（所谓的特质即是价值观、承诺、信念、体验权益，以及关键权益等等）的能力。除非我们承认这种个别的自主权，否则'自我的创造'将无从发生。这种自主权让我们得以发展出一贯或不一贯（但至少是独特的）人格，因而让我们必须对自己生命的塑造负起责任。这种自主权还让我们得以支配我们的生命，而非任由生命摆布。"[1]自主权鼓励并且保障人们用以支配生命的普遍能力，一种用来展现人们真正的喜好、性格、信念或是自我的能力。"一个还具有行为能力的人，要是为他万一变得痴呆后所需的治疗事先签署了生前预嘱，从完整的自主权观点来说，他所做的决定就是自主权最要尊重的决定：因为他所做的决定其实是和他想过的人生的整体形式有关。"[2]一个人过去所做的决定之所以有效，"并不是因为我们认为他一定比较乐意尊重他过去所做的决定……而是因为他缺乏必要的能力以进行自主权的最新实践"，即没有足够的自主能力作出新决定，藉以推翻他过去所做决定。[3]当然，如果该人尚有能力作出新的决定或者有能力改变自己过去的决定，自然应该以其最新决定为准。

再次，预立医疗指示的知情基础不够充分的问题，前文在讨论同意的有效性时已明确指出，一个有效的同意也可以建立在患者不想知情的基础上，这同样适用于预立医疗指示。当然，这并不排除法律为了帮助患者获得更多的相关信息而为预立医疗指示的作出提供一定的程序保障，如保障患者在作出预立医疗指示时，能够得到医疗专业人士的帮助等。

最后，预立医疗代理人作为预立医疗指示的另一种表现，是患者

---

① 德沃金.生命的自主权——堕胎、安乐死与个人自由的论辩 [M]. 郭贞伶，陈雅汝，译.北京：中国政法大学出版社，2013：296.
② 德沃金.生命的自主权——堕胎、安乐死与个人自由的论辩 [M]. 郭贞伶，陈雅汝，译.北京：中国政法大学出版社，2013：300.
③ 德沃金.生命的自主权——堕胎、安乐死与个人自由的论辩 [M]. 郭贞伶，陈雅汝，译.北京：中国政法大学出版社，2013：302.

自主决定权的自然延伸，其正当性基础同样可以从保障患者自主决定权的角度得以说明。因为，相比于无决定能力患者的医疗决定只能由法定代理人等法律规定的主体代为作出的制度设计，由患者自主选择的最信任的人代为医疗决定通常更能准确反映患者的真实想法，能够更好地贯彻患者自主决定权，或者至少可以防止重要的医疗决定由一名被患者视为不可靠的人作出。①除此之外，预立医疗代理人还可以在一定程度上补强或者在更大范围内贯彻患者自主决定权。因为，单纯的生前预嘱或医疗"操作指示"所涉及的医疗措施范围往往比较有限，而"代理指示"除指示人有特别限制外，原则上可适用于无决定能力者事先未为医疗决定的所有医疗措施决定，且一般都允许代理人对医疗信息和环境的变化作出反应，以便代理人能够在更大范围内贯彻患者的自主意志，保障患者权益。而且，在"操作指示"可能存在语义模糊、前后矛盾或歧义的情况下，由患者自主选择的最信任的人来阐明其想法，显然是最能准确把握患者真实想法的做法。正是在此意义上，预立医疗代理被称为"第二代生前预嘱"②，它不仅升级了第一代生前预嘱的射程和适用范围，而且依患者自主意志加强了其执行人员保障。我国法虽然迄今为止未对预立医疗代理人作出任何规定，但从《民法典》第33条③已明确规定成年人得预先以意定的方式确定自己丧失或者部分丧失民事行为能力时的监护人的角度看，我国法实际上已承认具有完全民事行为能力的成年人可预立医疗代理人。

---

① 英格兰法律委员会第119号咨询文件，Mentally Incapacitated Adults and Decision-Making: An Overview（1991），第146页第6.13段；转引自香港法律改革委员会代作决定及预前指示小组委员会咨询文件：《医疗上的代作决定及预前指示》，2004年7月，第140页。

② ALEXANDER G J. Time for a new law on health care advance directives [J]. The Hastings Law Journal, 1991, 42 (3): 757.

③ 该条规定："具有完全民事行为能力的成年人，可以与其近亲属、其他愿意担任监护人的个人或组织事先协商，以书面形式确定自己的监护人，在自己丧失或者部分丧失民事行为能力时，由该监护人履行监护职责。"

因为，意定监护人的职责一般都包含代理或辅助被监护人作出医疗决定，除非当事人另有约定。这就为我国引入预立医疗指示制度奠定了更为坚实的基础。

总之，预立医疗指示具有法律上的正当性，我国法的现有规定可为该制度的引入提供法理支持。《深圳经济特区医疗条例》之所以能够顺利地以地方立法的形式率先引入生前预嘱制度，很大程度上就在于该制度可以获得我国现行法的支持。未来我国立法也应积极引入预立医疗指示制度，在明确承认预立医疗指示具有法律约束力的基础上，对预立医疗指示制度作出符合法理的本土化构建。

（三）预立医疗决定的要件构造

预立医疗指示包含预立医疗决定和预立医疗（委托）代理人，前者本质上是一种单方意思表示，后者本质上是要建立一种委托代理关系，须以委托人和受托人已就此达成合意并由前者授予后者代理权为前提。正是这二者的法律性质和结构的不同决定了，二者的成立和生效要件应有所不同。有鉴于此，以下先讨论预立医疗决定的要件，然后再讨论预立医疗代理人的要件。在讨论展开之前，需要特别说明的是，由于在实践中二者完全有可能被合并表达在同一份文件中，在此情形下，原则上应承认，适用于预立医疗决定的要件也可适用于预立医疗代理人，只不过后者的成立尚需一个额外的合意基础，即委托人和受托人之间的合意。这一合意可于同一文本中单独表达或通过文本解释得出，也可通过签署另一份文件来表达。

1.《深圳经济特区医疗条例》的规定

《深圳经济特区医疗条例》是目前我国唯一明确规定了生前预嘱的地方立法，我国其他地区并无此类立法，更无任何有关预立医疗代理人的法律规定。这就使得预立医疗指示在实践中能否得到尊重和执行，存在较大的不确定性，同时也在一定程度上妨碍了其应用和推广。①这是我国未来立法迫切需要改进的地方。

按照《深圳经济特区医疗条例》第78条②的规定，生前预嘱主要适用于"不可治愈的伤病末期或者临终"阶段，预嘱的内容主要是针对"采取或者不采取插管、心肺复苏等创伤性抢救措施，使用或者不使用生命支持系统，进行或者不进行原发疾病的延续性治疗等"医疗措施所作的明确意思表示。这种意思表示应受尊重的形式要件为须经公证机关公证，或者须采用该条规定的书面形式或录音录像形式。其中，未经公证机关公证的书面预嘱或录音录像预嘱，应当"有两名以上见证人在场见证，且见证人不得为参与救治患者的医疗卫生人员"；书面预嘱"当由立预嘱人和见证人签名并注明时间；采用录音录像方式的，应当记录立预嘱人和见证人的姓名或者肖像以及时间"。

以上规定作为一种探索性的地方立法，所涉内容主要涉及生前预嘱的适用范围、意思表示内容和形式等。其中，尤其值得关注的是其对生前预嘱的定性及应受尊重的要件规定。依其规定，生前预嘱必须采用法定的形式，才能得到医疗机构的尊重。同时，该条还明确规定，生前预嘱是一种意思表示。这就意味着，生前预嘱应受尊重的法律条件除包括该条规定的要件外，还应包括《民法典》第143条所规定的民事法律行为的一般有效要件，即预嘱人具有相应的民事行为能力，意思表示真实，不违反法律、行政法规的强制性规定，不违背公序良俗。以上要件规定具有一定的合理性，其对生前预嘱的定性符合

①　罗峪平，倪晓红，王博，等.生前预嘱推广：实践与建议［J］.医学与哲学，2020（22）：1.

②　该条规定："收到患者或者其近亲属提供具备下列条件的患者生前预嘱的，医疗机构在患者不可治愈的伤病末期或者临终时实施医疗措施，应当尊重患者生前预嘱的意思表示：（一）有采取或者不采取插管、心肺复苏等创伤性抢救措施，使用或者不使用生命支持系统，进行或者不进行原发疾病的延续性治疗等的明确意思表示；（二）经公证或者有两名以上见证人在场见证，且见证人不得为参与救治患者的医疗卫生人员；（三）采用书面或者录音录像的方式，除经公证的外，采用书面方式的，应当由立预嘱人和见证人签名并注明时间；采用录音录像方式的，应当记录立预嘱人和见证人的姓名或者肖像以及时间。"

法理，值得赞同，可供我国未来立法参考。

2.未来我国法上预立医疗决定制度的构造

未来我国安宁疗护立法在引入生前预嘱制度时，作者建议直接用预立医疗决定一词替代生前预嘱一词，以便民众更好地理解该词，同时也有助于该概念的推广。

我国未来立法在规定预立医疗决定制度时，除了应像域外多数国家和地区一样，明确规定预立医疗决定对所有参与医疗决策过程的人（医生、患者近亲属、医疗代理人等）都有法律约束力外，[①]应将其规范重点放在预立医疗决定的有效要件构造上，尤其是要对其形式或程序等不宜直接适用一般法规定的要件作出特别规定——这也是比较法上各国规范的重点且差异比较大的地方，同时也要对不具备法定要件的预立医疗决定应如何处理的问题，作出必要规定。至于其他要件则可通过以下方式处理：一是可以考虑借鉴我国台湾地区相关规定和《深圳经济特区医疗条例》的规定，将预立医疗决定明确规定为是一种意思表示，以便使《民法典》第143条规定的法律行为有效要件可适用或准用于此。二是应依前文所述，将预立医疗决定的主体明确规定为具有完全民事行为能力的人。[②]三是明确规定，患者针对具体医疗措施所作指示（含同意和拒绝）应当"明确"，以便与《民法典》第1219条第1款所规定的"明确同意"要件保持体系上的一致。四是可以考虑明确规定，患者要求医生对其采取加速死亡或协助自杀的措施的

---

① 在欧洲，几乎所有以立法的形式明确规定了预立医疗指示的国家，都会明确承认预先医疗指示具有法律约束力，仅有法国、丹麦等极少数国家未承认预立医疗决定的约束力，仅将其作为医疗决策的指导和参考。See：RODADO E P，SANCHEZ D P，GRIFO M G．Advance directives：comparison of current legislation within the European Union［J］．Spanish Journal of Legal Medicine，2021，47（2）：70.

② 美国多数州都要求预嘱人是神志清醒、心智健全的成年人。部分州承认能够脱离父母独立生活的未成年人也可以签署生前预嘱（伊利诺伊州、缅因州、新墨西哥州），部分州允许成年人代理或代表未成年人签署生前预嘱（路易斯安那州、得克萨斯州）。参见：吕建高．预先指示法律制度比较研究［M］．北京：法律出版社，2017：67-70.

指示无效。这一方面是为了彰显安宁疗护中放弃维生医疗与安乐死、医生协助自杀的区别，另一方面可明确我国立法对后两者的否定态度。

（1）形式和程序要件问题

关于预立医疗决定应采用何种形式的问题，多数国家和地区要求采用书面形式，差别主要在于书面形式的预嘱是否须采用法定的格式或样表，是否须进行公证或者是否须有符合法定条件的见证人见证，以及见证人应符合哪些条件等。此外，《深圳经济特区医疗条例》规定的录音录像形式是否应为我国未来立法采纳，也值得斟酌。

以上问题本质上是法政策问题，需要立法者根据实践情况和本土文化的特殊性，在斟酌平衡患者自治和权益保障、医疗指示执行的便利和管理监督等方面因素的基础上，作出妥当的决策。就作者的认识而言，作者更倾向于采用以下做法。

第一，明确规定预立医疗决定应采用书面形式。录音录像形式虽然从患者自治的角度看，也可以为患者所采用，且能在一定程度上保障患者意愿的真实性，但这种形式的指示在理解、使用和保存（存入病历、报管理部门备案等）等方面，显然不如书面指示便利，且一般说来，有能力以录音录像形式预立指示者，也有能力预立书面指示（指示人不具备签字能力时，可委托他人代签）。既然如此，自然应以书面形式为原则。录音录像形式的指示如果内容明确，可在实践中采用将其内容转换为书面形式，经患者本人或其代理人（患者本人不具备以书面的形式表示同意的能力时）签字确认真实性后，作为书面指示使用，并将录音录像材料作为辅证的证明材料。

第二，明确规定预立医疗决定须载明的事项，但不强制要求其必须采用法定的格式文本。这主要是考虑到，强制采用法定格式文本或样表的做法，虽然有利于明确和统一预立医疗决定的内容，便于其指示的执行和管理，但也明显有过度干预意思自治之嫌——我国现行法中尚无强制自然人须采用法定格式文本作出意思表示的先例。这也是导致这种做法仅为少数国家和地区所采用（如美国的少数州和澳大利亚、新加坡等①）的一个重要原因。更何况，在目前我国预立医疗决定实践尚处于探索阶段的情况下，形式要件规定得过于严格不利于预立医疗决定的推广。当然，这并不排斥医疗机构和管理部门在实践中倡导使用统一格式文本，但就立法而言，仅需规定其必须载明的事项即可，这些事项主要包括指示人的姓名、身份证号和住所，同意或不同意特定维生医疗措施或安宁疗护措施的明确意愿，预立医疗决定签署的日期。

第三，明确规定书面指示须经公证或者至少应有两名见证人在场见证，方可直接作为医疗执行的依据。在这方面，各国的做法差异比较大。首先，就是否需要公证、见证等"正式化"形式或程序而言，比较法上有持肯定态度的，也有未对此提出任何要求的。例如，在美国，虽然美国统一州法委员会1993年制定的《统一医疗决定法》第2（a）条已明确规定，预立医疗指示的签署不需要任何见证人或公证人在场，但50多个州的立法中实际采用该规定的仅为个位数，绝大多数州的立法都要求，生前预嘱至少应有两名见证人见证，有的州甚至还明确规定必须进行公证。②澳大利亚各州立法的要求也大体如此。欧洲已有预立医疗指示立法的15个国家中，未就此提出任何"正式化"形式要求的有德国、比利时、法国、荷兰、芬兰、爱沙尼亚和卢森堡7国，奥地利、西班牙、葡萄牙、匈牙利、英国等8国均有公证或见证要求。③有鉴于此，作者认为，未来我国立法也应为预立医疗

---

① 吕建高.预先指示法律制度比较研究［M］.北京：法律出版社，2017：78-79；202；257.

② 孙遥.预先医疗指示制度研究［D］.济南：山东大学，2017：107；吕建高.预先指示法律制度比较研究［M］.北京：法律出版社，2017：80-83.

③ RODADO E P，SANCHEZ D P，GRIFO M G. Advance directives：comparison of current legislation within the European Union［J］. Spanish Journal of Legal Medicine，2021，47（2）：69.

决定的作出提出一定的见证或公证要求。这虽然会增加一定的形式上的负累，但毕竟预立医疗决定的作出并不具有时间上的紧迫性，而且，从实践的角度看，如此要求将更有利于证明预立医疗决定的真实性和自愿性，更有利于保障患者意愿能够得到有效遵从和执行。当然，这并不意味着，未经公证或见证的书面预立医疗决定完全无用，其在实践中依然可以作为确定患者真实意愿的重要证据和参考。

第四，关于见证人的资格要求问题，各国基于其本土文化观念和医疗环境的不同，所作规定差异比较大。其中，见证人应为完全民事行为能力人或神志清醒的成年人，无须多言。差异主要在于，少数国家或地区会提出一些积极资格要求，如要求至少应有一名是医生、律师或政府官员等，多数国家或地区仅提出了一些消极资格要求，即以限制性立法的方式，将某些自然人排除在见证人之外，被排除的原因主要是为了避免利益冲突。其中，限制较为宽松者一般仅仅是将参与救治患者的医疗卫生人员或其所在医疗机构人员排除在外，前者如《深圳经济特区医疗条例》第78条，后者如我国台湾地区"安宁缓和医疗规定"第4条；[①]限制较严者，会将包含家庭成员在内的各种利害关系人都排除在外，如新加坡等；居中者会要求，两名见证人中只

[①] 在这方面，我国台湾地区2015年通过的"病人自主权利规定"的内容远比"安宁缓和医疗规定"严格，其不仅要求预立医疗决定须以预立医疗照护咨商程序作成，而且对见证人的资格作出了更多的限制。依其规定，不得为预立医疗指示见证人的不仅包括"意愿人之医疗委任代理人、主责照护医疗团队成员"，而且还应包括不具备继承资格的"意愿人之受遗赠人、意愿人遗体或器官指定之受赠人、其他因意愿人死亡而获得利益之人"。这种更为严格的资格限制，很大程度上应该与该规定已大大拓展了拒绝维生医疗和人工营养及流体喂养的患者的范围有关，即这些医疗措施的拒绝主体已由原"安宁缓和医疗规定"规定的末期患者，扩展至可包括该规定第14条规定的"处于不可逆转之昏迷状况、永久植物人状态、极重度失智以及其他经中央主管机关公告之病人疾病状况或痛苦难以忍受、疾病无法治愈且依当时医疗水平无其他合适解决方法之情形"。正是由于维生医疗拒绝权的主体已拓展至非末期患者，而非末期患者拒绝维生医疗给本人及相关利害关系主体的利益所带来的影响，将远大于末期患者所作的相同决定，而对利害关系人的影响越大，本人利益与利害关系人的利益产生冲突的可能性就越大、程度也就越深，所以后一立法才会对见证人的资格要求作出更为严格的限制。

能有一名是患者亲属或所在医疗机构人员等有利害关系的人。①未来我国安宁疗护立法应对见证人的资格作出何种要求，颇费思量。考诸现实情况，作者更倾向于采用较为宽松的立场，将两类主体排除在外即可。一是参与执行预立医疗决定的医疗机构所属人员，除非该人为患者近亲属。将其排除在外的理由主要在于，此类医疗机构与患者的决定存在直接的利害关系，而且医疗契约作为一种具有对价关系的契约，本身就存在当事人利益不一致的情况，为避免前者对后者的意愿产生不当影响，法律上有必要将其排除。二是患者的医疗委托代理人。将其排除的原因主要在于，患者预立的医疗代理人本身就负有保证患者预立的医疗决定得以表达和执行的义务，其作为义务人不宜同时作为见证人。至于患者的近亲属，则不应被排除在见证人之外。因为我国民众在医疗实践中，向来就有家庭成员共同参与重大医疗决定的习惯，而且，在实践中，预立医疗决定的执行通常离不开家庭成员的协助（告知、出示等），在患者未预立医疗决定或决定无效时，代为医疗决定的主体往往是患者近亲属这些与患者最亲密、最了解患者的人。既然如此，法律上似乎没有必要将这些在临终医疗决策和执行中具有重要作用的人排除在见证人之外。其他有利害关系的主体，如人身保险受益人、受遗赠人等，其利益的相关性主要与患者的死亡时间而非临终患者是否会于近期内死亡相关，考诸其利益相关强度及与患者之间的亲密度，以及患者本就有撤回、变更预立医疗指示的权利等，法律上似乎也没有必要将其排除在外。

　　第五，无须规定预立医疗决定必须采用预立医疗照护计划等类似程序作成。预立医疗照护计划（advance care planning，ACP），本质上是一个意愿沟通程序，参与者主要包括患者本人、医生、患者家属或其医疗委托代理人等，目的是通过沟通最终形成一个预立医疗决定

---

① 吕建高.预先指示法律制度比较研究［M］.北京：法律出版社，2017：81-83.

（或指示）。正是在此意义上，才有学者将预立医疗照护计划定义为"是一个支持处于任何年龄或健康阶段的成年人理解和分享他们的个人价值观、生活目标和未来医疗照护偏好的过程，目的是确保他们在罹患严重和慢性疾病时所受医疗能够与其个人价值观、生活目标和医疗偏好保持一致。"①我国台湾地区"病人自主权利规定"则将其表述为预立医疗照护咨商，②并将其规定为预立医疗决定必经的程序。这一程序虽然有助于医患各方的沟通，有助于患者更好地作出符合自身需要的医疗决定，但在我国大陆，不宜直接将其规定为预立医疗决定的必经程序，将其作为一种倡导性的做法对待更适合。这一方面是考虑到，预立医疗照护计划在我国大陆实践中尚未成为普遍做法，另一方面，此处所应奉行的最高原则是患者自主原则，除非法律上有重大理由，否则不应对患者预立医疗决定的程序作出太严格的要求。退一步讲，即便是增加了这一要求，法律上也不宜直接否定未经该程序的预立医疗决定的效力，而是仍应本着对末期患者自主决定权的尊重，对其决定是否表达了真实意愿以及应否得到尊重展开个案的分析和讨论。既然如此，自然应本着"如无必要，勿增实体"的原则，将其作为一种非法定程序对待。

（2）注册登记问题

预立医疗决定的执行须以医生在必要时可获知患者预立医疗决定为前提，为了便于这种获得和执行，域外部分国家和地区已发展出一种预立医疗决定（或指示）的注册登记制度，但整体上看，采用这一

---

① SUDORE R L, LUM H D, YOU J J, et al. Defining advance care planning for adults: a consensus definition from a Multidisciplinary Delphi Panel [J]. Journal of Pain& Symptom Management, 2017, 53 (5): 821.

② 我国台湾地区"病人自主权利规定"第3条规定：预立医疗照护咨商：指病人与医疗服务提供商、亲属或其他相关人士所进行之沟通过程，商讨当病人处于特定临床条件、意识昏迷或无法清楚表达意愿时，对病人应提供之适当照护方式以及病人得接受或拒绝之维持生命治疗与人工营养及流体喂养。

做法的仅为少数。欧洲诸国中，目前仅有西班牙、葡萄牙、丹麦专门建立了预立医疗决定（或指示）的注册登记制度，美国部分州和新加坡也建立了类似的登记制度或网络登记系统，我国台湾地区甚至要求预立医疗决定应注记于全民健康保险凭证（健保卡）。①这些制度设计本质上是为了便于预立医疗决定的获得和执行，而预立医疗决定的获得除可借助于查询登记系统外，其更为常规的获得途径是由患方主动提供或出示，这也是多数国家的做法。有鉴于此，作者认为，未来我国立法不应将注册登记规定为预立医疗决定的成立要件或执行的前提，但可以通过出台与之相关的管理规范，推动预立医疗决定的电子化和注册登记等，以方便其执行。在此之前，预立医疗决定的获得更多地需依赖于患者本人、近亲属或医疗代理人的出示或告知，在预立医疗决定已在患者以往的就医过程中被记载于电子病历时，医疗机构也可以通过查看患者既往的病历获知其内容。

（3）有效期限问题

预立医疗决定是否应该有一个有效存续期限或者是否需要定期更新的问题，主要与预立医疗决定的预先性有关。正是这种预先性决定了，已成立的预立医疗决定在经过一定年限后，有可能会与届时的医疗发展水平、患者本人情形等情势不符或产生矛盾，甚至于已被患者本人所遗忘。为了避免这种情况，比较法上已有部分国家或地区发展出了预立医疗指示定期更新制度。例如，奥地利、葡萄牙、斯洛文尼亚就要求预立医疗指示应每隔五年更新一次，法国和匈牙利则分别要求应每隔三年或两年更新一次。②

---

① 参见我国台湾地区"安宁缓和医疗规定"第6条第1款（健保卡意愿注记及废止）和"病人自主权利规定"第9条（预立医疗决定之程序）。依前一规定，是否注记是自愿的，而依后一规定，注记是预立医疗决定的程序要件。

② RODADO E P，SANCHEZ D P，GRIFO M G. Advance directives: comparison of current legislation within the European Union［J］. Spanish Journal of Legal Medicine，2021，47（2）：69.

这种要求定期更新的做法虽有一定的益处，但实践中仅为极少数国家和地区所采纳，其在实践中的功能很大程度上可为预立医疗决定的撤回、变更制度所取代。有鉴于此，未来我国立法可将其交由患者自治，仅须规定预立医疗决定者可随时撤回、变更预立医疗决定，或者指示其委托代理人撤回、变更预立医疗决定即可，无须对预立医疗决定的有效存续期限或定期更新问题作出明确规定。

（4）撤回和变更问题

预立医疗决定作为一种单方意思表示，得由意愿人自主撤回或变更，乃是一般法理。其中，撤回是指整体上废弃一个已作成的预立医疗决定书，其结果等于无任何预立医疗决定；变更是指变更已作出预立医疗决定的内容，其结果等于作成了一个新的预立医疗决定。正是这种不同决定了，其有效要件应该不同。在一个已做成的预立医疗决定尚未到达或尚未向任何医疗机构出示前，撤回可以不拘形式地撤回，变更则应和当初作成该预立医疗决定一样，须经公证或见证。如果该预立医疗决定已经到达或告知患者就诊的医疗机构，患者在就诊过程中，欲撤回或变更该预立医疗决定的，应以书面形式向医疗机构为之，但其变更的决定无须像最初预立医疗决定那样须经公证或见证，而是只需像签署医疗知情同意书那样，采用书面形式即可。当然，不管是撤回还是变更，患者在为此类行为时，仍应具备如同签署此类文书时一样的决定能力，[1]即应具备完全民事行为能力，且其意愿表达应该是自愿的。

（5）要件缺失时的处理

依前文所述，一个有效的预立医疗决定应具备以下几个方面的要件：一是主体应为完全民事行为能力人。二是应采用书面形式，

---

[1]　Mental Capacity Act 2005, Part 1. 24 (3); Decision Making, Support and Protection to Adults Act, SY 2003, c.21.

并经过公证或者应有具备完全民事行为能力的两人以上在场见证，但参与执行患者预立医疗决定的医疗机构所属人员、患者预立的医疗代理人不得为见证人。三是预立医疗决定书应载明指示人的姓名、身份证号和住所，同意或不同意特定维生医疗措施或安宁疗护措施的明确意愿，决定签署日期。在该指示同时包含预立医疗代理人时，还应载明代理人姓名、代理事项、权限和代理人签字日期。四是意思表示真实。五是不违反法律、行政法规的强制性规定和公序良俗。

不具备以上要件的预立医疗决定，应分别情形予以处理。第一，意思表示不真实（如因受欺诈、胁迫作出的预立医疗指示）、内容违法的指示不能作为医疗执行的基础，无须多言。第二，主体不具备完全民事行为能力、未采用书面形式或书面形式不符合法定要求、内容不完整（如未载明指示签署日期、指示内容不明确等）的预立医疗决定，原则上不构成一个有效的预立医疗决定。在就诊或入院患者依然具有决定能力时，患者可重新以书面形式表达其意愿。在患者已无决定能力时，前述欠缺法定要件的预立医疗决定仍可作为确定患者真实意愿的重要证据和参考。患者的医疗代理人应以此为基础，同时结合患者的其他相关表达、个人价值观念等，查明患者的真实意愿或可推知的意愿，并据此代患者作出决定。如此，方可最大限度地保障患者自主权，同时符合《民法典》第35条第3款的规定，即"成年人的监护人履行监护职责，应当最大程度地尊重被监护人的真实意愿，保障并协助被监护人实施与其智力、精神健康状况相适应的民事法律行为"。

（四）预立医疗委托代理人的要件构造

预立医疗委托代理人的本质是要建立一种委托代理关系。按照我国民法典的规定，委托代理作为一种意定代理，须以委托人和受托人签订委托代理合同为前提，然后再由委托人授予受托人以代理权，方可成立一个有效的委托代理。由此也就决定了，民法典有关委托合同的成立和生效、代理权的授予和终止等相关规定也可适用于医疗委托代理。除此之外，适用于医疗情形下的委托代理，一般都是以患者将来可能没有医疗决定能力或者无法清楚表达意愿作为其代理权行使前提，由此也就决定了，医疗委托代理与《民法典》第33条规定的适用于成年患者丧失或部分丧失行为能力情形下的意定监护具有类似性质，或者说前者在理论上可构成后者的一部分，依法应可适用民法典有关成年意定监护的相关规定和法理。在2020年北京市第二中级人民法院审结的一起案件中，法院就明确肯定了成年意定监护中的意定监护人根据该成年人的授权，依其意愿代为放弃维生医疗措施的行为符合法律规定，并不构成剥夺患者的生命权。[①]法院的这一判决值得肯定。未来我国安宁疗护立法中的医疗委托代理制度的构造，也可以前述规定为基础，依其自身的特殊性，对其成立和生效要件作出一些特别规定。

1.医疗委托代理合同的有效要件构造

医疗委托代理合同应与一般的合同一样，满足合同的一般有效要件，无须多言。此处重点讨论其应当满足的特别有效要件。

（1）主体资格要件

预立医疗委托代理人的目的是实现患者自主，由此也就决定了，作为其合同基础的医疗委托代理合同的委托人应为患者（被代理人）

[①] 参见北京市第二中级人民法院（2020）京02民终7645号民事判决书。该案中，被告张某某作为赵某敏的意定监护人，根据赵某敏曾经表达过的意愿，在其所患疾病已无治愈可能的情况下签署了同意放弃维生医疗的《拒绝医疗同意书》，之后被赵某敏的法定监护人起诉至法院，认为张某某无权作出该决定，剥夺了赵某敏的生命权。法院审理后认为，赵某敏在临终前通过出具授权委托书的形式授予张某某代为履行知情权、决定权并不违反我国现行法的制度设计和规范要求，张某某根据赵某敏的授权和生前意愿放弃维生医疗的行为，系属正当，并据此驳回了原告的诉讼请求。

本人。同时，依据《民法典》第33条有关成年意定监护的规定，意定监护中的委托人应为"具有完全民事行为能力的成年人"，这同样适用于医疗委托代理。也就是说，预立医疗委托代理中的委托人应为具有完全民事行为能力的被代理人本人。未成年人的父母作为未成年人的法定监护人，虽然可以通过遗嘱的方式指定监护人（或医疗代理人），或者与他人协议约定在自己丧失监护能力时由该具有监护资格的人担任监护人（或医疗代理人），但这种医疗代理人或监护人的遗嘱指定或协议确定，并非此处所要探讨的预立医疗委托代理人，也非为了保障患者自主，此点不可不辨。

在预立的医疗代理人为自然人时，该人应为完全民事行为能力人，无须多言。①当然，患者也可以依据民法典的规定，预立特定组织为其医疗代理人——就像成年意定监护中的监护人可以是组织一样。这些组织包括但不限于《民法典》第24条第3款规定的"居民委员会、村民委员会、学校、医疗机构、妇女联合会、残疾人联合会、依法设立的老年人组织、民政部门等。"②不管患者预立的医疗代理人是自然人还是组织，为了避免利益冲突和可能的代理权滥用，法律上仍有必要对此处所述的医疗代理人的资格作出特别限制。尤其是在代理人为自然人时，更应如此。考诸本土民众向来有不喜于以外人身份参与他家重大事务决定之习惯，以及外人参与他家重大事务决定通常须以他家共同体成员对该人有足够的信任为前提，方可免于决定前后之纷争等常情，作者倾向于对医疗代理人的资格作较为严格的限制，即除患者近亲属外，但凡可因患者死亡而获利或遭受不利者，皆不得为医疗委托代理人，如被代理人的受遗赠人、遗体或器官指定之

---

① 我国台湾地区"病人自主权利规定"第6条规定：意愿人指定之医疗委任代理人，应以二十岁以上具完全行为能力之人为限，并经其书面同意。

② 费安玲.我国民法典中的成年人自主监护：理念与规则［J］.中国法学，2019（4）：122.

受赠人、参与执行预立医疗指示的医疗机构及其所属人员等。

（2）合意要件

医疗委托代理合同的成立须以当事人已就合同的主要内容达成合意为前提，乃是当然之理，其合同内容主要包括医疗委托代理的事项、代理权限、代理权行使条件等。代理事项可以是只针对特定医疗措施代为医疗决定或意愿表达，也可以针对所有医疗措施代为决定，即医疗委托代理中的代理权授予形式可以是概括授权，也可以是针对特定事项的特别授权。代理人据此取得的代理权主要包括代为听取医方告知，代理患者签署特定医疗措施（如麻醉药物的使用等）的知情同意书，依预立医疗决定的内容代患者表达其医疗决定或者代患者作出医疗决定等。

基于维生医疗决定对患者本人利益影响甚巨的考虑，为了更好地保护患者利益和避免不必要的纷争，未来我国立法可以考虑明确规定，代为维生医疗决定权的授予应以明示方式为之，患者未予明示或者委托合同未就此作出明确约定的，应推定代理人无代为决定的权利。患者预立的医疗代理人可以是一人，也可以是数人。在患者就同一代理事项预立了数个医疗代理人时，当事人应就代理权的行使方式作出明确约定，如约定任何一个代理人都可单独行权，或者约定其行权顺位等。未约定或约定不明的，各代理人应依据《民法典》第166条①的规定共同行使代理权。

（3）形式要件

预立医疗委托代理人应与预立医疗决定一样，采用书面形式并经公证或以符合法定要求的见证程序形成，已如前述，此处不再赘述。

---

① 该条规定："数人为同一代理事项的代理人的，应当共同行使代理权，但是当事人另有约定的除外。"

2.医疗委托代理合同的特别生效要件构造

与一般的委托合同相比，医疗委托代理合同中所委托的事项，对被代理人的人身权益有重要影响，一旦合同生效而致代理关系成立，被代理人将在很大程度上被置于一种"他治"的境地。这种"他治"境地的发生并不会因为合同的签订而自然发生，而是仍需特定条件的成就才可依法产生。这些特定的条件就是此处所要讨论的特别生效要件，它们同时也是代理人行使代理权应满足的要件。

（1）委托人丧失或部分丧失医疗决定能力

预立医疗委托代理人只有在委托人已丧失或者部分丧失民事行为能力时，方能行使代理权，这是由预立医疗代理合同的目的决定的。这说明，医疗委托代理合同实际上是一种附生效条件的合同，其生效条件应为委托人丧失或部分丧失医疗决定能力。我国学者大多倾向于将《民法典》第33条规定的成年意定监护协议作为附生效条件的合同对待，就很好地说明了这一点。①也正是基于此理解，《最高人民法院关于适用〈中华人民共和国民法典〉总则编若干问题的解释》第11条才明确规定，"协议的任何一方在该成年人丧失或者部分丧失民事行为能力前请求解除协议的，人民法院依法予以支持"，即成年意定监护协议的任何一方都可以在协议生效前，请求解除该已成立、未生效的合同。这一规定原则上也可参照适用于医疗委托代理合同。

然而，关于此处所述的生效条件是否已成就的认定问题，各国立法与学者的观点并不统一。其中，既有主张应以医生的临床认定为准的，也有主张应以法院依特别程序宣告为准的。作者认为，在医疗委托代理中，原则上应以医生的临床认定为准，一概要求以法院的宣告为准的做法并不适合我国，理由主要在于：第一，我国法上虽然有无民事行为能力人和限制民事行为能力人的特别宣告程序，但实务中真

---

① 陈甦.民法总则评注（上册）[M]. 北京：法律出版社，2017：238.

正启用这一程序的案件非常少。①即便是在临床医疗实践中普遍存在患者家属代无决定能力患者作出医疗决定的情形，其对患者无决定能力的认定一般也都未经法院宣告，而是以医生的临床认定为准。第二，一概要求须经法院宣告，不仅效率低，难以有效适应临床医疗决策的各种情境，而且会导致法院不堪重负，仅就临床上可能出现的无医疗决定能力患者的数量而言，法院就很难应付。第三，对临床患者有无医疗决定能力的认定本就是医生的职责，也是医生在面临危重病人或急诊患者时，应拥有的一项基本技能。更何况，安宁疗护适格患者的认定，本就有一个对患者身体功能和认识能力进行评估的过程。既然如此，自然没有必要再叠加一个法院宣告程序，而是应以医生的临床判断作为认定基准。当然，如果患者的近亲属或医疗代理人对医生的认定有异议，其依然可以向法院申请重新认定。在法院作出新的认定前，为保护患者的合法权益，我国法可明确规定，除患者有明确有效的预立医疗决定外，医生不得基于医疗委托代理人的决定，对患者采取不予或撤除维生医疗的措施。

（2）医疗委托代理合同在生效之前未被解除

医疗委托代理合同本质上是委托合同的一种，按照《民法典》第933条的规定，委托人或者受托人可以随时解除委托合同。这种由合同双方所享有的任意解除合同的权利，也可适用于已成立、未生效的委托合同。亦即，在合同生效之前，医疗委托代理合同的当事人可以任意解除合同，从而使得合同不能生效。不过，须注意的是，按照《最高人民法院关于适用〈中华人民共和国民法典〉总则编若干问题的解释》第11条的规定，成年意定监护协议的当事人虽然可以在协议生效之前，任意解除协议，但在协议生效后，受托人即"协议确定的监护人无正当理由请求解除协议的，人民法院不予支持"。这一规

---

① 王竹青.成年人监护中行为能力认定域外考察［J］.法律适用，2017（11）：115.

定实际上已构成对受托人任意解除合同权利的限制，目的是督促受托人诚信履责，以保护委托人的合法权益。未来我国也可参照此规定来处理医疗委托代理合同的解除问题。亦即，医疗委托代理合同的生效应以该合同在成立之后、生效之前未被解除为前提。合同生效之后，受托人无正当理由单方解除合同或者拒绝履行职责的，其他具有监护资格的人可协议确定监护人或请求法院确定监护人，并由其代为行使医疗决定权，以保护患者权益。

（3）受托人仍具有履责能力和资格

医疗委托代理合同生效后，依据《民法典》第173条有关代理人丧失民事行为能力或作为代理人的法人、非法人组织终止时，委托代理终止的规定，代理权的行使应以代理人仍具有履行代理职责的能力为前提，即作为代理人的自然人仍为完全民事行为能力人，或者作为代理人的组织尚未被依法终止。医生在知悉存在医疗委托代理人后，应对此进行必要的检视。如果代理人已丧失履责能力，则只能依据法定监护或指定监护规则重新选任医疗代理人或监护人。至于代理人是否已因情况的变化而导致其已成为不适合担任代理人的利害关系人，医生并无义务进行审查。如果患者的近亲属认为代理人已不具备担任代理人的主体资格，可依法向人民法院申请撤销其代理人或监护人资格。在代理人已向医方明确表达其不愿担任代理人或者明显怠于履行代理职责时，其他具有监护资格的人可依据《民法典》第36条的规定申请撤销其监护人资格，也可出于保护患者权益考虑，协议确定监护人或者由排序最靠前的有监护资格的人自愿担任监护人，以避免因委托代理人怠于履责和时间延搁给被代理人造成重大不利。当然，如果患者预立的医疗代理人有多个，其中某一个医疗代理人不愿履责或拒绝履责，其他代理人仍可依合同约定在其代理权限范围内依法履责。

（五）预立医疗指示的执行

预立医疗指示作为患者意愿的预先表达，对每一个参与采取或不采取特定医疗措施决策过程的人都有法律约束力。为了保障预立医疗指示的执行，患者在就诊或入院时，应向医疗机构告知预立医疗指示的存在并提供指示书原件，确认其真实性，患者无告知或提供能力的，应由患者的法定监护人或医疗代理人代为告知和提供，并确认其真实性。

医疗机构在收到预立医疗指示书后，除应向患者或其代理人确认指示书的真实性外，还应对指示书是否符合法定的形式要求进行形式审查，审查该指示书是否已办理公证或者有两个以上见证人见证、是否有指示人的签名、指示内容是否明确等，涉及医疗委托代理的，还应查验代理人的身份证明等。经审查符合法定形式要求的，医疗机构应遵照执行。在执行时，若患者仍有决定能力和意思表达能力，医疗机构应向其确认其当前意思，患者的当前意思与预立医疗决定不同的，应以患者的当前意思为准，其变更原指示的当前意思应以书面形式为之，但无须像预立医疗指示那样需要见证人见证或公证；若患者已无决定能力或意识昏迷、无法清楚表达其意愿的，则应由患者委任的医疗代理人或法定监护人依患者预立医疗决定内容，代患者表达意愿、签署相关的知情同意书等。若经审查，预立医疗指示不符合法定形式要求的，则不能将其作为医疗执行的依据，而是应依前文所述的"要件缺失时的处理"规则，重新确定患者的意愿或可推知的意思。

医疗机构在收到患者预立医疗指示书或患者变更原指示的文书后，应当将该文书的复印件留存入病历，并报医疗机构管理部门备案。患者的医疗代理人或法定监护人则应依最大程度地尊重患者意愿的原则履行职责，以保障患者的意愿能够得到执行。任何人都不得妨碍医疗机构或医生依患者预立医疗指示实施或不实施特定的医疗措施。

第三节　对无决定能力者实施安宁疗护的意愿条件构造

在成年患者已丧失决定能力且未预立医疗指示的情况下，或者在患者本就为未成年人时，对这些患者实施安宁疗护应取得有权代为医疗决定者的同意。然而，此处仍需明确的是，有权代患者作出医疗决定的主体是谁，以及该主体应依何标准代为医疗决定。

一、代为医疗决定的主体和顺位的确定

无决定能力患者的临终医疗决定应由谁代为作出的问题，是安宁疗护实践中最难处理、也最容易诱发争议的问题。我国法在规定知情同意规则时，一般也都会对患者无决定能力时的知情同意问题作出规定，其规定历经变迁，目前主要采用的是两种模式：

一种是由患者的"法定代理人"或"监护人"代为决定紧急情况下"医疗机构"决定的模式。卫生部2002年印发的《病历书写基本规范（试行）》第10条规定："对按照有关规定需取得患者书面同意方可进行的医疗活动（如特殊检查、特殊治疗、手术、实验性临床医疗等），应当由患者本人签署同意书。患者不具备完全民事行为能力时，应当由其法定代理人签字；患者因病无法签字时，应当由其近亲属签字，没有近亲属的，由其关系人签字；为抢救患者，在法定代理人或近亲属、关系人无法及时签字的情况下，可由医疗机构负责人或者被授权的负责人签字。因实施保护性医疗措施不宜向患者说明情况的，应当将有关情况通知患者近亲属，由患者近亲属签署同意书，并及时记录。患者无近亲属的或者患者近亲属无法签署同意书的，由患者的法定代理人或者关系人签署同意书。"2010年修订的《病历书写

基本规范》第10条的规定也大体相同，只是将患者因病无法签字时应当由其"近亲属或关系人"签字修改了应当由其"授权的人员"签字。2018年修订的《中华人民共和国精神卫生法》第43条第1款则将对精神障碍患者实施特定治疗的同意主体规定为患者的"监护人"，并要求经本医疗机构伦理委员会批准。2016年印发的《涉及人的生物医学研究伦理审查办法》第34条则将受试者为无民事行为能力或限制民事行为能力人时的同意主体规定为"监护人或者法定代理人"；2023年印发的《涉及人的生命科学和医学研究伦理审查办法》则修改为"应当获得其监护人的书面知情同意"，同时要求"研究者还应该在研究参与者可理解的范围内告知相关信息，并征得其同意。"

另一种是由患者的"近亲属"代为医疗决定加紧急情况下"医疗机构"决定（须经"医疗机构负责人或者授权的负责人"批准）的模式。2009年制定的《中华人民共和国侵权责任法》第55条和第56条采用的就是此模式，《民法典》第1219条和第1220条承袭了此模式，并进一步完善了其规定，将原《中华人民共和国侵权责任法》第55条的"不宜向患者说明的，应当向患者的近亲属说明，并取得其书面同意"修改为"不能或者不宜向患者说明的，应当向患者的近亲属说明，并取得其明确同意。"其中所述的"不能向患者说明的"情形，主要是指患者无决定能力的情形，"不宜向患者说明的"情形，主要是指需要对患者实施保护性医疗措施的情形。2018年制定的《医疗纠纷预防和处理条例》第13条、2019年制定的《中华人民共和国基本医疗卫生与健康促进法》第32条第2款、2021年制定的《中华人民共和国医师法》第25条、2022年修订的《医疗机构管理条例》第32条（修订前的第33条规定的是应当取得"家属或者关系人"同意）的规定与民法典的规定基本相同。

前一规范模式更倾向于依监护和代理之法理来处理患者无决定能

力时的医疗决定问题，隐含了将患者同意行为作为法律行为对待的前见。后一规范模式未简单套用监护和代理之法理，而是更倾向于将同意行为作为一种不同于法律行为的表意行为来对待，进而将同意主体规定为范围更广泛的"近亲属"，以避免一概要求法定代理人或监护人同意给患者权益保障带来的不便或不利（在一个人口高度流动和高风险的社会，很难保证无决定能力患者就医时一定有法定代理人或监护人到场），同时可在一定程度上避免因监护制度的适用所带来的行为能力认定问题。两相比较，后一规范模式更为合理，更加符合医疗实践的需要。当然，这并不意味着在后一规范模式下，监护和代理的法理完全无适用余地，也不意味着法律不可以就此作出特别规定，直接要求对无民事行为能力人和限制民事行为能力人实施医疗须征得其监护人或法定代理人的同意。因为，近亲属代为医疗决定的实质是为了保护无决定能力患者的人身权利，其职责性质与监护人依法负有的保护被监护人的人身和财产权益的性质本质上是共通的，①这就使得衔接适用二者具有了法理上的合理性，同时也使得代理制度于此有其适用或准用余地。②就此而言，《中华人民共和国精神卫生法》第43条和《涉及人的生命科学和医学研究伦理审查办法》第34条直接将监护人或法定代理人规定为代为同意的主体，并不违背法理。以此认识为基础，同时结合前文所述的患者得预立医疗代理人或意定监护人的法理，可将末期患者无决定能力时有权代为安宁疗护和维生医疗抉择的主体安排如下。

第一，在患者已预立医疗代理人或意定监护人并已授予其以相应

①　《民法典》第34条规定："监护人的职责是代理被监护人实施民事法律行为，保护被监护人的人身权利、财产权利以及其他合法权益等。"

②　关于医疗决定事项能否适用代理的问题，理论上有不同看法，但从准法律行为也得类推适用代理制度以及各国法已广泛承认患者得预立医疗代理人的角度看，将代理制度适用或准用于医疗决定事项领域，并不存在根本的制度障碍。

代理权时，基于尊重患者自主原则，这些医疗委托代理人应有权代为医疗决定。

第二，在患者为成年人且未事先授予任何主体以相应的医疗代理权时，依据《民法典》第1219条第1款所确立的一般规则，此时应由患者近亲属代为医疗决定，近亲属的范围包括《民法典》第1045条第2款规定的"配偶、父母、子女、兄弟姐妹、祖父母、外祖父母、孙子女、外孙子女"。考虑到安宁疗护和维生医疗抉择的重大性，以及不同近亲属之间可能存在意见不一致的情况，本书认为，为了更好地保护患者权益，避免医疗决定困难，未来我国立法可以参照民法典有关监护制度的规定，对此情形下代为医疗决定的主体及其顺位作出如下特别规定：如果对该成年患者享有法定监护资格的人已经以协议的方式为患者确定了监护人，或者相关机关已依法为患者指定了监护人，则此时应由协议监护人或指定监护人代为医疗决定；无前述监护人时，则可参照《民法典》第28条所规定的有资格担任该成年人监护人的主体顺序来确定代为医疗决定的顺位，其顺位应为（1）配偶；（2）成年子女；（3）父母；（4）兄弟姐妹；（5）祖父母；（6）外祖父母；（7）孙子女；（8）外孙子女。[①]顺位在先的近亲属的决定原则上应优先于顺位在后者，顺位在后者和患者就诊的医疗机构则可依《民法典》第36条的规定，对顺位在先的近亲属的履责行为进行监督，甚至可依法申请撤销其代为医疗决定的资格。

第三，在患者为未成年人时，应由其法定代理人代为医疗决定，未经法定代理人同意，未成年人单方所作同意不生同意的效力。

---

① 我国台湾地区"安宁缓和医疗规定"第7条对此有明确规定，依其规定，末期病人未签署不施行、终止或撤除心肺复苏术或维生医疗意愿书的，应由其最近亲属出具同意书代替之。此处所述的最近亲属的范围为：（1）配偶。（2）成年子女、孙子女。（3）父母。（4）兄弟姐妹。（5）祖父母。（6）曾祖父母、曾孙子女或三亲等旁系血亲。（8）一亲等直系姻亲。最近亲属意思表示不一致时，依前项规定的先后定其顺序。

第四，在患者无代为医疗决定的近亲属或监护人时，应参照《民法典》第1220条的规定，允许医疗机构依患者最佳利益标准出具医嘱以替代患方的医疗决定，该医嘱应经医疗机构负责人或者授权的负责人批准方可执行，并应报医疗管理机构备案。

前述所有主体在代患者作出医疗决定或以医嘱的方式替代患者决定时，应以书面形式为之，且不得与成年患者丧失决定能力前已经以口头或书面等形式（含未经公证或见证的预立医疗决定）明示的意思表示相反。

二、他人代为医疗决定的标准

（一）他人代成年患者作出医疗决定的标准

在患者为成年人时，将临终医疗决定这样的重大事项交由他人代为决定，本就属于无奈之举。因为这本身就蕴含了巨大的"他治"风险，同时也与身体健康权等人格权的固有性和专属性存在一定的体系矛盾。是故，允许他人代为医疗决定的立法本意，绝非要将一个个体完全置于另一个体的自由意志支配之下，更非要以另一个人的人格和价值观念来取代患者本人的人格和价值观念，而是希望能够借助于这种特殊的安排来辅助无能力自主实现其人格者的自主人格的实现，以保护其"关键权益"。[①]换言之，代为医疗决定的本质应该是以他人（患者）的人格为主的"他主"决定，而非以行为人自己人格为主的"自主"决定，这才是他人代为医疗决定的正当性所在，也是其行为目的约束之所在。法律之所以允许近亲属在患者无决定能力且无预立医疗指示时代为医疗决定，最为核心的考虑并不是因为近亲属最为理性、最富于同情心，而是因为其与患者关系密切，熟知患者的个性、

---

① 德沃金.生命的自主权——堕胎、安乐死与个人自由的论辩［M］.郭贞伶，陈雅汝，译.北京：中国政法大学出版社，2013：296.

偏好和价值观念，由他们来辅助或者代替患者作出医疗决定，可以更好地帮助患者实现其自主人格和价值观念，避免医疗决定与患者个人价值观念过度偏离。①据此，我们可以将他人代成年患者作出医疗决定的首要原则确立为"最大程度地尊重患者的真实意愿"，这也是我国《民法典》第35条所确立的成年意定监护人履责的首要原则，目的是能够最大限度地贯彻尊重患者自主原则。唯在患者的意愿已不可查知或推知时，方可脱离患者自主原则，依客观理性意义上的"患者最佳利益"原则作出医疗决定。②由此所形成的代为医疗决定的标准可依患者自主实现程度的不同区分为以下具有一定光谱连续性的三个标准：一是以可查明的患者真实意愿为标准（较强自主标准）；二是以患者可推知的意思为标准（弱自主标准）；三是以患者的最佳利益为标准（客观利益标准）。

1.以可查明的患者真实意愿为标准

在患者无决定能力且未预立有效的医疗决定时，有权代为医疗决定者的首要职责并不是直接代患者作出决定，而是应尽可能地查明患者的真实意愿并使之得以表达和执行。如此，方可最大限度地贯彻患者意思自治，同时也是贯彻或准用《民法典》第35条有关"监护人履行监护职责，应当最大程度地尊重被监护人的真实意愿"的原则的必然要求。《德国民法典》第1901a条的规定就体现了这一原则，依其规定，在不存在有效的患者预嘱（预立医疗决定）时，"照管人必须查明被照管人的治疗意愿或可推知的意思，并在此基础上决定被照

---

① 美国统一州法委员会在《医学与生物医学暨行为之伦理问题研究》中提出，最近家属的意见值得遵从的理由主要在于：（1）家属通常对患者的喜好最为关切；（2）家属通常最知悉患者的人生目标、行为及价值观等事项；（3）家庭应被认为是重要的社会单位，特别是对其中成员的事务，更是一个重要的决定者；（4）社区的许多传统逐渐在腐蚀，而家庭成为参与个人实践的重要范围；（5）不论是在人际关系或其他机构与州的干预中，对于隐私与自主权的要求日渐重要，特别是在私人的事务上。

② 《民法典》第35条在规定监护人履行监护职责的原则时，也兼采了"最有利于被监护人的原则"和"尊重被监护人真实意愿的原则"，但未明确这两个原则的实现关系。

管人是否同意或拒绝第1款所规定的医疗措施。"其中所述的"被照管人的治疗意愿"区别于患者"可推知的意思"，且应当优先于后者得到尊重。我国未来立法也可借鉴这一做法，明确规定有权代为医疗决定者应首先查明患者的真实意愿，在此基础上决定患者是否同意或拒绝特定医疗。这里所说的真实意愿，主要是指患者在有决定能力时已预先明确表达过的不具有预立医疗决定效力的意愿或决定，如不具备法定形式要件的预立医疗决定（未经公证或见证的预立医疗决定、以录音录像形式预立的医疗决定等）等。这些预先表达的意愿虽然不具有法律约束力，但依然可以用来证明患者的真实意愿，只要其意愿内容明确、合法，符合患者当前所处的生命情势，该意愿就应该得到尊重。在患者尚有一定认识和判断能力时，亦可根据实际情况，将此类已查明的患者意愿交由患者本人确认，以便最大限度地践行患者自主原则，保障患者自主决定权优先。简言之，只要患者事先明确表达的意愿可以被有效识别和查明，该意愿原则上就应该得到尊重。

2.以患者可推知的意思为标准——替代判断标准

在患者的真实意愿已无法依前述方式查明时，较为妥当地践行患者自主原则的方式是依患者可推知的意思代为医疗决定，即有权代为医疗决定者应基于确定已知的患者个人观点、生活态度、价值观念和信仰等，对患者的真实意愿作出替代判断。这种替代判断本质上是让代为医疗决定者"披上无决定者的精神外衣"，假设后者有决定能力时会如何作出决定来践行患者自主原则。①这种意义上的患者自主实际上是一种相对较弱的患者自主，其适用于患者有决定能力时未对拟议中的医疗决定事项作出明确的意愿表达，但代为医疗决定者对患者有足够深刻和贴切的了解，可从患者过往的生活中获知足够的信息来

---

① 比彻姆，邱卓思.生命医学伦理原则［M］.李伦，等译.5版.北京：北京大学出版社，2014：97-98.

确定患者的个人观念，从而得以披上"患者的精神外衣"，基于患者个体人格的完整性来推知其意愿。也就是说，这种推知一方面预设了个体人格的完整性，另一方面又需要以一定的证据为基础。

正是以个体人格的完整性这一理论预设为前提，代为医疗决定者应在一定范围内跳出患者当下所处的生命阶段，将视野切换至对患者整体生命的观察，通过对患者过往生活中所展现的整体人格的把握来推知作为其人格完整性展现的主观判断或决定应当为何。于此，所谓的患者个体人格的完整性既是其过往选择的标记，也是其信念和承诺的标记，更是其人生的投注和独特生命价值之所在。①所以，对患者可推知的意思的认定并非一种任意的或恣意的推定，更非以他人意志或某种客观的利益为依据所作的推定，而应该是一种最大可能地去接近患者真实意愿的推定，一种以特定证据为依据的推定。如此，方可最大限度地体现对患者人格尊严和生命价值的尊重——生命的价值总是在个体生命内部产生，无法从外在赋予。正因如此，《德国民法典》第1901a条才规定："可推知的意思须依具体证据查明，尤其需要考虑被照管人先前的口头或书面表达、伦理或宗教信念和其他个人价值观念。"美国各州立法和法院一般也要求，替代判断标准的适用应以足够的可获知患者个人观念的信息为支撑，当欠缺这些信息时，应以客观确定的患者最佳利益为标准来作出相关的医疗决定。我国的法律也应如此。

3.以患者最佳利益为标准

患者最佳利益标准源于家长主义的立场，是在患者未预立医疗决定且缺乏关键信息和证据识别患者真实意思或可推知的意思时，要求代理人根据患者的病情、预后和可选择治疗方案来选择符合患者最大

---

① 德沃金.生命的自主权——堕胎、安乐死与个人自由的论辩 [M]. 郭贞伶，陈雅汝，译.北京：中国政法大学出版社，2013：268.

利益的治疗方案。这一标准是客观的理性人标准，代为医疗决定者须计算每一种选择给病人带来的利益大小，在扣除选择本身的风险或成本后确定可以获得最高净收益的选择。最佳利益标准与替代判断标准不同，后者是期望通过有效的证据探寻患者主观上的医疗决定，而前者则是在无法达到患者主观决定的前提下退而追求一种客观上对患者最有利的医疗决定。最佳利益标准的运用是在个体生命价值、尊严难以获得贯彻的前提下，对患者客观生命价值和人之为人的尊严的普遍性保护。所以，在患者最大利益的判断上，[①]应将生命品质、人格尊严作为客观性的价值考量，结合不伤害、行善医学伦理原则综合判断，得出结果。尽管其结果可能会与患者个人的实时意愿有偏差甚至完全相反，但这也是在无法获知或确定患者意愿前提下的无奈之选。

（二）他人代未成年患者作出医疗决定的标准

在患者为未成年人时，按照《民法典》第35条的规定，监护人履行监护职责的首要原则是最有利于被监护人的原则，监护人在作出与被监护人利益有关的决定时，还应在合理范围内尊重被监护人的真实意愿，即"应当根据被监护人的年龄和智力状况，尊重被监护人的真实意愿"。以上原则，也可适用于监护人代为医疗决定的情形。也就是说，未成年患者的监护人在代患者作出接受安宁疗护、放弃维生医疗的决定时，原则上应采取客观的患者最佳利益标准。在患者已经

---

① 美国《马里兰州医疗决定法》第5-601条第5款规定："最佳利益判断应考虑下列因素：a.该医疗措施对该个人的身体、意识功能的影响；b.该医疗措施或对该医疗措施的撤除给该个人造成的身体疼痛或不舒适的程度；c.通过将个人置于一个极大的羞耻和依赖状况下，该个人的医学状况、该医疗措施或对该医疗措施的撤除所导致的对个人尊严的严重及持续损害的程度；d.该医疗措施对该个人的预期寿命的影响；e.在有和没有该医疗措施的情况下，该个人的疾病恢复的预后状况；f.该医疗措施或对该医疗措施的撤除所具有的风险、副作用以及利益。"

华盛顿州最高法院在"格兰特监护案"中指出："作出最佳利益的判断时应考虑因素的不完全列举：患者目前的身体、感觉、情绪和认知功能的水平，疾病、治疗和终止治疗引起的身体疼痛程度，疾病、治疗可能造成的屈辱、依赖和丧失尊严的程度，治疗以及不治疗的预期寿命和预后，各种治疗选择，每项选择的风险、副作用和好处。"参见：孙也龙.医疗决定代理的法律规制［J］.法商研究，2018（6）：14.

具备了与拟议的医疗决定大体相当的认知和判断能力的情况下，如果患者本人的意愿确实不违背其最佳利益，监护人应予以尊重；否则，监护人仍得主动干预。①至于患者本人的意愿是否符合其最佳利益，主要依赖于监护人的判断，这也是监护人的法定职责和权利。当然，如果其他对患者具有监护资格的近亲属、患者就医的医疗机构、其他相关组织认为，监护人的医疗决定有悖于患者最佳利益，其也可以依据《民法典》第36条的规定，向人民法院申请撤销其监护人资格。

---

① 陈甦.民法总则评注（上）[M]. 北京：法律出版社，2017：259.

第六章　安宁疗护中医患各方的权利和义务

安宁疗护作为一种临终医疗模式，虽有其特殊性，但由此所产生的法律关系仍需接受一般民事立法和医疗立法的调整。有鉴于此，本章将在结合一般法规定和安宁疗护特殊性的基础上，对安宁疗护中医患各方的权利义务进行阐述，以明确安宁疗护各方权益及其受保护的法律基础。

第一节　安宁疗护中的患方权利和义务

一、患方权利义务的发生基础

（一）法律的规定

患者权利保障是人权保障的重要内容，也是经济社会发展带来的重要问题，所涉方面非常多元，但整体上看，其核心应是个体健康的维护、保障和促进，而维护个体健康又是维护个体尊严、发挥其个人能力和追求美好生活的基础，所以，保护患者权利既是国家保护人民健康、维护个体尊严的人权保障义务之所在，也是医疗机构应尽的法定义务。目前，我国并无专门保障患者权利的立法，相关立法规定主要散见于一些与患者权利保护相关的立法，以及与老年人、未成年人、残疾人、妇女、胎儿的健康权利保障相关的特别立法。这些立法中的规定原则上都可直接适用于安宁疗护中的患者权利保障。

依据这些法律的规定，患者作为医疗服务的使用者和"生物公民"，所享有的权利十分广泛，其中的核心权利是作为基本人权的健康权。健康权受我国宪法保障的依据可参见《宪法》第21条第1款关于"国家发展医疗卫生事业，发展现代医药和我国传统医药，鼓励和支持农村集体经济组织、国家企业事业组织和街道组织举办各种医疗卫生设施，开展群众性的卫生活动，保护人民健康"的规定；第33条第3款关于"国家尊重和保障人权"的规定；第38条关于"中华人民共和国公民的人格尊严不受侵犯"的规定；第45条第1款关于"中华人民共和国公民在年老、疾病或者丧失劳动能力的情况下，有从国家和社会获得物质帮助的权利。国家发展为公民享受这些权利所需要的社会保险、社会救济和医疗卫生事业"的规定等。其中，第21条第1款和第45条第1款第2句可以被看作国策条款，体现了国家为了加强人民健康权益保障的公共政策决定，同时隐含了国家保障人民健康和相关权益的法律义务。第33条第3款和第38条则可被看作公民个人健康权和与医疗服务相关的主观权利受宪法保护的基础。也就是说，这些权利一方面可被纳入第33条人权保障概括条款的保护范围，另一方面又可从第38条所保障的人格尊严中获得价值上的支撑。因为，人格尊严本身就是所有基本权利的法理基础，而维护健康、获得必要的医疗服务和保障本身就是"保持符合人性的生活条件"的一部分，具有人格尊严保护功能。[1]故而，将健康权和作为其具体实现的医疗人权定性为是受宪法保障的权利，符合法理。第45条第1句则进一步对包括患者在内的一些特定群体所享有的社会权益（获得物质帮助的权利）作出了特别规定，体现了法律对患者等群体的特别保护。

---

① 王泽鉴.人格权法：法释义学、比较法、案例研究［M］.北京：北京大学出版社，2014：65.

正是以这些宪法规定为基础，同时借助于《民法典》和相关医疗立法等对宪法规定的贯彻和落实，我国已初步形成一个以健康权为核心的患者权利保护体系，其主要由三个层次的权利体系构成：

一是公民基本权利在医疗领域的具体运用所产生的权利。例如，《民法典》第1219条规定的患者知情同意权就属于公民身体健康权和自主决定权在医疗领域的具体运用所产生的权利。《基本医疗卫生与健康促进法》第33条有关患者的人格尊严和隐私权应受平等尊重的规定，则是对公民的人格尊严、隐私权和平等权应受法律保护的重申。

二是法律特别赋予患者的权利，如《民法典》第1005条规定的紧急医疗获得权，《社会保险法》第29条规定的享受基本医疗保险待遇的权利等。

三是法律特别赋予特定患者群体的权利，如与《基本医疗卫生与健康促进法》第36条相关联的由临终患者享有的安宁疗护服务获得权，与该法第76条相关联的由失能患者享有的长期护理保险获得权等。

以上权利从法律性质上看，大体可被区分为两类：一类是自由权（防御权），一类是社会权（受益权）。前者是基于依法治国理念和宪法客观价值发展出来的权利，目的是保障患者能够依其所愿进行各种活动并保存其既有利益，其实现主要依赖于国家的消极不作为（不侵害）和民法的保护，如患者的知情同意权、隐私权等。后者是基于社会国思想发展出来的权利，目的是保障患者能够从社会获得基本生活条件和充分发展其个体能力和人格的社会条件，其实现主要依赖于国家的积极给付和《基本医疗卫生与健康促进法》《社会保险法》等社会法的保障，如基本医疗服务获得权、享受基本医疗保险待遇的权利等。

（二）合同的约定

患者在接受医疗服务的过程中，除依法享有法律规定的权利外，还依法享有基于医疗合同产生的权利，同时应承担相应的合同义务。

我国《民法典》并没有将医疗合同或医疗服务合同作为一种有名合同规定下来，但这并不妨碍在学理上和司法实践中将一般情况下的医疗服务关系（不含强制医疗和强制疫苗接种等非基于患者自愿产生的医疗服务关系）作为一种合同关系对待。①因此，所谓的医疗合同是指一方当事人（医疗提供者）为他方（患者）提供医疗服务，他方（患者）支付医疗费用或由第三人支付医疗费用的合同。其中，提供医疗服务的一方为医方，接受医疗服务的一方为患者。当医疗服务提供者为医院等具有法人资格的医疗机构时，受雇于该医疗机构为患者提供医疗服务的医生、护士等仅为合同义务的履行辅助人，而非合同当事人。当医疗服务提供者为私人开办的诊所时，医疗合同的当事人应为《医疗执业许可证》记载的医生（主要负责人），参与医疗服务提供的医生或护士等仅为合同义务的履行辅助人。与医方相对的另一方合同当事人一般是患者，但在患者无缔约能力即无相应行为能力时，医疗合同也应以利益第三人合同的方式签订，即可由患者的监护人与医方签订合同并由其履行医疗费用支付义务，医方则应为第三人即患者提供医疗服务。

医疗合同的成立与其他合同的成立一样，须以双方意思表示达成

---

① 将医疗契约写入民法典，始于1960年的《埃塞俄比亚民法典》（第2639~3652条）。在欧洲，最早将医疗契约写入法典的是《荷兰民法典》，该法典对医疗知情同意原则及其例外、与病历相关的义务、保密义务、隐私保护、同意能力、医疗契约的解除等进行了较为详尽的规定，这被认为是该法典在欧洲被视为一部现代化民法典的重要原因。《德国民法典》也于2013年纳入了医疗契约规定，并将其置于债法中的"雇佣契约及类似契约"部分（第630a~630h条）。冯·巴尔等人主持起草的《欧洲示范民法典草案：欧洲私法的原则、定义与示范规则》也为医疗契约设置了专章规定（第IV.C-8：101-8：111条）。

《最高人民法院关于审理医疗损害责任纠纷案件适用法律若干问题的解释》也明确区分了医疗损害责任纠纷案件和医疗服务合同纠纷案件，并于第1条第3款规定："当事人提起的医疗服务合同纠纷案件，不适用本解释。"

一致为要件。在一般的门诊医疗服务中，医疗合同成立的时间一般应为挂号完成时或医方同意接诊患者时（有的私人诊所并不要求挂号），若患者需要住院，则双方还须另外缔结一个住院医疗合同，其合同成立时间一般应为患者同意办理住院手续时。在实践中，也存在患者直接入院接受治疗或者由其他医院转院过来接受治疗的情况，于此情况下，双方也有可能采取先签订书面合同，然后再办理住院手续的缔约方式。这种缔约方式下的合同成立时间应为合同签署时。简言之，医疗合同原则上应为诺成合同、不要式合同，其合同成立时间应依患者拟接受的医疗服务类型和内容等具体情况而定。

我国安宁疗护机构在实践中，一般都会在决定收治患者后，根据患者的情况确定患者接受安宁疗护服务的形式（居家、门诊和住院），并与患者或其家属签订安宁疗护协议书或知情同意书。例如，《上海市安宁疗护服务规范》第12条就规定："开展安宁疗护服务的机构应向患者或家属发放《安宁疗护告患者（家属）书》，并签署《安宁疗护协议书（知情同意书）》。"从这些协议书和知情同意书所约定的内容来看，虽然其整体上比较简单也比较程式化，但协议的签订依然具有重要意义。因为，这可为我们依据合同的规定，通过合同解释和参照适用与之最相类似的有名合同的法律规定，[①]进一步明确双方的权利义务提供重要的法律基础。尤其是在我国《民法典》尚未将医疗合同作为有名合同的情况下，更是如此。关于作为无名合同的医疗合同应参照适用何种有名合同规定的问题，我国学者多倾向于参照适用委托合同的规定，特定情况下（如种牙、医疗整形等）可参照适用承揽合同的规定。

以此认识为基础，同时结合安宁疗护服务本身的特点，本书认

---

① 《民法典》第467条第1款规定："本法或者其他法律没有明文规定的合同，适用本编通则的规定，并可以参照适用本编或者其他法律最相类似合同的规定。"

为，安宁疗护合同更适合作为一种与委托合同接近的合同对待。因为，安宁疗护服务中的医方并不像承揽合同中的承揽人一样，须负担以实现特定结果为内容的"结果债务"，而是仅负担依其良知、注意和现有科学知识提供相应医疗给付（缓和医疗）的"方法债务"或"过程债务"，医方在债务履行过程中所享有的自主权和自由裁量权也远大于承揽人，故而，将其视为一种与委托合同更为接近的合同，更加符合法理，其合同的权利义务和变更、解除等，皆可在一定范围内参照适用委托合同的规定，但法律另有规定或依其性质不能适用的除外。例如，医方就应负有同受托人一样的亲自处理受托事务的义务（《民法典》第923条）即亲自诊疗义务，应负有同受托人一样的按照委托人的要求报告委托事务处理情况和结果的义务（《民法典》第924条）等。

二、安宁疗护患者的权利义务

（一）安宁疗护患者的权利

安宁疗护患者的权利由法定权利和基于合同产生的权利共同构成，其权利内容主要包括以下几个方面：

1.安宁疗护服务获得权和请求权

安宁疗护服务获得权的本质是医疗服务获得权的一部分，是人人有权获得满足其健康需要的医疗服务的法定权利在临终医疗领域的体现。这一权利本质上是一项社会权，其实现高度依赖于一国安宁疗护事业的发展状况和国家的给付，并须在一定程度上服从国家关于医疗事业发展轻重缓急的政治考量。在患者已与安宁疗护机构签订协议后，该权利可直接体现为安宁疗护服务请求权，即有权请求安宁疗护机构提供相应服务，其服务内容涉及身、心、灵、社等多个方面，且需要结合患者的具体病情确定。也就是说，双方很难在协议中具体约定安宁疗护机构应当提供的服务内容，而是只能以相对概括的方式约定安宁疗护机构应为其提供的安宁疗护服务，这些服务的内容在具体个案中可依据《安宁疗护实践指南》的规定予以确定。

按照《安宁疗护实践指南》的规定，安宁疗护患者有权获得的医疗服务主要包括"疼痛及其他症状控制，舒适照护，心理、精神及社会支持等"三个方面。与之相应的是，患者所享有的服务请求权也应包括三个方面：

一是依当前医疗水平减轻其疼痛的权利；

二是获得适当照顾和一切可及帮助（包含亲友和医护人员的精神支持和引导等）的权利，这一权利所指向的内容主要是舒适照护，心理、精神及社会支持等；

三是要求保证医疗服务的质量和连续性的权利，这一权利已经隐含在《安宁疗护实践指南》针对前述三个方面的服务所提出的操作标准中，同时也是所有医疗服务请求权理应包含的内容。

2.人身和财产安全权

人身和财产安全不受侵害的权利包含人身安全权和财产安全权。前者是指患者的生命安全（生命权）、身体的完整性（身体权）和身心健康（健康权）不受非法侵害的权利。后者是指患者随身携带的物品或财产的安全不受非法侵害的权利。

安宁疗护机构在为患者提供医疗服务时，必须时时以尊重和保护患者的人身安全为基本准则，未经患方同意或者无法律的特别授权，不得对患者实施诊疗行为，更不得危害患者的生命安全；同时，应本着最有利于患者身心健康的原则为患者施治。除此之外，医方还应在一定范围内承担起其作为公共场所的经营者、管理者应尽的安全保障义务，为患者的人身安全和财产安全提供保障。也就是说，医方至少应保障其所提供的医疗服务、医疗器械、产品、设施和场所等，符合保障患者人身和财产安全的要求：有国家标准、行业标准和统一技术操作规范的，应符合这些标准或规范；无此类标准和规范的，应符合社会普遍公认的安全、卫生要求。① 医方在诊疗活动中未尽到与当时的医疗水平相应的诊疗义务或者未尽到安全保障义务，给患者造成人身或财产损害的，应当依据《民法典》第1198条和第1221条等条文的规定，承担相应的损害赔偿责任等。

3.自主选择医疗机构和医生的权利

自主选择安宁疗护机构和医生（或医护团队），是患者所享有的医疗自主权或自主决定权的固有内容。患者在选择医疗机构和医生时，不受任何他人的强制，也不受该机构是单纯的安宁疗护机构还是医养结合机构的影响。在实践中尤其需要注意的是，医养结合机构在为老人提供医（疗）养（老）结合服务时，必须尊重患者在这方面的自主选择权，不得强制接受养老服务的老人只能在其指定或签约的医疗机构或安宁疗护机构接受安宁疗护服务。

患者在接受医疗服务的过程中，应有权于医疗的任何阶段征求其他医生的意见，也可以随时解除其与安宁疗护机构之间的合同。此一任意解除合同的权利从理论上讲，是参照适用《民法典》第933条有关"委托人或者受托人可以随时解除委托合同"规定的结果，但是，基于保护患者人身安全的需要，安宁疗护机构依法应不得参照适用该条规定（以受托人身份）任意解除合同，而是应保证其所提供的服务的连续性，在其服务能力因病床、设备和技术条件等导致其不能满足患者需求时（即不能完成委托事务时），应建议并协助患者转诊至能够胜任的其他医疗机构，对于具体转诊至何处，应由患者自主决定。

---

① 《欧洲示范民法典草案：欧洲私法的原则、定义和示范规则》第4.3-8：103条规定："（1）医疗服务提供人所使用的器械、药品、材料、设施和场所至少应具备公认的、合理的行业习惯所要求的质量，且应符合相应法规定并适合实现其特定的使用目的。（2）当事人不得为损害患者的利益而排除本条规定的适用，也不得减损或变更其效力。"

同理，医生在为患者提供医疗服务时，也不得强制患者必须在其指定的药店或其他商品和服务的经营者处购买药品、商品或服务。

4.医疗知情权

依据《民法典》第1219条第1款的规定，患者所享有的知情权应包括两个方面：一是与第1句规定的医方"应当向患者说明病情和医疗措施"相对应的知情权；二是与第2句规定的医方"应当及时向患者具体说明医疗风险、替代医疗方案等情况"相对应的知情权。前一知情权与患者的自主决定或同意无关，而是依据医疗契约产生的权利，其性质相当于《民法典》第924条规定的委托契约中的委托人要求受托人报告委托事务处理情况的权利，与之相对的医方告知说明义务应为契约义务，即"治疗上的告知说明义务"。后一知情权涉及患者对医疗侵入的特别同意权或自我决定权的行使，目的是保障患者的同意系建立在知情的基础上，与之相对的医方告知说明义务应为法定义务，即"医疗侵入上的告知说明义务"，医方未尽告知说明义务而取得的同意不能构成一个有效的同意。当然，患者也有不知情的权利，或者可另择他人代为接受告知，其知情的内容一般主要包括患者的病情和当前的健康状况，推荐的医疗措施的优势和风险，替代疗法的比较优势和风险，不予治疗的后果，以及有关诊断、预后、疗程和费用的信息等。

此外，依据《医疗机构管理条例》第26条和第30条等相关条文的规定，安宁疗护机构作为医方还应告知提供医疗服务的医务人员的姓名、职务或职称等，对住院患者还应告知住院、治疗期间应遵守的规章制度等。这种知情和告知，性质上应属于契约当事人相互协力之附随义务。患者出院或离世时，患方有权要求安宁疗护机构提供有关患者诊断、治疗和看护等相关情况的摘要等。

5.医疗同意权

患者的知情同意是任何医疗干预的先决条件，未经患者同意，医疗机构不得对患者实施任何医疗措施，这是尊重患者的医疗自主权或自主决定权的必然要求。患者可随时撤销其同意或拒绝。在患者没有能力表示同意的情况下，应依法取得有权代患者作出相关医疗决定的主体的同意，除非患者的情形符合《民法典》第1220条规定的需要实施紧急医疗的情形。未经同意的紧急医疗的实施以及他人所作的医疗决定，依法应不得与患者此前明确表达的意愿或者可推知的意愿相悖。

6.人格尊严受尊重的权利

患者在接受安宁疗护服务的过程中，人格尊严应受到平等尊重（《基本医疗卫生与健康促进法》第33条），不因任何因素受到歧视、侮辱、遗弃和虐待。安宁疗护机构在为患者提供医疗服务，尤其是心理支持和人文关怀服务时，还应充分注意对患者的价值观念和信仰的评估（如是否由于种族、文化和信仰的差异而存在特殊的习俗和观念等），并对其价值观念和信仰予以充分、平等的尊重。

7.隐私权和个人信息权益

患者在接受医疗服务的过程中，有权要求保护其隐私，如有权要求医疗机构布置相应设施以保护其隐私，有权在接受医疗服务时拒绝非必要人员在场，有权拒绝告知与医疗和护理无关的个人信息，有权要求医疗机构及其医务人员对其个人隐私和信息予以保密（《民法典》第1226条、《基本医疗卫生与健康促进法》第33条）等。医疗机构收集、存储、使用、加工、传输、提供和公开个人私密信息或其他个人信息，应符合法律的规定。未经患者明确同意或者法律的明确许可，不能公开患者个人信息，包括所有有关患者健康状况、病情、诊断、预后、治疗的信息以及其他具有个人性质的信息。只有在具有治疗上的必要性时，方可将患者的信息披露给其他医疗服务提供人。所有可探知来源的患者数据，也应受到与其存储方式相适应的保护。医疗机构等信息处理者（含卫生管理部门等）应当采取技术措施和其他必要措施，确保这些信息或数据的安全，防止其泄露、篡改和丢失（《民法典》第1038条）。未经患者同意公开其病历资料，或者泄露其隐私和个人信息，应当承担侵权责任（《民法典》第1226条）。能够探知患者身份的人体成分也应受到同等保护。

除以上消极保护外，患者还可就其隐私和个人信息采取一些积极的行为，以保护其个人权益，如查阅、复制个人病历资料（含住院志、医嘱单、检验报告、手术及麻醉记录、病理资料、护理记录等）的权利（《民法典》第1225条、《医疗纠纷预防和处理条例》第16条），更正、补充、删除个人信息的权利等（《个人信息保护法》第46、47条）

8.其他权利

除以上权利外，患者还依法享有获得基本医疗保险和社会保障的权利（《基本医疗卫生与健康促进法》第82、83条，《社会保险法》第2条等），获得健康教育和信息的权利（《基本医疗卫生与健康促进法》第4条），参与健康事务管理、决策和监督的权利，平等获得医疗服务的权利，权益受损害时获得救济的权利等。老年患者等群体还享有受社会优待的权利等。

（二）安宁疗护患者的义务

我国现有立法中尚无有关患者义务的专门规范，根据医疗合同的性质和相关法律规定，可以梳理出患者的义务主要包括以下几个方面：

第一，如实陈述病情和相关信息、配合诊疗（遵守医嘱）的义务。这一义务是基于医疗契约而生的医患双方相互协力义务的体现，本质上是为了促进医疗目的的实现，但性质上并不属于真正的法律义务。也就是说，患者所负的如实告知和配合诊疗的义务，并非对医方所负的义务，而是对自身利益所负担的照顾义务。违反此类义务，只能使患者自身利益受损，而不会损及医方利益，也不会产生对医方的损害赔偿责任。《民法典》第1224条将"患者或者其近亲属不配合医疗机构进行符合诊疗规范的诊疗"规定为医疗机构免于承担责任的事由，就很好地反映了这种义务的非真正义务性质。

第二，支付医疗服务费用的义务。《医疗机构管理条例》第37条明确规定："医疗机构必须按照人民政府或者物价部门的有关规定收取医疗费用，详列细项，并出具收据。"患者应当依法支付医疗费用，可以使用现金或数字货币支付，也可以进行线上支付，支付时可以申请使用基本医疗保险、商业医疗保险等，医疗机构都应当予以便利。

第三，尊重医务人员，遵守诊疗制度和医疗卫生服务秩序的义务。依据《医师法》第5条、《基本医疗卫生与健康促进法》第33条等条文的规定，患者在接受医疗卫生服务的过程中，应负有尊重医疗卫生人员、遵守诊疗制度和医疗卫生服务秩序的义务。不法侵害医务人员的合法权利或者干扰医疗秩序，妨碍医务人员正常开展诊疗工作的，应依法承担相应的法律责任。

三、安宁疗护患者近亲属和医疗代理人的权利义务

相对于医疗机构，安宁疗护患者的近亲属和医疗代理人所享有的权利主要是依法代理患者行使医疗知情同意权。当患者无缔结医疗合同的行为能力时，患者的近亲属或医疗代理人也有权以利益第三人合同的方式与医疗机构签订合同，依法享有相应的合同权利，并应依法履行支付医疗费用的义务。除此之外，患者的近亲属和医疗代理人还

依法负有尊重医务人员、遵守诊疗制度和医疗卫生服务秩序等义务，并应积极履行保护安宁疗护患者合法权益的义务。

第二节　安宁疗护中的医方权利和义务

一、医方权利义务的发生基础

与患方权利义务的发生基础相同，医方权利义务的发生基础也包括法律规定和合同约定两个方面。就法律规定而言，有关医务人员权利义务的规定较为集中地体现在《医师法》和《护士条例》等医疗主体立法中。《医师法》第22条和第23条就专门针对医师在执业活动中享有的权利和应履行的义务作出了集中规定，并在第24条至第33条等条文中，对医师的一些具体义务作出了更为详尽的规定。《护士条例》则专门在第三章（第12条至第19条）规定了护士的权利义务。这些权利义务主要包括三类：一是相对于国家而言的权利义务；二是相对于医疗机构而言的权利义务；三是相对于患方而言的权利义务。此处需重点讨论的是医生相对于患方所享有的权利和应履行的义务。

除医务人员外，医疗机构相对于患方也享有一定的权利和义务，这些权利和义务主要是基于医疗合同产生的。因为，正如前文所述，在患者就医时，与患方缔结医疗合同的一般都是医疗机构或私人诊所的《医疗执业许可证》上记载的医生（主要负责人），而非具体提供医疗服务的医生或护士等，前者才是合同权利义务的享有者和承担者，后者只是前者的合同义务履行辅助人。医疗合同的权利义务可由医患双方约定，也可在参照适用委托合同相关规定的基础上予以确定。

二、安宁疗护医生的权利和义务

（一）医生的权利

按照《医师法》第22条的规定，医生即医师在执业活动中所享有的权利十分广泛，其中，可直接针对患方行使的权利主要是第一项规定的"在注册的执业范围内，按照有关规范进行医学诊查、疾病调查、医学处置、出具相应的医学证明文件，选择合理的医疗、预防、保健方案"的权利。这些权利的核心主要有二：一是诊疗权，即"按照有关规范进行医学诊查、疾病调查、医学处置的权利"；二是医护方案选择的专业裁量权，即"选择合理的医疗、预防、保健方案"的权利。除此之外，医生还享有出具相应的医学证明文件、从事医学教育、研究和学术交流、紧急救治患者等与患者相关的权利。这些权利也可由安宁疗护中的医生享有，具体阐述如下：

1.诊疗权

所谓诊疗权，是指医生在实施诊疗活动时有权按照相关规定，对患者的身心健康状况进行检查、诊断并采取相应的医学处置措施等。诊疗权是医生所享有的最基础的权利，也是医生履行其职责所必需的。患者到医疗机构就医，就与医疗机构之间形成了一个具有人身事务委托性质的契约，目的是利用医生的职业技能与医疗机构的设施和条件帮自己治疗疾病、挽救生命和控制病症等，这必须包含一种对医生的职业技能和操守的人格性信赖，[①]同时也必然伴有患者基于前述信赖而对医生实施相应诊疗行为的授权和同意。所以，承认医生有权按照相关规定对患者实施诊疗，是医疗合同成立的必然结果，否则，医生将无法履行其职责，医疗合同的目的也将无法实现。

---

① 王泽鉴.人格权法：法释义学、比较法、案例研究［M］.北京：北京大学出版社，2014：97-98.

在安宁疗护中，医生在收治患者时，对患者进行检查、评估，制定诊疗计划；收治患者后，利用药物等手段对患者的症状进行控制和治疗，对患者的症状和各方面的需求进行动态评估，并据此采取相应的医疗和护理措施等，都是医生的诊疗权的体现。当然，从患者权益保护和医疗合同履行的角度看，为患者提供诊疗服务也是医生的义务。

2.专业裁量权

医患关系既是一种人格信赖关系，也是一种专业知识不对等的关系。传统医疗受家长主义①的影响，比较强调医生在整个医疗过程中的主导地位和知识权威，患者对于整个诊疗的过程和医疗措施的选择基本上没有多少发言权，一切由医生专断。这是一个医生的专业裁量权近乎于专断权的时期，即医生对整个诊疗过程的进行和医疗、护理、保健等方案的选择和专业裁量具有近乎垄断的权威。然而，随着个体自由主义的勃兴和患者权利意识的觉醒，医生的这种近乎垄断的专业裁量权开始受到患者自主决定权的限制，患者参与医疗决策的权利日益受到重视，甚至被明确规定成患者的一项法定权利，医疗决策模式开始由医生专断走向医患共商和协作模式。由此，医生的专业裁量权开始呈现一种更为动态可变的形态，并在其与患者的自主决定权相互平衡的过程中谋求自身的合理界限。《医师法》第22条规定医生有"选择合理的医疗、预防、保健方案"的权利，这就内含了对医生的专业裁量权的肯定。对于如何理解这一权利，以及其如何在安宁疗护中得以妥当适用，有必要进行一些简单的讨论。

（1）权利的存在基础

医学是一个在不确定性中寻找确定性的学科，这是由人体的复杂

---

① 家长主义是指一个人故意压制另一个人已知的偏好或行为，而压制者以有益于或避免伤害其偏好或行为受到压制的人的目的，来证明其行为的正当性。参见：比彻姆，邱卓思.生命医学伦理原则［M］.李伦，等译.北京：北京大学出版社，2014：173.

性和个体性所决定的，也是由医学专业知识始终需要在接受临床医疗实践检验的基础上发展所决定的。正是医学的这种不确定性决定了我们不可能完全排除医生在临终医疗实践中的专业裁量权。医疗诊断和治疗不是作数学题，也不是按照既定的生产流程生产出特定产品，而是始终需要医生在结合其专业知识、诊疗规范和个案患者具体情况的基础上，作出最符合患者利益的选择和建议。在疾病诊断过程中，对于患者应采取哪些医疗检查、评估措施等，显然需要医生根据患者的具体情况和相应的诊疗规范进行个案式的判断，有时候甚至需要突破诊疗规范所确立的医学常规去解决一些疑难杂症的诊断问题。① 在治疗阶段，同样的病例可能存在多种治疗方案，哪些治疗方案更适合患者的病情和疾病进展情况乃至于心理状态、经济承受能力等，皆需要医生在综合考虑各方面的因素后作出合理选择并提出可供患者选择的方案等。我们不可能要求医生的诊疗行为只能按规范的流程和要求进行机械化的操作，而是需要承认医生在医学判断和处置上具有某种程度上的自由裁量空间。这既是医疗实践的客观需要，也是医学发展的需求，更是保障患者能够获得符合其需要的医疗服务的重要前提，此即医生享有专业裁量权的核心根据所在。② 当然，这种专业裁量权必须在合理的范围内行使，《医师法》第22条在规定医生有"选择合理的医疗、预防、保健方案"的权利时，之所以会加上"合理"的限定，其原因就在于此。

以上法理同样适用于安宁疗护，而且，从我国安宁疗护实践的发展情况来看，其对医生专业裁量权的依赖会更甚于其他医疗。一方面，我国的安宁疗护事业尚处于探索和早期发展阶段，相关的临床技术操作规范和服务标准并不统一，也不够完善，甚至连专业的服务人

---

① 曾见.论"当时的医疗水平"的法律评价 [J]. 法学评论，2016 (4)：188.
② 陈子平.医疗上"充分说明与同意"之法理在刑法上的效应（上）[J]. 月旦法学，2010 (178)：240.

员都相对匮乏。这就要求医生在临终医疗服务中更多地依赖于自身的专业知识和经验作出医护措施的选择和裁量。另一方面，安宁疗护服务是一种相对个性化的服务，其服务的提供并不以治愈为目的，而是为了尽可能帮助患者获得其想要的生活方式。这就要求医生在临终医疗服务过程中，对患者的意愿、需求和病程进展情况进行动态的评估——《安宁疗护实践指南（试行）》已对此提出一些明确的要求，并据此调整医疗服务方案和用药剂量等，以满足不同患者在不同时间段的个体化需求。简言之，安宁疗护服务对医生的专业裁量权有更高的依赖，这是保障其服务能够更契合患者个体化需求的一个重要前提。

（2）专业裁量权的限制

医生的专业裁量权的存在是为了更好地服务患者、帮助医疗目的的实现。正是这一目的决定了医生的专业裁量权应有其限制和合理界限，而非一种可纯凭医生个人主观意愿进行选择的权利。这种限制一方面来自医学上公认的诊疗规范，另一方面来自医疗伦理规范。诊疗规范是判断医生的裁量有没有过度偏离常规的一个重要标准，如果医生的选择过度偏离医疗常规且没有合理的理由，或者明显忽略或错误地理解了某种疾病的典型特征，则其行为有可能构成裁量权的滥用或诊疗过失，由此给患者造成损害的，应由医疗机构承担相应的损害赔偿责任。① 当然，当可供选择的治疗方法本身都符合当时的医疗水平且各有优劣时，不同的医生可能会选择不同的疗法或者意见本身就不统一，疗法的选择应交由医生裁量，司法不宜介入，更不应因为该种疗法存在一些不足而指责医生行为不当。② 就医疗伦理而言，医疗行为的实施须受到有利、不伤害和尊重患者自主原则的限制。这种限制

---

① 曾见.论"当时的医疗水平"的法律评价［J］.法学评论，2016（4）：188.
② 于佳佳.德国的医疗过失犯罪研究［J］.中国刑事法，2016（6）：117.

表现在医生的专业裁量权的行使上，最为核心的一个原则就是患者最佳利益原则，即医生在提出可供患者选择的医护方案时，其建议的方案应是基于患者最佳利益原则提出的，一旦患者作出了选择，医生应尊重患者的决定，而不得再自由裁量。在拟实施的医护方案无须患者特别同意时，医生在选取医护方案时同样须遵守患者最佳利益原则，以践行其基于患者的信赖所产生的信义义务。于此，所谓的最佳利益原则，有其主观的一面，也有其客观的一面：主观的一面是指患者的意愿和需求，即患者最需要的是什么；客观的一面是医疗措施本身所固有的优劣利弊等，如可以带来哪些好处、可能存在哪些不良反应和并发症、患者对这些不良反应和并发症的耐受性如何等。医生只有在综合考虑到个案的具体情况和前述各种因素后，才能通过比较衡量作出符合患者最佳利益的选择和裁量。

3.紧急救治权

《民法典》第1220条规定的就是医生的紧急救治权，目的是保护患者生命。在安宁疗护中，一般不涉及这种紧急救治权的行使，因为安宁疗护患者在选择安宁疗护时，通常都已明确表明了其不愿意接受心肺复苏术和维生医疗的意愿，而医生的紧急救治权的行使是以"不能取得患者或者其近亲属意见"为前提的，这一前提在这里并不具备。但是，须注意的是，在安宁疗护患者非因自身疾病原因（如车祸）导致生命垂危需要抢救时，此时仍有可能发生"不能取得患者或其近亲属意见"的情况。于此情况下，医生为了履行其依法负有的紧急救治义务，仍可依据前述规定行使紧急救治权。该权利的行使并不构成对患者拒绝维生医疗意愿的违反。因为，患者的这一意愿表达，通常是针对其因自身疾病的原因陷入需要抢救和维生医疗才能挽救和保存其生命的情形而言的，并不包含这里所说的非因自身疾病原因导致生命垂危的情形。

4.医生的其他权利

医生除享有上述权利外，还应享有出具相应的医学证明文件的权利，从事医学教育、研究和学术交流的权利，对患者进行管理的权利，人格受尊重的权利等。出具相应的医学证明文件的权利是指医生有权应患方和有关机关的要求，依法出具疾病诊断证明书、出院证明书、死亡证明书等医学证明文件。从事医学教育、研究和学术交流的权利本质上是一种职业权利，其权利的实现需更多地依赖于医疗机构和国家的保障，但其权利的行使在一定程度上也会与患者有关。因为，临床医学的教育、研究活动与临床医疗实践活动是紧密相关的，临床医疗的实践活动往往构成了医疗研究活动的素材来源，甚至有时其本身就构成了医疗试验和研究活动的一部分，而临床医学教育也离不开临床医疗实践的参与和观摩等，这就使得临床医学的教育和研究活动必然会与患者发生关联，如需要收集患者的相应信息和病历资料、需要对患者的预后情况进行随访、需要将患者的临床医疗过程作为教学过程和材料等。医生的这些权利的行使虽然是其职业活动的一部分，但在涉及患者时，仍需遵循相应的规范，如需要征得患者同意，不得损害患者的隐私和身体健康权等。

对患者进行管理的权利、人格受尊重的权利，是与前文所述的患方义务，即遵守诊疗制度和医疗卫生服务秩序的义务和尊重医务人员人格的义务，相对的权利。前一权利是保障医疗活动顺利进行的重要基础，后一权利是医务人员作为自然人所固有的权利，《医师法》第3条和《护士条例》第3条等相关法规也重申了这一点。安宁疗护患者及其家属在接受医疗服务的过程中，也应尊重医方的以上权利。

（二）医生的义务

《医师法》第23条至33条规定了医生的义务，如："亲自诊查、调查义务，按照规定及时填写病历等医学文书的义务，不得隐匿、伪造、篡改或者擅自销毁病历等医学文书及有关资料的义务"（第24条）；告知说明并取得患者或其近亲属同意的义务（第25条）；遵守医学试验和研究伦理规范的义务（第26条）；紧急救治义务（第27条）；依法使用药品和器械的义务（第28条）；合理用药的义务（第29条）；不得非法收受财物或者牟取其他不正当利益的义务，不得对患者实施不必要的检查和治疗的义务（第31条）等。安宁疗护中的医务人员也应遵守这些规范，履行相应的法定义务。以下将选择其中与安宁疗护关联较为密切且较为重要者予以详述。

1.亲自诊查义务

医生必须对患者的情况进行亲自诊查，是由患者享有选择医生的权利和医疗契约高度人格信赖性所决定的。患者选择特定医生就医并支付相应的诊查费，所要获得的对待给付就是医生的亲自诊查行为。亲自诊查从文义上讲，应包含两个方面的内容：一是医生应负有诊查义务，即为患者提供诊断、检查等医疗服务的义务；二是这种诊查义务应由患者所选择的医生自己出面、亲自动手完成，而不能将其交由他人代为完成。在医生是以个体的名义行医时，这两个方面的含义相对比较好理解，但在医疗服务提供主体多为机构的今天，单纯依赖文义解释并不能很好地揭示亲自诊查的应有含义，至少需要对其中的"亲自"作出更多的说明。因为，机构化的医疗不仅意味着医务人员之间的分工日益细密，而且意味着针对特定患者进行的医疗诊查行为往往需要多个医务人员协同完成。于此情况下，如何理解亲自诊查义务将会变得更加复杂。

这种复杂的情况同样存在于安宁疗护当中。因为，安宁疗护服务的提供主体也主要是机构而非个人，而且其服务模式很多元，有线下模式，也有线上模式，有门诊、住院服务，也有居家、社区服务。这就使得亲自诊查义务的解释需要进一步结合相关法理和实践予以确定。

　　首先，按照现代医学的理解，医疗诊查是一个信息收集并据此作出相应判断的过程，一个完整的医疗诊查行为通常应包含四个循序渐进的步骤，即搜集临床资料、分析综合评价资料、提出初步诊断、验证或修正诊断。①在这四个步骤中，搜集临床资料主要包括病史采集、体格检查、实验室及辅助检查三个步骤。通过这三个步骤所获得的信息、数据等，将构成医生形成初步诊断结论的基础。医师采集患者病史的方式主要是问诊和查阅患者的过往病历资料。在病史采集的基础上，医师可运用视诊、触诊、叩诊、听诊、嗅诊等方式，对病人的身体和精神健康状况进行体格检查，以确定患者的病症所在及表现。在前二者的基础之上，医师可以根据具体情况的需要，合理选择必要的实验室及辅助检查，以便使其临床诊断更加准确、可靠。实验室检查主要包括临床血液学检查、生物化学检查、免疫学检查、病原学检查、体液与排泄物检查和其他方面的检查，辅助检查主要包括心电学检查、肺功能检查、内镜检查等。在获得以上检查信息和资料的基础上，医生可根据其专业知识，通过综合分析这些信息资料得出初步诊断结论，然后再根据病情的变化和治疗的结果对其诊断进行验证或者修改原有诊断，直至得出正确的诊断。

　　从以上理解可以看出，诊查行为是一个复合的行为体系和动态过程，不仅涉及其他医务人员的行为介入，而且可能需要经历一个循环往复的过程。面对这一过程和人员参与的复杂性，我们在理解亲自诊查义务时，需要注意区分以下两点：

　　第一，亲自诊查不等于诊查过程中的所有行为都应该由医生本人亲自完成，对于医疗技术上需要借助于其他人员的参与和介入才能完成的行为，如实验室检查和辅助检查等，应当承认这些行为可经主治

---

　　① 万学红，卢雪峰.诊断学［M］. 9版.北京：人民卫生出版社，2018：584-586.

医生同意（如开具相应的检查单据）由他人完成。据此，他人的行为只是医生亲自实施的诊查行为的辅助，而非对医生亲自诊查行为的取代。当然，对于医疗技术上通常不需要他人行为介入和参与即可完成的病史采集、体格检查等行为，医生应亲自为之，尤其是诊断结论的作出必须由医生亲自完成。即便是该诊断结论实际上是由多名医生会诊后共同给出的，该诊断结论也必须是由患者选择的医生亲自参与和主导完成，并应由其亲自告知患者。

第二，诊查义务的履行并不一定都是在一次诊断过程中全部完成的。医生在问诊和选择实验室及辅助检查时，往往会依据医疗常规主动收集与患者主诉病症相关的信息，在综合考虑检查的意义、时机、安全性和患者方面的因素后作出必要的选择，[①]并根据收集到的信息进行综合判断并作出诊断结论。这种诊断结论有时候会由于患者告知的信息不充分、不准确，或者由于病情发展的不充分和病情变化的复杂性等原因，导致不完全准确，从而使得医生不得不根据情况的变化开展进一步的诊查，以验证、补充或修改其诊断结论，直至最终确诊为止。反之，如果对于所有疾病的诊查都要求医生必须在患者首诊时一次完成，则不仅会增加患者负担，而且会造成过度检查和诊疗问题，并不符合患者利益和医疗常规。

除以上两点外，实践中还须注意的是，当诊查行为以线上的方式进行时，诊查义务的履行与线下有所不同。《互联网诊疗管理办法（试行）》第16条规定："医疗机构在线开展部分常见病、慢性病复诊时，医师应当掌握患者的病历资料，确定患者在实体医疗机构明确诊断为某种或某几种常见病、慢性病后，可以针对相同诊断进行复诊。当患者出现病情变化需要医务人员亲自诊查时，医疗机构及其医务人员应当立即终止互联网诊疗活动，引导患者到实体医疗机构就

---

① 万学红，卢雪峰.诊断学 [M]. 9版.北京：人民卫生出版社，2018：584.

诊。不得对首诊患者开展互联网诊疗活动。"由此可见,对于首诊患者,医生必须以线下诊断的方式履行亲自诊查义务,不得在线上为首诊患者提供诊疗服务,否则将有悖于医生的亲自诊查义务,构成违法行医。对于已在线下进行过首诊的患者,医生可以根据患者以往的病历资料和线上问诊情况,为患者提供诊查服务。只要其问诊行为、病历资料的综合评价和诊断结论系由其本人作出,且患者的病情未出现需要医务人员亲自诊查的变化,原则上就应认为医生的行为符合亲自诊查的要求。

以上对亲自诊查义务的阐释,原则上也可适用于安宁疗护。尤其是在患者选择居家安宁疗护时,有必要对医生的诊查义务的履行作出更为弹性的安排,即原则上应允许医生对复诊患者采取电话、互联网等途径进行诊查,统筹、协调、指示安宁疗护团队中负有相应职责的人员乃至于患者家属,共同完成对病患的诊查,而不一定每一次诊查都亲自到场、亲力亲为。当然,在患者的病情出现了需要医生亲自诊查的变化时,或者出现了医患双方约定的需要医生亲自诊查的情况时,医生仍应依法履行其亲自诊查义务。

2.告知说明义务

医师的告知说明义务是保障患者医疗自主的前提和基础,是医师对患者所负有的一项重要的伦理义务和法律义务。《民法典》第1219条,《医师法》第25条,《基本医疗卫生与健康促进法》第32条第2款,《医疗机构管理条例》第32条,《医疗纠纷预防和处理条例》第13条等,都对此作出了明确规定。

(1)告知说明义务的主体

现行法虽然对医方的告知说明义务多有规定,但关于告知说明主体的规定尚有两点存疑:一是告知说明义务的主体究竟是医师还是医疗机构,抑或两者皆是;二是《民法典》第1219条规定的应作出告知说明的"医务人员"具体包含哪些人员，是否要求所有参与的人员都应履行告知说明义务。

有学者认为，说明义务的主体是医师，且应当由直接负责治疗的医师履行，受托医师则根据其在施治中的作用和职责承担相应的说明义务。[①]也有学者主张我国现行法上有关告知说明义务的各法律规定之间并不存在冲突，只是因为各规定的目的不同导致表述上存在一定差异，从应然的角度看，告知说明义务的主体既有可能是医疗机构，也可能是医务人员，但并不仅限于医生。[②]本书认为，告知说明义务的主体可以从多个角度分析。

首先，从医疗合同的角度看，告知说明义务的主体应该是医疗机构，而非医务人员。因为，患者就医时与其订立合同的当事人是医疗机构，而非医生或负责接受患者挂号的医务人员——该医务人员应被认为是医疗机构的职务代理人。法律赋予医方告知说明义务的首要目的是保障患者的知情权，以便患者能够据此作出医疗决定，而知情权是基于医疗合同产生的人权和合同权利，[③]与之相对应的合同义务理应由合同相对人承担，即应该由医疗机构承担。医疗机构虽然可以安排医务人员具体履行该义务，但医务人员在医疗合同的履行过程中，只是医疗机构的义务履行辅助人，而非义务人本人。当然，在患者已明确要求特定医生就特定治疗方案进行告知说明时，出于对患者意愿的尊重和医疗信任关系的维护，实践中应以患者选择的医生为告知说明义务的履行辅助人。另外，原则上应允许医疗机构安排适宜的医务人员履行告知说明义务。

---

① 金玄卿.韩国的医师说明义务与患者知情同意权[J].法学家，2011（3）：153.
② 冯军.病患的知情同意与违法——兼与梁根林教授商榷[J].法学，2015（8）：108.
③ 杨立新.中华人民共和国民法典释义与案例评注：侵权责任编[M].北京：中国法治出版社，2020：454.

其次，在医疗合同中，医疗机构所负的主合同义务是提供医疗服务，而医疗服务的核心是诊疗服务和护理，告知说明义务是为了辅助诊疗服务和护理的提供而产生的一项从属性义务，其存在目的是满足患者知情的需要和辅助患者作出医疗决策，只要医疗机构依法履行了其告知说明义务，不管其具体安排履行该义务的医务人员是不是患者选择的医生，原则上都不影响合同目的和患者权益的实现。

再次，从医疗侵权责任承担的角度看，依据《民法典》第1219条第2款的规定，医务人员未尽告知说明义务造成患者损害的，其侵权责任应该由医疗机构而非医务人员承担，这就进一步印证了告知说明义务的主体应为医疗机构，而非执行职务的医务人员。

最后，从医疗实践的情况看，不管是一般的门诊医疗，还是住院治疗，为患者提供医疗服务的人员往往并非只有一名医生，而是涉及众多医护人员的分工合作。在此过程中，主治医生虽然处于主导地位，但实际对患者实施检查、治疗的行为主体却非常多元，对于这些行为可能带来的风险，一般都是由具体实施这些行为的医务人员负责告知说明，而不可能概由主治医生完成。也就是说，在实践中，履行告知义务的医务人员往往是多个，除主治医师外还可能包括实施相应医疗检查的人员、其他参与诊疗的专科医生（如麻醉师）等。这说明，将告知说明义务的主体确定为医疗机构，并允许医疗机构根据实际情况安排不同的医务人员履行相应的告知说明义务，不仅符合一般的医疗法理，而且也是实践需要之所在。当然，站在主治医生的角度看，基于其主导地位和责任，该医生在实施诊疗的过程中，仍有必要对患者是否知情、医方的告知说明义务是否得到完整的履行进行确认，以保障医疗机构的告知说明义务得到了很好的履行。此一职责应属于其作为医疗机构提供服务的主要义务履行辅助人的责任。

简言之，医疗告知说明义务的主体应该是医疗机构，而非作为其义务履行辅助人的医务人员，具体履行该义务的医务人员可以是一个，也可以是多个，而不仅限于患者就医时所选择的医生。

（2）告知说明义务的内容

按照《民法典》第1219条的规定，医方的告知说明义务主要包括两个方面：一是对病情和诊疗措施的一般告知说明义务；二是针对特殊诊疗活动的特别告知说明义务。就前一义务而言，其告知说明的内容一般包括说明疾病的性质和发展程度、拟采取的医疗措施、所采用的药物的使用方法、治疗过程中需注意的事项（如饮食禁忌）等。就后一义务而言，其应予告知的内容主要是拟实施的手术、特殊检查、特殊治疗的"医疗风险、替代医疗方案等情况"，具体包括拟采取的医疗措施的性质、作用、风险和副作用，可能的替代方案，以及费用等情况。这些规定也可适用于安宁疗护，但具体应如何适用、其应予告知的内容范围应如何确定，仍值得探讨。

从理论上讲，我们希望将所有的医疗资讯都告知末期患者，使之在充分知情的情况下作出一个合乎个人价值观和人生目标的医疗决定。但实际上，医师不可能也没必要将所有医疗资讯事无巨细地告知患者，过量的信息也会掩盖重要信息，干扰患者作出正确决定。所以，有必要首先确立一个决定医疗告知范围和界限的标准。就此，美国法院已发展出了不同的标准：一是理性医师标准，即应将告知说明义务的范围、内容交由医疗专业来判断；二是理性病人标准，即医疗告知的范围和程度，应以一般理性的病人在个案情况下想要知道的资讯为准；三是具体病人标准，即主张在具体个案中，该患者认为重要的资讯，医师负有告知义务；四是折中说或二重基准说，具体包括理性医师标准与具体病人标准折中说、理性病人标准与具体病人标准折中说。①我国学者中，有主张采用具体病人标准说的，②也有主张采用理性医师标准说的，③还有主张采用理性医师标准与具体病人标准折中说的。④本书赞同采用理性医师标准与具体病人标准折中说，即原则上医方应依理性医师标准履行告知说明义务，但当患方有其他疑问提出，医师应该对该疑问予以详细说明。如此，不仅可以有效地保障患者权益，而且对医师的执业要求比较合理，不至于过度苛责。

以此为标准，同时结合安宁疗护的实际情况，本书认为，在安宁疗护中，医方在收治患者时，应予告知说明的事项主要包括：①诊断情况，包含诊断前的医疗步骤、检验项目说明、拒绝诊断的风险、诊断的病名、预后情况及不接受治疗之后果等；②医师建议的治疗方案，含该方案的治疗项目、步骤、治疗目的、医院的设备与医师的专业能力等；③治疗方案之风险说明，即所采用的方案有无危险及程度说明，可能出现的并发症及副反应，尤其是可预见但难以避免的危险等；④可能的替代治疗方案及其利弊说明。此外，基于维生医疗决定的重大性，医生在为医疗告知说明时，也应针对与维生医疗相关的事项作出必要的告知说明，如患者选择同意维生医疗的性质、效果和可能的副作用，不接受维生医疗可能带来哪些后果，有哪些可替代维生医疗的缓和医疗措施等。至于安宁疗护机构在收治患者、实施缓和医疗的过程中，针对特定医疗措施（如镇痛镇静药物的使用等）应予告知说明的内容，则需要根据具体情形而定，此处不予详细讨论。

---

① 陈子平.医疗上"充分说明与同意"之法理 [J]. 东吴法律学报, 2000, 12 (1): 227; 黄玺文.论医疗上病患同意的刑法上效力 [D]. 台北: 东吴大学, 2007: 30-33.

② 孙东东.医疗告知手册 [M]. 2版.北京: 中国法制出版社, 2014: 11; 金玄卿. 韩国的医师说明义务与患者知情同意权 [J]. 法学家, 2011 (3): 153.

③ 冯军.病患的知情同意与违法——兼与梁根林教授商榷 [J]. 法学, 2015 (8): 108.

④ 马齐林.论医疗告知义务——以经济学和法学为视角 [J]. 当代法学, 2008 (1): 84; 艾尔肯.论医师的说明义务 [J]. 沈阳师范大学学报 (社会科学版), 2007 (4): 145.

（3）告知说明义务的对象和方式

医疗告知说明的目的是维护患者的医疗自主，以便患者在知情的基础上作出同意或不同意特定医疗措施的决定，所以医疗告知说明的对象一般应该是患者本人。《民法典》第1219条明确规定，医疗告知说明的对象和有权对特定医疗措施作出同意或不同意决定的，原则上应该是患者，只有在"不能或者不宜向患者说明"时，才应当向患者的近亲属进行告知说明，并取得其明确同意。这说明，我国法对医疗知情同意权的配置采取的是一种"补充同意模式"，①患者近亲属只有在发生了"不能或者不宜向患者说明"的情形时，才有资格代替患者成为医疗告知说明的对象和医疗同意的主体。

于此，不能向患者说明的情形，一般是指患者已丧失意识（如昏迷）或者本就为无民事行为能力或限制行为能力人的情形；不宜向患者说明的情形，一般是指一旦将患者病情和治疗的风险等情况告知患者，有可能给患者造成不良的身心刺激，从而影响治疗效果的情形。前一情形下的替代告知，是迫不得已，后一情形下的替代告知的前提是否具备，具有很强的主观性，需要医务人员根据患者的情况作出判断和选择。如果医生认为不宜向患者说明的，则可以选择向患者隐瞒或部分隐瞒有关其病情、预后和治疗风险等信息，而仅向患者近亲属作告知说明，以免患者知情后产生不良的身心反应，从而影响治疗的进行和治疗效果。这一做法在医学上一般被称为保护性医疗，站在医生的角度看，也可以被称为一项医疗特权。②保护性医疗的目的是保护患者，避免给患者造成不利。《执业医师法》（2022年3月1日已废止）第26条第1款就明确规定："医师应当如实向患者或者其家属介

---

① 陈传勇.医疗知情同意权的合理配置［J］.中国矿业大学学报（社会科学版），2021（1）：37.

② 比彻姆，邱卓思.生命医学伦理原则［M］.李伦，等译.北京：北京大学出版社，2014：83.

绍病情，但应注意避免对患者产生不利后果。"《医疗事故处理条例》第11条也有类似规定。依其规定，在具备对患者采取保护性医疗措施的情况下，医生可以对患者隐瞒一些重要的信息，但这并不意味着，医生已完全免除了其对患者的告知说明义务，而只是说医生可以不告知患者一些可能给其带来重大不利影响的信息，但对于其他信息仍应予告知说明。

保护性医疗的目的虽然是良善的，但客观上妨碍了患者知情同意权的行使，具有一定的法律家长主义色彩。实践中，出于谨慎的考虑，医生往往会倾向于对一些重症患者隐瞒病情等重要信息，而仅向患者近亲属作告知说明。这种做法虽然客观上有可能导致保护性医疗的适用范围被"不当"扩大，但在法律已经赋予医生在"宜"与"不宜"之间作出判断和选择的情况下，对于医生的这种谨慎选择一般不宜将其作为违反告知说明义务的行为处理。当然，如果有决定能力的患者已经明确表示要求告知其实情的，医生仍应向患者本人作告知说明。在安宁疗护中，以上规则也有其适用余地，但应有所限制。因为，安宁疗护的选择事关患者重大利益，而且医生对于安宁疗护患者本就负有包含死亡教育在内的心理支持和人文关怀的义务，在患者尚有决定能力时，不管是医生，还是患者近亲属，都不应为了实施保护性医疗而对患者隐瞒病情等信息，而是应该告知患者实情并尊重患者的自主选择，否则将意味着一个有决定能力的临终患者的"生死"只能被动地操之于他人之手，这不仅有悖于安宁疗护帮助患者"舒适、安详、有尊严地离世"的服务目的，而且会推高临终患者权益受损的风险，并不利于我国安宁疗护事业的发展。

有鉴于此，本书认为，在临终患者尚有决定能力时，医务人员在取得患者同意接受安宁疗护的意愿之前，应就相关信息向患者本人作医疗告知说明，而不应以替代告知的方式向患者近亲属进行告知说明，否则其行为将构成对患者所负的告知说明义务的违反。

至于医疗告知说明的方式，则应与旨在使患者知情并据此作出相应的医疗决定的目的相契合，其最基本的要求应是以患者能够理解的方式进行告知说明。这就要求医务人员需根据患者或其近亲属的具体情况灵活调整告知说明的方式，而不应将告知说明义务的履行变成一个完全程式化的程序事项。《医疗纠纷预防和处理条例》第17条规定："医疗机构应当建立健全医患沟通机制，对患者在诊疗过程中提出的咨询、意见和建议，应当耐心解释、说明，并按照规定进行处理；对患者就诊疗行为提出的疑问，应当及时予以核实、自查，并指定有关人员与患者或者其近亲属沟通，如实说明情况。"此一规定对于医疗告知说明的方式和程度作出了较为细致的规定，应该得到医务人员的遵守。

（4）告知说明义务的例外情形

医方的告知说明是在实现患者知情同意权行使的完整性，更是患者自我决定权之具体化程序的保障。然而，医方的告知说明与患者的知情同意不能成为医师规避法律责任和医学伦理原则的退路，患者的医疗自主不是绝对的，医方的告知说明义务也应当有例外情形。这种例外是指在某些条件成熟时，患者的自主权便不再被优先保护，医方获得一种能够对抗患者自主权的抗辩权或者责任豁免权。①具体而言，医方可以例外地不为或减轻告知说明义务的情形主要有以下两种：

第一，患者弃权。告知是为了患者知情，但如果强迫患者接受其不想获知的信息，无异于是对患者医疗自主的否定。患者的自我决定权，不仅体现在对医疗决策的自主，更体现在对获知医疗信息的自

---

① 穆冠群.论英美法上的医疗特权——兼议保护性医疗措施在我国民法典侵权编中的构建［J］.政治与法律，2018（5）：27.

主。质言之，患者对医疗信息的不知情权与患者的知情拒绝权一样，都是患者医疗知情同意权的题中之义。所以，当患者明确表示放弃获知某类信息时，医方对该类信息便不再具有告知说明义务。医方告知说明义务的免除，必须是在患者知道医方有告知说明该事项的义务且自己有权就此作出自主决定的前提下，自愿、故意且积极地作出不欲知情的意思表示方可。

第二，紧急医疗情形。《民法典》第1220条对紧急医疗的处理作出明确规定，依其规定，在患者生命垂危需要抢救等紧急情况下，如果医生不能取得患者或者其近亲属意见的，医生可经医疗机构负责人或者授权的负责人批准，立即实施相应的医疗措施。这一规定既是对医生的紧急医疗特权的规定，也内含了对特定情形下的医生的告知说明义务的豁免。其中所述的"不能取得患者或者其近亲属意见"的情形是指患者本人已不能表达其意志（如已丧失意识）或者本就没有医疗决定能力，而医生已不能取得患者近亲属意见的。根据《最高人民法院关于审理医疗损害责任纠纷案件适用法律若干问题的解释》第18条的规定，不能取得患者近亲属意见的情形主要包括：患者近亲属不明的；不能及时联系到近亲属的；近亲属拒绝发表意见的；近亲属达不成一致意见的等。

（5）末期患者的病情告知

对末期患者进行病情告知常被视为一种医病沟通艺术，医务人员需要学会观察病人特质、家属情绪反应及工作环境独特之处的敏感度，重视人性化沟通的动态过程，协助末期患者有机会自主地选择符合个人意愿的末期医疗与照护。我国台湾胡文郁等人提出了末期病情告知四原则：第一，告知前的评估与准备，即事先评估病人的特性与意愿，告知计划、时机、环境的准备；第二，积极与病人家属进行沟通，协助家属与医疗团队达成末期病情告知的共识与方向；第三，视病人情况调整告知方式与内容，尽量以缓和渐进的方式告知，必要时应分次、多次说明；第四，告知后需持续追踪病人反应，引导病人表达情绪，适时提供心理、社会及灵性照顾。赵可式教授认为，末期患者的病情告知应考虑七项原则：第一，患者是否想知道，若想，患者一定会发出各种信息；第二，告知前找到能支持患者活下去的力量；第三，主治医师视情况可以授权给与患者有良好信任关系的人来告知；第四，尽量用缓和委婉的方式告知；第五，选择适当的时机告知，如患者身心状况较好并主动探询的时机；第六，告知后注意处理患者的各种情绪反应；第七，幽谷伴行，不要让患者感到孤独，应提供资源陪伴其走完最后的时光。

我国的安宁疗护机构在实施安宁疗护时，也可在遵守《安宁疗护实践指南（试行）》等相关标准的基础上，通过借鉴我国台湾地区的以上做法，不断完善告知说明义务的履行方式，以便更好地实现医患沟通，提高安宁疗护服务的社会满意度和整体质量，真正使安宁疗护成为一道温暖离程的暮光。

3.取得患方同意的义务

《民法典》第1219条既是对医方告知说明义务的规定，也是对医方取得患方同意义务的规定。在安宁疗护中，涉及需要对患者实施手术、特殊检查、特殊治疗的，医务人员也应在依法履行告知说明义务的基础上，取得患者或其近亲属的同意，未获得患方同意而对患者采取以上医疗措施的，将构成对患者身体权的侵害。

4.合理诊疗义务

为患者提供诊疗服务，是医疗服务提供者的合同主给付义务。这种诊疗义务乃是一种手段债务而非结果债务，其最核心的要求是医生须提供符合专业要求的诊疗服务，但并不要求其必须保证治愈患者疾病或者保障特定治疗效果的发生。这里所说的"符合专业要求"是对诊疗义务履行的一个基本要求，即医务人员应尽到"与当时的医疗水平相应的"诊疗义务，未尽到此一义务造成患者损害的，医疗机构应依据《民法典》第1221条的规定承担损害赔偿责任。反之，如果医疗机构已经尽到了合理诊疗义务，即便是未达到预期的诊疗效果，甚至给患者造成了人身损害，法律上也应认为医疗机构已适当履行了诊疗义务，其行为不构成医疗过错。

5.转诊义务

转诊行为并非终止医疗服务合同的意思表示，而是医疗服务合同之债的履行行为。[①]转诊既是医疗机构的一项义务也是患者的一项权利：医疗机构为保证医疗服务合同目的之达成，应在转诊原因出现后及时履行转诊义务；患者基于自我决定权有权自主选择其所就诊的医疗机构。就医疗机构的转诊义务而言，其发起原因主要有两个：第一个是医疗机构基于主客观因素无法依约提供适当诊疗服务，为患者利益计应履行转诊义务。客观因素是指《医疗机构管理条例》第30条和《卫生部关于进一步加强急诊抢救工作的补充规定》中规定的"病床、设备和技术条件"，医疗机构因限于"病床、设备和技术条件"无法实施安宁疗护，客观上已无法亲自履行诊疗义务，为保障患者最佳利益而转诊至合适的安宁疗护机构。主观因素是指医疗机构中的医务人员都基于良知抗辩拒绝履行患者的医疗决定，医疗机构因主观上无法亲自履行诊疗义务而只能选择转诊。第二个是首诊医疗机构根据患者的具体情况及相关医保政策，建议并协助患者转至适当的医疗机构继续接受诊疗。医疗机构转诊义务的顺利履行需要首诊医疗机构、转入医疗机构、医务人员和患者密切配合。首诊医疗机构的医务人员应在安宁疗护服务中积极识别出需要转诊的患者，并及时向医疗机构申请转诊。首诊医疗机构对需要转诊的患者应及时审核，依法作出转

---

① 陈云良.论转诊行为的法律性质及救济途径 [J].法学，2019（5）：19.

诊意见，及时开具转诊证明。医务人员知悉审核结果后，就转诊证明中的重要事项向患者进行告知说明，患者在理解这些医疗信息的基础上签署知情同意书。首诊医疗机构在转诊前应继续向患者提供与自身诊疗水平相符的医疗服务，在转诊后仍应积极协助配合转入医疗机构，如病历资料的交接、患者特质及偏好的解释说明等。转入医疗机构应积极配合患者转诊，积极接收患者相关资料并了解患者情况，提前为转诊患者预留适当医疗资源。

6.其他义务

除以上义务外，安宁疗护中的医方还应重点履行好以下义务：

第一，尊重患者隐私和个人信息的义务，即保密义务。在医疗合同履行过程中，医疗机构和医务人员会收集到许多有关患者身份、生活习惯、嗜好、病史、家族病史、病程情况、基因特点等私密信息，医疗机构和医务人员应在诊疗范围内使用这些信息并尽到保护患者隐私和个人信息的义务。这一义务既是基于医疗服务合同产生的合同附随义务，也是法律明确规定的法定义务。《医师法》第23条第1款第3项和《护士条例》第18条分别要求医师与护士保护患者隐私和个人信息，《民法典》第1226条不仅明确规定"医疗机构及其医务人员应当对患者的隐私和个人信息保密"，更进一步明确侵犯患者隐私和个人信息的应当承担侵权责任。保密义务的范围包括患者的隐私和个人信息，医疗机构和医务人员不得刺探、侵扰、泄露、公开患者的隐私，不得泄露其收集、储存的患者个人信息，未经患者同意不得向他人非法提供患者个人信息，否则应当承担侵权责任。除必要情形外，使用患者病历资料时，应当采用匿名化措施，使他人无法识别和追踪患者身份。[①]

---

① 邹海林，朱广新.民法典评注：侵权责任编［M］. 北京：中国法制出版社，2020：586-587.

第二，病历资料的制作、保管和提供义务。根据《病历书写基本规范》第1条的规定，病历是指"医务人员在医疗活动过程中形成的文字、符号、图表、影像、切片等资料的总和，包括门（急）诊病历和住院病历"，按照记录形式又可区分为电子病历和纸质病历。基于医疗活动涉及患者隐私，具不公开的特点，《医师法》第24条第1款、《病历书写基本规范》第14条、《医疗事故处理条例》第8条和《民法典》第1225条第1款将制作并保管病历资料作为医疗机构及其医务人员的法定义务，医务人员应"客观、真实、准确、及时、完整、规范"地填写病历资料并妥善保管。医疗机构并不是对患者所有病历资料都负有保管义务，门（急）诊病历原则上由患者负责保管，住院病历由医疗机构负责保管。"只有当医疗机构建有门（急）诊病历档案室或者已建立门（急）诊电子病历的，且经患者或者其法定代理人同意，患者的门（急）诊病历才可以由医疗机构负责保管"。按照《医疗机构管理条例实施细则》第53条的规范意旨，对于由医疗机构保管的门诊病历，医疗机构应自患者最后一次就诊之日起保存15年以上，对住院病历应自患者最后一次出院之日起保存30年以上，超出保管期限的，可以不再保管。病历是记载患者接受诊疗服务全过程的法定文书，提供病历资料乃是医疗服务合同中的附随义务，医疗机构拒不提供的，患者可以依据医疗合同提出给付请求。[①]

三、安宁疗护机构的权利和义务

安宁疗护机构在相对于安宁疗护患者时，所享有的权利主要包括请求患方支付医疗费用的权利，[②]要求患者遵守诊疗制度和医疗卫生服务秩序的权利，依法收集、存储和使用患者个人医疗信息的权利

---

① 邹海林，朱广新.民法典评注：侵权责任编［M］. 北京：中国法制出版社，2020：583-584.
② 参见重庆市渝中区人民法院（2009）中区民初字第2620号民事判决书。

等；所应承担的义务包括前述以医务人员为履行辅助人的义务，如为患者提供诊疗服务的义务、告知说明义务、取得患方同意的义务等。医务人员在为患者提供医疗服务的过程中违反前述义务或者合同约定的义务的，应由医疗机构对患方承担相应的法律责任。

第三节　安宁疗护中的医疗损害责任

一、安宁疗护中的医疗损害责任概述

从民法学理上看，医疗损害责任有广义和狭义之分。狭义的医疗损害责任是指医疗机构对患者在医疗活动中所受的人身或者财产损害，应当依法承担的侵权责任，其责任的构成一般须以损害是因医疗机构或医务人员的过错所造成为前提。广义的医疗损害责任还包括医疗产品侵权责任和违反医疗合同的损害赔偿责任等。《民法典》仅从侵权责任的角度对医疗损害责任作了专章规定，并对其采取较为广义的界定，其范围至少包括以下四类：一是第1219条第2款规定的违反告知说明义务的损害赔偿责任；二是第1221条规定的违反诊疗义务的损害赔偿责任（诊疗损害责任）；三是第1223条规定的医疗产品（含血液）责任；四是第1226条规定的侵犯患者隐私权、个人信息的损害赔偿责任。

在安宁疗护中，以上四种不同类型的医疗损害责任有可能会发生，其责任构成和承担可直接适用民法典的规定和《最高人民法院关于审理医疗损害责任纠纷案件适用法律若干问题的解释》等，无须立法专门就此作出特别规定。在比较法上，与安宁疗护相关的专门针对医疗损害责任所作的特别规定和判例主要涉及医疗副作用问题，即医

生是否应对其正当实施的医疗行为所带来的副作用承担法律责任的问题。处理这一问题的基本原则一般被称为"双重效果或双重效应原则"。该原则也在我国得到了一些学者关注，有的学者还专门针对其在临终医疗中的运用进行了探讨，所要探讨的重点是医生是否应对末期镇痛镇静治疗中可能出现的致死的副作用承担法律责任。①2015年国内发生的第一起吗啡医疗纠纷案，就在一定程度上涉及这一问题。

二、安宁疗护中"镇静致死"的法律责任问题

安宁疗护服务的一个核心内容是镇痛治疗，即疼痛控制和治疗，而镇痛治疗必然涉及镇痛镇静药物的使用。有时候，医生为了缓解因各种顽固性症状给患者带来的不能忍受的痛苦，还会有意识地使用镇静药物使患者维持一种深度睡眠状态，使之感受不到痛苦。这在医学上一般称之为末期镇静或姑息镇静（palliative sedation）治疗。②而末期镇静治疗所使用的药物一般都会有一定的副作用。例如，阿片类药物虽然在医学上一直都被认为是急性重度癌痛和需要长期治疗的中、重度癌痛治疗的首选药物，但这些药物一般都会有一定的副作用，如便秘、恶心、呕吐、嗜睡、成瘾、呼吸抑制等。其中，呼吸抑制是一种最严重的副作用，其临床表现一般多为呼吸次数减少、潮气量减小，针尖样瞳孔等，严重者会出现呼吸暂停、深昏迷、循环衰竭甚至导致患者死亡。正是因为可能存在这些严重的副作用，所以才会在法律上诱发医方是否应对此承担法律责任（含民事和刑事责任）的问题，而"双重效果原则"正是用来处理此类问题的，由此也就诱发了

---

① 翟晓梅."双重效应原则"：对临终患者使用吗啡解除痛苦的伦理学辩护［N］. 医师报，2016-11-28；刘宇鹏，万献尧. 浅谈临终医疗的双重效应原则［J］. 医学与哲学，2008（2）：4-6；李大平. 末期镇静的双重效果原则诠释［J］. 湖北科技学院学报（医学版），2013（4）：367.

② 杨娟丽，杨书芳，史学莲，等. 持续静脉镇痛联合姑息镇静治疗顽固性癌痛1例［J］. 中国疼痛医学杂志，2015（7）：560.

是否需要引入"双重效果原则"的问题。

（一）是否应引入"双重效果原则"之争

1.双重效果原则的含义

双重效果原则是一种对兼具好的效果和坏的效果的行为进行道德评价的原则。一般认为，该原则最早是由著名神学家托马斯·阿奎那在讨论"自卫杀人是否合理"时所提出的。阿奎那认为："一个行为有两个后果，其中一个后果是意图的，而另一个后果是非意图的。我们根据意图的而非意图之外的后果来确定道德行为的类别。"在自卫杀人中，自卫行为产生了保全生命和侵害人被杀的两个后果，行为人自卫的意图是为了保全生命，而保全生命是好的，所以自卫是出于好的意图；杀人虽然在一般情况是不可接受的，但如果侵害人被杀是出于保全生命这一好的意图的行为所产生的副效应，并且这种副效应要小于行为人所意图的好的后果，那么即便该副效应是可预见的，也不影响我们关于该行为在道德上应被允许的判断。于此，阿奎那区分了行为人所意图的后果和所预见的非意图的后果，并赋予这一区分在评价行为的合理性时以道德上的重要性，即评价一个行为的道德性应以行为人意图的后果为首要根据。

根据阿奎那的思考，他的后继者提出了具有一定通用意义的双重效果原则的适用条件。这四个适用条件构成了判断一项具有可预见的双重效果的行为在道德上可被允许的充分条件：（1）行为本身是善的，或者至少是道德中立的；（2）行为人仅意图正面效果，负面效果不是其所意图的；（3）正面效果不是由负面效果产生的；（4）必须合理证明正面效果和负面效果是合比例的。①

以后的许多学者多倾向于采用这四个适用条件来运用双重效果原

---

① CAVANAUGH T A . Double-effect reasoning: doing good and avoiding evil ［M］. Oxford: Oxford University Press, 2017: 25-26.

则，并将其作为解决一些道德疑难问题的重要判准，如为了挽救孕妇生命而实施堕胎、给临终患者实施终极镇静、战争中造成无辜民众伤亡的军事行动、电车失控类型的案例等。当代著名生命伦理学家比彻姆和邱卓思曾以临床医学中两个经典的流产案例为例，对双重效果原则的四个适用条件及实际应用进行了探讨。

"案A：一孕妇因患宫颈癌，生命受到威胁，实施子宫切除术是保护其生命的唯一途径，如果不实施子宫切除术，那么她会死。但是，切除子宫必然会导致胎儿的死亡。案B：一孕妇难产，除非将胎儿的颅骨击碎，否则孕妇将性命不保。但如果击碎胎儿的颅骨，胎儿势必会死。"①

"在案A中，实施子宫切除术挽救孕妇生命的行为本身是善的，因此满足双重效果原则的条件（1）；医生实施手术的意图是挽救孕妇生命而不是意图胎儿死亡，胎儿的死亡仅是子宫切除术这一行为的一个可预见的结果而不是意图的结果，因此满足双重效果原则的条件（2）；挽救孕妇生命是实施子宫切除术的一个好的结果，该结果并非胎儿死亡这一坏结果的直接的因果性结果，胎儿死亡只是挽救孕妇生命而不得不采取的行动的一个副效应，而非达到后一目的的手段，因此满足双重效应原则的条件（3）；挽救孕妇生命是证明胎儿死亡这一坏结果被允许的一个相称的理由，因此满足双重效果原则（4）。因此案A满足双重效果原则的四个条件，能够通过该原则得到道德上的辩护，是道德上可被允许的行为。在案B中，击碎胎儿颅骨的行为本身是恶的，不符合双重效果原则的条件（1）。医生击碎胎儿颅骨的意图是为了挽救孕妇生命，但是医生必须先意图胎儿的死亡，尽管在该案例中胎儿死亡并不是其想要的，但挽救孕妇生命的目的是以胎儿颅

---

① BEAUCHAMP T L，CHILDRESS J F . Principles of biomedical ethics ［M］. Oxford: Oxford University Press，2001：129.

骨被击碎为手段实现的。也就是说，胎儿死亡这一坏的结果是产生孕妇生命被挽救这一好的结果的一个途径或手段。因而，案 B 不符合双重效果原则条件（2）和条件（3），医生击碎胎儿颅骨导致胎儿死亡的行为不能获得相当的辩护。"①

2.争议各方的观点

双重效果原则虽然具有一定的合理性，但该原则受到一些批判和质疑。这些批判和质疑主要涉及"意图的结果"和"仅可预见的结果"之间的界限难以确定，混淆了对行为主体的评价与对行为的评价，条件限制过多，行为所产生的好结果与坏结果是否合乎比例难以衡量等。②受此影响，学界对于是否应在医疗领域中适用双重效果原则的问题，也存在不同看法。

2015年国内第一起吗啡医疗纠纷案发生后，有学者曾明确指出，医生为了解除临终患者的痛苦，对其使用吗啡可以得到双重效果原则的辩护。因为，医生使用吗啡解除临终患者的极度痛苦，通常都是出于对患者最佳利益的考虑。虽然医生有挽救生命的职责，但解除患者的痛苦也是医生的职责，特别是对于那些死亡过程已经开始并且不可逆转的临终患者来说，有时候解除痛苦是符合他们最重要的需求和最大利益的。哪怕这些干预措施可能带来一些间接的有害效应，如导致患者出现了可预见的呼吸抑制的副作用等，医生的干预措施也可以得到伦理学的辩护。③

与之相对，也有部分学者认为，虽然临床研究和经验显示，使用

---

① 郭蓉，李伦.双重效应原则及其评析［J］.中南林业科技大学学报（社会科学版），2014（4）：60.

② SPIELTHENNER. The principle of double effect as a guide for medical decision-making ［J］. Med Health Care and Philos，2008，11：465-473；SANFORD S，LEVY. The principle of double effect ［J］. The Journal of Value Inquiry，1986，20：20-40.

③ 翟晓梅."双重效应原则"：对临终患者使用吗啡解除痛苦的伦理学辩护［N］.医师报，2016-11-28.

末期镇静药物有可能产生呼吸抑制的副作用，但实际上这是医生可以预见的。只要医生加强临床观察，及时调整给药途径、频率和剂量，实际发生呼吸抑制的情形极少。即便发生了呼吸抑制，如患者出现呼吸频率下降、嗜睡、瞳孔缩小等症状，也容易被发现和诊断，使用相应的特效药物解救，快速安全且非常有效。总之，临床上使用的末期镇静药物，是相对比较安全的药物，发生致死的严重副作用的情形极少。而且，充分且适当地给予患者以末期镇静药物，由于能够解除患者病痛，使之得到充分的休息，反能延长末期患者有质量的末期生命。所以，没有必要依靠双重效果原则来证明施予末期患者足够剂量之疼痛控制药物的正当性。不了解上述实证事实而鼓吹这一伦理原则，反而造成医生因担心产生缩短末期患者生命的副作用，而不敢给予末期患者以足够剂量的镇静药物。①

　　另有一些学者认为，从法律上讲，引入双重效果原则有其积极意义。至少可以在一定程度上减少一些医生的顾虑，避免其为了规避医疗风险而不敢给患者提供足够剂量的药物以减轻其痛苦。

　　（二）我国法暂不宜在立法中引入双重效果原则

　　双重效果原则作为一种用来解决道德困境的伦理原则，有其合理性，正当防卫制度在各国法上的普遍化就可被认为其合理性的一个证明。然而，该原则在临终医疗领域的适用远未像正当防卫一样被普遍地成文化，其在临终医疗的适用更多的是通过区分适当的缓和医疗和旨在结束患者生命的安乐死或协助自杀来实现的。

　　早在1957年的一起刑事案件中，英国法院就确立了适用于医疗的双重效果原则。该案中，约翰·博德金·亚当斯医生被指控谋杀，因为他被发现用高剂量的麻醉性止痛药治疗了许多在他护理下死亡的

---

① 李大平.末期镇静的双重效果原则诠释［J］.湖北科技学院学报（医学版），2013（4）：367-368.

老年患者。法院判决认为，如果医生"以减轻疼痛或痛苦为目的对重症患者进行治疗，结果该患者的生命在无意中被缩短，那么医生就不犯有谋杀罪"。大法官德夫也认为，医生"有权采取一切适当和必要的措施来减轻重症患者的疼痛或痛苦，即使他所采取的措施可能会附带缩短生命"。根据该案确立的原则，患者在接受疼痛治疗时死亡的原因将被归因于其所患疾病，只要医生采取的措施是适当的、必要的，即便使用了高剂量的止痛药，也不影响其行为的定性。这与那些旨在结束患者生命而对其使用麻醉药物的行为有着本质的不同，前者具有行为目的上的正当性，而后者不具备。

这一做法此后也为英国上议院、加拿大最高法院所采用。美国最高法院也在1997年的奎尔案中，运用双重效果原则否定了原告所提出的医生协助自杀的权利应受到平等保护的主张，并认为纽约州的立法区别对待撤除维生医疗和安宁疗护与医生协助自杀并不违背宪法。法院在该案中依据双重效果原则，区分了意图导致绝症患者死亡与仅仅预见医疗导致的死亡，并认为这一区分"符合因果关系和意图的基本法律原则"。这一区分也为美国最高法院此后的一些判决所采纳，有学者甚至认为，美国已在实体宪法的多个领域默许了双重效果原则。①与前述英美法系国家多在判例中运用双重效果原则不同，1995年的澳大利亚南澳大利亚州《医疗同意和缓和医疗法案》则直接以成文法的形式确认了双重效果原则。该法第17条规定："（1）负责治疗或护理疾病终末期患者的医生或在医生监督下参与治疗或护理之人，为了减轻患者疼痛或痛苦而实施治疗，只要其实施的治疗符合以下条件，就不应承担民事或刑事责任，即便这种治疗的一个附带效果是加速患者死亡：①获得了患者或其代理人的同意；②善意且无过

---

① LYONS, EDWARD C . In incognito-the principle of double effect in American Constitutional Law ［J］. Florida Law Review，2005，57（3）：469-564.

失；③符合适当的缓和医疗专业标准。（2）负责治疗或护理疾病终末期患者的医生或在医生监督下参与治疗或护理之人（a）在治疗患者时，没有义务使用或继续使用维持生命的医疗措施，如果使用或继续使用这些措施的效果仅仅是延长一个没有任何真正的康复前景或处于持续植物人状态（无论患者或患者代理人是否要求使用或继续使用这些措施）的奄奄一息的生命；并且（b）如果患者或患者代理人作出了此类指示，则必须撤除患者的维持生命措施。（3）为了实现国家立法之目的（a）符合本条第1款规定的为减轻患者疼痛或者痛苦而实施的医疗措施不构成死亡的介入原因；而且（b）符合本条第2款规定的不实施或撤除维生医疗不构成死亡的介入原因。"同时，该法在第18条中明确规定："（1）本法不授权为造成接受治疗的人死亡而实施医疗。（2）本法不授权任何人协助他人自杀。"

德国最高法院也在1996年的一起案件中，认定医生根据患者已明确表达或假定的意愿给濒死患者提供医学上指定的可能会加速患者死亡的止痛药，并没有违反法律。这实际上已涉及双重效果原则的运用，其背后所隐含的逻辑与英美等国法院判决并无实质区别。法国法在这一问题上的态度则更为明确，其立法甚至直接规定，在特定情况下，医生可对患者采取"持续深度镇静至死"的措施。新加坡、韩国等亚洲各国的相关立法虽然未明确规定适用于临终医疗的双重效果原则，但在实践中都承认，医生可以在安宁疗护中对患者采取适当的末期镇静措施，即便这些措施可能导致加速患者死亡的不良反应，医生的行为也不构成违法。

总之，在比较法上，针对安宁疗护中可能发生的"镇静致死"问题，较为通行的做法是：首先，基于广泛接受的伦理规范（含双重效果原则）和医学规范，承认安宁疗护（主要是放弃维生医疗）的合法性，以及医生可在安宁疗护中对患者采取末期镇静措施。世界卫生组织发布的癌痛三阶梯止痛治疗指南和世界各地安宁疗护学会、肿瘤学会等医学组织发布的癌痛治疗指南，一般也都承认，医生在必要时，可对终末期患者实施末期镇静治疗。因为，在实践中，有些终末期患者可能会出现难治性疼痛，常规的医疗处理措施根本难以奏效，有的甚至同时伴有难治性呕吐、呼吸困难及谵妄等一系列症状，而且这些症状往往不是独立存在的，而是相互叠加的，于此，末期镇静可能是临床医生可以选择的最后的一种治疗手段。①也就是说，从医学上看，末期镇静是符合特定患者最佳利益的。其次，在一般性地解决了末期镇静的合法性——这种合法性是建立在安宁疗护的行为目的正当性和末期镇静医学必要性的基础之上——之后，法律上需要重点考察的是医生所采取的末期镇静措施是否适当，即是否符合相应的医学规范，是否尽到了医生应尽的注意义务。如果医生的行为适当，则即便是发生了可预见的副作用，医生也不应对此承担法律责任。这个道理同样适用于一般的医疗行为，即只要医生的行为没有过失，医生不应对其医疗行为所导致的副作用承担法律责任，否则正常的医疗行为根本无法开展。

以上所述表明，对于安宁疗护中可能发生的"镇静致死"问题，比较法上的通行做法更多的是通过多项原则的协同来解决其法律责任问题的，而非单纯依赖于双重效果原则。于此，双重效果原则以及与之相关联的患者最佳利益原则，主要是被用来证明采取可能加速患者死亡的末期镇静措施的合法性。至于在具体个案中，医生是否应对现实发生的副作用承担法律责任的问题，尚需考察医生的行为是否适当、必要，即是否存在过错。仅有双重效果原则的支持，而不考察医生的行为是否存在过错，将有可能导致医生注意义务的降低，这既不

---

① 张宏艳，高伟健.终末期患者的姑息性镇静治疗——安宁疗护的理念与用药 [J].医学与哲学，2018（4B）：14.

利于患者权益保护，也不利于医学的进步。

　　在我国法已明确肯认安宁疗护乃是一种良善的、受法律保护的临终医疗措施的情况下，末期镇静治疗作为世界卫生组织发布癌痛三阶梯止痛治疗指南明确肯认的安宁疗护措施之一，其合法性实际上已通过立法对安宁疗护合法性的确认得以解决。故而，在我国法上，对于实践中可能发生的因"镇静致死"所生的法律责任问题，仅需考察医生在决定采取这一措施以及在实施这一措施的过程中，是否存在过错即可，而无须再依赖双重效果原则为医生进行道德上和法律上的辩护。于此，过错的考察完全可以依赖民法典等相关立法关于医疗过错的规定以及相关诊疗规范的规定进行，无须在安宁疗护立法中进行特别规定。

第七章　安宁疗护的国家保障义务

安宁疗护事业既是一项人权保障事业，又是一项民生事业，关乎民众的生命质量、医学的价值取向和社会的文明进步，其发展离不开国家的支持和保障。随着人口老龄化社会的到来和各种慢性疾病尤其是癌症发病率的增高，安宁疗护已成为许多老年患者的刚性需求。所有这一切都要求，国家应在尊重、保护和促进安宁疗护患者权益的实现方面，承担起更为积极的责任和义务，以下将重点从国家保障义务的来源、体系和履行等方面就此展开讨论。

第一节　安宁疗护权利的国家保障义务概述

一、安宁疗护权利的国家保障义务来源

如前所述，安宁疗护权利主要包括临终患者的医疗自主权和安宁疗护获得权。这些权利作为公民所享有的基本人权的重要组成部分，其实现须以相应的义务主体切实履行其义务为前提。这些义务主体包括国家、国际组织、非政府组织和个人等，但核心的义务主体是国家。因为，国家的存在价值和权力行使的合法性基础，在于保护公民权利。①所以，在国际人权法中，主权国家向来都会被规定为人权保障的首要义务主体，承担着人权保障的主要责任。这些义务有的是法定义务，有的是道德义务，有的是对内义务，有的是国际义务，其义

---

① 郭道晖.人权的国家保障义务［J］.河北法学，2009（8）：11.

务的来源主要包括以下几个方面：

（一）法律的规定

尊重和保障人权是国家的宪法义务之所在，也是国家的核心职责。安宁疗护患者的权益保障一方面会涉及具有自由权性质的医疗自主权，另一方面会涉及具有社会权性质的安宁疗护获得权。这两个方面的权利保障，不管是依据《宪法》第33条第3款确立的"国家尊重和保障人权"的原则和第38条确立的"人格尊严不受侵犯"的原则，还是依据第45条第1款等条款所体现的社会国原则，都是国家的人权保障义务之所在。国家对于这些权利，依法应负有尊重、保护和促进其实现的义务，以下将这些义务统称为保障义务。

作为对宪法规定的人权保障义务的具体化，相关部门法有关患者权益保障的规定，也可为安宁疗护权利的国家保障义务的发生和履行提供具体法律依据。这些法律规定主要包括：《民法典》第1002—1004条关于自然人生命权、身体权和健康权受法律保护的规定，第1218—1228条关于医疗损害责任的规定。《基本医疗卫生与健康促进法》第4条关于健康权和健康教育获得权的规定，第5条关于基本医疗卫生服务获得权的规定，第32条关于医疗知情同意权的规定，第33条关于平等尊重患者人格尊严和隐私权的规定，第36条关于为公民提供包括安宁疗护在内的全方位全周期医疗卫生服务的规定，第76条关于加强重点人群健康服务、推动长期护理保障工作、鼓励发展长期护理保险的规定，第82条关于参加基本医疗保险权的规定，第83条关于国家建立多层次医疗保障体系的规定等。《社会保险法》第2条关于国家建立社会保险制度，保障公民依法从国家和社会获得物质帮助的权利的规定；第三章关于基本医疗保险的规定等。《中华人民共和国老年人健康保障法》《中华人民共和国未成年人保护法》《中华人民共和国残疾人保障法》《中华人民共和国妇女权益保障法》等相关立法有关老年人、未成年人、残疾人、妇女权益保障的规定等。

（二）国际公约的规定

实现充分的人权是人类长期追求的理想，也是中国人民和中国政府长期为之奋斗的目标。中华人民共和国自成立以来，我国政府始终坚持将人权的普遍性原则与中国的具体国情相结合，为促进和保障人权作出了不懈努力，推动中国的人权事业实现了历史性发展。2009年以后，为响应联合国关于制订国家人权行动计划的倡议，我国先后制订了四期国家人权行动计划，分别是《国家人权行动计划（2009—2010年）》《国家人权行动计划（2012—2015年）》《国家人权行动计划（2016—2020年）》《国家人权行动计划（2021—2025年）》。所有这些计划在坚持宪法基本原则的同时，都特别突出了对《世界人权宣言》和有关国际人权条约基本精神的遵循，体现了我国勇于担当、自觉践行相关国际人权公约规定的勇气和决心。

就安宁疗护患者权利保障而言，相关的国际人权公约主要有四类：

一是以保障第一代人权即自由权为核心的公约，主要包括《公民权利和政治权利国际公约》《禁止酷刑和其他残忍、不人道或有辱人格的待遇或处罚公约》等。这些公约所规定的人人有权享有生命、自由和人身安全，人人有保护尊严的权利，人人有免受残忍、不人道或有辱人格的待遇的权利，人人有不受歧视和平等的权利，人人有获得信息的权利等，也可适用于安宁疗护患者，即国家对安宁疗护患者所享有的以上权益也负有尊重、保护和促进其实现的义务等。我国的相关立法和国家人权行动计划等，也都始终将保障这些患者权利作为我国人权事业发展的重要方面。

二是以保障第二代人权即社会权为核心的公约，主要包括《经济、社会和文化权利国际公约》。该公约中，与安宁疗护权利保障密切相关的规定主要有第12条关于健康权的规定、第9条关于社会保障权利的规定。第12条在规定人人享有能达到的最高身心健康标准的权利时，还明确规定了国家应承担保障公民健康权逐步实现的积极义务，并对其具体义务内容进行了列举。我国作为公约缔约国，理当切实履行该条所规定的各项义务。其中所述的"创造保证人人在患病时能得到医疗照顾的条件"的义务，在外延上就包含了为末期患者提供符合其需要的缓和医疗服务的义务。

为了推动国家的健康权保障义务的实现，联合国经济、社会和文化权利委员会还在《第14号一般性意见：享有能达到的最高健康标准的权利（第十二条）》中，对国家的健康权保障义务作出了进一步的阐释。意见不仅在第25条中突出强调了"治疗和照看患慢性病和绝症之人，帮助他们免除可以避免的痛苦，使他们能够体面地离世"的重要性，而且在第34条中明确将缓和医疗的获得阐述为健康权的一部分，并要求各国"不能剥夺或限制所有人得到预防、治疗和缓解痛苦的卫生服务的平等机会"。同时，意见将世界卫生组织发布的《基本药物行动纲领》所规定的基本药物的获取界定为享有能达到的最高健康标准的权利的"最低核心内容"的一部分，并提出了衡量义务落实的可提供性、可获得性和可接受性三大标准。①

三是以保障第三代人权即特殊群体权益为核心的公约，主要包括《儿童权利公约》《残疾人权利公约》等。这些公约有关儿童、残疾人等特殊群体的权利保障规定，同样可构成安宁疗护权利的国家保障义务来源。例如，《儿童权利公约》第24条就规定，缔约国应保证儿童享有能达到的最高健康标准的权利，并列举了国家为实现儿童的健康权应当承担的具体义务。2015年，美洲国家组织通过的世界上第一个老年人人权公约即《美洲国家保护老年人人权公约》则直接针对安

---

① 参见《第14号一般性意见：享有能达到的最高健康标准的权利（第十二条）》第12条。

宁疗护权利的国家保障提出了明确要求，要求各缔约国"应采取步骤，确保公共和私营机构为老年人提供不受歧视的全面护理，包括缓和医疗……防止不必要的痛苦以及徒劳和无用的程序""应制定一项程序，使老年人能够事先明确表示他们对包括缓和医疗在内的医疗卫生干预措施的意愿和指示"等。

四是以保障药品的获得和防止药物滥用为核心的公约，主要包括《麻醉品单一公约》《精神药物公约》等。这些公约从人权保障的角度看，也可被看作国家的健康权保障义务的重要来源。因为，药物保障本身就是健康权保障的一个重要方面，而公约的一个核心考虑就是要保障公民能够获得维护其健康、治疗其疾病的麻醉品和精神药物等。这对于以疼痛等不适症状的控制和缓解为核心内容的安宁疗护来说，意义重大。正是为了保障这些正当医疗需求的满足，促进人类健康和福祉，也是为了避免此类受控药物的滥用，促进协调一致的全球行动，公约赋予了各国以确保基于医疗目的获得这些药物和防止此类受控药物滥用的"双重义务"，并规定国家应为医疗目的提供足够的阿片类等药物。世界卫生组织发布的《基本药物行动纲领》《确保国家管制药物政策的平衡：管制药物供应和可获得性指南》等，也都涉及麻醉品、精神药物等基本药物获取的国家保障义务。

（三）相关国际组织的倡导

安宁疗护和缓和医疗获得权之所以会发展成为一项人权，主要源于相关国际医疗组织的倡导，一如前述。这些组织主要是通过发布宣言和声明等方式，主张应将安宁疗护和缓和医疗的获得视为一项人权，并呼吁各国积极采取措施保障这些权利的实现。这些宣言和声明主要包括，2002年非洲缓和医疗协会发布的《开普敦缓和医疗宣言：撒哈拉以南的非洲的本土解决方案》，2005年第二届国家安宁缓和医疗协会全球峰会发布的《韩国宣言》，2008年国际安宁缓和医疗协会、全球缓和医疗联盟发布的《关于将疼痛控制和缓和医疗作为人权使命的共同宣言和声明》，2008年国际疼痛研究协会拉丁美洲分会联合会发布的《巴拿马公告：关于将疼痛治疗和缓和医疗作为人权加以应用的公告》，2011年国际疼痛研究协会国际疼痛峰会发布的《蒙特利尔宣言》，2011年欧洲缓和医疗协会和国际安宁缓和医疗协会、人权观察组织合作发布的《里斯本挑战：承认缓和治疗是一项人权》，2012年国际安宁缓和医疗协会、世界卫生组织疼痛政策与姑息护理合作中心等60多个组织联合发布的《吗啡宣言》，2013年欧洲缓和医疗协会、国际安宁缓和医疗协会、全球缓和医疗联盟和人权观察组织发布的《布拉格宪章：敦促各国政府减轻痛苦并承认缓和医疗是一项人权》，2014年第67届世界卫生大会通过的关于《加强缓和医疗 将其作为贯穿一生的全面护理的组成部分》的决议等。

以上宣言、声明和决议等文件，虽然不像国际公约一样具有约束力，但可为国家承担安宁疗护权利保障义务提供道义和法理上的支持，其所倡导的国家义务内容往往比相关国际公约更为具体，可作为确定国家的相应人权保障义务的重要参照和依据。

二、安宁疗护权利的国家保障义务体系

关于国家的人权保障义务具体应包括哪些类型，理论上主要有"三分法"和"四分法"的分歧。①"三分法"中，有主张将国家的

---

① 美国学者亨利·舒将国家对基本权利应承担的义务区分为避免剥夺的义务、保护义务和向被剥夺者提供帮助的义务。挪威学者艾德在此基础上，将国家义务区分为尊重、保护和实现义务，荷兰人权研究所则提出了尊重、保护、实现和促进的"四分法"。二者的分歧主要在于，对那些通过个人努力无法实现、需要国家采取积极措施予以帮助的权利和自由，"三分法"主张国家应对此承担实现的义务，而"四分法"则认为需要根据该权利和自由所要达至的结果的现实程度，将对应的国家义务再区分为保证义务和促进义务，即对可以获得的承担保证义务，而对在短期内一般无法充分实现的只承担促进义务。参见：龚向和，刘耀辉.基本权利的国家义务体系 [J].云南师范大学学报（哲学社会科学版），2010（11）：78.

人权保障义务区分为尊重、保护和实现义务的，也有主张将其区分为尊重、给付和保护义务的，①还有主张将其区分为尊重、保护和促进义务的（《国家人权行动计划（2021—2025 年）》就采用此一分类）。"四分法"则主张将其区分为尊重、保护、实现（或满足）和促进义务。②联合国经济、社会和文化权利委员会在阐释《经济、社会和文化权利国际公约》第 12 条规定的健康权时，所发布的《第 14 号一般性意见：享有能达到的最高健康标准的权利（第十二条）》将国家的健康权保障义务划分为尊重、保护和实现义务。其中，尊重的义务，要求缔约国不得直接或间接地干预享有健康权。保护的义务，要求缔约国采取措施，防止第三方干预第 12 条规定的各项保证。实现的义务包括便利、提供和促进的义务，要求缔约国为全面实现健康权采取适当的法律、行政、预算、司法、促进和其他措施。③该三分法也可用来阐述国家对安宁疗护权利的保障义务。

（一）尊重义务

尊重义务，是指国家自身不妨碍和干预公民享有安宁疗护权利的义务，这主要体现的是安宁疗护权利的防御权功能。尊重的前提是国家首先必须承认患者享有安宁疗护的权利，包含放弃维生医疗的权利，平等获得安宁疗护的权利，对各项安宁疗护措施作出自主选择的权利，获得相关信息的权利等。在承认患者享有这些权利的基础上，国家的尊重义务主要表现为两个方面：一是不得妨碍公民依法行使安宁疗护权利，尤其是不能剥夺或限制所有人获得安宁疗护服务的平等机会；不得对妇女、儿童和老人等获得安宁疗护服务采取歧视性做

---

① 张翔.基本权利的受益权功能与国家的给付义务———从基本权利分析框架的革新开始［J］.中国法学，2006（1）：21；龚向和，刘耀辉.基本权利的国家义务体系［J］.云南师范大学学报（哲学社会科学版），2010（1）：78.

② 郭道晖.人权的国家保障义务［J］.河北法学，2009（8）：10.

③ 参见《第 14 号一般性意见：享有能达到的最高健康标准的权利（第十二条）》第 33 条。

法；不得禁止或阻挠传统的预防护理、治疗办法和医药；不得销售不安全的药品和采用带有威胁性的治疗办法；不得阻碍公民获取与安宁疗护有关的信息，不得阻止公民参与安宁疗护事务等。①二是国家机关及其工作人员在履行职务的过程，不得从事侵害安宁疗护权利的行为，如不得允许不符合法定条件的机构从事安宁疗护服务，不得违法批准不安全或者不符合法定要求的药品和器械用于安宁疗护服务等。

（二）保护义务

保护义务，是指国家应积极采取措施预防、制止、惩罚第三人侵害安宁疗护权利的义务，这主要体现的是安宁疗护权利的客观价值秩序功能。保护义务主要包括：国家有责任通过立法、行政、司法等措施，防止第三方侵害公民的安宁疗护权利；保障患者享有平等的机会获得第三方提供的安宁疗护服务；保证第三方提供的安宁疗护服务设施、商品和服务的安全性、可接受程度和质量；控制第三方营销的相关医疗设备和药品使之符合相关标准；保证提供安宁疗护服务的人员满足适当的教育、技能标准和职业道德准则；保护社会中的各种脆弱和边缘群体，特别是妇女、儿童、青少年和老年人的安宁疗护权利；保证第三方不得限制人民得到安宁疗护方面的信息和服务；为安宁疗护权利受到侵害者提供相应的救济和程序制度保障等。②

（三）实现义务

实现义务，是指国家应该积极采取各种适当的措施保障安宁疗护权利得以全面实现的义务。广义的实现义务包含了尊重义务、保护义务，狭义的实现义务仅指除前两项义务之外的保障权利实现的义务，主要包括便利、提供和促进的义务。狭义的实现义务体现在安宁疗护

---

① 参见《第14号一般性意见：享有能达到的最高健康标准的权利（第十二条）》第34条。

② 参见《第14号一般性意见：享有能达到的最高健康标准的权利（第十二条）》第35条。

权利保障上，核心的义务内容是国家应当积极采取各种措施保障安宁疗护服务的可提供、可获得和可接受（重点是可负担）。①

首先，国家有义务采取适当的法律、行政、预算等措施，利用自身力量和社会力量建立起足够数量的、可用的安宁疗护服务设施、商品和服务，形成一个相对完善、地区分布较为均衡的安宁疗护服务体系，并通过加强监管措施等，保证已有安宁疗护服务设施、商品和服务满足最基本的医疗卫生条件与标准，能够有效地运行，以便公民能够利用这一体系实现其权利。这一体系的发展规模和水平，很大程度上须受制于一国经济社会发展水平，但不能成为国家不履行其义务的借口，较为合理的做法应是在协调、均衡的基础上将安宁疗护服务体系的建设作为整个医疗卫生服务体系的一部分，并建立相应制度和政策，确保服务的有效性和可用性。

其次，国家有义务保证所有适格的患者都能平等地获得安宁疗护服务，不得歧视特定患者群体，并应为老年人、残疾人等弱势群体获得安宁疗护服务提供便利的条件。同时，应保证安宁疗护服务设施、商品和服务必须是所有人能够承担的（包括社会处境不利的群体，这就要求国家应建立起相应的医疗保险制度，以确保患者能低成本地获得安宁疗护服务）；保证患者能够便利地获得与安宁疗护相关的服务信息和教育信息等；保障患者能够获得必要的药品等。

再次，国家有义务保证所有安宁疗护服务在科学和医学上是适当和高质量的，保证安宁疗护服务的人员具有相应的资质或者受到了必要的教育和培训，所提供的服务、药品、设施等符合相应标准，所提供的卫生条件是适当的。同时，基于安宁疗护服务的文化敏感性，国家还有义务通过宣传、教育等措施，保证安宁疗护在文化上是可接受

---

① 参见《第14号一般性意见：享有能达到的最高健康标准的权利（第十二条）》第36、37条。

的，能够体现对不同个体、民族和社群的文化价值观念（尤其是死亡观念和习俗等）的尊重。

最后，国家有义务在个人或群体由于他们无法控制的原因而无法利用可供利用的手段自行落实安宁疗护权利的情况下，依靠国家掌握的物质、人力等手段，帮助患者实现其权利，使其免于因自身原因导致的匮乏。同时，国家应积极采取各种措施，为提高安宁疗护服务的可提供性、可获得性和可接受性创造条件，促进安宁疗护事业的发展和患者权利保障。这方面的义务主要包括：促进相关法律制度的建立和完善；促进安宁疗护服务体系的建设并使其有效地融入整个医疗卫生服务体系，尤其是要加强农村地区的安宁疗护服务体系建设；促进安宁疗护服务教育和培训制度的建立与运行；促进安宁疗护服务研究和宣传等。

第二节　安宁疗护权利的国家保障义务履行

一、安宁疗护权利国家保障义务履行的基本原则

安宁疗护权利的实现，须以客观上存在可获得的安宁疗护服务和权利人有权自主选择此类服务为前提。这些前提并非个体可以依靠自身力量能解决的，而是需要国家通过法律和政策的实施，为其权利的实现创造条件，由此也就决定了，安宁疗护权利的实现很大程度须取决于国家义务的履行情况，取决于国家资源的投入。而国家资源总是稀缺的，其对各项社会事业的投入本身有一个斟酌平衡的过程，如何在这一斟酌平衡的过程中履行国家的权利保障义务，推动安宁疗护权利的逐步实现，需要综合考虑以下几个方面的原则：

（一）依法履行原则

依法履行国家的人权保障义务，是依法治国的基本内涵，要求国家在履行国家保障义务时，须遵守法治的一般原则。立法上须遵循国家尊重和保障人权的原则，践行"把人民健康放在优先发展的战略地位"的要求，为安宁疗护权利的实现提供规范和制度保障，尤其是要明确承认患者的安宁疗护获得权，并为患者明确表达安宁疗护意愿提供有效的法律形式（如预先医疗指示）等。行政上须坚持依法行政原则，认真贯彻执行国家法律，切实履行国家的各项给付义务和对安宁疗护机构、人员、服务质量的监督管理义务等。司法上须坚持公正、公开、平等等原则，依法为患者权利保障提供司法救济，积极履行司法机关的司法监督职责等。联合国经济、社会和文化权利委员会第14号一般性意见中明确要求，缔约国"要在国家的政治和法律制度中充分承认健康权，最好是通过法律的实施，并通过国家的卫生政策，制订实现健康权的详细计划"来履行国家的健康权保障义务，就体现了这一原则。

（二）适当履行原则

适当履行原则，也称为与经济社会发展水平相适应的原则。安宁疗护权利的国家保障义务履行须践行适当履行原则，它是由安宁疗护获得权的社会权本质所决定的。而社会权的实现很大程度上受制于一国的经济社会发展水平，这种制约性不仅表现在人力、财力和物力上，还表现在社会运行方式和人民的思想观念上。安宁疗护事业作为一项社会事业，其发展水平的高低既受制于国家的医疗发展水平和社会保障水平，又受制于人民的思想观念（尤其是死亡观念）和受教育水平。所以，国家在发展安宁疗护事业、保障安宁疗护权利实现时，必须紧密结合人权保障的一般观念和国家发展实际，从本国的经济社会发展水平出发，协调推进与安宁疗护权利实现发展相关的各项要素，为安宁疗护权利的实现创造更加有利的经济社会条件，既不能无视大量终末期患者对安宁疗护的刚性需求，使得我国公民的安宁疗护权利实现程度远远滞后于我国经济社会发展水平，又不能脱离和超越经济社会发展的实际和承受能力而盲目发展。同时，还必须坚持承认不同地区因经济社会条件不同而形成的差异，不搞"一刀切"。《宪法》第14条第4款关于国家建立健全社会保障制度的规定以及《基本医疗卫生与健康促进法》第15条关于基本医疗卫生服务的规定等，都体现了这一原则。《经济、社会和文化权利国际公约》对国家义务的规定常常使用"逐步实现""逐步达到"等类似表述，也很好地反映了这一原则。

（三）协作履行原则

安宁疗护事业的发展和安宁疗护权利的实现保障是一个系统工程，既需要各国家机关之间的相互协作和共同努力，补齐制约安宁疗护事业发展的短板，又需要企事业单位和社会组织的共同参与和协力，真正实现社会事业的社会化；既需要国家积极承担起提供相应公共产品的给付义务，又需要国家积极支持、引导相关市场的发展，为各种社会力量参与安宁疗护事业的发展营造良好的社会环境和制度环境等；既需要建立健全安宁疗护服务体系和制度保障体系，又需要加强宣传教育、研究和培训等，推动国民的生死观念变革，为安宁疗护事业的发展和患者权利保障营造良好的文化氛围。[1]我国自2016年以后，围绕健康中国战略，出台了许多与健康老龄化、社会办医、医养结合、安宁疗护发展、医疗保障制度改革相关的规划和意见等，这些规划和意见都在不同程度上内含了协作履行的原则和要求。国家针对前后分三批启动的安宁疗护试点所提出的工作要求，也是如此。

---

[1] 贺苗，曹永福，王云岭，等.中国安宁疗护的多元化反思［J］.中国医学伦理学，2018（5）：11.

（四）公民平等参与原则

公民有权平等参与健康事务的管理、决策和监督，这既是公民的法定权利，也是促使国家积极履行义务的重要制度保证。在安宁疗护权利国家保障义务的履行过程中，坚持公民平等参与原则，既是对公民权利的尊重，也是坚持人民主体地位的必然要求。在社会主要矛盾已经转化为人民日益增长的美好生活需要和不平衡不充分的发展之间的矛盾的今天，人民对安宁疗护权利保障的需求不断增高，保障人民有效参与，急人民之所急，想人民之所想，是切实保障公民权利、不断提高安宁疗护权利实现程度的根本保证。尤其是要尊重老年患者等特定群体的平等参与权，保证更多的患者能够在国家发展中获益。

二、安宁疗护权利国家保障义务履行的基本要求

安宁疗护权利国家保障义务主要来源于国内法的规定和国家公约的规定，其内容非常多样化。其中，有的义务是确定的、刚性的法定义务，违背此类义务将导致国家承担确定的法律责任；有的义务是弹性的、并不十分确定的义务，可由国家根据经济社会发展情况酌定履行。这就使得国家保障义务履行的规范要求存在一定的模糊性。

（一）刚性义务要求

对于安宁疗护所涉具有自由权性质的权利，如医疗自主权、平等和不受歧视的权利、尊严受保护的权利等，国家所负不得妨碍和干预其权利行使的尊重义务和保护其免受第三方侵害的保护义务，性质上应属于法定义务、刚性义务，国家不得以任何理由推诿，违反这些义务的行为将导致国家责任的承担。需要特别提及的是，建立健全一项可适用于全国的预立医疗指示制度，也是国家依法应承担的刚性义务的一种，因为该义务本质是一种为自由权提供程序保障的义务，欠缺该制度，将导致对患者自主选择安宁疗护和维生医疗权利的保护不足。《美洲国家保护老年人人权公约》之所以会在第11条中采用一种刚性的表述，要求"各缔约国应制定一项程序，使老年人能够事先明确表示他们对包括缓和医疗在内的医疗卫生干预措施的意愿和指示"，原因就在于此。

（二）弹性义务要求

在尊重和保护安宁疗护患者所享有的基本权利的基础上，如何通过国家实现义务的履行推动安宁疗护权利的充分实现，本质上是一个需要在民主法治基础上，根据经济社会发展水平酌定的事项。《基本医疗卫生与健康促进法》第36条的规定，国家相关管理部门针对安宁疗护的发展发布的一系列政策性文件等，都体现了这种酌定性和弹性。不过，从整体上看，这些政策性文件对国家实现义务的规定大多不够明确、系统，客观上并不利于我国安宁疗护事业的全面推进。2017年以后，国家虽先后启动了三批次安宁疗护试点，但整体推进安宁疗护事业发展的具体行动计划是不明确的。有鉴于此，以下将在结合世界卫生大会决议和世界卫生组织相关要求的基础上，进一步明确这些弹性义务的基本要求。

1.第67届世界卫生大会决议的要求

2014年，第67届世界卫生大会首次针对缓和医疗作出了一项决议，即题为《在整个生命过程中加强缓和医疗作为综合护理的组成部分》的决议。也正是这一年，我国政府和全球194个成员国向世界卫生组织承诺，将临终关怀工作作为国家卫生系统的重点工作，以响应世界卫生大会的呼吁和倡议。决议的核心内容是呼吁世界卫生组织和成员国改善作为卫生系统核心组成部分的缓和医疗的可获得性，改善缓和医疗的资金、培训和可用性，并敦促各成员国积极履行以下义务：

（1）酌情制定、加强和实施缓和医疗政策，支持全面加强卫生系统，将具有成本效益和公平的缓和医疗服务纳入各级持续照护，重点是初级卫生保健、社区和家庭护理以及全民覆盖计划。

（2）酌情确保国内用于缓和医疗行动的资金供应和人力资源配置的充足，这些行动包括制定和实施缓和医疗政策、教育和培训以及质量改进行动，并支持提供和适当使用基本药物，包括用于症状管理的受控药物。

（3）在受过培训的专业人员的监督下，酌情向家庭、社区志愿者和作为照护者的其他个人提供基本支持，包括通过多部门伙伴关系。

（4）根据照护者的作用和责任，争取把缓和医疗作为向其提供的基础培训和继续教育的有机组成部分，具体原则如下：①应将缓和医疗方面的基础培训和继续教育纳入所有本科医疗和护理专业教育的常规内容，并作为初级卫生护理人员在职培训的一部分，包括卫生保健工作者、满足患者精神需求的护理人员和社会工作者；②应向所有例行处理危及生命疾病患者的医护人员提供中级培训，包括肿瘤科、传染病科、儿科、老年医学科和内科等工作人员；③应提供缓和医疗专科培训，培养为需要高于常规症状管理的病人提供综合治疗的卫生保健专业人员。

（5）评估国内的缓和医疗需求，包括处理疼痛的药物需求，并促进合作行动，确保充分供应用于缓和医疗的基本药物并避免短缺。

（6）根据联合国各项国际药物管制公约，参照世界卫生组织关于改善疼痛处理药物的可及性和合理使用的政策指导，审查并酌情修订国家和地方关于改善疼痛处理药物的可及性和合理使用方面的立法和政策。

（7）鉴于《世界卫生组织基本药物示范清单》和《世界卫生组织儿童基本药物示范名单》最近增加了关于疼痛和缓和医疗药物的章节，酌情更新国家基本药物清单。

（8）促进政府与包括患者组织在内的民间社会组织之间的伙伴关系，以便酌情支持为需要缓和医疗的患者提供服务。

（9）实施和监测世界卫生组织2013—2020年预防和控制非传染性疾病全球行动计划中包含的缓和医疗行动。

同时，第67届世界卫生大会还专门通过了一项有关获取基本药物的决议，敦促各国积极履行相关义务。

2.世界卫生组织的要求

世界卫生组织主要是通过发布建议的方式为国际社会期待的缓和医疗最低标准提供了指南，其核心建议是：所有国家都应采取国家缓和医疗政策；确保卫生专业人员的培训和教育，并提高公众意识；确保吗啡在所有医疗环境中的可用性；确保在各级护理中逐步采用减轻疼痛和缓和医疗的最低标准等。

2018年，为落实第67届世界卫生大会决议的要求，推动将缓和医疗纳入公共卫生保健系统，实现全民健康覆盖的可持续发展目标，世界卫生组织专门发布了《将缓和医疗整合至初级卫生保健指南》。指南从缓和医疗和初级卫生保健（相当于我国的基本医疗卫生服务）的内涵出发，首先分析了整合的意义，然后重点对具体应如何实现这种整合进行了详细论述，最后介绍了部分国家的成功经验。针对具体应如何将缓和医疗整合进初级卫生保健，指南重点从以下四个方面提出了建议[①]：

一是对初级医疗卫生机构实施缓和医疗服务必须配备的基本医疗资源和人力资源提出了建议，明确列出了必须配备的20种基本药品、6种基本医用耗材。在基本人力资源配备方面，必须配备接受过基础缓和医疗培训的医生（可以是全科医生、家庭医生、儿科医生、临床

---

① Integrating palliative care and symptom relief into primary health care： a WHO guide for planners，implementers and managers ［J］. Geneva： World Health Organization， 2018.

主任或助理医生）、护士和社区健康工作者。

二是对初级卫生保健人员提供缓和医疗的核心能力和可实施的服务项目提出了建议，要求初级卫生保健人员需掌握的缓和医疗核心能力主要包括：识别早期的各种痛苦；预防和处理最常见的症状，如疼痛、呼吸困难、疲乏/虚弱、恶心/呕吐、腹泻、便秘、嘴唇干燥、瘙痒、出血、伤口、焦虑/担心、抑郁心情、精神错乱、痴呆；能够判断转诊到更高级别照护的时机；提供精神支持和预立医疗计划。同时，对不同种类的初级卫生保健人员可提供的缓和医疗服务项目作出了明确的列举。

三是对初级卫生保健机构在缓和医疗中使用药物的原则，提出了一些建议，并对吗啡的使用作出了详细说明：（1）吗啡的使用对象为任何晚期呼吸困难或中重度疼痛患者，包括癌症患者和非癌症患者。（2）无论是注射用还是口服用吗啡，都必须凭借医院处方获得，但口服用吗啡可由初级卫生保健机构的医生或护士开具。（3）医生可为有需要的服务对象开出足够量的吗啡以减少就诊次数。（4）吗啡必须储存在带锁的容器中，每天记录剩余数量，并详细记录为服务对象配发的数量、浪费或退回的数量，在犯罪率比较高的地区，则需要采取额外的预防措施。

四是对社区健康工作者的来源、工作范畴和培训等，提出了建议。建议从本社区招募为本社区服务的社区健康工作者，其职责主要包括：协助医务人员控制症状，对患者需求进行评估，通过频繁拜访患者家庭提供情感支持，识别患者未满足的需求并向护士报告评估结果。建议参照国际标准为社区健康工作者提供三至六学时的培训，内容主要包括：沟通技能、情感支持、患者评估等。[①]

---

① 董丽丽，梁涛，杨浩杰．WHO关于《将缓和医疗整合至初级卫生保健指南》要点介绍及对我国的启示［J］．中国全科医学，2021（24）：4319.

这些建议对于我国发展缓和医疗，实现《基本医疗卫生和健康促进法》第36条规定的目标，更好地履行国家的安宁疗护权利保障义务具有重要参考价值。

三、安宁疗护权利国家保障义务履行的不足与改进

自2014年我国政府向世界卫生组织承诺将临终关怀作为国家卫生系统的重点工作以来，我国政府已在推进安宁疗护事业发展方面作出了许多积极的努力，取得了不小的成绩，前文第二章已对此进行了较为全面的梳理，此处不再赘述。此处将重点从国家保障义务履行的角度出发，结合前述法理和国际组织的要求，对我国政府在保障义务履行方面存在哪些不足以及应如何改进展开讨论。

（一）安宁疗护权利国家保障义务履行的不足

1.制度保障不足

不管是从相关国际公约和国际组织的要求来看，还是从域外国家成功发展经验来看，建立健全相关制度始终是保障安宁疗护事业健康发展的一个重要因素。制度保障不足，将会对安宁疗护事业的发展构成长效性制约，使安宁疗护事业的发展举步维艰。在这方面，我国现有制度至少存在以下不足：

一是欠缺针对安宁疗护的特别立法。前文已明确提到，我国安宁疗护制度建设的首要任务是明确承认维生医疗拒绝权和安宁疗护获得权，核心任务是要制定安宁疗护特别立法，明确前述权利的行使规则。没有这些立法规则的支持，患者选择安宁疗护、放弃维生医疗的意愿将很难在实践中得到充分尊重。同时，立法的阙如、刚性义务规则的缺乏，将大大降低国家和地方各级政府推动安宁疗护事业发展的力度，使得安宁疗护事业成为一种主要靠政策推动的充满各种不确定性的事业。政府在这方面的投入不足，积极作为的动力不够，都与这

种立法的阙如有关。在世界卫生组织已明确提出应将缓和医疗纳入基本医疗卫生服务之后，这种制度保障上的不足将体现得更加明显。因为，基本医疗卫生服务的提供从某种意义上讲，是国家最低限度的医疗保障义务，也是公平保障公民医疗权利的必要举措，欠缺相应的立法保障，将导致安宁疗护基本医疗化的目标很难实现。

二是配套制度不完善。安宁疗护事业的发展需要各种相关配套制度。在这方面，迫切需要解决的问题至少包括：（1）安宁疗护费用医保支付途径不畅的制度瓶颈问题，这将大大影响安宁疗护服务的可及性和可负担性。（2）安宁疗护中麻醉药品使用的制度障碍问题。近年来，我国虽然调整了麻醉药品的临床使用剂量，使得一些麻醉药品使用量在癌性疼痛的治疗中不受药品说明书规定的剂量限制，但整体上看，用于缓和医疗的"口服吗啡"依然没有达到世界卫生组织倡导的国际水平[1]，对开具麻醉止痛药物医生的资质要求依然过于严格，一般的社区医院很难获得这些药品，更不允许患者居家使用。这就使得社区安宁疗护和居家安宁疗护服务的发展更加困难。（3）鼓励民间资本开办安宁疗护机构的相关制度问题，尤其是要在行政许可、医保定点、税收等方面，消除对民办安宁疗护机构的各种歧视和不公正对待。社会事业社会办，离开了社会和市场力量的支持，没有哪一个国家或地区可以搞好安宁疗护。"口惠实不至"地鼓励社会办医，不真正解决社会办医的行政审批难、医保定点难、税收上的不平等对待（对民办医疗机构按商业行业而非公益事业收税）等问题[2]，安宁疗护服务供给严重不足，地区之间、城乡之间发展不平衡的问题将长期存在。

---

① 董丽丽，梁涛，杨浩杰.WHO关于《将缓和医疗整合至初级卫生保健指南》要点介绍及对我国的启示［J］.中国全科医学，2021（24）：4321.

② 陈小鲁，罗峪平.中国缓和医疗发展蓝皮书（2019—2020）［M］.北京：中国人口出版社，2021：110-112.

2.体制机制不完善

不管是在整个医疗体系中，还是在安宁疗护服务体系中，公立医院始终都是相关医疗服务的主要提供者，所拥有的病床位、专业人员数量、服务的住院患者占比都在85%以上，居民每年用于医院的医疗费用支出占全年医疗卫生支出的总额一般都在70%以上，远高于经济组织国家的比例。①这说明，公立医院在我国医疗体系中拥有绝对的统治地位，但问题是公立医院在发展安宁疗护方面，普遍存在积极性不高、动力不足的问题，与公立医院的公益性特征明显不符。一方面，与2009年医改之后，医院的财务自主权增大，但政府的财政补贴占比却越来越小有关。医院迫于财务压力，自然更倾向于开办赚钱的医疗项目和科室，对医生的要求除业务精通外，还要会赚钱。而安宁疗护服务恰恰是一个不容易赚钱的项目，因为其服务内容主要是缓和医疗，没有大量的检查和治疗，反而有许多收费标准不明的人文关怀和社会支持服务。这就使得公立医疗在发展安宁疗护方面，存在激励不足的问题。另一方面，也与安宁疗护人员在医院的地位往往不高，职称晋升困难，专业发展受限等因素有关。因为在现有医学学科体系中，并没有安宁疗护这个专业，相关的专业人员大多是半路出家或兼职，待遇本来就不如其他赚钱的科室，而且还需要经常与终末期患者打交道，需要经常面临死亡，这就使得安宁疗护人员必须付出更多的爱心和耐心，同时又要承受更多的负面信息的冲击。这种付出更多、获得更少的情况，自然不利于从业人员的稳定，进而从整体上妨碍了安宁疗护事业的发展。简言之，从事安宁疗护事业需要情怀，但光靠情怀是办不好安宁疗护事业的。这就要求国家必须出台一些政策，完善现有的公立医院体制，为公立医院发展安宁疗护事业提供更

---

① 陈小鲁，罗峪平.中国缓和医疗发展蓝皮书（2019—2020）[M]. 北京：中国人口出版社，2021：109.

加有效的激励和约束机制，以便能够在社会效益和经济效益兼顾的基础上，实现安宁疗护事业与其他医疗卫生事业平衡发展。

3.政府投入不足

安宁疗护事业的发展除了要有政策支持外，还需要大量的资金支持，只有政策的支持却没有资金的投入，安宁疗护事业的发展只能是"巧妇难为无米之炊"。目前，我国虽无专门针对安宁疗护事业的政府财政补贴和医保基金支出的统计，但从《我国卫生健康事业发展统计公报》和相关从业人员反映的情况看，政府投入不足始终是困扰包含安宁疗护事业在内的整个医疗事业发展的一个重要因素。

以2018—2022年这五年的统计数据为例（见表7-1）[①]，全国卫生总费用、政府卫生支出虽然整体上逐年递增，但政府支出在全国卫生总费用支出中的占比却基本在28%上下徘徊，五年平均占比为28.2%，没有呈现出逐年递增的趋势。卫生总费用占GDP百分比也始终在7%上下徘徊，五年平均占比为6.72%，同样没有呈现出逐年递增的趋势。这个比例远低于世界平均水平，在全球各国中的排名也非常靠后。

表7-1　　　　2018—2022年政府投入有关数据

	2018	2019	2020	2021	2022
全国卫生总费用（亿元）	57 998.3	65 195.9	72 306.4	75 593.6	84 846.7
卫生总费用占GDP百分比	6.4%	6.6%	7.12%	6.5%	7.0%
政府卫生支出（亿元）	16 390.7	17 428.5	21 998.3	20 718.5	23 916
卫生总费用占GDP百分比	28.3%	26.7%	30.4%	27.4%	28.2%

① 数据来源于国家卫健委网站公布的相关年份的《我国卫生健康事业发展统计公报》。

4.政策支持的针对性和协同性不够

不管是从域外国家的成功经验来看，还是从世界卫生组织发布的《将缓和医疗整合至初级卫生保健指南》的建议来看，安宁疗护服务的主体力量都应该在基层。这是因为绝大多数严重疾病末期的患者更愿意在家中度过生命的最后阶段，而且安宁疗护服务本身并不需要昂贵的医疗设施，可以在更为经济、便利的基层医疗卫生机构进行。所以，以基层为重点和主力军，构建一个能有效实现不同层级、不同类别的医疗机构间的分工协作机制尤为重要。而我国的现行医疗服务体系实际上是一个"公（办）私（办）分明"、各级医疗机构各自为政、互不相关的条块分割体系。这种体系与逐利的市场环境相结合，必然导致基层医疗卫生机构服务能力弱（人财物短缺）、普遍得不到患者信任的结果，再加上这些机构的功能本身就偏行政化——主要负责本社区范围内的公共卫生服务和所辖居民的健康管理，在人财物和事权上的独立性远不如医院，这就进一步弱化了其市场服务意识和能力，很难承担起安宁疗护服务提供主体的重任，更没有这样的动力和意愿。

近年来，我国虽然在医疗领域推出了许多改革，如分级诊疗、双向转诊，打造医联体，推动医养结合和接续性医疗机构建设，将医保支付由按项目收付费改为按病种收付费、由后付制改为预付制，推动长期护理保险试点等，但专门针对庞大的基层医疗卫生服务体系的改革则相对较少，成效也不是很显著。基层医疗资源匮乏、闲置，三甲医院人满为患、医疗资源紧缺，民众就医更愿意向中心医院集中的"高消费"习惯并没有得到明显改观。这对安宁疗护事业的发展尤为不利，更不可能有效地推动安宁疗护向普惠性的医疗服务发展。因为安宁疗护中有大量的服务都是护理服务和人文关怀服务，这些服务更适合于下沉到与患者更为接近的基层和社区，医院更多的是利用其技术优势为患者提供诊断、评估和制订医疗方案的服务，实际负责接续疗护服务的应该主要是基层医疗卫生机构。但问题是，要实现向基层的下沉，就必须打破现有的医院和基层医疗卫生机构各自为政的局面，突破现有行政体制的制约，对各级医疗机构的医疗资源进行整合，合理分配其职能，进而真正实现区域医疗中心与社区医疗服务机构、社区卫生站的一体化，实现县、镇、村医疗卫生机构的一体化，进而在各级医疗卫生机构之间形成一个确诊、评估、制订方案，具体实施疗护等工作有序衔接的安宁疗护服务体系，而不至陷入现在的医院和基层医疗卫生机构各自单干都不愿干，合干又合不起来的局面。例如，按照现行体制，要真正实现不同机构之间协同提供具有接续性的安宁疗护服务，就必须首先解决多机构共同参与同一医疗服务不同环节情形下的医保付费政策问题，解决不了这些复杂的付费关系，患者还是更愿意选择去公立医院住院，以便能够享受到医保报销部分安宁疗护费用的福利。①

此外，推动安宁疗护的发展，除需要加强医疗系统内部的协同外，还需要加强不同国家机关之间的协同，如需要立法机关提供规范支持，需要财政部门提供资金支持，需要民政部门加强对相关民间机构发展和社会工作者队伍建设的支持，需要教育、人事部门为安宁疗护人才的教育、培训和晋升提供政策支持，需要宣传部门加强相关政策和思想文化观念的传播，为安宁疗护事业发展营造良好的社会氛围等。

（二）安宁疗护权利国家保障义务履行的改进

针对安宁疗护权利国家保障义务履行的不足，结合前文所述法理和国际组织的要求，以及我国医疗体制改革的实际情况，未来我国可

---

① 陈小鲁，罗峪平.中国缓和医疗发展蓝皮书（2019—2020）［M］. 北京：中国人口出版社，2021：113.

以重点从以下几个方面开展工作：

1.建立健全安宁疗护立法和配套制度

前文第二章第三节对此已有较为全面的阐述，无须赘述，此处仅补充两点：第一，在《基本医疗卫生和健康促进法》已经将发挥市场机制、坚持共建共享、平等对待公立医疗机构和民办医疗机构等原则写入立法之后①，如何通过配套立法和制度改革落实前述规定、改善社会办医的制度环境，是摆在各级政府面前的重要任务，也是落实该法所确立的以人民健康为中心、把人民健康放在优先发展的战略地位的基本要求。其中，尤其需要重点落实的是第41条所规定的平等对待公立医疗机构和民办医疗机构的原则，将该条所规定的事项真正落到实处。惟有不断改善社会办医的制度环境、营商环境，才能真正促进社会办医的发展，满足人民群众日益多样化、差异化、个性化的健康需求，助推安宁疗护服务供给严重不足问题的解决。第二，制度建设不仅具有规范行为、保障权利的作用，而且具有重要的教育和引导功能。《深圳经济特区医疗条例》率先规定生前预嘱制度之后，不仅在实践中缓解了临终患者医疗决策困难，为患者权利保障和临床医生的操作提供了重要的规范依据，而且直接推动了相关制度研究和媒体对安宁疗护理念的宣传，在全社会产生了非常积极的宣传教育效果。据深圳市生前预嘱协会介绍，立法实施后，老年人和肿瘤患者的咨询数量和订立数量比例较以前明显增多。②

2.完善安宁疗护服务的体制机制

安宁疗护服务的内容多元、流程复杂，所涉工作内容至少包括确诊、评估、医患共同决策制订疗护方案、实施医疗、实施照护、提供社会支持和人文关怀、安抚家属等。这些工作内容的完成经常需要不

---

① 参见《基本医疗卫生和健康促进法》第12条、第29条、第30条第2款和第41条。

② 李科文.生前预嘱立法一周年，他们这样决定自己生命的最后一刻［EB/OL］.［2024-02-15］. https://new.qq.com/rain/a/20240215A0161O00.

同医疗机构之间的合作，有时候还需要在住院疗护、居家疗护和社区疗护等不同疗护形式间转换。这就要求国家在发展安宁疗护事业时，根据其服务特点，建立起与之相适应的服务体制机制。从安宁疗护试点的情况看，这里需要重点解决的首先是工作机制，包括不同机构间的服务合作机制、转诊机制、安宁疗护团队的内部分工和协作机制；其次是价格形成机制和收付费体制；再次是适合安宁疗护服务的病种确定和动态调整机制。2023年5月发布的《关于开展第三批安宁疗护试点工作的通知》明确要求，各试点地区要从构建价格体系、探索支付制度、加大资金支持、建立转诊机制、制定标准规范、保障药物配备六个方面，完善支持政策，重点是"要确定安宁疗护服务内容和收费标准，……完善精神心理评估及干预、医患共同决策（家庭会议）、医务社工服务等安宁疗护必要医疗服务的收费项目和标准"；"推动将机构和居家安宁疗护服务费用逐步纳入基本医疗保险、长期护理保险以及其他补充医疗保险范畴，探索实施安宁疗护按床日付费制度"；"鼓励将安宁疗护机构纳入医联体管理，形成机构间、机构与居家间通畅合理的转诊机制，为区域内老年人提供覆盖机构和居家的安宁疗护服务"；"开展安宁疗护进入标准研究，制定安宁疗护工作规范"等。①这些内容有很多方面都涉及安宁疗护服务的体制机制，反映了主管部门对这些问题的高度重视。未来迫切需要在总结试点成果的基础上，形成一个相对稳定的、符合实际需要的体制机制，以便在更大范围内推广。

此外，国家还应依据《基本医疗卫生和健康促进法》第3条规定的公益性原则和第40条有关"政府举办的医疗卫生机构应当坚持公益性质"的规定，按照党的二十大报告提出的"深化以公益性为导向

---

① 皮磊.国家卫健委部署开展第三批安宁疗护试点工作［N］. 公益时报，2023-07-18（3）.

的公立医院改革"的指导思想，进一步深化公立医疗卫生机构的体制机制改革，改变许多公立医疗卫生机构不愿意做包含安宁疗护在内的公益性医疗的现状。

3.加大政府对安宁疗护的投入

"酌情确保国内用于缓和医疗行动的充足资金供应和人力资源配置，包括制定和实施缓和医疗政策、教育和培训以及质量改进行动，并支持提供和适当使用基本药物，包括用于症状管理的受控药物"等，这既是世界卫生大会对各成员国提出的基本要求，也是安宁疗护发展的实践需要。从域外发展经验看，政府为安宁疗护的发展提供持续的资金、人员、药品、器械等基础条件保障，不仅客观上有利于促进医疗资源的合理分配，避免大量的医疗资源消耗在了临终无效医疗上，而且可以用较少的医疗资源达到更好地服务于患者健康的目的。这既符合公平和效率兼顾的原则，又符合国家倡导的"价值医疗"的医改战略。[1]所以，加大政府对安宁疗护的投入，实际上是一种更具成本效益比的资源配置策略，也是践行《基本医疗卫生和健康促进法》第11条所规定的法律义务的重要方面，理应成为政府更为积极的行动。

4.以基层为重点提高安宁疗护政策支持的协同性

拥有规模庞大的基层医疗卫生服务体系，是我国医疗事业发展的重要成就。《基本医疗卫生和健康促进法》第10条已明确规定了以基层为重点的医疗资源配置改革原则。在该原则的指导下，如何有效激活组织化程度很高的基层医疗服务体系，切实推进区域医疗资源配置

---

[1] 价值医疗，是指通过改革医疗服务提供体系，同时实现三个目标：更好的医疗服务、更高的健康水平，以及更加可负担的医疗成本。在医改实践中，价值医疗旨在建立医疗服务和健康结果之间的有效联系，从而实现从以服务量和盈利为目标，向以患者健康结果为目标的转换。参见：费菲，杜涛.价值医疗能为中国带来什么？——国家卫生健康委卫生发展研究中心副主任付强谈深化医疗改革 [J]. 中国医药科学，2020（2）.

均衡化，建立不同层级、不同类别、不同性质的主体举办的医疗卫生机构间的分工协作机制，真正构建起一个整合性医疗卫生服务体系，是当前摆在我国政府面前的重大课题。这一课题的解决对于安宁疗护事业的发展同样非常重要，因为要实现安宁疗护的普惠化，在更大范围内推动公民死亡质量的提高，就必须像世界卫生组织所倡导的那样，将安宁疗护整合进初级卫生保健体系，加大对基层医疗卫生机构的医疗资源投入，加强其能力建设。同时，要加强区域医疗资源的整合，提高政策支持的协同性，尤其是要提高"医疗、医保、医药"（三医）协同发展的步伐，提高不同行政机关、不同层级医疗机构的协同性。

在提高不同层级医疗机构的协同性和"三医"协同发展方面，深圳罗湖区的做法比较有代表性。罗湖区以罗湖中心医院为核心，划入辖区26个社区卫生服务中心和4个区属公立专科医院，共同组建成一个紧密型的医疗集团公司，统一资产、财务、人事管理。为解决基层医疗机构力量薄弱的问题，集团公司以年薪30万元的代价统一招聘了326位全科医生，配置在社区，平均每人承担2 500个居民的家庭医生工作。由于罗湖区是国家医保资金总额预付制的试点地区，因此集团内各级医疗机构的药品、耗材和服务价格统一、核算统一、绩效奖励统一。这样做的结果是，分级诊疗、双向转诊自然实现，而且下行转诊的数量是上行的两倍。罗湖区的这种模式最适合安宁疗护服务的开展，其服务模式为，由上级医院进行诊断和评估，由社区医疗机构负责连续疗护，家庭签约医生负责具体管理，以家庭病床为主，社区、机构病床为辅安置患者，医保报销和个人自费交付一体实施。若如此，安宁疗护发展的环境将好得多。[①]

---

① 陈小鲁，罗峪平.中国缓和医疗发展蓝皮书（2019—2020）［M］. 北京：中国人口出版社，2021：117.

这说明，补强基层医疗卫生机构这一短板，提高不同机构间协同性这一关键环节，坚决破除利益固化之藩篱，是真正实现以人民健康为中心，为全民提供包含安宁疗护在内的全生命周期的、公平可及的、系统连续的健康服务和健康保障的关键举措。这就要求国家在顶层设计上，为安宁疗护的发展作出更系统性、前瞻性的规划，以增强国家政策支持的协同性和刚性约束。正如学者所言，发展安宁疗护是"中国应对人口老龄化、环境污染导致临终病人剧增局面所应履行的重大历史责任，也是中国建立集约化高效节约医疗体制的战略选择"①。只有提高政府和全社会对安宁疗护事业发展的重视程度，构建更具协同性、连续性的医疗服务和保障体系，加强对公众的健康和死亡教育等，才有可能打破安宁疗护的发展困局。②未来，如果基层医疗服务体系这一组织化程度很高的庞大体系能被激活，它将为我们在新时期创造出新的民生工程奇迹。果真如此，我国缓和医疗服务的发展前途将不可限量。③

第三节 安宁疗护资金的国家保障义务

没有资金保障，安宁疗护的发展就是无米之炊，所以，切实履行国家对安宁疗护事业发展的资金保障义务，对于保障安宁疗护患者的权益至关重要。

---

① 吴晶，周膺.中国临终关怀的制度性优化 [J]. 理论与改革，2018（4）：164-175.
② 贺苗，曹永福，王云岭，等.中国安宁疗护的多元化反思 [J]. 中国医学伦理学，2018（5）：11.
③ 陈小鲁，罗峪平.中国缓和医疗发展蓝皮书（2019—2020）[M]. 北京：中国人口出版社，2021：114.

一、域外的资金保障模式

资金预算是包括临终关怀机构在内的几乎所有医疗机构面临的首要问题，解决资金来源成为临终关怀机构成功运作的根本所在。[①]安宁疗护事业发展得比较好的国家和地区，虽然它们的安宁疗护机构在创建、管理、运营、收费模式等方面存在诸多差异，资金保障方式也不尽相同，但都十分重视资金预算对安宁疗护事业的促进作用。

在英国，提供安宁疗护服务的模式有三种：一是独立的安宁疗护医院，二是医院中的安宁疗护病区或病房，三是以安宁疗护医疗服务小组的方式提供服务。在提供安宁疗护服务的机构中，20%由国民医疗服务体系（National Health Service，NHS）出资经营，60%由非营利财团法人机构独立经营，20%由英国较大规模的两个慈善团体（Sue Ryder Foundation 及 Marie Curie Cancer Care）赞助。英国的安宁疗护机构属于非营利性医疗机构，患者可以免费接受所有服务，其经费来源主要有国家拨款、社区筹资、遗赠和捐赠、经营收入、投资收入、其他收入等。总体而言，英国安宁疗护机构的经费筹集渠道多样化，大部分收入来自各种形式的募捐（每年筹集的资金超过10亿英镑），国家拨款也是一项重要且稳定的资金来源，其他筹资方式也发挥了重要作用，详见表7-2。

各机构经费筹集渠道虽基本相同，但不同机构中不同的筹资方式所取得的收入存在较大差异。以2019年度为例，除 Sue Ryder 和 Marie Curie 赞助的机构外，英国安宁疗护机构的总收入达10.28亿英镑，成人安宁疗护机构和儿童安宁疗护机构资金筹集情况截然不同，

---

① 苏永刚，马娉，陈晓阳.英国临终关怀现状分析及对中国的启示［J］.山东社会科学，2012（2）：48.

儿童安宁疗护机构更加依赖慈善捐赠收入，成人安宁疗护机构获得更高比例的政府资金支持，成人安宁疗护机构的营业收入明显比儿童安宁疗护机构要高。英国安宁疗护机构资金来源渠道的多样化，为英国安宁疗护事业长期在全球保持领头羊位置、国民死亡质量长期排名第一提供了充分保障。但从长远发展角度看，这种资金保障模式也存在过度依赖募捐收入和国家拨款的问题。近年来，英国安宁疗护机构募捐的投资回报率和总体盈利能力不断下降即是例证。尤其是2019年疫情暴发以后，英国安宁疗护机构筹资活动大幅度减少，募捐收入急剧下降，在国家不增加拨款的情况下，许多机构在短期内面临严重的资金危机。

表7-2 　　　　　　　英国安宁疗护机构经费来源总体情况　　　　　　单位：百万英镑

项目	2016年	2017年	2018年	2019年
募捐收入（包含商店、彩票和贸易收入）	972	984	1 070	1 132
国家拨款	324	330	346	360
投资收入	21	23	23	22
其他收入	26	31	33	35
总收入	1 344	1367	1 473	1 549
慈善支出	880	906	953	1 008
筹资成本	445	458	486	518
总支出	1 324	1 364	1 438	1 526
盈余	20	3	34	23
总投资收益及其他变动	-4	73	16	27
资金总变动	16	76	50	50

资料来源：佚名.2020年英国安宁疗护机构报表分析报告［EB/OL］.［2023-04-13］. https://www.hospiceuk.org/what-we-offer/hospice-finance/benchmarking.

在美国，医疗保险始终是安宁疗护机构在帮助临终患者方面取得巨大成功的内在驱动力。^①早在1982年，美国就在修订《社会保障法》时明确规定了安宁疗护医疗保险福利计划（the Hospice Medicare Benefit，HMB），极大地分担了安宁疗护机构的经营风险，使之成为美国卫生保健系统中一个比较独特的补充制度。该制度实施前，政府仅仅补偿安宁疗护机构的护理费用，实施后，安宁疗护机构可以依据预先报销制度提前获得固定数额的资金。如果患者的安宁疗护费用超过了HMB的拨款，安宁疗护机构只能通过其他途径筹资以弥补亏损。反之，即使安宁疗护机构属于非营利性组织，也可以保留该部分的收益。HMB的报销额度是根据卫生保健融资管理局（the Health Care Financing Administration，HCFA）之前启动的安宁疗护示范项目中评估的服务成本设定的，以每日津贴的方式支付，并设定了四种给付费率，即例行性居家照护（routine home care）、持续性居家照护（continuous home care）、一般住院照护（general inpatient care）和住院喘息照护（inpatient respite care）。截至2018年，全美一共有4 639家经过医疗保险认证的安宁疗护机构，其中，55.1%的经营者认证时间超过10年，认证时间在5至10年间的占17.1%，2至5年的占17.6%，不满2年的占10.1%，突显了美国安宁疗护事业及HMB的成熟性。在成熟的医疗保险制度支持下，美国安宁疗护机构获得了较为充足的资金保障，每年人均拨款超12 000美元，如图7-1所示。但是，由于HMB对住院费用的给付较为有限，使得医疗保险的支出主要集中在例行性居家照护，如2018年例行性居家照护的医疗保险给付占总费用的89.81%，较2014年增加了17.8%。

---

① STEPHEN R，CONNOR. Development of hospice and palliative care in the United States［J］. OMEGA，2007-2008，56（1）：94.

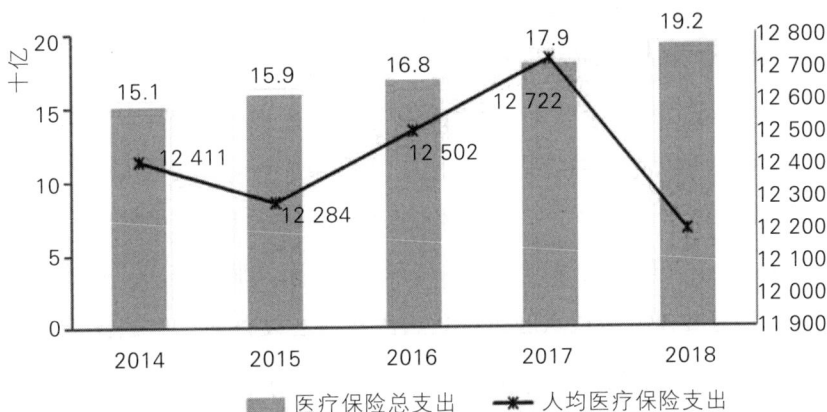

图7-1 美国HMB支出情况

加拿大安宁疗护服务的主要资金来源是慈善或私人捐款，在发展中亦存在一些明显问题，尤其是在长期照护由机构发展到社区化之后，忽略了同时修正安宁疗护的给付政策问题，阻碍了安宁疗护事业的进一步发展。在韩国，安宁疗护服务可以适用健康保险，在试点阶段，健康保险的价格取决于安宁疗护服务投入的资源量及安宁疗护机构的特点，采取每日定额付费的方式。2015年，安宁疗护健康保险支付制度正式实施后，为弥补定额付费的缺陷，增加了按项目付费的方式，主要适用于镇痛药物、临终管理、病床差额等。然而，韩国健康保险并不能用于支付咨询服务、心灵关怀、丧亲服务等项目，所以韩国同时又开展了"安宁疗护机构支援计划"，专门用于支付上述费用。2005年该计划支援总金额为2.4亿韩元，经费逐渐增加，至2016年已经高达30亿韩元。

二、国内试点情况及经验

从2017年到2023年，国家先后启动了三批全国安宁疗护试点，每一次试点的任务都包含构建价格体系，探索按床日付费制度，探索将安宁疗护费用纳入基本医疗保险、长期护理保险及其他补充医疗保险范畴，积极争取财政资金支持等与资金保障相关的内容。这表明，国家也非常重视安宁疗护的资金保障问题，各地在安宁疗护试点中也采取了一些非常有益的做法。例如，上海市作为较早开展安宁疗护实践工作的城市，其安宁疗护事业的发展主要依托于公立的社区卫生服务中心，发展较为迅速，形成了具有地方特色的服务模式。在试点期间，上海市各参与试点的机构的病房建设、设备和设施配置相关经费，由试点的区县财政落实，安宁疗护病房的运营相关经费也是由区县财政根据绩效考核结果拨付。市级政府将市级安宁疗护学习培训、宣传、督导、调研等工作经费列入市卫生局部门预算，由市财政审核后拨付。市红十字会向社会募集专项经费，对贫困肿瘤晚期患者接受居家安宁疗护时医保范围内的镇痛药物自付部分开展人道救助，市慈善基金会也提供专项经费支持，探索家庭在安宁疗护中的作用。另外，上海市在试点中主动将安宁疗护相关项目纳入医保报销范围，合理增加试点单位医保总额，并进行专项补贴。与此同时，上海还在积极探索与安宁疗护服务特点相匹配的收费与支付制度以及安宁疗护服务与医疗保险、长期护理保险制度的嵌合之道，以保障安宁疗护事业的可持续发展。

从整体上看，上海安宁疗护试点机构的资金主要来源于市区两级政府财政经费、安宁疗护服务的医药收入以及少量的市红十字会和市慈善基金会资助或个人捐赠，经费来源较为单一，保障并不是很有力。此外，在上海市的安宁疗护试点工作中也同样存在以下两个方面的问题：一是尚未建立完善的安宁疗护服务项目价格体系。安宁疗护服务的主要责任科室由全科和护理组成，全科所提供的安宁疗护服务中存在许多不收费的项目，此类项目占全科所有项目的63.2%，严重影响试点机构的运营。①除了这些不收费项目外，试点机构提供的安宁疗护服务中还存在许多服务项目尚无收费项目与之对应，如疼痛评估、预后评估、灵性关怀、死亡教育等。而有些服务项目虽然有收费项目，但因为社区医务人员执业资质的限制等问题未纳入社区卫生服务中心的医疗收费目录范围，如心理疏导、音乐治疗、芳香治疗等，即使是收费项目，依然存在收费低于项目成本的情况。有研究表明，在接受调研测算的179项（安宁疗护）服务中，138项为收费项目，且仅有37项成本低于收费价格，大部分项目成本高于收费价格，这说明医务人员劳动价值被低估的现象在安宁疗护中仍普遍存在。②二是安宁疗护中有许多经常性的服务项目并不在基本医疗保险的支付范围内，这种做法未尽合理。例如，根据《关于确定城镇职工基本医疗保险医疗服务设施范围和支付标准的意见》，陪护费、护工费、洗理费、文娱活动费等属于基本医疗保险基金不予支付的生活服务项目和服务设施费用。这些服务项目在安宁疗护中被频繁提供，却被排除在基本医疗保险之外，致使安宁疗护服务对医患双方激励不足。③

淮北市于2020年出台了《淮北市安宁疗护患者住院医疗保险按床日付费实施办法（试行）》，通过引入按床日付费制度，将安宁疗护服务费用纳入基本医疗保险支付费用范围，减轻了末期患者的费用负担。该文件一方面，根据淮北市近年来试点情况明确以下床日费用定额标准：如果在一个医保结算年度内住院天数90天以内的，二级以上医院每床日费用定额标准为320元/床/日，一级及以下医院为280元/床/日；而住院天数累计90天以上的部分，二级以上医院为260元/

---

① 曹文群，沈天寒，张瑞云，等.社区安宁疗护服务项目成本测算研究［J］.中国全科医学，2021（4）：432.

② 同上。

③ 徐嘉婕，彭颖，施永兴，等.上海市社区卫生服务中心安宁疗护服务提供和补偿研究［J］.中国卫生经济，2019（8）：64.

床/日，一级以下医院为 220 元/床/日。另一方面，该文件还明确实行"双定额"付费算法，基本医疗保险基金按照床日费用标准和不同级别医疗机构普通住院报销比例计算统筹基金支付费用，即安宁疗护服务费用医保统筹支付费用＝床日费用标准×住院天数×报销比例。患者只需承担个人自付部分费用和超标准的床位费、膳食费、护工费等。如果医保基金支付定额有盈余，可以由医疗机构留用，反之，则由医疗机构承担亏损。淮北市推行按床日付费制度的做法对推动我国安宁疗护事业发展意义重大，但依然存在一些不足之处值得反思。根据淮北市卫健委 2021 年 1 月 2 日发布的数据，自 2019 年开展试点工作以来，全市共收治终末期重症患者 71 人[①]，2020 年 9 月份淮北市便确定了按床日付费的定额，在缺少大量数据支撑的情况下匆忙制定按床日付费标准有待商榷。探索住院服务按床日付费确实有利于安宁疗护服务的良性发展，但是科学界定安宁疗护住院床日服务内容和标准是开展按床日付费的前提，这要求各试点地区加强对平均住院天数、日均费用以及治疗效果进行综合考核评估，根据客观条件和现实情况合理确定床日付费标准。[②]

除上述地区外，我国其他城市也在积极开展安宁疗护试点工作，积极探索本土化的安宁疗护资金保障方式。青岛市民政局、市（原）卫生计生委 2015 年 4 月发布了《关于大力发展临终关怀事业的意见》，提出将失能老人临终关怀纳入长期医疗护理保险的保障体系，通过健全长期医疗护理保险制度满足失能老人临终医疗护理需求。南通市卫健委 2019 年 6 月在对《关于尽快建立临终关怀医疗服务体系的建议》的答复中也明确回应称，未来将研究制定医养结合医疗护理服

---

① 安徽省卫健委.安徽省淮北市将安宁疗护纳入基本医疗保障政策［EB/OL］.［2022-08-17］. https：//mp.weixin.qq.com/s/nP29pBaTes_JsU5jm0BT5g.

② 吴玉苗，彭颖，刘统银，等.社区卫生服务中心安宁疗护住院服务按床日付费实证研究［J］. 中国全科医学，2019（28）：3420.

务清单和服务规范，完善基本医疗保险和照护保险制度，优先将安宁疗护机构纳入定点服务机构，按照协议管理，探索按病种付费。还有一些地区在积极探索以政府购买服务形式，减轻安宁疗护机构和患者的负担。结合各地试点工作的经验，保障我国安宁疗护服务可持续发展的资金保障之道应该是将安宁疗护服务与各类保险制度相结合，而在此之前，首要解决的问题便是安宁疗护服务的收费与支付制度改革。

三、资金保障的破局之道

我国安宁疗护机构可能的资金来源有国家财政拨款、慈善资助、个人捐赠、营业收入等。财政拨款相对固定，提升空间有限，我国尚没有形成如英国那般浓郁的慈善氛围，短时提升难度较大，提升机构运营收入也就成为保障我国安宁疗护服务可持续发展的唯一选择。而试点工作证明，缺少保险支持的安宁疗护服务是不受患者和家属欢迎的，患方为了享受医保报销，宁愿选择更痛苦的维生介入措施，也不住进舒缓的安宁病房。要想将安宁疗护服务成功嵌入保险体系，首要问题就是构建与安宁疗护服务特点相匹配的收费与支付制度。这一问题的解决有赖于归纳总结试点期间的医疗数据信息，并进行科学的测算，这显然也不是本书的研究重点。事实上，上海卫健委已经委托上海中医药大学研究和完善安宁疗护服务收费与医保支付机制，为纳入医保支付扫清障碍。

安宁疗护试点工作中，有些试点城市尝试将安宁疗护纳入基本医疗保险支付，有些城市则结合正在试点的长期护理保险，试图将其纳入照护保险制度中。本书认为，将安宁疗护服务纳入医疗保险与纳入长期护理保险并不矛盾，而是互为补充关系。美国人寿管理协会（Life Office Management Association，LOMA）对长期护理保险（Long-term Care Insurance，LTCI）的定义为"长期护理保单是为那些因年老或严重疾病或意外伤害需要在家或护理机构得到稳定护理的被保险人支付的医疗及其他服务费用进行补偿的一种保险"[1]。青岛市发布的《长期护理保险定点护理服务机构评鉴标准》（DB 3702/FW HLBX 008—2020）指出，"长期护理保险是对经评估达到一定照护需求等级的参保人，为其基本生活照料和基本生活密切相关的医疗护理提供资金或服务保障的制度安排"。《国家医保局、财政部关于扩大长期护理保险制度试点的指导意见》指出"经医疗机构或康复机构规范诊疗、失能状态持续6个月以上，经申请通过评估认定的失能参保人员，可按规定享受相关待遇"。从长期护理保险的产生来看，其根源于长期住院和"社会性住院"造成的高额医疗成本支出。从医疗保险到长期照护保险的变化过程大致为：一部分护理和康复服务逐渐地划归社会服务这一边，长期照料服务就变成了长期照护服务。[2]所以，长期护理保险实际上是将失能或半失能群体的生活照料性质的护理和康复服务从医疗保险中剥离出来，通过设立独立运作的长期护理保险基金，减轻医疗保险基金的资金负担。对失能或半失能患者而言，医疗保险与长期护理保险组成一套组合拳共同承担患者的医疗、护理、康复费用。但是，从本质上讲，医疗保险解决疾病风险，长期护理保险解决失能风险，两者适用群体并不完全一致。综上，本书认为安宁疗护应同时纳入医疗保险和长期护理保险，针对安宁疗护服务的保险支付问题，未来我国立法或许可以作如下处理：其一，如果安宁疗护患者属于通过失能等级鉴定的参保人员，患者的日常生活照料相关的服务项目，如居家护理、哀伤辅导、死亡教育、灵性关怀等，产生的费用可

[1]   JONES，HARRIETT E，DANI L，eta l. Principles of insurance：life，health，and annuities [J]. The Journal of Risk and Insurance，1997，64（4）：769-770.
[2]   和红.社会长期照护保险制度研究：范式嵌入、理念转型与福利提供 [M]. 北京：经济日报出版社，2016：16-17.

以纳入长期护理保险基金支付，其他医疗性质的服务项目，如病情咨询、生存期评估、症状控制等项目产生的费用，则由医疗保险基金支付。其二，如果安宁疗护患者并非通过失能等级鉴定的参保人员，患者的安宁疗护服务费用可通过按床日付费制度纳入医疗保险支付。

此外，患方选择安宁疗护服务尤其是作出放弃维生医疗和急救的医疗决定不能被解释为自杀、故意自伤、故意杀害或故意伤害，保险人不得因此主张责任免除，否则患方选择安宁疗护前势必有所顾虑，影响安宁疗护事业的发展。我国未来立法应该明确：任何人寿保险、健康保险、意外事故保险或年金计划等的销售、购买、保险费的支付、保险金的给付都不得以选择或放弃安宁疗护服务和/或维生医疗为条件或受其影响；患方选择或放弃安宁疗护服务和/或维生医疗也不应对这些保险或年金计划等产生影响。

参考文献

一、中文文献

（一）中文著作

[1]　梅迪库斯.德国民法总论［M］.邵建东，译.北京：法律出版社，2013.

[2]　巴尔：《欧洲比较侵权行为法（下册）》［M］.焦美华，译.北京：法律出版社，2001。

[3]　施米特.宪法学说［M］.刘锋，译.上海：上海人民出版社，2005.

[4]　迪尔凯姆.自杀论［M］.谢佩芸，舒云，译.北京：台海出版社，2016.

[5]　奥古斯丁.上帝之城：驳异教徒［M］.吴飞，译.上海：上海三联书店，2008.

[6]　德沃金.生命的自主权——堕胎、安乐死与个人自由的论辩［M］.郭贞伶，陈雅汝，译.北京：中国政法大学出版社，2013.

[7]　比彻姆，邱卓思.生命医学伦理原则［M］.李伦，等译.北京：北京大学出版社，2014.

[8]　山本敬三.民法讲义1·民法总则［M］.解亘，译.北京：北京大学出版社，2012.

[9]　米尔恩.人的权利与人的多样性——人权哲学［M］.夏勇，张志铭，译.北京：中国大百科全书出版社，1995.

［10］　陈甦，谢鸿飞.民法典评注：继承编［M］.北京：中国法制出版社，
2020.

［11］　陈甦.民法总则评注［M］.北京：法律出版社，2017.

［12］　陈小鲁，罗峪平.中国缓和医疗发展蓝皮书（2019—2020）［M］.北京：
中国人口出版社，2021.

［13］　程啸.侵权责任法［M］.2版.北京：法律出版社，2015.

［14］　和红.社会长期照护保险制度研究：范式嵌入、理念转型与福利提供
［M］.北京：经济日报出版社，2016.

［15］　黄丁全.医疗、法律与生命伦理（上）［M］.北京：法律出版社，2015.

［16］　李惠.生命、心理、情境：中国安乐死研究［M］.北京：法律出版社，2011.

［17］　吕建高.死亡权及其限度［M］.南京：东南大学出版社，2011.

［18］　吕建高.预先指示法律制度比较研究［M］.北京：法律出版社，2017.

［19］　彭福英，朱翠岚，杨翠娜.常见危重病的急救与治疗［M］.上海：第二
军医大学出版社，2007.

［20］　上海市第一人民医院.体外膜肺氧合技术（ECMO）实用操作指南［M］.
上海：上海交通大学出版社，2018.

［21］　孙东东.医疗告知手册［M］.2版.北京：中国法制出版社，2014.

［22］　唐超.世界各国患者权利立法汇编［M］.北京：中国政法大学出版社，
2016.

［23］　万学红，卢雪峰.诊断学［M］.9版.北京：人民卫生出版社，2018.

［24］　王胜明.中华人民共和国侵权责任法释义［M］.北京：法律出版社，
2010.

［25］　王一镗，刘中民.心肺脑复苏［M］.3版.上海：上海科学技术出版社，
2020.

［26］　王泽鉴.侵权行为法［M］.3版.北京：北京大学出版社，2009.

［27］　王泽鉴.人格权法：法释义学、比较法、案例研究［M］.北京：北京大
学出版社，2014.

［28］　汪志刚，陈传勇.安宁疗护的正当性及实施条件［M］//梁慧星.民商法论

丛.北京：社会科学文献出版社，2022，73.

[29] 杨立新.中华人民共和国民法典释义与案例评注：侵权责任编［M］.北京：中国法制出版社，2020.

[30] 张新宝.中国民法典释评·侵权责任编［M］.北京：中国人民大学出版社，2020.

[31] 中国科学器材有限公司.2016年中国血液透析市场状况蓝皮书［M］.广州：华南理工大学出版社，2017.

[32] 周逸萍，单芳.临终关怀［M］.北京：科学出版社，2018.

[33] 朱庆育.民法总论［M］.北京：北京大学出版社，2013.

[34] 朱涛.自然人行为能力制度研究［M］.北京：法律出版社，2011.

[35] 邹海林，朱广新.民法典评注：侵权责任编［M］.北京：中国法制出版社，2020.

（二）中文论文

[1] 佐伯仁志.日本临终期医疗的相关刑事法问题［J］.孙文，译.法学，2018（5）.

[2] BERNHEIM J L，DISTELMANS W，MULLIE A，et al..临终关怀与安乐死的整合：比利时模式的实验与回答［J］.于磊，译.医学与哲学，2014（23）：5-10.

[3] 艾尔肯.论医师的说明义务［J］.沈阳师范大学学报（社会科学版），2007（4）.

[4] 刘宇，睢素利，郑秋实."疾病终末期医疗决策相关法律问题专家共识"释义［J］.中国医学伦理学，2022（9）.

[5] 曹文群，沈天寒，张瑞云，等.社区安宁疗护服务项目成本测算研究［J］.中国全科医学，2021（4）.

[6] 曹险峰，徐周鹏.论生前预嘱意思自治的边界［J］.法治社会，2023（3）.

[7] 曹相见.基本权利私法介入的否定立场［J］.河北法学，2020（3）.

[8] 曾见.论"当时的医疗水平"的法律评价［J］.法学评论，2016（4）.

［9］ 常鹏翱.对准法律行为的体系化解读［J］.环球法律评论，2014（2）.

［10］ 车浩.论刑法上的被害人同意能力［J］.法律科学（西北政法大学学报），2008（6）.

［11］ 车浩.自我决定权与刑法家长主义［J］.中国法学，2012（1）.

［12］ 陈传勇.医疗知情同意权的合理配置［J］.中国矿业大学学报（社会科学版），2021（1）.

［13］ 陈聪富.病人医疗人权的实践议题［J］.月旦法学教室，2008（64）.

［14］ 陈聪富.告知后同意与医师说明义务（下）［J］.月旦法学教室，2009（82）.

［15］ 陈信如，卢映洁.撤除心肺复苏术与病人生命权保障之争议［J］.台湾医界，2012（3）.

［16］ 陈云良.健康权的规范构造［J］.中国法学，2019（5）.

［17］ 陈云良.临终医疗的人权法理——"尊严死"概念与边界的思考［J］.人权，2021（3）.

［18］ 陈云良.论转诊行为的法律性质及救济途径［J］.法学，2019（5）.

［19］ 陈子平.医疗上"充分说明与同意"之法理［J］.东吴法律学报，2000，12（1）.

［20］ 陈子平.医疗上"充分说明与同意"之法理在刑法上的效应（上）［J］.月旦法学，2010（178）.

［21］ 翟滨.生命权内容和地位之检讨［J］.法学，2003（3）.

［22］ 翟晓梅."双重效应原则"：对临终患者使用吗啡解除痛苦的伦理学辩护［N］.医师报，2016-11-28.

［23］ 翟晓梅.安乐死的概念问题［J］.自然辩证法通讯，2000（3）.

［24］ 窦衍瑞.宪法基本权利和民事权利的连接与互动［J］.政法论丛，2018（3）.

［25］ 董丽丽，梁涛，杨浩杰.WHO关于《将缓和医疗整合至初级卫生保健指南》要点介绍及对我国的启示［J］.中国全科医学，2021（24）.

［26］ 费安玲.我国民法典中的成年人自主监护：理念与规则［J］.中国法学，

2019（4）.

[27]　费菲，杜涛.价值医疗能为中国带来什么？——国家卫生健康委卫生发展研究中心副主任付强谈深化医疗改革［J］.中国医药科学，2020（2）.

[28]　冯军.病患的知情同意与违法——兼与梁根林教授商榷［J］.法学，2015（8）.

[29]　甘添贵.医疗纠纷与法律适用——论专断医疗行为的刑事责任［J］.月旦法学，2008（157）.

[30]　龚向和，刘耀辉.基本权利的国家义务体系［J］.云南师范大学学报（哲学社会科学版），2010（11）.

[31]　郭道晖.人权的国家保障义务［J］.河北法学，2009（8）.

[32]　郭明龙.论患者隐私权保护——兼论侵害"告知后同意"之请求权基础［J］.法律科学（西北政法大学学报），2013（3）.

[33]　郭蓉，李伦.双重效应原则及其评析［J］.中南林业科技大学学报（社会科学版），2014（8）.

[34]　韩大元.论安乐死立法的宪法界限［J］.清华法学，2011（5）.

[35]　韩大元.自杀权的宪法学思考［M］//韩大元.感悟宪法精神：讲演自选集.北京：法律出版社，2008.

[36]　韩俊红.医学脱嵌于社会——当代西方社会医学化研究述评（1970—2010年）［J］.社会学研究，2020（2）.

[37]　贺苗，曹永福，王云岭，等.中国安宁疗护的多元化反思［J］.中国医学伦理学，2018（5）.

[38]　胡玉鸿.人的尊严的法律属性辨析［J］.中国社会科学，2016（5）.

[39]　胡哲豪.安宁疗护政策在欧美及亚洲国家（地区）的实践和研究综述［J］.人口发展，2019（6）.

[40]　黄玺文.论医疗上病患同意的刑法上效力［D］.台北：东吴大学，2007.

[41]　黄宇骁.论宪法基本权利对第三人无效力［J］.清华法学，2018（3）.

[42]　金玄卿.韩国的医师说明义务与患者知情同意权［J］.法学家，2011（3）.

［43］ 李大平.末期镇静的双重效果原则诠释［J］.湖北科技学院学报（医学版），2013（4）.

［44］ 李广德.健康作为权利的法理展开［J］.法制与社会发展，2019（3）.

［45］ 李海平.基本权利间接效力理论批判［J］.当代法学，2016（4）.

［46］ 李海平.宪法上人的尊严的规范分析［J］.当代法学，2011（6）.

［47］ 林东茂.医疗上病患承诺的刑法问题［J］.月旦法学，2008（157）.

［48］ 林来梵.人的尊严与人格尊严——兼论中国宪法第38条的解释方案［J］.浙江社会科学，2008（3）.

［49］ 刘超.浅析医疗行为中患者有效同意的法律要件［J］.南京医科大学学报（社会科学版），2007（1）.

［50］ 刘建利，阮芳芳.论安宁疗护的法益基础与完善建议——兼评《深圳经济特区医疗条例》［J］.人权法学，2023（2）.

［51］ 刘建利.尊严死行为的刑法边界［J］.法学，2019（9）.

［52］ 刘梦婕.ICU患者生命末期姑息照护模式的构建研究［D］.重庆：第三军医大学，2016.

［53］ 刘宇鹏，万献尧.浅谈临终医疗的双重效应原则［J］.医学与哲学，2008（2）.

［54］ 刘长秋.论死亡权的特点及我国死亡权的立法设计［J］.同济大学学报（社会科学版），2003（3）.

［55］ 刘召成.生命尊严的规范构造与制度实现［J］.河南社会科学，2019（7）.

［56］ 龙晟.社会国的宪法意义［J］.环球法律评论，2010（3）.

［57］ 陆青，章晓英.民法典时代近亲属同意规则的解释论重构［J］.浙江大学学报（人文社会科学版），2020（6）.

［58］ 罗峪平，倪晓红，王博，等.生前预嘱推广：实践与建议［J］.医学与哲学，2020（22）.

［59］ 马齐林.论医疗告知义务——以经济学和法学为视角［J］.当代法学，2008（1）.

[60] 马特.民事视域下知情同意权的权利基础及规则建构 [J]. 江淮论坛，2014（5）.

[61] 穆冠群.论英美法上的医疗特权——兼议保护性医疗措施在我国民法典侵权编中的构建 [J]. 政治与法律，2018（5）.

[62] 齐延平."人的尊严"是《世界人权宣言》的基础规范 [J]. 现代法学，2018（5）.

[63] 邱泰源.安宁缓和医疗常见伦理困境及解决之道 [J]. 台湾医学，2004，8（5）.

[64] 任丑.死亡权：安乐死立法的价值基础 [J]. 自然辩证法研究，2011（2）.

[65] 朱晓峰.民法一般人格权的价值基础与表达方式 [J]. 比较法研究，2019（2）.

[66] 石佳友.人格权立法的进步与局限——评《民法典人格权编草案（三审稿）》[J]. 清华法学，2019（5）.

[67] 苏永刚，马娉，陈晓阳.英国临终关怀现状分析及对中国的启示 [J]. 山东社会科学，2012（2）.

[68] 孙遥.预先医疗指示制度研究 [D]. 济南：山东大学，2017.

[69] 孙也龙.法国临终医疗法制评析与启示 [J]. 河南财经政法大学学报，2019（5）.

[70] 孙也龙.临终患者自主权研究——以境外近期立法为切入 [J]. 西南政法大学学报，2017（5）.

[71] 孙也龙.医疗决定代理的法律规制 [J]. 法商研究，2018（6）.

[72] 谭浩，邱本.健康权的立法构造——以《中华人民共和国基本医疗卫生与健康促进法（草案）》为对象 [J]. 南京社会科学，2019（3）.

[73] 唐超.说明义务的类型化与知情同意权否定论：兼及意志自主如何保护 [J]. 河北法学，2018（11）.

[74] 汪志刚.善终服务的法律调整模式及选择逻辑 [J]. 中外法学，2022，34（4）.

[75] 王海军.比较法视域下生命自主处分的法学理据［J］.河北法学，2014（9）.

[76] 王利明.民法典人格权编的亮点与创新［J］.中国法学，2020（4）.

[77] 王利明.人格权的属性：从消极防御到积极利用［J］.中外法学，2018（4）.

[78] 王竹.解释论视野下的侵害患者知情同意权侵权责任［J］.法学，2011（11）.

[79] 王竹青.成年人监护中行为能力认定域外考察［J］.法律适用，2017（11）.

[80] 韦宝平，杨东升.生前预嘱的法理阐释［J］.金陵法律评论，2013（2）.

[81] 温世扬.《民法典》视域下的一般人格权［J］.中国法学，2022（4）.

[82] 吴晶，周膺.中国临终关怀的制度性优化［J］.理论与改革，2018（4）.

[83] 吴玉苗，彭颖，刘统银，等.社区卫生服务中心安宁疗护住院服务按床日付费实证研究［J］.中国全科医学，2019（28）.

[84] 徐嘉婕，彭颖，施永兴，等.上海市社区卫生服务中心安宁疗护服务提供和补偿研究［J］.中国卫生经济，2019（8）.

[85] 许泽天.消极死亡协助与病人自主决定权——德国学说、立法与实务的相互影响［J］.台北大学法学论丛，2016（100）.

[86] 杨娟丽，杨书芳，史学莲，等.持续静脉镇痛联合姑息镇静治疗顽固性癌痛1例［J］.中国疼痛医学杂志，2015（7）.

[87] 杨立新，李怡雯.论《民法典》规定生命尊严的重要价值［J］.新疆师范大学学报（哲学社会科学版），2020（6）.

[88] 杨立新，刘召成.抽象人格权与人格权体系之构建［J］.法学研究，2011（1）.

[89] 杨立新，刘召成.论作为抽象人格权的自我决定权［J］.学海，2010（5）.

[90] 杨立新.人格权编草案二审稿的最新进展及存在的问题［J］.河南社会科学，2019（7）.

［91］ 杨秀仪.论病人之拒绝维生医疗权：法律理论与临床实践［J］.生命教育研究，2013（1）.

［92］ 尤金亮."临终关怀"的法律之维——法理基础、宪法依据与实体法规制［J］.法学论坛，2012（4）.

［93］ 于佳佳.德国的医疗过失犯罪研究［J］.中国刑事法杂志，2016（6）.

［94］ 袁兆宇，高良敏.死亡医学化的社会阶梯与文化抉择——基于云南省某市2009—2014年人口死亡地点分析［J］.北京社会科学，2018（1）.

［95］ 张宏艳，高伟健.终末期患者的姑息性镇静治疗——安宁疗护的理念与用药［J］.医学与哲学，2018（4B）.

［96］ 张万洪.《老年人权利公约》的制定：进程与展望［J］.人权，2022（3）.

［97］ 张翔.基本权利的受益权功能与国家的给付义务———从基本权利分析框架的革新开始［J］.中国法学，2006（1）.

［98］ 张学茹，邸淑珍."安宁疗护中的身心灵关怀"国际研习会会议纪要［J］.医学与哲学.2018（10）.

［99］ 赵可式.可以除去病人的食物与水吗？——安宁疗护的伦理观［J］.安宁疗护杂志，2000，5（4）.

［100］ 赵可式.临终病人的病情告知［J］.安宁疗护杂志，1996（1）.

［101］ 郑荣寿，孙可欣，张思维，等.2015年中国恶性肿瘤流行情况分析［J］.中华肿瘤杂志，2019（1）.

［102］ 郑贤君.宪法"人格尊严"条款的规范地位之辨［J］.中国法学，2012（2）.

［103］ 郑逸哲，施肇荣.没有"安乐死"之名的"安乐死法"——简评2016年"病人自主权利法"［J］.军法专刊，2016，62（4）.

［104］ 郑逸哲.医师维生设备撤除行为之阻却违法事由——"善终权"概念于刑法的置入［J］.法令月刊，2018，69（5）.

（三）中文网络文献

［1］ 吕欧，吴硕.加拿大安乐死门槛高，癌症患者怕失去资格提前离世［EB/

OL〕.〔2023-09-17〕. https：//news. sina. com. cn/w/2018-11-08/doc-ihmutuea8032815.shtml.

〔2〕 刘璐.老年患者安宁疗护需求大，杨杰孚委员：建议增设安宁疗护病区"〔EB/OL〕.〔2023-03-07〕. https：//www.thepaper.cn/newsDetail_forward_22164384.

〔3〕 董小红.全国安宁疗护服务快速发展 去年已服务患者28.3万人〔EB/OL〕.〔2019-06-03〕. http：//m.xinhuanet.com/2019-06/03/c_1124578776.htm.

〔4〕 新华社.全国政协召开双周协商座谈会 围绕"推进安宁疗护工作"建言献策 俞正声主持〔EB/OL〕.〔2016-04-21〕. http：//www.xinhuanet.com/politics/2016-04/21/c_1118700027.htm.

〔5〕 佚名.天津"无肛女婴"事件始末：亲情与生命的纠结〔EB/OL〕.〔2010-02-23〕. http：//news.enorth.com.cn/system/2010/02/23/004508791.shtml.

〔6〕 李科文.生前预嘱立法一周年，他们这样决定自己生命的最后一刻〔EB/OL〕.〔2024-02-15〕. https：//new.qq.com/rain/a/20240215A0161O00.

〔7〕 罗点点.尊严死不是安乐死——与全国政协社会和法制委员会沈德咏主任商榷〔EB/OL〕.〔2023-05-17〕. https：//www. 163. com/dy/article/FDJ374T90521MBQC.html.

〔8〕 国家卫生健康委规划发展与信息化司.2018年我国卫生健康事业发展统计公报〔EB/OL〕.〔2010-02-23〕. http：//www.nhc.gov.cn/guihuaxxs/s10748/201905/9b8d52727cf346049de8acce25ffcbd0.shtml.

〔9〕 皮磊.国家卫健开展第三批安宁疗护试点工作〔EB/OL〕.〔2023-07-18〕. http：//www.gongyishibao.com/newdzb/html/2023-07/18/content_33183.htm?div=-1.

〔10〕 佚名.2020年英国安宁疗护机构报表分析报告〔EB/OL〕.〔2023-04-13〕. https：//www.hospiceuk.org/what-we-offer/hospice-finance/benchmarking.

二、英文文献

（一）英文著作

〔1〕 APPELBAUM P S, GUTHEIL T G. Clinical handbook of psychiatry and the law [M]. Baltimore: Williams & Wilkns, 1991.

[2]   ARIES P. Western attitudes toward death: from the middle ages to the present
       [M]. Baltimore: The Johns Hopkins University Press, 1974.

[3]   FURROW B R, JOHNSON H J, JOST T S, et al.. Bioethics: health care
       law and ethics [M]. Eagan: WEST PUBLISHING CO., 1991.

[4]   BERNARD L. Resolving ethical dilemmas: a guide for clinicians [M]. 4th
       ed., Wolters Kluwer: Lippincott Williams & Wilkins, 2009.

[5]   CONNOR S R.Hospice: practice, pitfalls, and promise [M]. Denver:
       Taylor & Francis US, 1998.

[6]   CONNOR S R, BERMEDO M C S. The global atlas of palliative care at the
       end of life [R]. London: Worldwide Palliative Care Alliance, 2014.

[7]   CONRAD P. The medicalization of society: on the transformation of human
       conditions into treatable disorders [M]. Baltimore: The Johns Hopkins
       University Press, 2007.

[8]   ILLICH I. Medical nemesis: the expropriation of health [M]. London:
       Marion Boyars Publishers Ltd., 1975.

[9]   TOBIN. The right to health in international law [M]. Oxford: Oxford
       University Press, 2012.

[10]   ZUCKER M B. The right to die debate: a documentary history [M].
       Westport: Greenwood Press, 1999.

[11]   BERLINGER N, JENNINGS B, WOLF S M. The Hastings center guidelines
       for decisions on life-sustaining treatment and care near the end of life [M].
       Oxford: Oxford University Press, 2013.

[12]   NEGRI S, TAUPITZ J, AMINA SALKI, et al.. Advance care decision
       making in Germany and Italy [M]. Heidelberg: Springer-Verlag, 2013.

[13]   CAVANAUGH T A. Double-effect reasoning: doing good and avoiding evil
       [M]. Oxford: Oxford University Press, 2017.

[14]   BEAUCHAMP T L, CHILDRESS J F. Principles of biomedical ethics [M].

Oxford: Oxford University Press, 2001.

（二）英文论文

［1］ MISHARAA B L, WEISSTUBB D N. The legal status of suicide: a global review ［J］. International Journal of Law and Psychiatry, 2016（44）.

［2］ BERNARD M. DICKENS. The right to natural death ［J］. McGILL Law Journal, 1981（26）.

［3］ CLARK D. Between hope and acceptance: the medicalization of dying ［J］. BMJ, 2002, 324（7342）.

［4］ CONRAD P. Medicalization and social control ［J］. Annual Review Sociology, 1992, 18（209）.

［5］ CLARK D, BAUR N, et al.. Mapping Levels of Palliative Care Development in 198 Countries: The Situation in 2017 ［J］. Journal of Pain and Symptom Management, 2020, 59（4）.

［6］ FINKELSTEIN E A, BHADELIA A, GOH C, et al.. Cross country comparison of expert assessments of the quality of death and dying 2021 ［J］. Journal of Pain and Symptom Management, 2022, 63（4）.

［7］ GANZINI L, NELSON H D, SCHMIDT T, ed al..Physicians experiences with the Oregon Death with Dignity Act ［J］. New England Journal of Medicine, 2000, 342（8）.

［8］ SPIELTHENNER G . The principle of double effect as a guide for medical decision-making ［J］. Medicine Health Care and Philosophy, 2008（11）.

［9］ ALEXANDER G J . Time for a new law on health care advance directives ［J］. The Hastings Law Journal, 1991, 42（3）.

［10］ HERMAN .A discussion of the legal rules on euthanasia in Belgium briefly compared with the rules in Luxembourg and the Netherlands, in: JONES D A, GASTMANS C, MACKELLAR C. Euthanasia and assisted suicide—lessons from Belgium ［M］. Cambridge: Cambridge University Press. 2017.

［11］ KAWAMURA A, WASHINGTON V, GLUCKSBERG , ed al. . Quill

prohibitions on assisted suicide do not violate the Fourteenth Amendment of the United States Constitution [J]. J Contemp Law, 1998 (24).

[12]   SCHNEIDERMAN L J, JECKER N S, JONSEN A R . Medical futility: its meaning and ethical implications [J]. Annals of Internal Medicine, 1990, 112 (12).

[13]   LUMBIGANON P, LAOPAIBOON M, Gülmezoglu M, et al. . Method of delivery and pregnancy outcomes in Asia: the WHO global survey on maternal and perinatal health 2007-08 [J]. The Lancet, 2010, 375 (9713).

[14]   LYONS, EDWARD C. In incognito-the principle of double effect in American Constitutional Law [J]. Florida Law Review, 2005, 57 (3).

[15]   SOLOMON W. Bill C-14 and Its Deviation from Carter 2015 [J]. Osler, 2016 (7)

[16]   MENDELSON D, JOST T S .A comparative study of the law of palliative care and end-of-life treatment [J]. Journal of Law, Medicine & Ethics, 2010, 31 (1).

[17]   MURPHY S T . Supreme court of Canada Orders Legalization of Physician Assisted Suicide and Euthanasia Carter v. Canada (Attorney General) 2015 SCC 5 [J]. Protection of Conscience Project, 2016.

[18]   GLAZEBROOK. Your death warrant? the implications of Euthanasia [J]. The Cambridge Law Journal, 1971, 29 (2).

[19]   SUDORE R L, LUM H D, et al. . Defining advance care planning for adults: a consensus definition from a multidisciplinary delphi panel [J]. Pain Symptom Manage, 2017, 53 (5).

[20]   RAUS K, CHAMBAERE K, STERCKX S. Controversies surrounding continuous deep sedation at the end of life: the parliamentary and societal debates in France [J]. BMC Medical Ethics, 2016, 17 (1).

[21]   GLENN R A .The right to privacy: rights and liberties under the Law, ABC-

CLIO, 2003.

[22] RODADO E P, SANCHEZ D P, GRIFO M G. Advance directives: comparison of current legislation within the European Union [J]. Spanish Journal of Legal Medicine, 2021, 47 (2).

[23] LEVY S S. The principle of double effect [J]. The Journal of Value Inquiry, 1986 (20).

[24] SAUNDERS C. A Personal Therapeutic Journey [J]. British Medical Journal, 1996 (313).

[25] SAUNDERS C. Care of the dying-1: the problem of euthanasia [J]. Nurs Times, 1976, 72 (26).

[26] SOMERVILLE M. Human rights and medicine: the relief of suffering [J]. In: Cotler I, Eliadis FP, eds. International human rights law: theory and practice. Montreal: Canadian Human Rights Foundation, 1992.

[27] CONNOR S R. Development of hospice and palliative care in the United States [J]. Omega, 2007, 56 (1).

[28] VRSELJA Z, DANIELE, STEFANO G, et al. Restoration of brain circulation and cellular functions hours post-mortem [J]. Nature, 2019, 568 (7752).

[29] WOITHA K, CARRASCO J M, CLARK D, et al. Policy on palliative care in the WHO European region: an overview of progress since the Council of Europe's (2003) recommendation 24 [J]. European Journal of Public Health, 2015, 26 (2).

[30] ZOLA L K. Medicine as an institution of social control [J]. Sociological Review, 1972, 20 (4).

[31] MEYERS D W. Legal aspects of withdrawing nourishment from an incurably ill patient [J]. Archives of Internal Medicine, 1985 (145).

索引